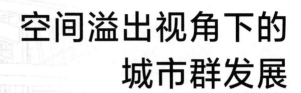

空间溢出视角下的
城市群发展

THE DEVELOPMENT OF
URBAN AGGLOMERATIONS FROM
THE PERSPECTIVE OF SPATIAL SPILLOVER

杨孟禹 等 著

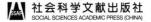

社会科学文献出版社
SOCIAL SCIENCES ACADEMIC PRESS (CHINA)

前　言

城市群①是推动全国经济增长的重要增长极。这主要体现在两个方面。一是城市群是"三区"（农业空间、生态空间和城镇空间）中城镇空间的核心区域，是宏观经济中生产、生活活动的重要载体，它对促进农业空间和生态空间功能提升优化有着深刻影响。二是城市群是"两横三纵"城市化战略格局构建的基本支撑。为此，国家"十四五"规划明确提出要"以城市群、都市圈为依托促进大中小城市和小城镇协调联动、特色化发展"，党的二十大报告也提出"以城市群、都市圈为依托构建大中小城市协调发展格局"。当前，在不断推进高质量发展的背景下，更加强调全国性城市群在其中的动力源作用，更加强调区域性城市群在其中的增长极作用。因此，研究城市群发展及其空间影响，对优化提升城市群的增长极功能，促进大中小城市和小城镇联动，以及构建大中小城市协调发展格局具有重要的理论和现实意义。

目前对城市群研究的文献汗牛充栋，特点是分析视角多样、理论来源众多、研究对象各异。相对于已有文献，本书在以下几个方面做了探索：一是改变过去仅局限于对具体城市群的地理学视角分析，更加侧重对"空间溢出"的解构，从经济学视角进行系统的宏观分析；二是改变过去从某个一般性理论出发，然后选择少数城市群进行验证的范式，以中国19个城市群为具体研究对象，从城市群作为增长极的基本特征——空间

---

① 本书研究的城市群主要是国家"十三五"和"十四五"规划明确提出的19个城市群，分别是京津冀、长三角、珠三角、成渝、长江中游、山东半岛、海峡西岸、中原、关中平原、北部湾、哈长、辽中南、山西晋中、黔中、滇中、呼包鄂榆、兰西、宁夏沿黄、天山北坡城市群。

溢出效应切入研究；三是深入分析城市群溢出效应对群内城市关系和城市内部空间的一般性影响。本书结构是：第一章为研究背景与分析框架；第二章为支撑城市群溢出效应发生的结构与质量分析；第三、四章为城市群溢出效应的时空演变特征及分类比较，重点分析了城市群溢出的物质基础和空间溢出环境；第五至第七章重点解构了影响城市群空间溢出的三大要件；第八章、第九章分别从城市群内部和城市内部视角分析了城市群的空间溢出效果；第十章则结合国外城市群发展经验，提出了中国城市群发展的战略重点和未来方向。

本书期望通过对"空间溢出"的解构，能够系统把握城市群发展的空间规律，探索城市群发展经济效应的一般性理论分析框架，从而不断丰富中国城市群发展理论。然而，由于时间、精力和学识所限，本书分析还十分粗浅，甚至可能存在漏洞和谬误，诚请读者批评指正，一起为构建中国特色社会主义经济学而努力奋斗！

目　录

第一章　研究背景与分析框架

21 世纪不但是城市的世纪，也是城市群的世纪，而中国的城市和城市群影响甚大。截至 2018 年 5 月，有 55% 的世界人口生活在城市，[①] 预计到 2050 年这一比例将高达 68%，届时全球人口将增加 25 亿，而中国可能贡献 2.5 亿，约占 10%。根据"十三五"规划，未来中国拟重点建设和发展 19 个城市群，建立健全城市群协调发展机制，[②] 这些城市群以 25% 的土地集聚了 75% 的人口，创造了 88% 的 GDP，其中城镇人口占比 78%，[③] 但绝大部分城市群发展很落后，还有很大的发展发育空间。如 19 个城市群包含了 28 个省会，100 多个待发展的欠发达城市，以及 96 个最具发展潜力的百强城市。[④] 因此，21 世纪不但是中国城市和城市群推动经济高质量发展的世纪，也是中国实施"以城市群为主体构建大中小城市和小城镇协调发展的城镇格局"战略不断深化、城市群治理体系不断完善的世纪，更是以城市群建设推动形成国内国际双循环新发展格局、推动经济高质量发展、实现中国梦的世纪。[⑤]

城市群的本质是包含不同发展程度城市（如大中小城市和小城镇）的空间集聚体。通过城市群建设促进群内城市协调发展，关键在于城市群

---

① 联合国经济和社会事务部人口司：《2018 年世界城市化展望》（*2018 Revision of World Urbanization Prospects*），2018。

② 《中华人民共和国国民经济和社会发展第十三个五年规划纲要》第三十三章"优化城镇化布局和形态"。

③ 《中国城市统计年鉴（2018）》。

④ 恒大研究院报告：《中国城市发展潜力排名：2019》，2019 年 4 月。

⑤ 2017 年 10 月 18 日习近平在中国共产党第十九次全国代表大会上的报告《决胜全面建成小康社会　夺取新时代中国特色社会主义伟大胜利》第五部分"贯彻新发展理念，建设现代化经济体系"。

内核心城市对外围城市的净溢出效应。所谓净溢出，是扩散效应和极化效应的差（Perroux，1950），而新经济地理学（Krugman，1991）则进一步强调满足"核心-外围"特征的空间集聚体发展过程是集聚力和扩散力交互的循环累积因果过程。因此，从城市群内核心和外围城市关系与空间集聚体发育过程看，这种累积循环的自强化过程正是城市群净溢出效应演变的过程。那么，如何通过城市群建设促进城市协调发展的问题，就可转化为如何通过城市群建设增强群内核心城市的净溢出效应的问题。进一步剖析，从空间溢出效应的发生机制看，影响净溢出效应的三个因素分别是核心城市溢出能力、溢出渠道传播能力和外围城市承接能力。所谓溢出能力，是指核心城市到底对外围城市发展有多大的带动力，取决于核心城市对群内其他城市有多大的集聚效应和自身有多强的拥挤效应。前者体现为核心城市的科技创新能力、高效率和高技能劳动力的集聚强度，以及产业价值链的高端性；后者则体现为由于核心城市高工资、高房价、高租金、土地约束等原因引起的扩散力。所谓溢出渠道，是指核心和外围城市间的基础设施连接质量、产业分工匹配程度，以及其他影响溢出的空间因素。所谓外围城市承接能力，是指外围城市利用核心城市净溢出效应的能力，体现在外围城市的资本积累强度、市场制度环境和市场需求等方面。因此，如何通过城市群建设促进群内城市协调发展的问题，最终可分解为如何通过城市群建设增强核心城市引领效应，如何疏解核心城市拥挤，如何改善阻碍溢出传播的渠道，以及如何提升外围城市的吸收能力四个问题。根据空间集聚体的一般规律（Perroux，1950；Krugman，1991），核心城市的负净溢出提高（即集聚力增强）和核心城市的正净溢出提高（即扩散力增强）的时间演变过程是城市集聚体发展的必经途径；而在某时间截面的空间，作为集聚体的城市群，由于空间异质性导致集聚体发展处于不同阶段，因而城市群净溢出效应面临的问题也有差异，城市群溢出效应的这种时空演变特征是我们分析的切入点。综上，如图1-1所示，本书研究的核心问题，根据空间溢出效应发生的溢出端、传播端和承接端，可以进一步分解为"如何增强核心城市集聚效应""如何疏解核心城市拥挤效应""如何提升溢出渠道的传播能力""如何提升外围城市的承接能力"四个基本的子问题。接下来本研究将在相关研究进展梳理的基础上，深入分析中国城市群战略的理论逻辑和实践基础，阐述溢出效应时空演变的思想，揭示城市群建设促进城市协调发展的机制。

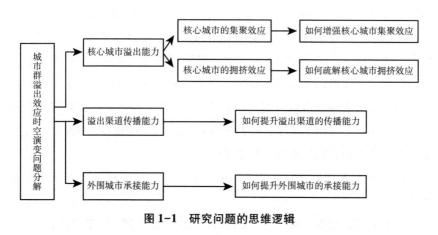

图 1-1　研究问题的思维逻辑

第一节　城市群对区域发展影响的研究进展

根据图 1-1 对城市群溢出效应时空演变问题的分解，本节主要围绕如何增强核心城市集聚效应、如何疏解核心城市拥挤效应、如何提升溢出渠道的传播能力、如何提升外围城市的承接能力，以及如何促进群间合作与分工五个问题的研究展开综述。

一　城市群如何增强核心城市集聚效应方面

Perroux（1950）率先提出了增长极理论，阐述了发达地区对欠发达地区的扩散效应和回波效应，揭示了增长极形成会对其周边区域的经济增长产生正负影响。所谓集聚效应即辐射带动能力，一般区域增长理论认为，区域性核心城市能够通过资源要素配置、产业分工与合作、产业转移、创新协同和文化熏陶等途径对周边城市产生一系列辐射带动效应，并随着时间和空间的演进，最终形成与周边城市功能分工合作的联系，助推城市群、城市带、城市圈等新型城市空间组织发育形成，成为全国或全球区域经济发展的新兴增长极。最近几十年来，我国区域和城市间信息、交通等基础设施覆盖面越来越广，区域一体化战略逐渐完善，全国统一大市场建设逐步推进，城市间经济联系日益密切，城市群不断发展壮大，城市的职能和特性也在不断适应着变化，职能分化、产业布局、城市内部空间、城市群空间等都存在一定的演化升级。尤其是经济发展、科技进步，以及交通、信息等基础设施不断完善，导致了城市群规模不断扩大，空间不断拓展，城市群内部结构不断演化升级，最终可能高效整合了整体性和系统性功能，实现城市群内部"1+1>2"的效果，城市群的发展与原来单个核心城市相比发生了质变，提升了核心城市的引领能力。城市群大致可从以下几个方面增强核心城市集聚效应。

1. 通过扩大集聚规模、降低运输成本、疏解核心城市规模提升集聚效应

一般而言，根据区域经济学增长极理论、循环累积因果理论和核心-外围模型，区域经济发展具有先集聚后扩散的特点，并且初期集聚效应会大于扩散效应，后期则相反，此时城市群内核心城市会带动外围地区发展（孙冬益，2009）。新经济地理学理论认为，经济活动的空间集聚和扩散效应源于规模报酬递增和交易成本的权衡，已有研究表明城市规模的扩大有助于核心城市生产率和经济总量的提高（Fallah, et al., 2011；Sveikauskas, 1975；王小鲁，2010），城市群发展带来的规模效应以及运输成本下降，有益于核心城市规模扩张以及创新能力提升，从而提升核心城市的集聚效应。此外，货币与技术外部性也会促进经济活动的空间集聚，并通过城市群各城市间要素流动、产业梯度转移和知识溢出等途径形成核心城市对周边城市的扩散机制，疏解核心城市规模。已有研究表明，城市群核心城市通过对外直接投资、知识、基础设施等生产要素的溢出，以及旅游活动、产业集聚效应等对外围城市经济增长产生溢出效应。有学者使用探索性空间分析法研究发现，中国省区市尺度经济增长率和人均GDP存在显著的空间集聚，且存在经济增长的空间溢出效应（Ying, 2000；张学波等，2016），同时，产业集聚下相互竞争的环境有利于促进产业创新和生产率的提高，并引起空间溢出，从而有利于城市群内部核心城市集聚效应的提升。

2. 空间邻近在核心城市集聚效应中也发挥了重要作用

任何事物之间都存在一定的联系，距离越接近的事物联系会越紧密，

这是地理学第一定律。城市群内核心城市的集聚效应是地理空间效应中局部溢出的不同强度表现。局部地理溢出强调影响的本地化，具体体现是核心城市通过集聚效应先取得发展，土地价格抬升，产生市场拥挤效应，导致企业生产成本提高，为降低成本不得不选择合适区位进行迁移。通常城市群内核心城市的周边城市区位优势明显，要素成本低，交通便利，相应的基础设施较为完善。因此，大部分外迁企业会选择核心城市周边的中小城市进行发展，而企业迁入会带动区域范围内需求水平的提高，进而促进外围地区中小城市经济总量的显著提升，这就是所谓的"借用规模"，这不但有利于核心城市集聚效应提升，亦有利于周边外围城市的发展。然而，随着与核心城市距离不断增加，多数外围城市受核心城市的影响也在逐渐减弱，而运输成本、规模经济和马歇尔的外部性都与距离密切相关（Krugman，1991）。胡继妹等（2004）研究指出，交通便捷程度的提高会强化区域内地理位置比较接近的城市间的联结。因此，城市群中核心城市集聚效应与城市群内外围城市到核心城市的距离以及双边交互关系有关。

第一，交通网络是城市群内城市间要素流动的重要纽带，交通网络越发达，越能够降低距离的影响效果，越能强化核心城市对外围城市的空间集聚效应（韩玉刚等，2016）。在城市群发展初期，加强交通网络建设在一定程度上能够扩大核心城市的虹吸范围，促进城市群内城市的产业、资源和人才等要素向核心城市集聚，加快城市群空间集聚演化；而在城市群发展后期，交通网络则有利于提高核心城市产业和要素向外围城市的溢出效率，疏解核心城市规模，加快城市群空间扩散演化，并提升核心城市的集聚效率。薛占栋（2011）研究指出，产业集聚是生产要素在空间的集中，交通网络的增强能够降低运输成本和信息搜索成本，并增强产业链上下游的关联性，而这也是核心城市集聚效应提升的关键因素之一。总之，交通网络有利于强化核心城市的集聚效应，并在一定程度上加快城市群空间演化进程，提高核心城市效率，并增强群内城市之间的产业关联。

第二，随着互联网等科技的发展，网络经济和平台经济盛行，互联网能在一定程度上缩短空间相对距离，优化资源的空间配置，促进产业、人才等资源的匹配，并最终促进创新（姜竹等，2022）。种照辉等（2022）

5

的研究表明，信息基础设施建设可以拓展城市间合作创新的空间外延，从而有利于城市间合作创新。城市群内城市间的信息传导效率更高，不但有利于提升核心城市的创新能力，更有利于技术创新的空间溢出。

第三，通过调整空间布局削弱城市间行政分割的影响，来加强城市间的经济联系交互。城市群具有广泛的空间网络结构性特征，其空间网络结构性特征具体体现在城市群网络规模、网络密度和组织形式上（姚士谋等，2007）。核心城市发展不但取决于城市本身的物质属性，如工厂、资源要素禀赋、城市规模等，还取决于核心城市在城市群中的功能及其拥有的流动资源。随着城市群网络化不断加深，核心城市在人流、物流、资金流等方面的作用不断增强，专业化贸易、管理和组织功能要切实得到强化（汪阳红，2014），最终使得核心城市的技术创新能力，以及信息、金融和人力资源的配置能力和效率都得到提升。

3. 通过产业结构升级、产业链与价值链构建途径增强集聚效应

城市群是核心城市和外围城市共同构成的功能一体化集合体，核心城市发展必然通过产业集聚、面向外围城市的产业链和服务链延伸等方式提升核心城市的集聚和辐射带动作用。同时，城市群内部核心城市产业升级会通过投资、产业转移、就业人口流动、管理方式及理念的传播和要素重新配置等方式促进外围城市产业升级和资源配置优化。城市群建设加强了核心城市与外围城市的交流，将核心城市劳动密集型产业、低端制造业和价值链低端产业转移到周边相对落后地区，实现自身产业结构的优化升级和专业化生产，并以此强化核心城市的产业集聚，如梁琦等（2006）认为，制造业专业化能够促进产业结构升级和行业技术进步。同时，城市群发展有利于充分发挥核心城市集群及辐射功能，带动周边经济实力差、有一定发展潜力的城市发展。核心城市与外围城市的区位优势匹配能够推动城市群内城市间产业链和专业化的合理分工、产业融合与技术联动，一定程度上能够提升城市群整体的产业集聚度和一体化程度，从而提高核心城市的规模效益和竞争优势，增强核心城市在国家范围内甚至国际范围内的竞争力。

4. 通过人力资本投资与研发创新的途径增强集聚效应

专业化知识和人力资本的积累可以产生递增效益，人力资本是经济持

续增长的源泉和动力所在。城市群内核心城市和外围城市间通勤距离越近，地缘文化越趋同，人力资本流动和协同创新能力越强。综合利用城市群内城市不同的比较优势，使城市群内核心城市和外围城市共享优质资源和发展机遇，并且核心城市能够通过生产率、制度和工资水平等优势吸引人才，从而发挥规模经济效益，形成城市核心竞争力。当人力资本和技术创新要素在区域间自由流动时，优质要素向核心城市流动和集聚，一般要素则流向中小城市，提高了核心城市要素集聚的外部经济性，并通过要素的流动提高了城市群研发创新的效率，从而促进外围城市人力资本提升和技术要素创新。

5. 制度和政府干预在城市群核心城市的引领效应中发挥了极其重要的作用

最典型的是城市群内部市场一体化建设，市场一体化消除了不同地区间的市场分割，加速了生产要素和劳动产品在不同地区间的流动，提高了资源配置效率（毕秀晶等，2015）。城市群作为若干城市的共同体，具有共同治理和协作发展的目标，地方政府间各自为政、协作乏力成为核心城市对外围地区引领效应的重要障碍。政府除了制定扶持特定产业的政策外，还能通过优化市场结构、平衡企业的竞合行为等方式来提高区域竞争优势。在要素自由流动时，城市群内政府通过"蒂伯特选择"机制来实现，即政府为了吸引城市群外的企业和产业，加大固定资产投资中更新改造的比例，降低了企业交通运输成本，强化了需求关联的循环积累效应和投入产出联系，从而增强核心城市的辐射带动作用。土地财政和公共支出扩张虽然对城市化有直接加速效应，改变了时间轴上的贴现路径，但如果超前的土地城市化不能带来城市"规模收益递增"效果，且政府财政收支结构和筹资方式不能转变，则城市可持续发展就会面临挑战。只有转变政府职能，改变财政体制和筹资用资模式，才能实现城市化带动经济持续增长（中国经济增长前沿课题组、张平、刘霞辉，2011）。

综上，当前文献对城市群如何增强核心城市的集聚效应方面的研究主要集中在城市群发展带来的五个效应：要素集聚效应、空间邻近效应、产业分工效应、技术创新效应和政府治理效应。

二 城市群如何疏解核心城市拥挤效应方面

随着核心城市规模扩大，"城市病"也逐渐凸显，如交通拥堵、环境污染、土地水电等资源紧张、基础设施布局不合理和要素过于密集等问题，严重阻碍了城市群的发展（周圣强等，2013）。根据王小鲁（2010）的研究，规模为100万~400万人的大城市，净规模收益最高，超过此范围，规模收益将逐渐递减。总体看，我国主要的工业城市已进入了拥挤状态，拥挤效应的负面影响主要体现在要素过于密集导致生产率下降，如边际报酬递减、房价物价等生活成本上升，以及城市治理需要的成本和专业化要求越来越高。拥挤效应的基本含义是在一定空间范围内，经济集聚引起的要素比例失衡所导致的非经济性，其随经济集聚而生，由某类要素的相对稀缺性过度引起（周圣强等，2013）。如何疏解核心城市拥挤效应，已经成为城市群亟须解决的重要难题。

1. 调整要素存量

城市群核心城市由于集聚效应吸引大量要素流入，疏解拥挤效应首先在于增加核心城市相对稀缺的要素，减少相对富余的要素，其次在于加强基础设施建设，改善交通条件，降低单位运输成本，从而缓解核心城市交通拥堵和地价过高的情况。城市群范围内的空间扩张、交通等基础设施条件的改善，成为中国经济可持续增长的主要源泉之一（中国经济增长前沿课题组、张平、刘霞辉，2011；肖金成，2015）。梁婧等（2015）的研究表明，对于那些人口规模被高估的城市，人口过多并不能说明这些城市中人口已经达到饱和，姚士谋等（2015）提出城市群要实施紧凑型空间战略布局，控制大城市的人口和规模，肖金成（2015）认为疏解核心城市的拥挤效应要在一定的空间范围内统筹资源要素的规划。根据已有学者关于城市最优规模的思想，城市群内部核心城市根据自身经济、区位、成长潜力等条件选择适当的规模，重点要限制特大城市的人口和规模，在城市群内部挖掘和发展有潜力的中小城市，提高中小城市和城镇吸纳农村剩余劳动力的空间，政府要适当给予城市产业发展政策倾斜，加强基础设施投资（王小鲁，2010；梁婧等，2015）。同时，城市的最优规模是动态变化的，随着城市的发展，城市的资本规模、人力资本、产业结构、利用外资、公共基础设施等各方面情况都在变化和改善，城市所能容纳的最优规模也在增大，最终提高核心城市的土地绿色利用强度和增加土地多样性的混合利用程度。

2. 提高环境承载力

城市群核心城市由于前期工业化发展、增长方式不合理等造成了对环境和生态的破坏，城市群通过合理有效开发利用土地、水等自然资源，让资源能够流动到最需要的外围城市，实现资源的有序合理配置（王树功等，2002；姚士谋等，2011）；同时，城市群发展对群内城市间的环境治理也有协同提升效应。核心城市疏解通过划定"城市增长边界"，防止核心城市盲目扩张、无序蔓延，控制城市低密度空间扩张，对城市土地开发利用及其规模采取弹性管理的办法（赵璟等，2018），提升核心城市生态环境承载力，进而推动城市管理政策和执行程序优化，扩大城市最优规模（汪阳红，2014），并提高环境规制门槛杜绝高污染企业在本地区投资，培育和发展绿色能源等新动能（郭建斌等，2021）。

3. 促进产业分工和升级

肖金成（2015）指出，城市群通过优化产业转型升级和产业布局，统筹规划资源要素的空间布局和使用方向，从而有效解决核心城市拥挤问题。郭建斌等（2021）指出，城市群可持续发展能强化生产技术创新的财政政策和产业政策导向。最重要的是，正如增长极理论、核心-外围模型的分析所表明的，核心城市拥挤效应的疏解能够形成良好的产业互动机制。同时，核心城市拥挤效应的疏解可以通过优化城市群经济结构来实现，最大限度地实现资源的有效配置和产业价值链的升级（王树功等，2002）。

4. 提高政府治理效能

地方政府历来是城市治理最为重要的主体，中国的城市规划和治理呈现以政府为中心的权力主导型治理格局（杨馥源，2010）。Au 和Henderson（2006）利用中国城市数据中的城市人口进行评估发现，中国严格的人口流动限制导致福利损失较大。但城市群发展带来的基础设施完善，尤其是互联网发展改变了传统的城市治理模式，能够及时传播和表达民众诉求，增强民众关注度，提高政府的治理能动性。城市群发展带来的社会公共服务改善，如教育、社会养老等覆盖面扩大（Huang，et al.，2014），能够提高核心城市治理效应。此外，城市群发展还能促进核心城市的产城融合与社会融合，关注弱势群体，逐步取缔户口等歧视政策，避免市场、基础设施的分割，提供廉价租房政策（汪阳红，2014）。

因此，从当前研究文献看，城市群发展可以疏解核心城市拥挤问题，主要途径是调整要素存量、提高环境承载能力、促进产业分工和升级、提高政府治理效能。

三　城市群如何提升溢出渠道的传播能力方面

根据空间溢出衰减规律，核心城市的溢出传播存在一定的空间局限性，加强基础设施建设，改善交通条件，有可能减缓衰减的速度，从而扩大核心城市溢出范围。运输费用的降低有利于信息扩散、知识溢出范围的扩大和形成土地租金级差，带动产业扩散与转移。我们主要从下面几个方面进行总结和梳理。

1. 交通一体化

对城市群内部城市来说，溢出传播的关键在于交通运输一体化效率的提高。交通一体化能够从整体上缩短城市群内部城市之间的运输距离和成本，有利于集聚效应和扩散效应在空间中发生。同时外围城市可以充分利用当地有利的市场区位优势进行发展，以此带动经济增长和提高人民生活水平（许政等，2010）。已有研究表明，交通运输等基础设施的完善可以便利地将一个地区的经济活动转移到另外的地区（Boarnet，1998；Cantos，et al.，2005；张学良，2012）。交通基础设施虽然能够将各个地区的经济活动连接在一起，但也可能会产生负向的空间溢出作用，核心城市通过虹吸效应将周边区域生产要素集聚到本地，短期不利于外围城市发展。因此，需要积极推动公共服务一体化建设，确保教育、卫生、社保、就业等服务在公民中得到平等的享受（杨玲，2005；刘勇，2009）。

2. 要素一体化

由于交通基础设施网络性与空间外部性的存在，地区间交通基础设施的发展会加快劳动力的跨城市流动。特别是当外围城市的投资环境、城市化程度、人力资本素质等因素还没有得到根本改善之前，跨城市交通基础设施的加快建设会增大发达地区对落后地区各类生产要素的虹吸效应。中国区域劳动力流动从总体上表现了由中西部落后地区向东部沿海地区的单向流动特征。因此，应从制度方面着手提升市场开放度和推进进城务工农民子女教育的市民化，保障他们平等的受教育权利，改革农村教育制度，使之向务实有效方向发展（唐茂华，2005）。核心城市和外围城市之间、大中小城市之间存在地区市场分割（陆铭等，2004；覃成林，2011）。Au 和 Henderson（2006）及许政等（2010）发现，各省政府采取市场分割的政策能够促进本地经济发展，但不利于劳动力配置，市场分割的存在不利于城市群空间集聚和扩散效应的实现。因此，城市群发展带来的劳动力等要素配置一体化能够实现城乡统筹可持续发展（姚士谋等，2011）。

3. 市场一体化

市场一体化是城市群发展的基本趋势，打破市场分割，使核心城市和外围城市的比较优势产品相互流通，促进要素流动。科学规划，循序渐进发展大中小城市，充分调动全社会发展和建设的积极性，让良好的发展环境成为城市群经济发展的文化氛围和城市基调。发挥市场基础性作用，让知识、资本、技术等要素充分流动，能有效调动和提高市场主体的积极性。当前我国出台的各项城市群战略和建设政策，从短期看正是市场一体化程度提升的。

4. 产业一体化

城市群核心城市对外围城市的辐射溢出传播关键在于合理进行产业分工和布局。黄娉婷等（2014）将汽车产业布局与分工的因素归纳为本地的市场条件、集聚效应和政府政策作用。曾国安等（2004）指出，分工和市场发展是相互促进的，完善有效的产业分工体系是市场发挥潜力和作用的重要前提。所以，疏通阻碍溢出传播的渠道，确立分工体系，是改善溢出传播内生性、持久性的动力，有利于延长区域经济发展产业链，增强大型企业的关联度，让市场这只"无形的手"发挥主导作用，挖掘市场发展潜力并扩大市场规模效应。孙久文等（2015）通过分析京津冀地区制造业空间格局发现，城市群一体化有利于产业分工形成，与孙虎等（2015）认为培育新兴产业实现区域协同发展的思路是一致的。

为此，从当前文献研究看城市群影响核心城市溢出渠道传播能力的主要观点，主要包括交通、要素、市场、产业布局一体化四个方面。

四 城市群如何提升外围城市的承接能力方面

由于外围城市投资收益率远远低于核心城市，所以医疗、卫生、教育等公共基础设施均落后于核心城市，这一问题长久以来没有得到根本性解决（张学波等，2016）。随着城市群发展，外围城市可以根据本地区的资源禀赋、市场等条件积极推进自身建设，提升承接核心城市空间溢出的能力，降低资源错配的效率损失。关于城市群发展提升外围城市承接能力的重要作用，主要体现在如下几方面。

1. 提升外围城市到核心城市的可达性

通过缩短空间距离和运输时间，加强被传输客体的可运输性，可以消除政治、行政、文化和社会等方面的障碍，提高外围城市承接核心城市经济活动的能力，促进城市群空间联系和经济协调发展（覃成林，2011）。

2. 增强城市群核心城市和外围城市之间的互补性

核心城市和外围城市之间存在社会、文化、产业、生态、技术、资金、人才和信息等要素的供求关系。只有外围城市和核心城市之间存在一定的互补因素，才能从根本上提高核心城市空间溢出和辐射带动作用（锁利铭，2020）。城市群内核心城市和外围城市之间的空间联系与互补性存在正向关系，城市群发展能够促进内部不同功能的大中小城市在流动的空间体系范围内实现职能的空间分工，并分离核心城市的一部分中级甚至高级职能。而由于城市群外围城市在生态环境和生活成本方面相对于核心城市具有一定的优势，所以其能够在一定程度上弥补核心城市人才、资本等因拥挤效应而转出的经济职能。长期来看，城市群外围城市具有不同特色功能，可以依托城市群一体化发展趋势，形成与核心城市优势互补、功能分化、功能特殊的职能体系，并同时减轻环境污染、资源配置扭曲等负面影响（汪阳红，2014），形成功能互补的差异化城市群内部空间体系。

3. 通过加强产业关联性为核心城市产业转移提供产业配套设施

健全产业的上下游产业，形成自身独特的产业发展结构，实现外围城市错位发展，如发展服务核心城市的生活性、消费性服务业。外围城市一般开发程度较核心城市低，具有独特的自然景观，适宜发展休闲型文化旅游业和健康产业。同时，依靠城市群便利的交通运输条件，发展商贸、物流等服务大城市的中间产业，逐步实现自身经济发展和结构转型。此外，城市群发展能够逐步改善按照城市行政等级配置资源的管理体制，将更多的财政和政策支持用于中小城市的基础设施和公共服务建设，把一些经济商务活动或者政府、学术交流、体育赛事等活动安排在中小城市，为其就业、经济交流等提供更多的机会（汪阳红，2014）。

4. 发挥技术和知识的学习效应

技术和知识具有外部性，城市群外围城市通过模仿、吸收和应用核心城市所拥有的技术，可以降低研发成本和风险，从而逐步缩小与核心城市的增长差距。知识溢出和技术的扩散效果往往受到外围城市吸引和利用先进技术的能力影响，如工人的平均受教育年限、技术过硬的技术人员数量以及技术壁垒的影响，外围城市吸收能力可以通过构建知识交流平台、推动组织间合作与互动、技术交流与合作等方式，打破阻碍吸收的技术壁垒（汪涛等，2010）。

5. 完善金融政策

一是城市群发展能够增加外围城市金融机构的数量和种类，优化银行等金融结构，吸引各类商业银行的投资和引入各类中小型金融机构，促进银行经营机制的转变（赵璟等，2018）。二是城市群发展能推进传统农业合作社的制度创新，强化金融对实体经济的促进作用。政策性金融机构和商业性金融机构相互作用，共同合作发展，推进外围城市建成完善、有效、便利的金融体系。三是城市群发展能够改善金融生态环境，促进金融机构的可持续发展。建立银行之间、银行和其他金融机构之间良好的沟通协调机制，支持外围城市资金投入。

6. 扭转生产性财政支出倾向

当前中国正在推进的城市群和都市圈规划建设，本质上属于中央财政、权力等方面的倾向政策。随着城市群战略的逐步深化，外围城市越来越被重视，中央转移支付和市场资本逐渐集中于城市群中，从而扭转外围城市财政支出偏向生产性投资的现象。大量实证研究表明，外围城市基础设施的投资加大和教育发展有利于提升自身的承接能力。

所以，从当前文献研究看，城市群主要通过提升可达性、增强功能互补性、加强产业关联性、发挥学习效应、完善金融政策、扭转生产性财政支出倾向等途径提升外围城市承接能力。

五　城市群如何促进群间合作与分工方面

1. 构建多极化空间格局

陆铭（2010）主张"在集聚中走向平衡"的道路，提倡通过劳动力流动、土地交易、城乡融合等方式促进区域协调发展。张可云等（2021）指出，仅以板块协调作为着力点并未改变基于单一尺度的区域协调的实质，我国区域分化态势依然严峻。众多学者研究表明，通过城市群这一载体，在"城市群经济"作用下，多城市群在全球价值链、产业、技术创新和要素流动等方面的分工合作、良性互动，可以避免落后地区陷入"梅佐乔诺陷阱"，实现区域可持续发展（顾朝林，2006；刘力，2009；丁建军，2010；方创琳等，2005）。实现区域利益协调是区域协调发展的主线和根本（陈秀山等，2010），要将城市群合作与竞争统一到区域关系的协调中。要素结构相似的地区，其分工程度较低，合作激励小，竞争激励强，反之亦然。故而，需要从全国城市群整体利益的角度确定各城市群的主导产业和城市群定位，发挥各城市群城市间的比较优势和经济贸易条件，注重自身的核心竞争力发展（周韬，2017）。

2. 促进城市群功能分工

不同城市群各城市形成自己的优势产业，产业分工可以与其他城市群共同创造有益于优势产业发展的环境，构建上下游产业良好的合作机制。城市群之间存在复杂的关系，城市群之间产业分工越细，产业互补性越强，对区域经济的乘数效应就越大。以城市群之间互补性为基础，在不同城市群之间进行不同主导产业的区域分工，是不同城市群之间整合、协作的关键（李佳洺等，2010）。在"一带一路"倡议和全方位开放的战略背景下，"四大板块+三大战略"是城市群分工合作的基础（孙久文等，2017）。覃成林（2011）主张城市群之间要构建多极网络空间组织体系，在要素市场、商品和服务、企业组织、政府经济管理、交通、信息、能源供给等方面发力。

3. 政府合作引导

实现不同城市群之间合作和协调发展需要复杂的机制与程序，这就需要强化地方政府在城市群之间合作和分工方面的作用。不同城市群之间的分工与合作涉及经济、政治、文化、资源、人口等系统的众多因素。一方面，应建立良好的政府合作机制，适当改变以往政府官员政绩考核评定机制，在城市群整体的合作与发展中加强政府官员激励机制和约束机制，把官员的政绩考核纳入城市群高质量发展过程。城市群间的政府合作既要有深度又要有广度，产业、资源、环境、技术、基础设施等方面都要加强政府政策的协调与合作，不能相互抵触（姚士谋等，2011）。另一方面，通过政府合作制度化、法治化，确定各地方政府在城市合作与发展过程中的权利和义务。此外，还需要创新城市管理体制，制度创新离不开空间载体，制度转型是空间重塑的重要保证（孙久文等，2017），城市群之间有必要建立一个跨地方行政范围、法治化、区域性的联系合作机构和监督机构，协调沟通各方利益，并负责整体规划和监督。中央和地方各级政府应打破经济赶超的惯性政绩考核和惯性思维决策方式，合理统筹布局城市群的发展和产业分工（郭建斌等，2021），将不同城市群之间的分工合作统筹融入全国经济高质量发展和双循环的经济发展大局（锁利铭，2020）。

因此，从当前文献研究看，城市群影响群间合作与分工，主要通过构建多极化空间格局、促进城市群功能分工、政府合作引导三个途径。

第二节　中国城市群战略演化的主要时间线

城市群作为我国推进城市化的主体形态，在促进大中小城市和小城镇合理分工、功能互补、协同发展方面具有重要作用。2019年12月，习近平发表《推动形成优势互补高质量发展的区域经济布局》一文，提出新形势下促进区域协调发展的总体思路是：发挥各地区比较优势……增强中心城市和城市群等经济发展优势区域的经济和人口承载能力。当前中国在建和拟建共计19个城市群，包括426个大中小城市，占全国城市总数的63.4%，其中直辖市4个，地级市191个，占全国地级市总数的66.3%，县级城市231个，占全国的62.8%，小城镇11787个，占全国的

60.1%（方创琳，2014）。城市群集聚了中国绝大多数的人口、经济、工业。可见，牵一发而动全身，城市群是优化中国区域经济格局，构建区域协调新机制，解决区域发展不平衡、不充分问题，实现中国梦的必由之路。其未来发展方向和路径，事关中国经济高质量发展和人民生活福祉。

　　进入21世纪以来，随着我国区域问题凸显，城市群战略在实践中不断完善。如表1-1所示，我们梳理了2006～2022年有代表性的城市群政策文件或会议及其内容。可以发现，自2006年"十一五"规划提出"把城市群作为推进城镇化的主体形态"，到《2019年新型城镇化建设重点任务》强调"深入推进城市群发展，培育发展现代化都市圈"，再到《2022年新型城镇化和城乡融合发展重点任务》提出"健全城市群一体化发展机制；培育发展现代化都市圈，推进以县城为重要载体的城镇化建设"，中央出台了一系列关于城市群发展目标、对策、路径和措施的文件，本书将其统称为城市群战略。十多年以来，中国城市群的战略作用依次被定位为推进城镇化的主体形态，辐射作用大的增长极，推进新型城镇化的主体、协调区域发展、推动大中小城市和小城镇协调发展的主体，中国城市群的战略作用，历经了从"推进城镇化的主体"到"推动区域协调发展的主体"再到"县城、都市圈、城市群"三位一体协同建设的变迁。从中国城市群战略变迁的主要时间线，我们可以得出其总体上经历了从城市群总体推进到县城、都市圈、城市群"三位一体"协同推进的演化逻辑。那么，这种变迁的深层逻辑是什么？

表1-1　2006～2022年与城市群战略有关的重要文件、会议的时间及内容

年份	文件或者会议	内容
2006	"十一五"规划	把城市群作为推进城镇化的主体形态
2007	党的十七大报告	以特大城市为依托，形成辐射作用大的城市群，培育新的经济增长极
2011	"十二五"规划	逐步形成辐射作用大的城市群，促进大中小城市和小城镇协调发展
2011	《全国主体功能区规划》	绝大部分城市群分布在重点开发区和优化开发区

年份	文件或者会议	内容
2012	党的十八大报告	继续实施区域发展总体战略,科学规划城市群规模和布局
2012	中央城镇化工作会议	首次把城市群作为推进新型城镇化的主体
2012	中央经济工作会议	合理布局城市群
2013	中央经济工作会议	把城市群作为主体形态,促进大中小城市和小城镇合理分工、功能互补、协同发展
2014	《国家新型城镇化规划(2014—2020年)》	把城市群作为推进国家新型城镇化的主体
2016	"十三五"规划	要发挥城市群辐射带动作用
2017	党的十九大报告	要以城市群为主体构建大中小城市和小城镇协调发展的城镇格局
2018	《中共中央 国务院关于建立更加有效的区域协调发展新机制的意见》	建立以中心城市引领城市群发展、城市群带动区域发展新模式,推动区域板块之间融合互动发展
2019	《2019年新型城镇化建设重点任务》	深入推进城市群发展,培育发展现代化都市圈
2019	《国家发展改革委关于培育发展现代化都市圈的指导意见》	形成若干空间结构清晰、城市功能互补、要素流动有序、产业分工协调、交通往来顺畅、公共服务均衡、环境和谐宜居的现代化都市圈
2020	《2020年新型城镇化建设和城乡融合发展重点任务》	增强中心城市和城市群综合承载、资源优化配置能力,推进以县城为重要载体的新型城镇化建设,促进大中小城市和小城镇协调发展
2021	"十四五"规划	发展壮大城市群和都市圈,分类引导大中小城市发展方向和建设重点,形成疏密有致、分工协作、功能完善的城镇化空间格局
2022	《2022年新型城镇化和城乡融合发展重点任务》	健全城市群一体化发展机制;培育发展现代化都市圈,推进以县城为重要载体的城镇化建设

资料来源:根据政府文件整理。

第三节　中国城市群战略演化的基本逻辑

在明确了中国城市群战略演化的粗略时间线基础上,本节对其背后演化的基本逻辑展开了分析，主要从治理逻辑、实践逻辑的角度展开，为未来分析中国城市群战略深化的重点和方向奠定基础。

一 从"管理"到"治理"的战略变迁逻辑

西方大都市区治理中"新区域主义"兴起。所谓"单体式"，是指主要强调强权统治、建立科层制机构、划分行政边界的"旧区域主义"（Regionalism）的管理模式；所谓"组团式"，则是指主要强调不同层级和区域政府部门间以合作协商以及其他非正式方式实现协同治理的模式。2006~2019 年中国城市群战略频繁更迭的深层逻辑，理论层面可以追溯至西方关于大都市区治理模式的理论变迁。20 世纪 40 年代，面对过去传统区域管理模式产生的"碎片化"及其带来的管理低效问题，加之区域发展中大都市区作为一种区域发展新形态出现，西方关于大都市问题的研究，至少产生了三个理论学派：以强调"集权"管理为重要特征的"旧区域主义"理论，以及以强调"分权"为特征的公共选择理论和"新区域主义"理论。"新区域主义"理论一定程度上可视为前两个理论在"强权"和"分权"思维上进行调和的产物。其强调在大都市区治理中，各个政府主体之间建立信任、合作与协商的机制，强调在治理中非政府主体的积极参与，如企业、公众和其他社会组织（陈建军等，2018）。总体而言，西方大都市区问题研究的基本变迁逻辑是：传统行政管理的碎片化→旧区域主义→公共选择理论→新区域主义。"新区域主义"这种具有"组团式"治理特征的大都市区治理模式，直到 20 世纪 90 年代才逐渐成为当今世界城市化和区域发展政府干预的主流理论。

中国长期以来区域干预与区域现象之间不匹配。中国在改革开放后很长一段时间内，在区域管理中并没有采用城市群（或大都市区）治理的理念，而是坚持以行政区为单位的政府行为激励，但实际上中国城市群（或称为基本经济区）现象早就出现了。根据冀朝鼎（2016）的观点，①随着中国朝代更替，中国基本经济区依次从黄河下游流域逐渐南迁到长江下游流域，至唐代长江下游流域的统治地位得以形成，而到明清两代珠江

---

① 冀朝鼎 1936 年哥伦比亚大学博士学位论文，2016 年由浙江人民出版社翻译出版。

流域的经济地位也已经相当高。尤其在改革开放后，经济空间中的城市群或基本经济区现象尤甚。很显然，中国长期以来区域管理与区域经济现象本身就是不匹配的。这种不匹配的管理模式后果与西方传统行政管理的碎片化问题的后果几乎如出一辙：区域发展"以邻为壑""同质竞争""恶性博弈"行为频发，区域发展相继出现了"重复建设""原料大战""市场封锁""价格大战"等现象。这种强调地区行政边界的"单体式"区域管理模式，在中国区域问题管理中长期占据统治地位。

20世纪60年代，伴随信息化和经济全球化进程推进，受技术革新、要素流动和产业更新换代等因素影响，中国区域管理受到了西方思潮的深刻影响。一方面，城市作为区域发展的基本单位，很难独立承载越来越细的产业分工、越来越快的科技创新、越来越频繁的国际交流，以及外部环境变化对区域更高效、更高速、更高端、更平衡的需求。另一方面，"旧区域主义"的"单体式"大都市区管理政策思路在西方发达国家或地区屡受质疑，直到西方学者提出"组团式"的"新区域主义"治理模式才得以平息。20世纪90年代，这些讨论在世界范围内产生了较大影响，处于改革开放初期的中国更是如此。而此时，也正是中国城市群现象开始引起学者关注的关键时期，以姚士谋（1992）对中国城市群特征类型和空间布局的分析、顾朝林（1991）对中国经济区划分的分析、方创琳等（2005）对中国城市群体系的分析为开端，西方"新区域主义"在中国城市群问题的研究上产生了较大影响并持续至今。中国作为大都市区问题治理研究的后进国，相比西方国家而言，直接从传统行政管理的"单体式"管理模式过渡到"新区域主义"的"组团式"治理模式，其基本逻辑是：传统行政管理的碎片化→西方"新区域主义"思潮的影响→中国城市群治理引起关注→"新区域主义"城市群战略。

二　中国城市群战略变迁的实践逻辑

受西方"新区域主义"大都市治理思潮的影响，中国的城市群治理并未出现西方那样的治理变迁逻辑，而是从传统行政管理的碎片化直接过渡到"新区域主义"的治理阶段，这种跨越式变迁背后的逻辑是，随着中国与世界经济逐渐融为一体，中国区域治理一方面难以摆脱"新区域主义"西方大都市区治理理论的影响，另一方面又根植于"摸着石头过河"式的政策实践逻辑。

在传统"单体式"行政管理模式下，城市增长差距持续拉大。首先，从城市 GDP 方面看，2001～2017 年中国 36 个主要城市 GDP 的标准差逐年提高，① 2001 年为 1033 亿元，2003 年为 1353 亿元，2005 年为 1913 亿元，2007 年为 2626 亿元，2013 年为 5172 亿元，2015 年为 6042 亿元，2017年为 7421 亿元，提高的速度越来越快（见图 1-2）。其次，从城市人口总量方面看，按 2010 年第六次全国人口普查相对于 2000 年第五次全国人口普查的人口增长率计算，有多达 85 个地级城市出现了人口负增长（张学良等，2016）。最后，从城市的夜间灯光范围变化角度看，按 2013 年相对于 2004年的灯光范围计算，中国共有 86 个收缩的城市，涉及中西部和东北地区的20 个省、自治区。② 中国城市发展差距不断拉大的现象是客观存在的。

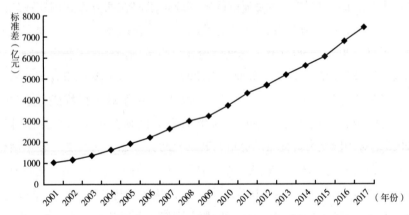

图 1-2　2001～2017 年中国 36 个主要城市年度 GDP 的标准差变化趋势

资料来源：国家统计局主要城市年度数据。

---

① 36 个城市分别为：拉萨、西宁、海口、银川、兰州、呼和浩特、乌鲁木齐、太原、贵阳、南宁、厦门、昆明、南昌、沈阳、哈尔滨、石家庄、长春、福州、济南、合肥、大连、西安、郑州、宁波、长沙、青岛、南京、杭州、武汉、成都、天津、重庆、广州、深圳、北京、上海。

② 全球夜间灯光数据来源于美国国防气象卫星计划（DMSP）于 1976 年开始发射的一系列观测卫星，这些卫星上面搭载了 OLS 传感器，其目的是观测夜晚月光照射下云的密度、温度、分布等信息，因而具有较大的光电放大能力，可观测到城市灯光、火光以及车流灯光。目前在轨运行的卫星包括 F10、F12、F14、F15、F16、F18 六颗。

　　传统"单体式"行政管理模式着眼于"跟上","引领"作用不足。新中国成立以来,中华民族迎来了从"站起来""富起来"到"强起来"的伟大飞跃。① 改革开放后,中国处于"富起来"时代,发展是第一要务,具体到区域层面,可用两个"跟上"概括,即中国跟上世界发达国家发展和内地跟上沿海地区发展。所以改革开放初期,区域治理战略思想主要源于邓小平"两个大局"的战略构想:沿海地区要加快对外开放,使这个拥有 2 亿人口的广大地带较快地发展起来,从而带动内地更好地发展,这是一个事关大局的问题,内地要顾全这个大局;当发展到一定阶段的时候,沿海地区要拿出更多力量来帮助内地发展,这也是个大局。②

　　针对沿海地区发展"跟上"问题,我国实施的主要区域战略有:1980 年设立 4 个经济特区,1984 年开放 14 个沿海城市,1985 年开放长江三角洲,以及 1990 年开发浦东等。这一时期的区域战略实际上与经济战略并无二致,因为其并未体现区域发展战略的空间倾斜特征(蔡之兵,2018)。此后,随着经济发展,区域利益诉求开始分化,由简单的沿海与内地协调发展问题逐渐演变为"四大板块"间的协调发展问题,内地"跟上"沿海地区问题凸显,区域发展战略的空间倾斜特征开始增强,如1999 年提出西部大开发战略,2003 年提出振兴东北老工业基地战略,2006 年提出中部地区崛起战略等。

　　进入新时代以来,中国的发展定位从原来的"富起来"转变为"强起来",在世界竞争格局中的角色也由"追赶者"向"引领者"转变。原来基于"两个跟上"制定的区域战略思路在应对新区域问题(以城市群为单位的世界经济竞争)时,制度优势可能已经丧失,因此必须探索具有中国特色的新区域发展战略。中国传统区域发展的"四大板块"格局,已经转变为包含京津冀协同发展战略、"一带一路"倡议、长江经济带发展战略的"4+3"格局。在此背景下,2014 年以来,在中央依次提出的京津冀协同发展战略、粤港澳大湾区战略、长江经济带发展战略、长三角区域一体化发展战略四大国家发展战略中,城市群建设都成为重要国策。具

---

① 2018 年习近平在庆祝改革开放 40 周年大会上的讲话。
② 《邓小平文选》(第 3 卷),人民出版社,2001,第 277~278 页。

有中国特色的、针对城市群特点的一系列战略和政策，在未来很可能会持续创新。可以预见，城市群战略作为区域战略的一种，将在"引领"国内国际发展方面发挥越来越重要的作用。

传统"单体式"行政管理模式着眼于"地方竞争"，缺乏合作基础。一直以来，地方经济增长竞争是推动中国经济增长的关键因素（周黎安，2004），但也引起了发展模式粗放、区域产业雷同、产能过剩等问题。针对这些问题，中央提出了"去产能"、"加快产业升级"、"加快经济转型"以及"提升经济发展质量"等各种政策。在实施过程中，受官员晋升激励体制、财政分权体制、GDP考核体制等因素的影响，各地方政府"一哄而上""大推进"，在产业选择、经济发展战略和规划制定中往往"一刀切"，忽略发展规律及区域优势，盲目"去产能"，盲目推动"产业转型升级"，从而导致不该"去工业化"的地方过早"去工业化"，这种现象在全国层面、"四大板块"层面、省级层面、城市层面均有出现（魏后凯等，2019）。

中国现阶段过早"去工业化"，除了受到地方竞争引起的"哄而上"的产业升级冲动、"去产能"政策的误解、阶段性产能过剩和要素价格上涨等因素影响外，最重要的原因是地方之间缺乏精诚合作的制度基础。过去针对"城市个体"的发展激励，势必引起地方增长竞争，而且在一定空间范围内的各个地区，由于具有相似的文化背景、要素禀赋和制度背景，很可能引起同质性竞争，从而导致产业发展模式粗放、阶段性产能过剩等问题发生。地方在实施解决这些问题的政策时，也因为缺乏精诚合作的制度基础，处于不同发展阶段地区的地方政府不考虑其阶段性而"一刀切"，过早"去工业化"。城市群战略的一个关键点，就是要先通过正式或非正式的制度安排，建立政府间精诚合作的机制，引导城市群中处于不同发展阶段的大中小城市和小城镇，形成空间结构清晰、城市功能互补、要素流动有序、产业分工协调、交通往来顺畅、公共服务均衡的都市圈，进而推动不同都市圈协同发展，从根本上改变地方政府间只有"竞争"而无"合作"的现实。

1. 新时代城市群战略的环境要求

对中国经济增长的解释，比较有影响的是"地方政府竞争"理论

（张五常，2009），该理论解释了中国政府运行的本质：上下级间的承包关系、同级政府间的竞争关系以及市县政府高度的经济自主权。正是这样的政府运行机制设计，使得地方政府发展经济的能动性被激发，这是我国过去几十年取得经济增长奇迹的重要制度基础。在此背景下，一方面，1997 年、2008 年两次金融危机之间，美国、欧盟两大经济体之间及其内部矛盾不突出，经济相对繁荣；另一方面，中国对内实行的住房改革和土地市场改革对地方政府竞争有强化作用。概括起来，2008 年之前中国政府运行的机制与"外部相对繁荣、内部相对分权"的环境刚好产生了正因果累积效应，这是中国经济腾飞的关键。

但在 2008 年金融危机之后，美国、欧盟两大经济体因各种问题而自顾不暇，印度、东南亚及非洲国家的制造业发展后来居上，给中国制造业发展带来了相当大的压力，而以美国为首的发达国家相继提出了"再工业化"的口号，尤其是 2012 年美国对外战略重心再次回到亚太地区，并大力推动扩大跨太平洋伙伴关系协定（TPP）。同时在国内，住房改革以来的城市土地和住房市场繁荣已渐衰微，劳动年龄人口出现负增长，过去无序的地方政府竞争积累的产能过剩、产业结构雷同、增长粗放等经济增长质量问题开始凸显。面对外部经济环境转向萧条、国内各种制度改革红利的旺盛期过去，曾经的地方政府竞争机制已很难适应新时期的国际国内环境变化。党的十八大以来，为改变中国经济增长路径，改变过去地方政府的竞争模式，中央开始加强宏观调控，其中以"城市群为主体"的区域协调战略最为典型，它打破了以往中央政策的"单体式"思维，而以"组团式"思维代之。① 成熟的城市群内大中小城市和小城镇，争而有序，兼顾效率，讲究公平，有相对完备且独立的产业分工体系和价值链体系及较强的创新能力。无论对内对外，发展城市群、提升城市群竞争力无疑是不二之选。

当前国际环境日趋复杂，单边贸易主义势力迅速扩张，反全球化趋势愈演愈烈，而新冠疫情在全球的蔓延更为世界经济发展蒙上了一层阴影。

---

① 党的十九大报告提出，要以城市群为主体构建大中小城市和小城镇协调发展的城镇格局；"十三五"规划提出建立健全城市群发展协调机制，推动跨区域城市间产业分工、基础设施、生态保护、环境治理等协调联动，实现城市群一体化高效发展。

为此，2020 年 7 月 30 日，中共中央政治局召开会议，对国际国内最新形势作出了准确研判，提出要"加快形成以国内大循环为主体、国内国际双循环相互促进的新发展格局"，并且再次强调"要以新型城镇化带动投资和消费需求，推动城市群、都市圈一体化发展体制机制创新"。① 2020年 8 月 24 日，习近平总书记在经济社会领域专家座谈会上作出重要指示，"要以畅通国民经济循环为主构建新发展格局。推动形成以国内大循环为主体、国内国际双循环相互促进的新发展格局是根据我国发展阶段、环境、条件变化提出来的"。② 要构建国内国际双循环的新发展格局，离不开城市群的建设和升级。以国内大循环为主体就意味着以高质量发展为牵引，挖掘内部需求，更好地满足人民美好生活需要，这成为我国发展的焦点问题（彭小兵等，2020）。推动中国城市群建设，能够最大限度发挥城市群的主体功能，集中人力、资本、资源优势，形成国内经济良性循环，以巨大的内部循环力推动国际循环，再以国际循环推动国内经济持续发展，有效应对国际国内挑战。

2. 新时代城市群战略的内在动力与挑战

改革开放以来，虽然我国形成了以长三角、京津冀、珠三角等为代表的重要城市群，但从全国范围看，城市群数量和质量都还不够，内在动力不足，城市群发展面临诸多挑战。《国家新型城镇化规划（2014—2020年）》强调，进一步提高长三角、京津冀、珠三角等城市群的国际竞争新优势，"在更高层次参与国际合作和竞争，发挥其对全国经济社会发展的重要支撑和引领作用"，同时，"加快培育成渝、中原、长江中游、哈长等城市群，使之成为推动国土空间均衡开发、引领区域经济发展的重要增长极"。③ 在新时代背景下，找准城市群发展的内在动力成为提升城市群竞争力的关键路径。王婧等（2011）通过对中国城市群的综合比较分

---

① 新华社：《中共中央政治局召开会议 决定召开十九届五中全会 分析研究当前经济形势和经济工作 中共中央总书记习近平主持会议》，《党建》2020 年第 8 期。

② 《习近平主持召开经济社会领域专家座谈会并发表重要讲话》，2020 年 8 月 24 日，http：//www.gov.cn/xinwen/2020-08/24/content_ 5537091.htm。

③ 《中共中央 国务院印发〈国家新型城镇化规划（2014—2020 年）〉》，2014 年 3 月16 日，http：//www.gov.cn/gongbao/content/2014/content_ 2644805.htm。

析发现，经济全球化、新型工业化、信息化、交通快速化、新政策是中国城市群发展的五大动力。而于迎（2017）在总结长三角、京津冀、珠三角三大城市群发展经验的基础上，提出了城市群的发展应采用整体性规划引领模式，实施规划引领、创新驱动、协同共赢、绩效保障和生态友好等五大战略。当前中国城市群的发展仍然处于功能重复、过度竞争、协作不足的阶段，要实现城市群跨越式发展，提升城市群内部各城市间以及城市群间的协作程度是重要动力，要逐渐建立城市间分工体系，发挥比较优势。以京津冀城市群为例，交通、信息、行政的一体化可以实现京津冀三大行政区域的资源整合，发挥北京的政治、文化、科技创新优势，天津的先进制造、航运、金融创新优势，河北的物流、产业、生态优势，既有合作又有分工，共同提高京津冀城市群的国际竞争力。

中国城市群发展面临的挑战大致包含以下三个方面。一是城市群之间协作激励不足。城市群并不是孤立的王国，在当前城市群建设中，城市群间，尤其是地理条件、发展基础、发展战略接近的城市间，缺乏有效的协调沟通机制。二是城市群空间范围过大，稀释了国家建设城市群的经济集聚功效。城市群旨在充分发挥其集聚效应和规模效应，在当前许多欠发达城市群建设中，在核心城市集聚能力不强的情况下，过多强调其带动作用和溢出作用。三是地方政府和国家存在的博弈行为，阻碍城市群健康发展。由于国家对城市群的建设是从整体出发的，以城市群整体的利益最大化为目标进行规划，因此地方政府在执行国家政策的时候，会出现利益冲突，从而出于自身利益考虑与中央政府进行博弈甚至交易行为，这会在一定程度上降低国家城市群规划的执行效率，无法达到城市群规划的预期目标。

第四节　城市群溢出效应时空演化的分析框架

"城市群"是指在特定地域范围内，以1个以上特大城市为核心，由至少3个大城市为构成单元，依托发达的交通通信等基础设施网络形成的空间组织紧凑、经济联系紧密，最终实现高度同城化和高度一体化的城市群体。在研究城市群与区域发展的文献中，常见到"溢出效应"一词，它指的是城市群与大中小城市、小城镇发展的相互作用。相关研究最早可追溯至诸多经典的经济地理理论，如中心地理论（Christaller，1933）、增长极理论（Perroux，1950）、城市群理论（Gottmann，1957）。这些理论均认为核心区-外围区之间有两个作用力：极化力（集聚力）和扩散力（辐射力），在经济集聚体演变过程中两作用力此消彼长，呈现不同的集聚形态。从时间演变看，极化效应呈倒 U 形，扩散效应呈 U 形，溢出效应呈 U 形，前者最大值的时间点对应后两者最小值；从空间演变看，影响溢出效应的因素可概括为"溢出端溢出力、传递端通畅力、承接端接受力"三类。对此，学者们主要围绕深化城市群内功能分工（魏后凯，2007）、增强大城市优质要素选择效应与需求关联效应（吴福象等，2008）、优化核心城市与城市群区域的交通联系（肖金成，2015）、增强核心城市对周边城市经济的溢出效应（陆铭等，2012）、提高城市群的投资潮涌效应（赵娜等，2017）展开研究，有主张优化溢出渠道和改善溢出承接（何龙斌，2013）、提升中心城市溢出能力（张先锋等，2014），以及溢出能力、溢出传递、溢出承接均应增强的观点。

以上研究达成了以下基本共识：城市群发展的本质是要素集聚程度的不断提高、核心-外围城市间分工不断加深，而核心-外围城市间的相互作用也可称为空间溢出。从时间演变看，城市群发展必然伴随着中心城市的扩散效应和极化效应的对称变化，溢出效应为扩散效应与极化效应的差，因此也具有相应的时间演变特征，城市群发育的这种特征亦被诸多研究所证实（叶裕民等，2014；方创琳，2011）。根据陈栋生（1993）提出的"经济净溢出"框架，如图 1-3 所示，本书将溢出效应划分为负溢出减弱（$0-t_0$）的 I 阶段、负溢出增强（t_0-t_1）的 II 阶段以及正溢出增强（$t_1-\infty$）的 III 阶段：I 阶段显著特征是中心城市集聚程度逐渐提高并达到最大，中心城市极化效应最强，但溢出效应最弱，城市群处于集聚期；II 阶段显著特征是中心城市的极化效应开始减弱，扩散效应开始增强，二者相抵趋向于零，城市群处于过渡期；III 阶段显著特征是中心城市正溢出效应开始显现，对外围城市的带动效应逐渐增强，城市群处于中心城市带动外围城市的协调期。

而从空间溢出角度看，城市群发展促进区域协调，与和"空间溢出"密切相关的"三个能力"有关。如果将"空间溢出"看成核心城市带动

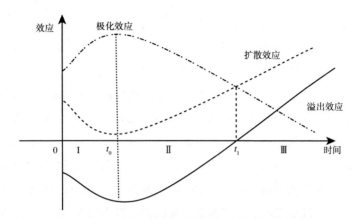

图1-3　城市群核心城市空间溢出效应的时间演变

资料来源：根据陈栋生（1993）提出的"经济净溢出"框架整理。

外围城市发展的一种力，那么这个力会随着距离的增加而衰减，与这个力的传播范围有关的"三个能力"分别是核心城市的"溢出能力"、溢出渠道的"传播能力"以及外围城市的"承接能力"。核心城市的创新能力、产业扩散能力、公共服务扩散能力等决定了溢出能力，而溢出渠道"传播能力"则受核心-外围城市间的市场分割、文化差异、交通基础设施等因素的影响，外围城市"承接能力"则由产业基础、制度基础、市场开放度等因素决定。

　　通过以上分析可知，从时间演变方面看，城市群发展需经过Ⅰ、Ⅱ、Ⅲ三个阶段，且由于空间溢出具有时间演变特性，不同空间的城市群很可能处于不同的发展阶段，为促进城市群发展，不同发展阶段的城市群必然有不同的战略选择。这种空间差异是城市群战略深化的第一种思路。此外，城市群中核心城市对外围城市的影响，即空间溢出，会受到核心城市的"溢出能力"、溢出渠道的"传播能力"，以及外围城市的"承接能力"影响。为促进城市群发展，不同的城市群需要不同的着力点，这"三个能力"的存在为城市群战略深化提供了第二种思路。而实际上，现实中的城市群既是"时间演变"的载体，也是"空间演变"的载体，城市群发展的这种时空演变特征，是探讨深化城市群战略、找寻推进路径的基础。

　　由此可见，处于Ⅰ阶段的城市群，实际上正处于中心城市利用外围城市的资源实现快速发展、增强溢出能力的阶段。虽然可能缩小与其他发达城市的发展差距，但城市群内中心-外围城市间的发展差距是逐渐拉大的。如果将中国所有城市看成以北京、上海和广州为中心，以其余城市为外围的城市群，那么这种发展虽然加剧了群内极化，但能缩小与发达城市的发展差距，有利于发挥中心城市的空间溢出效应。因此，该类城市群战略深化的重心应该是核心城市溢出能力的提升。处于Ⅱ阶段的城市群，经过前一阶段的溢出能力积累后，中心城市扩散效应开始发挥作用，但由于不够强，不足以抵消极化效应，空间溢出能力弱，且在该阶段城市群才开始形成较完善的城市产业分工体系、基础设施网络体系。因此，该类城市群战略深化的重心应该是溢出渠道传播能力的提升。处于Ⅲ阶段的城市群，经过前两个阶段的发展，无论是溢出能力还是传播能力，都得到了一定程度的发展，核心城市虽然还有一定的集聚能力，但扩散效应大于极化效应，此时正溢出效应开始发挥作用，并随着城市功能分工体系、基础设施网络体系的完善，核心城市的空间溢出能力得以增强。因此，该类城市群的战略深化重心应该是外围城市承接能力的提升。

在此，我们绘制了本报告各章节的相互关系和主要内容的架构，总体上本报告遵循提出问题→分析问题→研究结论的思路，从问题提出和分解开始，围绕溢出效应发生的现实基础、时空演变、三大能力、影响因素、空间重塑效应等方面展开问题分析，研究结论部分则主要基于前文结论分析了城市群战略深化重点，并结合国外实践案例，提出未来中国城市群的战略深化方向（见图1-4）。

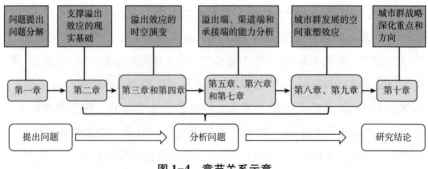

图1-4 章节关系示意

第五节　本章小结

当前中国社会主要矛盾已经转化为人民日益增长的美好生活需要和不平衡不充分的发展之间的矛盾，区域发展不平衡、不充分也将是新时代中国"强起来"而长期面临的治理问题。对此，本书通过对国外区域治理变迁的逻辑、国内实践的逻辑两个方面的分析，并结合学理基础分析，提出了城市群战略深化的异质性特征，试图刻画未来中国城市群的战略深化方向。研究结果表明，京津冀、长三角以及珠三角城市群未来战略深化方向在于，提升城市群外围城市对核心城市溢出效应的承接能力，优化外围城市与核心城市间的产业、空间匹配，以此为"龙头"，协同推进其他战略政策，真正促进区域一体化；长江中游、成渝、哈长、中原、辽中南、海峡西岸、山东半岛和关中平原城市群未来战略深化方向是，打通群内溢出渠道，提升核心城市的传播能力，因为这些城市群核心城市已经有一定溢出能力，因此溢出渠道的完善、传播能力的提升，不但可以加快核心城市发展，也能扩大核心城市辐射范围，壮大城市群；山西晋中、呼包鄂榆、北部湾、黔中、滇中、兰西、宁夏沿黄和天山北坡城市群未来战略深化方向是，通过规划引导城市群核心城市科学发展，协同城市规划，提升城市群核心城市集聚力及未来核心城市对外围城市的空间溢出能力。此外，城市群战略应发挥各地区比较优势，促进各类要素合理流动和高效集聚，加快形成优势互补高质量发展的城市群内空间布局，为推动国内与国际"双循环"提供助力。另外值得关注的是，由于我国城镇化发展由政府主导的特点，城镇化发展的整体政策方向对城市群的健康发展至关重要。城市群发展政策的一致性和连续性对科学规划引导我国城市群的发展、提高我国城市群的国际竞争力具有十分重要的意义。因此，我国的城市群发展战略应立足经济发展的客观规律和我国城市群的发展现状，致力于解决我国城市群发展中的各种现实问题。当然，上述结论是本书立足未来城市群战略深化路径具有差异性的观点而得出的判断，这并不意味着某城市群仅需要采取某方面的战略政策而忽视其他政策，实际上在区域战略政策实施中，战略政策的协同推进也是极为重要的。

第二章　支撑中国城市群溢出效应发生的结构与质量分析

　　城市群溢出效应演变根植于城市群空间结构的演变，而空间结构演变又与城市群总体的发展水平和发展质量有关。本章在整理相关文献基础上，总结了前人的研究，并从国内外两个视野详细分析了中国城市群空间结构和整体发展质量。

第一节　文献梳理与评论

　　在现代城市化进程中，城市发展模式主要有两种：一种是"单体式"，另一种是"城市群"（刘士林，2015；刘修岩等，2021）。随着时代的发展和城市之间竞争形式的转变，"单体式"城市发展所带来的资源配置低效、城市间同质化竞争等问题，使其已经不再适应当今时代发展趋势，取而代之的是"城市群"发展理念。城市群是多个城市的集合体，是以一个或几个城市为中心，向周围其他地区或城市辐射的空间组织形式（顾朝林，2011），依托现代化交通运输方式和通信手段等基础设施而形成的经济联系紧密、空间相对紧凑的高度一体化的城市群体（方创琳，2012）。城市群通过协调区域内城市间的产业分工合作（刘士林，2015），形成优势互补、相互促进、共同发展的格局，有效避免了"单体式"发展带来的资源浪费和恶性竞争。学术界对城市群在经济和社会发展中的重要作用给予了高度评价，认为城市群是国家推动经济增长的重要动力引擎，尤其是在经济全球化的今天，对国家参与国际竞争和全球价值链分工发挥着重要作用（王晓玲，2020）。李洪涛等（2020）从微观、中观和宏观三个角度分析了城市群对区域经济发展的重要作用，他们认为城市群可以突破行政区划的界限，推动区域内统一市场的形成，这有助于发挥区域内各城市的资源禀赋优势，在各城市之间形成合理的产业分工布局，避免城市间产业同质化以及由此带来的恶性竞争，进而推动区域内经济快速发展。由于城市群对经济社会的巨大带动作用，"六五"时期我国就明确提出了构建以上海为核心的"长江三角洲经济区"，这标志着我国城市群规划与建设拉开了序幕。在随后的几个"五年计划"中，城市间协同发展的理念不断被提及并加以完善，一系列关于城市的发展战略及政策不仅为我国城市群发展确定了基本方向，而且奠定了我国城市群建设的空间格局。特别是党的十九大以来，城市群更是成为构建大中小城市和小城镇协调发展的城镇格局的主体，城市群的高质量发展对我国经济增长的重要性不言而喻。

自"十一五"规划首次明确提出"城市群"以来，我国现已初具规模的城市群达到了 19 个。结合 2020 年我国经济社会发展情况来看，我国规划建设的 19 个城市群，其土地面积约占我国国土面积的 30.56%，但这 19 个城市群集中了全国 83.12% 的人口，承载着全国 89.32% 的国内生产总值，① 城市群的高质量发展对我国经济增长的重要性可见一斑。虽然 19 个城市群集中了我国 80% 以上的人口规模以及大部分的经济活动，但是各城市群之间的发展差距巨大，各城市群规模和所处的发展阶段也不尽相同。仍然以 2020 年获得的数据进行分析，在 19 个城市群中，国内生产总值排名前 8 的城市群，国内生产总值之和占全国生产总值的 74.56%，而后 11 个城市群国内生产总值之和仅占全国生产总值的 14.76%，前者的经济水平约是后者的 5 倍，这也与孙正等（2022）的研究相吻合。除了在经济规模方面存在巨大差距外，19 个城市群在人口规模方面同样存在巨大的差距，数据显示，国内生产总值排名前 8 的城市群的人口规模占全国总人口的 64.88%，远远超过后 11 个城市群 18.24% 的占比，这也进一步印证了当前我国区域间经济发展不平衡不充分的特点。研究同样表明，东部沿海地区的城市群拥有更强的综合实力（郭建科等，2021），这是因为

---

① 各城市政府部门网站收集整理。

区位优势为东部地区带来了偏向性政策，形成其经济发展的先发优势，进一步拉大了沿海与内陆城市群之间的差距（Guo & Minier，2021）。学术界对我国城市群研究的重点以及相关文献资料主要集中在京津冀城市群、长三角城市群和珠三角城市群等几个成熟度高、综合实力强的城市群，而对兰西城市群、滇中城市群等培育发展型城市群的关注度较低。以下是对城市群发展研究的文献梳理。

一　在城市群一体化的测度方面

一体化是城市群发展质量的重要体现，准确地评价城市群发展质量主要取决于以下三个方面：选择合适的样本、构建恰当的指标体系以及选取适当的评价方法（刘修岩等，2021）。其中，指标体系的构建是最关键的，梳理文献资料后发现，测度城市群发展质量的指标大致可以划分为两类，分别是单一指标测度和综合指标测度（孙斌等，2022）。其中，综合指标测度体系主要从三个角度展开：经济一体化（或市场一体化）、制度一体化以及功能一体化，除此之外，也有从文化、生态、社会等角度进行测度的。

1. 经济一体化

经济一体化是城市群质量提升的核心（刘耀彬等，2017）。理论上，测量城市群经济一体化可以采用的单一指标方法，主要可以归结为以下三类：相对价格指数法、贸易流法和生产法（张亚丽等，2021），但受限于数据的可获得性以及测度指标合理性等因素的影响，研究国内经济一体化的文献主要采用相对价格指数法。相对价格指数法来源于萨缪尔森的"冰山理论"，其主要思想是，当商品、生产要素等在城市间的流动没有障碍或障碍很小时，商品和要素的价格应该是趋同的，二者价格的比值应该是一个稳定值（李琳等，2017）。因此，文献中常常采用相对价格指数法衡量城市群的经济一体化程度。但在研究具体问题时，在具体变量的选择上又有所不同。例如，研究城市群内部劳动力市场一体化的时候，采用的变量是劳动者的实际工资绝对平均偏差（张亚丽等，2021），而研究商品在城市群内部的流通时，采用的是商品零售价格指数（吕典玮等，2010）。对城市群经济一体化水平进行测度的综合指标方法主要有以下几种：层次分析法、熵值法、模糊综合评价法、因子分析法、变异系数法等。采用这些方法可以更综合全面地测度城市群一体化水平，避免采用单一指标带来的偏差。例如，刘修岩等（2021）采用变异系数法，从制度、经济、文化和功能四个方面测度长三角城市群一体化水平；宋迎昌等（2015）采用因子分析法，从经济、公共服务、基础设施、生态和空间 5 个方面构建测度城市群一体化发展的指标体系，对我国 18 个城市群的一体化水平进行了综合评估；李雪松等（2013）采用层次分析法，对 24 个不同的指标赋予不同的权重。

2. 制度一体化

制度一体化反映的是整个城市群的综合治理能力（汤放华，2018）。城市群包括了多个城市，这些城市不仅在经济规模、人口数量方面存在差异，而且在城市的行政级别上同样存在差异，这种差异会造成城市间协调统一的困难。因此，形成协调统筹各个城市行动的方案十分必要（陶希东，2007）。我国一体化程度较高的城市群或多或少形成了一些协调内部各城市的制度或机制，如市长联席会议制度（刘修岩等，2021），这些措施一定程度上促进了城市群综合治理能力的一体化发展。

3. 功能一体化

功能一体化主要指的是城市群的基础设施完善程度，尤其是交通基础设施的完善度。"一小时经济圈"就是建立在交通基础设施高度发达的基础之上的。城市群内部的交通基础设施通达性越好，商品和要素在城市间的流动性也就越强，因此现有文献资料中，通常通过城市通高铁、高速公路的情况等研究城市群的功能一体化程度（刘修岩等，2021）。

4. 文化一体化

研究还注意到文化差异是影响城市群一体化进程的重要因素。文化产生的认同感会拉近人与人之间的距离，文化相近的城市更可能开展交流合作（刘修岩等，2021；刘士林，2022）。现有的文献研究也表明，文化差异确实会对经济产生显著的影响。方言作为地区间文化差异的重要表现形式，通常被运用于区域一体化水平的研究。以方言为代表，研究表明地区间文化差异确实会对现实经济产生显著的负面效应，突出表现就是区域间市场的分割、交易成本的上升（丁从明等，2018；李红等，2020）。

由于城市群空间广、发展差异大、初始禀赋不一，所以城市群一体化，尤其是经济一体化、制度一体化、功能一体化和文化一体化是城市群发展质量的重要体现。

二　在城市群的发展质量方面

我国经济发展已经进入新常态，经济已由过去的高速增长转变为高质量发展，除了追求量的增长之外，创新、协调、绿色、开放、共享的新发展理念已经逐步融入经济发展的全过程。文献主要从新发展理念的角度对城市群的发展质量进行评价。一般而言，城市群的高质量发展主要考虑外部和内部两个方面：外部方面主要指城市群的规模、空间结构（韩璟等，2021）；内部方面则主要从城市群的经济增长、社会发展、生态环境保护（崔木花，2015；涂建军等，2021）、科技创新水平等角度进行思考。除此之外，文化（刘士林，2022）、公共服务（李磊等，2015；王雪微等，2020）、基础设施（李磊等，2015；赵倩等，2018）也是衡量城市群发展质量的重要指标。

1. 外部指标

城市群空间结构方面，在城市群兴起的背景下，城市之间合理的产业分工有助于优化城市群的空间结构，实现城市群内部的协调发展。城市群空间上的调整优化是城市群高质量发展的重要表现（涂建军等，2021），这里所说的调整和优化是指处理好"集中"和"分散"之间的关系，既不过度集中，也不过度分散（刘士林，2022）。合理安排城市产业布局，规划好城市群空间结构，对推动经济高质量发展十分重要。在我国19个城市群中，被大量研究的主要是成熟度较高的几个城市群，如长三角城市群、成渝城市群等。从空间结构的角度来看，这些城市群面临的主要问题是：城市规模体系不完善，具体表现为缺少中型城市，在城市行政边界处存在与城市连接的"洼地"（涂建军等，2021）。行政边界常常导致区域经济间断（Guo & Minier，2021），我国城市群的发展还未突破行政边界的限制，这也阻碍了城市群实现高质量发展（卢丽文等，2014），未来应出台相关政策，以弥补城市群发展的"短板"，进而改变我国城市群主要呈现的"中心-外围"模式，即核心城市在规模上迅速扩张，而周围城市的规模发展很难达到或接近核心城市的水平（雒占福等，2021）。

2. 内部指标

经济发展方面。衡量城市群高质量发展最重要、最核心的指标依然是经济发展情况。城市群的规模、空间结构等都是为推动经济发展服务的，例如建设交通基础设施的主要目的是加强要素跨区域流动，协调产业资源在城市间的配置（李彦等，2020）。我国城市群在经济发展方面取得了巨大成就，但依然存在问题，其中最关键的就是城市群内部的"极化"现象，即经济活动主要集中在核心城市，对长株潭都市圈（沈玲媛等，2008）、京津冀城市群（李磊等，2015；梁志霞等，2020）的研究都证明了这一点，所折射出的问题就是城市群内部缺少分工合作，其结果就是限制城市群的发展质量（崔木花，2015）。但这种情况已经有所改变，例如雄安新区就是为了疏解北京非首都功能而设立的，相信"雄安经验"可以在未来推广到更多地区，成为带动核心城市周围地区发展的典范。

生态保护方面。生态环境是衡量经济高质量发展的一个重要指标。随着人们对环境的关注度日益提升，绿色发展理念已深入人心，我国已经向世界承诺，在 2030 年前后实现"碳达峰"。因此，在推动经济增长的同时，也要注重生态保护。进入新时代以来，生态环境已经成为衡量城市群发展质量的重要因素。从生态角度对 19 个城市群发展质量进行分析后发现，我国各城市群生态保护情况良莠不齐。尽管京津冀城市群、长三角城市群、珠三角城市群等成熟度较高的城市群内部城市间在生态保护方面存在差异（李磊等，2015；刘楷琳等，2021），整体生态建设还有待进一步提高（安树伟等，2021），但其生态环境建设总体上取得了积极成效（王雪微等，2020）。相较而言，生态脆弱、环境复杂多样的黄河沿岸城市群的生态保护就显得任重而道远了。以关中平原城市群为例，其生态环境脆弱，加之对资源的粗放式开采以及中心城市辐射不足，导致其发展质量的提升举步维艰（秦华等，2021）。位于黄河沿岸的兰西城市群也面临生态保护困难的问题，支离破碎的地形、复杂多样的气候条件导致当地生态保护进展缓慢，发展质量也受到影响（雒占福等，2021）。

创新发展方面。构建现代化经济体系，推动经济高质量发展，需要转变经济增长引擎，实现创新驱动。城市群承载着我国近90%的经济活动，汇集了我国80%的人口，其创新潜力可见一斑，如何把潜力转化为创新成果是实现经济高质量发展的重要课题。城市群的高质量发展必须依靠科技创新（方创琳，2020）。李红等（2021）的研究表明，在新发展理念中，创新对城市群整体发展水平的制约性是最强的，这也表明，创新是推动城市群高质量发展的重要突破口。研究表明，生产要素尤其是人力资本的集聚以及城市间的合理分工，是实现创新发展的重要条件（连俊华等，2021；万陆等，2021）。交通基础设施对创新发展同样具有重要意义，如高铁开通对要素流动具有重要推动作用，这是有助于提高城市群创新能力的（李彦等，2020；叶德珠等，2020）。此外，中心城市的创新能力提升可以对周围城市产生显著的溢出效应，但这需要中心城市经济发展到一定规模之后（万陆等，2021）。我国城市群创新发展效率总体偏低（丁显有等，2019），未来需要从完善基础设施、加强城市群内部分工合作等方面发力，推动创新发展更上一层楼。

协调发展方面。总体而言，非均衡性是我国城市群发展最重要的特征，这种非均衡性不仅体现在城市群之间，也体现在城市群内部的各城市之间。从城市群间来看，各城市群发展差距大，两极分化严重，例如与东部各沿海城市群相比，中西部城市群发展程度偏低、规模较小、发展成熟度不够、创新能力弱（刘楷琳等，2021；李红等，2021）。城市群内部发展的不平衡主要体现为：核心城市与外围城市发展质量差距巨大（李磊等，2015；许永兵等，2020），低质量城市分布在高质量城市周围（梁志霞等，2020），城市群极化效应明显，环鄱阳湖城市群甚至因为过度的极化效应导致副核心城市缺失（谢尚等，2018）。

对外开放方面。得益于独特的地理区位优势和政策扶持，我国东部地区的城市群对外开放时间早、开放程度高。研究表明，对外开放促进了沿海城市群的经济增长，在未来应进一步提高对外开放水平，升级外贸结构（谢守红等，2017），进而实现经济的高质量发展。与沿海城市群相比，中西部城市群的对外开放水平较低，对外开放程度有待进一步提高。

三　在分析中国城市群发展存在的问题方面

发展的不平衡不充分是我国当前面临的主要矛盾，城市群发展过程中所面临的主要问题同样是发展的不平衡和不充分，主要体现在以下几方面。

1. 城市群系统的顶层设计和战略规划相对欠缺

李洪涛等（2020）认为，城市群发展规划可以认为是一种打破行政区划限制的创新制度设计。国外发达城市群的经验表明，经济活动的跨边界发展，使得很多公共性事务不再是单一行政辖区所能单独解决的，比如公共交通问题（陶希东，2007），城市群内部的公共交通服务需要多个地方政府的协调行动和共同努力，但要突破行政区划边界进行总体规划面临重重困难。研究表明，激励地方政府走向合作最重要的动力是各地方政府之间的共同利益（蔡岚，2009；饶常林，2014），但合作过程中存在机会主义和短期利益的诱惑，将导致地方政府偏离最优选择，陷入"囚徒困境"（饶常林，2014）。城市群合作过程中出现的"囚徒困境"具体表现为对合作项目议而不决、决而不行（陶希东，2007；蔡岚，2009）。每年地方政府都会召开协调各方合作的会议，但议题都与过去商讨的议题高度相关，与此形成对比的是，每次签订的合作协议的执行情况却鲜有人问津。究其原因，由于各方利益不一致，各地政府都打着自己的"小算盘"，导致协调机制有名无实，难以发挥应有的作用和功能。除此之外，我国城市之间难以开展有效合作还有其特殊性，主要表现为地方政府在法律地位上的非对等性（陶希东，2007）。由于特殊的行政区划，我国城市群内部既包括行政级别较高的省级政府，又包括中间层级的地市级政府，行政级别参差不齐，这样的行政关系使得行政隶属关系和利益关系变得特别复杂：一方面存在不同的行政区划和行政等级，另一方面缺少有效的跨区域协作机制。二者共同构成了制约我国城市群一体化发展的重要因素（朱一鑫等，2021）。城市群一体化建设已经取得了一些突破，党的十九届四中全会以来，区域政策被纳入国家宏观调控范畴，其重要的制度保障就是协调统一的财政制度安排（吉富星等，2021），财政对推进区域经济一体化、实现区域间经济协同发展的重要性不言而喻。然而，一些城市为了保障自身财税利益，"以邻为壑"的行为仍然广泛存在，这不仅造成了区域间的市场分割，也在一定程度上阻碍了城市群一体化进程的发展（吉富星等，2021）。

2. 城市群内部产业分工不明确

城市间的产业分工是社会分工的空间形式，是经济实现长期增长的动力源泉（王浩等，2008）。城市群合作机制中最难破解，但最关键的是各城市间的产业分工问题（李为，2015）。随着经济的发展，城市间的分工会依次经历工业水平分工、工业垂直分工和功能分工，其中，城市间的功能分工是在城市群内部经济高度发达的情况下出现的分工形式，在该形式下，核心城市主要以发展高新技术产业为主，而外围城市以发展低技术生产制造业为主（马燕坤等，2019）。对城市间产业分工的文献研究主要围绕中心城市与外围城市的产业布局展开，于光妍等（2021）认为，在中心的城市应大力发展服务业，在外围的城市布局、规划和发展制造业，有助于推动城市群整体经济增长。综上可知，如果没有产业上的分工，城市间的优势互补、合作共赢也就无从谈起，也就没有真正意义上的城市群一体化发展。陆铭（2017）研究了区域间产业分工弱化的原因后指出，地方政府相似的产业政策是导致这一问题的原因，其背后的逻辑是地方政府在制定本地区的产业政策时，会将中央制定的产业政策作为重要参考依据，被中央选为政策扶持的产业更有可能被地方政府选为本地区的重点发展产业。长此以往，各地区间的产业结构便逐步趋同化。土地财政视角的研究表明，在当前中央-地方的治理体制下，城市群的发展很难兼顾规模的扩展与产业间的协调分工，由于"晋升锦标赛"，各地都倾向于发展制造业，这导致在城市规模扩展的同时，出现城市与城市之间产业结构同质化的局面（杨孟禹等，2020）。针对这样的现象有人提出，城市群的发展规划应依托各城市自身资源禀赋，立足现有产业现状，结合厂商区位优势等，形成清晰明确的城市产业职能的科学分工布局（李洪涛等，2020）。

3. 城市群内部一体化市场尚未完全建立

作为研究城市群一体化协同发展的重要组成部分，市场一体化是支撑城市群高质量发展的核心（陆颖，2021），是带动区域经济增长的重要动力源泉（杨林等，2017）。因此，市场一体化的发展备受瞩目（李晓欣，2020），文献资料主要关注如何更好测度区域市场一体化水平的方法，并以此评估对城市群一体化发展的影响。陈甬军等（2017）基于政府对促进区域经济一体化具有重要作用这一理论，对政府支出与市场一体化之间的关系进行分析后发现，二者存在倒"U"形关系，并进一步指出，政府的适度干预可以有效促进区域市场一体化发展，但是在政府发挥作用的过程中，应避免用力过猛，"过犹不及"。城市群一体化、市场一体化的重要载体是通达的基础设施，从交通基础设施影响市场一体化的研究发现，我国仍然存在严重的市场分割现象（董洪超等，2020），但水平正在逐步提高（李晓欣，2020）。此外，影响城市群市场一体化的另外一个重要因素是行政因素，研究发现城市的行政级别不同，除了带来上文提到的城市群统一协调规划的困难之外，还会导致城市间要素分配不均等（陶希东，2007）。江艇等（2018）的研究表明，城市的行政级别与其制造业企业的全要素生产率水平具有正相关关系，其原因是行政级别更高的城市在企业补贴、引进人才、融资和税负方面更具有优势。从城市群内部的视角来看，行政级别高的城市凭借自身优势吸引充裕优质的生产要素，行政级别低的城市为提高自身吸引力、实现自身发展所采取的手段和方法，都将一定程度上导致区域内一体化市场的割裂。总之，当前我国城市群还需要从组织体系、规划体系、立法制度、配套机制、监测评估体系等方面推进市场一体化建设。2022 年 4 月中共中央、国务院发布的《关于加快建设全国统一大市场的意见》，为推动建设城市群市场一体化指明了方向。

4. 对文化建设的重视程度不够

我国规划发展的 19 个城市群内部城市"千篇一律"，一个重要的原因就是对城市内部文化认识不足、挖掘不足（侯松等，2022）。我国的城市群除了存在经济发展水平、人口数量规模上的差距外，在文化上同样存在巨大的差异。在对城市群的文献研究中，鲜有涉及对城市群文化差异性的分析。例如，存在以绿洲农业文化、草原游牧文化、中原屯垦文化及域外宗教文化为主的沿丝绸之路分布的西北各城市群，基于巴蜀文化的成渝城市群，以及基于江南文化的长三角城市群（刘士林，2017）。不同的文化不仅是城市群独特性的表现，而且是促进城市群一体化的重要"黏合剂"，当前我国城市群发展面临的一个重要问题是城市群没有形成有效的文化协调联动机制（刘士林，2017），这大大制约了城市群一体化水平和经济发展潜力。长三角城市群注重对文化资源的保护和挖掘，这促进了当地的文化消费，带动了当地的旅游产业发展（侯松等，2022），若其他城市群充分发挥自身文化优势，则可以实现经济增长和内部一体化的"双赢"。

以上是现有文献资料所涉及的关于我国城市群发展过程中存在的一般性问题，当然不同的城市群在发展过程中所面临的问题也存在差异。因此，在推进城市群发展的过程中，我们应该合理借鉴国内外城市群发展的经验，结合自身资源禀赋优势、文化习惯、区位优势等内外部环境条件，找到适合当地城市群高质量发展的中国道路。

第二节　中国城市群基本事实描述与特征

迄今为止，我国共有 19 个城市群，共分为 3 个层次，分别是优化提升层次、发展壮大层次和规划引导层次。各个城市群立足高铁、高速公路和航运等交通运输方式，搭建了交通通信城市网络，基础设施通达度得到质的提升。经济运行、产值密度、对外贸易等因素构建了联系密切的城市群经济，为形成开放、共享、融合的城市群生态环境注入了活力。然而，城市群之间在经济发展水平、中心城市引擎作用、城市群内交通联系、城市规模、城市群集群度等方面还存在较大差异，尤其是沿海城市群和内陆城市群之间。

一　城市群经济的基本事实

我国 19 个城市群行政区域土地面积总量为 293.63 万平方公里，其中占地面积最大的是长江中游城市群，高达 37.02 万平方公里；最小的是山西晋中城市群，仅有 2.33 万平方公里。从城市群常住人口总量来看，19个城市群累计常住人口达 11.82 亿人。2020 年常住人口突破 1 亿的城市群共有 6 个，分别是长三角城市群、山东半岛城市群、京津冀城市群、长江中游城市群、中原城市群、成渝城市群，其中，长三角城市群以 16522 万的常住人口数量，位居 19 个城市群第一；紧随其后的是中原城市群，其

常住人口数量达到 16464 万。人口总量最少的是天山北坡城市群，仅有
0.05 亿人。从各城市群经济总量来看，2020 年我国城市群中经济规模达
到或超过 5 万亿元的有珠三角城市群、海峡西岸城市群、长三角城市群、
山东半岛城市群、京津冀城市群、长江中游城市群、中原城市群和成渝城
市群。如表 2-1 所示，2020 年 19 个城市群总共创造了 90.89 万亿元的
GDP，约占全国 GDP 的 89%。其中，贡献最低的宁夏沿黄城市群，2020
年 GDP 仅 0.36 万亿元；贡献最高的是长三角城市群，2020 年 GDP 达
20.51 万亿元。

表 2-1　2020 年城市群人均 GDP

城市群	城市群 GDP（亿元）	常住人口（万人）	人均 GDP（元）
珠三角城市群	89522	7823	114434
海峡西岸城市群	61140	7350	83184
长三角城市群	205106	16522	124141
山东半岛城市群	73093	10164	71914
京津冀城市群	86521	11040	78370
长江中游城市群	96776	13322	72643
中原城市群	81239	16464	49344
山西晋中城市群	5622	870	64621
成渝城市群	68229	10278	66384
北部湾城市群	20584	4239	48559
黔中城市群	13806	2608	52941
滇中城市群	15541	2338	66483
关中平原城市群	21042	3920	53679
兰西城市群	6043	1434	42144
宁夏沿黄城市群	3568	606	58878
呼包鄂榆城市群	13212	1195	110561
天山北坡城市群	4786	523	91563
辽中南城市群	21888	3282	66691
哈长城市群	21195	4255	49810

资料来源：《中国城市统计年鉴（2021）》。

值得关注的是，有 3 个城市群的人均 GDP 突破了十万元大关，分别
是珠三角城市群、长三角城市群和呼包鄂榆城市群。其中，人口密度最大

的珠三角城市群，其人均 GDP 高达 114434 元，和其他城市群相比，珠三角城市群的经济发展水平较高，居于领先地位。然而，长三角城市群人口密度仅为珠三角城市群人口密度的 54.27%，却创造了最高的人均 GDP，为 124141 元。两相比较，可以看出长三角城市群的经济发展质量比珠三角城市群更高。究其原因，主要有以下两点：一是长三角城市群在高新技术领域的开拓更为深入，高新技术水平和对外交流合作能力更强；二是长三角城市群在创新型人才培养与引进方面做得更为突出，着重利用创新拉动长三角地区 GDP 增长，也扩大了和其他城市群之间的差距，形成经济领先优势。呼包鄂榆城市群人均 GDP 也突破十万元大关，主要原因在于人口和产业两方面因素。呼包鄂榆城市群常住人口较少，仅有 1195 万人，仅为长三角地区人口总量的 7.23%，但该城市群内城市多为传统能源经济强市，能源化工、装备制造、现代农牧等主导产业的产值较高。这两方面因素相互作用，拉动了呼包鄂榆城市群人均 GDP 突破十万元大关。如表 2-2 所示，从单位面积 GDP 来看，2020 年我国 19 个城市群中，珠三角城市群的地均 GDP 水平最高，每平方公里为 16345.38 万元；地均 GDP 最低的是哈长城市群，每平方公里仅为 656.70 万元。呼包鄂榆城市群、宁夏沿黄城市群和兰西城市群都地处中西部，每平方公里 GDP 均低于1000 万元，分别为 756.02 万元、733.33 万元和 764.82 万元。

表 2-2　2020 年城市群单位面积 GDP

城市群	城市群 GDP（亿元）	行政区域面积（平方公里）	地均 GDP（万元/平方公里）
珠三角城市群	89522	54769	16345.38
海峡西岸城市群	61140	187862	3254.52
长三角城市群	205106	213292	9616.21
山东半岛城市群	73093	160628	4550.45
京津冀城市群	86521	215185	4020.77
长江中游城市群	96776	370236	2613.89
中原城市群	81239	285319	2847.31
山西晋中城市群	5622	23300	2412.88

续表

城市群	城市群GDP(亿元)	行政区域面积 （平方公里）	地均GDP （万元/平方公里）
成渝城市群	68229	188823	3613.38
北部湾城市群	20584	113044	1820.88
黔中城市群	13806	131403	1050.65
滇中城市群	15541	126259	1230.85
关中平原城市群	21042	115288	1825.17
兰西城市群	6043	79016	764.82
宁夏沿黄城市群	3568	48655	733.33
呼包鄂榆城市群	13212	174757	756.02
天山北坡城市群	4786	27530	1738.46
辽中南城市群	21888	98140	2230.28
哈长城市群	21195	322747	656.70

资料来源：《中国城市统计年鉴（2021）》。

二　城市群核心城市引擎作用

如表2-3所示，19个城市群的核心城市引擎能力参差不齐，即便是同一城市群内的核心城市也存在明显差异。在19个城市群中，单核心城市群有长三角城市群、中原城市群、山西晋中城市群、北部湾城市群、黔中城市群、滇中城市群、关中平原城市群、宁夏沿黄城市群、呼包鄂榆城市群、天山北坡城市群，其核心城市在城市群GDP中占比分别为19%、15%、74%、23%、31%、43%、48%、55%、21%、70%。山西晋中城市群核心城市GDP占比最高，为74%；天山北坡城市群核心城市GDP占比也较高，为70%；中原城市群核心城市GDP占比最低，为15%。由此可以看出，山西晋中城市群和天山北坡城市群的核心城市引擎作用较强，能够支撑其所在城市群的生产总值，对当地经济发展有较高贡献。然而，长三角城市群和中原城市群的核心城市引擎作用较弱。

双核心或多核心的城市群有9个，分别为珠三角城市群、海峡西岸城市群、山东半岛城市群、京津冀城市群、长江中游城市群、成渝城市群、兰西城市群、辽中南城市群和哈长城市群。其中,山东半岛城市群核心城市 GDP 仅占城市群生产总值的 31%;长江中游城市群核心城市 GDP 仅占城市群生产总值的 35%。两个城市群多中心占比均未过半,可见其核心城市引擎作用较弱。剩余 7 个城市群双核心或多核心城市 GDP 占比均累计过半,兰西城市群双核心城市 GDP 占比最高,为 70%。此外,在双核心或多核心城市群中,即便是同一城市群内的核心城市也存在明显差异,京津冀城市群和兰西城市群最为显著。京津冀城市群为双核心城市群,北京市 GDP 占城市群生产总值的 41.73%,天津市 GDP 占城市群生产总值的 16.28%,二者占比相差 25.45 个百分点。兰西城市群也是双核心城市群,兰州市 GDP 占城市群生产总值的 47.77%,西宁市 GDP 占城市群生产总值的 22.72%,二者占比相差 25.05 个百分点。由此可见,这两个城市群核心城市之间经济发展水平差距过大,核心引擎作用并不均衡。

表 2-3　2020 年城市群核心城市 GDP 及占比

城市群	城市群 GDP(亿元)	核心城市 GDP 占比(%)
长三角城市群	205106	19
长江中游城市群	96776	35
珠三角城市群	89522	59
京津冀城市群	86521	58
中原城市群	81239	15
山东半岛城市群	73093	31
成渝城市群	68229	63
海峡西岸城市群	61140	59
辽中南城市群	21888	56
哈长城市群	21195	62
关中平原城市群	21042	48
北部湾城市群	20584	23
滇中城市群	15541	43
黔中城市群	13806	31
呼包鄂榆城市群	13212	21
兰西城市群	6043	70

城市群	城市群 GDP（亿元）	核心城市 GDP 占比（%）
山西晋中城市群	5622	74
天山北坡城市群	4786	70
宁夏沿黄城市群	3568	55

资料来源：《中国城市统计年鉴 2021》。

三　城市群内交通便捷程度

在 19 个城市群中，珠三角城市群、海峡西岸城市群、京津冀城市群、山西晋中城市群、成渝城市群、黔中城市群、滇中城市群的交通基础设施相对更为完备，城市群内所有城市均建设且开通了高铁。通过使用高德地图，我们粗略计算了核心城市到城市群内其他城市的地理距离和平均通勤时间。核心城市到该城市群内其他城市的平均通勤时间大部分不超过 3 小时（见表 2-4）。这 7 个城市群均有国际机场，国际机场坐落于核心城市，除核心城市建有机场外，部分其他城市也具备优良的航运能力，形成了以核心城市为中心的优良航运网络。相比之下，长三角城市群、山东半岛城市群、长江中游城市群、中原城市群、北部湾城市群、关中平原城市群、宁夏沿黄城市群、呼包鄂榆城市群、天山北坡城市群、辽中南城市群、哈长城市群的交通基础设施较为落后。这 11 个城市群并非群内城市均开通高铁，核心城市到群内其他城市的平均通勤时间在 1~3 小时，但内陆群城市，尤其是位于西部的城市群，由于城市行政区域面积相对更大，一定程度上导致平均通勤时间更长。此外，在这 11 个城市群中，除天山北坡城市群和呼包鄂榆城市群群内所有城市均有国际机场外，其余城市群的国际机场均位于核心城市，并非群内所有城市都配备国际机场。从城市群总体来看，珠三角城市群、海峡西岸城市群、京津冀城市群、山西晋中城市群、成渝城市群、黔中城市群、滇中城市群的交通便捷程度较高，城市群紧凑度更高，高铁、航空、高速构成更为紧密联系的交通网络，其交通运输体系更发达，一定程度上促进了城市群内各城市间的经济合作、文化交流与生产要素流动。

表 2-4　2020 年城市群平均通勤时间

城市群	核心城市	平均通勤时间
珠三角城市群	广州	35 分钟
	深圳	1.00 小时
海峡西岸城市群	福州	2.16 小时
	泉州	2.62 小时
	厦门	2.36 小时
	温州	3.28 小时
	汕头	2.41 小时
长三角城市群	上海	2.27 小时
山东半岛城市群	济南	1.47 小时
	青岛	2.06 小时
京津冀城市群	北京	1.27 小时
	天津	1.84 小时
长江中游城市群	武汉	1.97 小时
	长沙	2.25 小时
	南昌	2.60 小时
中原城市群	郑州	1.52 小时
山西晋中城市群	太原	31 分钟
成渝城市群	成都	1.16 小时
	重庆	1.93 小时
北部湾城市群	南宁	2.37 小时
黔中城市群	贵阳	1.15 小时
滇中城市群	昆明	1.68 小时
关中平原城市群	西安	1.71 小时
兰西城市群	西宁	2.88 小时
	兰州	1.79 小时
宁夏沿黄城市群	银川	1.29 小时
呼包鄂榆城市群	呼和浩特	2.64 小时
天山北坡城市群	乌鲁木齐	2.13 小时
辽中南城市群	沈阳	1.46 小时
	大连	2.45 小时
哈长城市群	长春	3.05 小时
	哈尔滨	2.94 小时

　　资料来源：根据高德地图的两地最短通勤距离，即每个外围城市到核心城市的最短通勤时间的平均值测算。

四 城市群内城市规模体系

由于改革开放的不断深化、城镇化水平的不断提高，城市规模呈现明显的增长态势。这导致原有的城市规模四级划分标准难以适应现实情况，大城市和特大城市呈现过度膨胀的情况。2014 年国务院出台《关于调整城市规模划分标准的通知》，将城市规模划分为五级，以城区常住人口界定城市规模等级，分为超大城市、特大城市、大城市、中等城市和小城市五类。超大城市的人口超过 1000 万；特大城市的人口在 500 万~1000 万；大城市的人口在 100 万~500 万；中等城市的人口在 50 万~100 万；小城市的人口低于 50 万。新规以城市常住人口来界定城市规模等级，符合当地劳动力的实际就业情况和人口的分布情况，能够反映城市吸引力，弱化户籍对获取公共服务的限制。

如表 2-5 所示，我国城市群中共有 7 个常住人口超过千万的超大核心城市，分别坐落于珠三角城市群、长三角城市群、京津冀城市群、成渝城市群。

表 2-5　2020 年各城市群城市规模等级

城市群	核心城市及规模等级		行政区范围内的常住人口			
			≥1000 万人	500 万~1000 万人	100 万~500 万人	50 万~100 万人
珠三角城市群	广州	超大城市	2	2	4	0
	深圳	超大城市				
海峡西岸城市群	福州	I 型大城市	0	7	9	0
	厦门	I 型大城市				
	温州	II 型大城市				
	汕头	II 型大城市				
	泉州	II 型大城市				
长三角城市群	上海	超大城市	1	11	12	0
山东半岛城市群	济南	特大城市	0	8	6	0
	青岛	特大城市				
京津冀城市群	北京	超大城市	2	5	4	0
	天津	超大城市				

城市群	核心城市及规模等级		行政区范围内的常住人口			
			≥1000万人	500万~ 1000万人	100万~ 500万人	50万~ 100万人
长江中游城市群	武汉	特大城市	0	9	21	0
	长沙	特大城市				
	南昌	I型大城市				
中原城市群	郑州	特大城市	0	15	13	1
山西晋中城市群	太原	I型大城市	0	1	1	0
成渝城市群	成都	超大城市	2	2	12	0
	重庆	超大城市				
北部湾城市群	南宁	I型大城市	0	4	6	1
黔中城市群	贵阳	I型大城市	0	3	3	0
滇中城市群	昆明	特大城市	0	2	3	0
关中平原城市群	西安	大城市	0	0	7	1
兰西城市群	西宁	特大城市	0	0	6	0
	兰州	II型大城市				
宁夏沿黄城市群	银川	II型大城市	0	0	3	1
呼包鄂榆城市群	呼和浩特	II型大城市	0	0	4	0
天山北坡城市群	乌鲁木齐	I型大城市	0	0	1	2
辽中南城市群	沈阳	特大城市	0	2	8	0
	大连	特大城市				
哈长城市群	长春	I特大城市	0	1	9	0
	哈尔滨	特大城市				

资料来源：第七次全国人口普查数据。

五 城市群的经济开放程度

对外贸易是建立开放型经济体系的重要组成部分，也是推动国民经济发展的重要力量。对外贸易不仅能促进地区产业结构的升级转型，还是能直接拉动城市经济增长的三驾马车之一。因此，在城市群发展进程中，对外贸易也有着举足轻重的地位。这具体体现在以下几个方面：一是对经济增长拉动贡献大；二是提供了充足的国内市场供给，能够有效地达到释放内需的效果；三是扩大就业和地区税源；四是增强出口竞争力，拓展海外市场。与此同时，对外贸易也能够优化区域内单个城市群或不同城市群之间的资源配置，促进群内城市在高新技术、经济产业、文化等领域的合作与交流，提升对外产业和科技竞争力。

从 2020 年 19 个城市群进出口总额来看，珠三角城市群、长三角城市群、京津冀城市群的对外贸易规模依次为 112615.81 亿元、67676.83 亿元、34966.98 亿元，而呼包鄂榆城市群、兰西城市群、宁夏沿黄城市群的对外贸易规模依次为 362.40 亿元、190.66 亿元、123.02 亿元。这些城市群的对外贸易体量有数百倍之差，这种巨大差距表明城市群发展的空间分异性，沿海城市在进出口方面有巨大优势。珠三角城市群、长三角城市群和京津冀城市群属于外向型经济，这得益于优越的地理区位和交通运输基础设施。这三个城市群位于经济发达的东部沿海地区，人口聚集程度高，人力物力资源丰富。与此同时，这三个城市群在交通层面也具有优势，它们都拥有优质港口，海洋运输产业完善，还有交织成网络的铁路公路，能够向内陆延伸，水陆空三大运输产业基础都相对雄厚，能够吸引到外商投资，也能形成优良的开放型产业。以呼包鄂榆城市群、兰西城市群、宁夏沿黄城市群为代表的内陆腹地城市群，没有先天的地域优势，在交通基础设施建设上也略逊一筹，因此经济表现为内向型经济，进出口总额体量小，对外商投资的吸引力低，对外开放程度也先天不足。不过，随着中国"一带一路"倡议的推进，内陆腹地也迎来了向西开放的新发展机遇，这样的局面在未来有可能扭转。

在对外贸易依存度方面，19 个城市群及其核心城市也呈现各自的鲜明特色。对外贸易依存度能够衡量该城市群在特定时间段内的区域经济开放程度。如果城市群拥有较低的对外贸易依存度，表明该城市群的经济开放程度较低；如果城市群拥有较高的对外贸易依存度，则意味着该城市群经济增长的内部驱动力量较弱，对外部经济的依赖程度较高。通过测算 2020 年 19 个城市群的对外贸易依存度数据（见表 2-6），我们可以发现 19 个城市群的平均对外贸易依存度为 22.09%，共有 7 个城市群超过平均值，其中珠三角城市群的外贸依存度为 75.60%，海峡西岸城市群的外贸依存度为 29.59%，长三角城市群的外贸依存度为 54.10%，山东半岛城市

群的外贸依存度为30.21%，京津冀城市群的外贸依存度为40.41%，北部
湾城市群的外贸依存度为27.24%，辽中南城市群的外贸依存度为
29.45%。尽管这7个城市群的对外贸易依存度高于平均值，但在结构方
面仍有明显差异。京津冀城市群进口依存度为28.57%，出口依存度为
11.85%；辽中南城市群的进口依存度为17.98%，出口依存度为11.47%。
这反映了两个城市群对外部经济的依赖性是较强的，进口对经济的影响远
大于出口。然而，珠三角城市群、海峡西岸城市群、长三角城市群、山东
半岛城市群和成渝城市群的出口依存度都大于进口依存度，出口功能较
强，说明其经济发展对出口有较强依赖性。

整体来看，我国城市群的发展还需要进一步推进，城市间的融合度还
有待进一步强化。从某种程度来说，现有城市群之间的内在联系还不够
强，部分城市间的功能和产业结构呈现交叉重叠状态，甚至出现竞争。我
国城市群还未实现深度融合，仍停留在由若干城市组成的集合层面，对经
济、科技、文化的正向聚合效应还没有得到应有的发挥。与此同时，城市
群发展不协调状况尤为明显。东部沿海城市群和西部内陆城市群，无论是
地区生产总值、交通便捷程度、城市规模还是对外贸易规模，差距仍然较
大。因此，在未来的发展布局中，城市群要加快打造地区经济增长极，形
成支撑区域经济增长的产业，从而在整体上协调国内经济发展态势，缩小
东西部差距。还要以城市群为发展趋势，协调城市发展规模，对城市空间
进行科学规划，推进城乡发展一体化；以城市群为端口，促进跨区域、跨
城市的发展，尤其是群内城市之间在产业分工、基础设施、资源配置等方
面注重协调和优化，力争实现1+1>2的效果。

表2-6 2020年城市群外贸依存度

单位：%

城市群	城市群外贸依存度	进口依存度	出口依存度
珠三角城市群	75.60	29.41	46.19
海峡西岸城市群	29.59	10.33	19.25
长三角城市群	54.10	23.07	31.03
山东半岛城市群	30.21	12.35	17.86

城市群	城市群外贸依存度	进口依存度	出口依存度
京津冀城市群	40.41	28.57	11.85
长江中游城市群	12.27	4.40	7.87
中原城市群	10.48	4.05	6.43
山西晋中城市群	21.90	8.71	13.19
成渝城市群	21.33	8.40	12.92
北部湾城市群	27.24	13.00	14.23
黔中城市群	3.63	0.67	2.95
滇中城市群	16.14	5.13	11.01
关中平原城市群	18.06	8.82	9.24
兰西城市群	3.15	2.32	0.83
宁夏沿黄城市群	3.45	1.02	2.43
呼包鄂榆城市群	2.74	1.45	1.29
天山北坡城市群	10.29	3.60	6.69
辽中南城市群	29.45	17.98	11.47
哈长城市群	12.23	9.62	2.62

资料来源：《中国城市统计年鉴（2021）》。

第三节　国外城市群视野下中国城市群的结构与特征

城市群是工业化和城镇化发展到较高阶段的产物，国外发达国家也普遍采用这种经济组织形式。城市群的集聚效应或扩散效应使得区域内高度一体化发展，解决了大城市的拥挤、产业发展集聚程度低等问题（王鹏等，2016）。国外城市群的发展已经非常成熟，国内虽然有城市群已经列入世界级城市群，但是总体上还处于中期或者初期阶段，并且缺少符合较大城市规模和人文基础的城市群治理理论与经验。因此，将我国城市群与国外城市群进行对比分析，借鉴国外城市群科学的发展模式和治理理论与经验，解决我国城市群在发展过程中的难题，为我国城市群发展治理提供

借鉴。我国 19 个城市群整体上发展差异较大，发展速度、城市群规模等
分别呈现由东向西逐渐变慢和变小的趋势，与国外城市群不易对比分析，
所以本节选择国内发展较好的三大城市群，即京津冀城市群、长三角城市
群和粤港澳大湾区来进行分析。

一 区位优势条件对比

城市群的地理位置和自然条件对城市群区域发展起着决定性作用，本
节选取国内外具有代表性的六个城市群进行对比分析。如表 2-7 所示，
这六大城市群均位于宜居适耕的中纬度平原地带，沿海或依河而立，拥有
配套设施最先进的港口、交通枢纽和国际空港。例如，美国东北部大西洋
沿岸城市群的纽约港、费城港；日本太平洋沿岸城市群的成田、羽田、关
西空港；英伦城市群的伦敦空港、利物浦港等；京津冀城市群地处永定新
河、潮白河和蓟运河三河入海处，东临渤海，拥有天津港、唐山港、秦皇
岛港、黄骅港等港口；长三角城市群位于长江入海口，濒临黄海与东海，
港口众多；粤港澳大湾区位于珠江下游，临近南海。由此可见，这六个世
界级城市群的共同特点是依赖沿海区位优势，拥有良好的港口条件，海运
便利。

表 2-7　国内外六个城市群基本区位概况

城市群	区位特点
英伦城市群	英伦城市群位于英国南部，以伦敦、利物浦为发展轴线向周边扩散，包括伯明翰、曼彻斯特等大城市和许多中小城市。英伦城市群是世界六大城市群中地域面积最小、发展最早、城市密度最大的城市群
美国东北部大西洋沿岸城市群	美国东北部大西洋沿岸城市群分布于美国东北部大西洋沿岸的平原，从南至北一共跨越了 10 个州，起于缅因州，止于南部的弗吉尼亚州，美国东北部所有的大城市几乎都在这个城市群内
日本太平洋沿岸城市群	又名日本东海道城市群，由一条新干线串联起来，包括东京、大阪-神户和名古屋三个大都市圈，以及千叶、横滨、京都等著名城市
京津冀城市群	京津冀城市群位于华北平原北部，北靠燕山山脉，东临渤海，处于环渤海核心地理位置，周边辐射作用明显

城市群	区位特点
长三角城市群	长三角城市群位于我国长江的下游地区,濒临黄海与东海,地处江、海交汇之地,沿江沿海港口众多,自然禀赋优良,区位优势突出
粤港澳大湾区	粤港澳大湾区有着得天独厚的地理优势,位于中国南部,临近南海,是我国沿海开放前沿地区,以泛珠三角区域为广阔发展腹地,交通条件便利,具有连接南亚、东南亚和印度洋、太平洋的优势,是我国对外开放的重要门户

资料来源:根据维基百科与国内城市群发展规划整理。

二 城市群产业分工对比

产业结构的合理化与经济增长有着稳定的关系,随着产业结构的合理化,生产要素从低生产率的部门转移到高生产率的部门,从而促进全社会的生产率提高,为经济增长提供源源不断的动力(干春晖等,2011)。从产业结构的优化来看,世界三大城市群已经实现了从工业经济向服务经济或创新经济的转型,以现代服务业和信息产业为主导,基本进入了服务经济发展阶段。而国内城市群还主要处于工业经济向服务经济转型的阶段,现代服务业的发展还任重道远。从支柱产业来看,我国三大城市群的支柱产业发展不均衡,现代服务业产能较低,还未形成发展优势。

如表2-8所示,世界三大城市群充分按照其城市的自然条件和人文基础,彰显各个城市的优势,各有其经济职能,产业分工合理,协调发展,生产要素在城市群内部流动在提高生产要素利用率的同时,将整个城市群紧密联系在一起,形成更大规模的集聚,产生规模经济。我国的城市群也有类似的特征,例如上海、南京等城市历史上就是经济发达的重要城市,宁波和上海也依托其海运优势充分发挥了运输的重要作用,但与国外发达城市群相比,我国城市群的专业化程度还较低,产业同构现象突出,城市群内重复建设问题和资源分配问题还有待解决。

表2-8　2020年国内外城市群产业分工

城市群	主要城市	主要产业
美国东北部大西洋沿岸城市群	纽约	金融、商贸
	波士顿	高科技、电子、宇航、生物、国防、教育
	华盛顿	金融、旅游
	费城	航空、国防、电子
	巴尔的摩	国防
日本太平洋沿岸城市群	东京	金融、贸易、住宿餐饮、教育文化
	大阪	消费品工业
	名古屋	传统工业、重化工业
	京都	纺织、食品、电机、运输机械、出版印刷、精密机械、丝绸
	神户	零售、服装、制鞋、珍珠加工、医疗
	横滨	钢铁、炼油、化工、造船、贸易、博彩
英伦城市群	伦敦	金融、保险、文创产业、商务服务
	伯明翰	现代冶金、制造、物流、金融、旅游
	利物浦	旅游、商业、贸易
	曼彻斯特	金融、创意媒体、通信、航空、制造
	谢菲尔德	旅游、创意、体育、钢铁
京津冀城市群	北京	数字经济、文化旅游、高端商务、科技创新、生物医药、国际金融
	天津	现代服务、高端制造、航天航空、新能源、人工智能、生物医药、航运物流
	保定	汽车、生物医药、电力智造、纺织服装
	廊坊	先进制造、商务会展、航空物流、信息技术、高端服务、生物医药与大健康
长三角城市群	上海	集成电路、生物医药、人工智能、高端服务、现代金融、信息技术、科技创新
	苏州	高新技术、生物医药和新型医疗器械、新型显示、光通信、装备制造、高端纺织
	杭州	文化、旅游休闲、金融服务、生命健康、高端装备制造
	南京	汽车、钢铁、石化新材料、电子信息、医药与生命健康、人工智能、集成电路、智能电网
	宁波	化工新材料、节能与新能源汽车、集成电路、光学电子、智能家电、时尚服装

续表

城市群	主要城市	主要产业
粤港澳大湾区	香港	金融、商贸、科技、航运
	澳门	旅游休闲
	广州	金融、商贸、信息技术、生物医药与健康智能、新能源汽车
	深圳	电子信息、人工智能、生物医药、新材料、新能源汽车
	佛山	装备制造、智能家居、新材料、电子信息、生物医药与健康
	东莞	电子信息、机电装备、金属加工、纺织服装、造纸、化工、玩具及文体用品、包装印刷
	珠海	白色家电制造、灯具制造、纺织服装、电器机械

资料来源：课题组根据网络资料与城市群发展规划整理。

三 城市群内公路通勤对比

完善的交通基础设施可以有效降低区域内的运输成本，促进区域内的要素流动，进一步扩大城市群的辐射效应和扩散效应，增强城市群一体化的发展。世界三大城市群的交通基础设施发展历史悠久，已经形成了全覆盖的网格化交通空间格局。例如，美国东北部大西洋沿岸城市群的运输方式以公路交通为主、以轨道运输为辅，高度发达的公路交通系统增强了城市之间的联系，对城市群的发展起到了重要作用。而日本太平洋沿岸城市群的主要运输方式是轨道交通，以新干线为主的轨道交通网络将城市群内的三大都市圈连接起来，降低了人力与资源的流动成本，促进了日本东海道沿岸带状产业带的发展与形成。本节根据谷歌地图粗略计算了各个城市群的中心城市到其他城市的驾车距离和最短通勤时间，如表2-9所示，这六大城市群通勤时间普遍较短，且国外三大城市群的驾车距离与通勤时间都比国内三大城市群长，国内城市群内各主要城市都建有机场和高铁站，通勤时间基本在120分钟之内，表明国内基础设施在城市群内的覆盖情况领先于三大国外城市群。当然，由于交通基础设施覆盖情况与城市群空间格局密切相关，所以国外城市群通勤时间较长有可能与其空间格局均为条带状相关。

表 2-9　2020 年城市群内公路通勤情况

中心城市	到达地	驾车距离（公里）	通勤时间（分钟）
伦敦	曼彻斯特	340	141
	利兹	314	133
	伯明翰	206	84
	谢菲尔德	268	130
纽约	波士顿	344	217
	费城	153	74
	巴尔的摩	303	144
	华盛顿	364	180
东京	大阪	502	150
	名古屋	352	100
	京都	457	134
	神户	525	184
	横滨	36	24
北京市	天津市	137	60
	保定市	157	71
	廊坊市	56	51
	石家庄市	292	97
	唐山市	179	100
上海市	苏州市	100	51
	杭州市	183	75
	南京市	305	89
	宁波市	232	124
	无锡市	134	58
	合肥市	466	141
广州市	香港特别行政区	186	129
	澳门特别行政区	137	150
	深圳市	139	59
	珠海市	127	60
	佛山市	35	48
	惠州市	142	75
	东莞市	68	47

资料来源：根据谷歌地图整理。

四 中心城市的引擎作用对比

中心城市在城市群发展的过程中起着主导作用，是周围地区经济增长的动力源，是城市群的人力和产业集聚的引力，可以通过创新扩散、信息传播和产业关联效应等带动周围地区的经济发展（王召东等，2007）。首位度高的中心城市拥有较强的辐射扩散作用，它的快速发展可以推动整个城市群的发展进程。在城市群发展中，世界城市群的中心城市在城市群的经济发展中起着主导作用，它集现代化的商业金融职能、外贸门户职能、文化先导职能等于一身，对地区、城市群乃至国家的经济发展起着支配作用。例如，美国东北部大西洋沿岸城市群，其中心城市纽约是世界经济和金融的枢纽之一，为城市群中的其他城市提供资金支持，以及传媒、交通运输等重要的对外联系途径；英国的英伦城市群，其中心城市伦敦是英国的政治经济文化中心；日本太平洋沿岸城市群的中心城市东京作为日本的政治经济文化中心，GDP 占城市群 GDP 的 62.73%，人口密度高，发挥着极强的引擎作用。本书根据城市群内几个主要城市的 GDP 数据，粗略评估了中心城市对城市群的引擎作用，如表 2-10 所示，国内城市群的中心城市 GDP 占城市群 GDP 比重较低，中心城市不强的特点较为突出。

表 2-10 2020 年国内外六大城市群中心城市核心作用概况

城市群	中心城市	GDP 占城市群比重（%）	城市群区域面积（平方公里）
英伦城市群	伦敦	52.20	45000
美国东北部大西洋沿岸城市群	纽约	55.46	138000
日本太平洋沿岸城市群	东京	62.73	10000
京津冀城市群	北京	42.73	215185
长三角城市群	上海	18.87	213292
粤港澳大湾区	香港	22	56000
	澳门	3	
	广州	20	
	深圳	23	

资料来源：OECD 官网、美国经济分析局与《中国城市统计年鉴（2021）》。

五 城市群空间分布对比

在单中心空间结构情况下，城市群具有较强集聚效应和规模效应，可以有效促进全要素生产率的提高（张浩然等，2012），而多中心空间结构可以缓解城市群的拥挤效应，促进城市群内部协调发展（田成诗等，2022）。多中心空间结构的城市群的特点是多个城市协调发展，齐头并进，各个中心城市各有所长，并且有不同的职能分工；单中心空间结构的城市群，其核心城市拥有非常发达的经济，能辐射带动城市群内其他城市发展。世界三大城市群都具有较为完善的城市等级体系，特大中心城市有着极强的辐射带动作用，是城市群人口和产业集聚的引力中心，二线城市与中心错位发展，能够保持其原本的优势和较大的规模。国内的三大城市群，如京津冀城市群，中心城市北京发展较快，对周围城市的生产要素集聚效应明显，形成垄断规模，而城市群内其他城市规模较小，还不能很好承接北京的产业转移，城市群人口分布差异较大，中小城市发展较为缓慢。如表 2-11 所示，国内外城市群依据城市群的历史沿革和区位优势形成各有优势的空间结构，国外三大城市群在空间形态上均为条带状，而国内城市群则为圈状、带状混合分布。

表 2-11 2020 年城市群空间结构概要

城市群	空间结构	空间形态	城市组成
英伦城市群	单中心	条带状	以伦敦为中心，以伦敦-利物浦为中心轴线，包括伦敦、利物浦、曼彻斯特、利兹、伯明翰、谢菲尔德等多个城市
美国东北部大西洋沿岸城市群	单中心	条带状	以纽约为核心，由波士顿、费城、华盛顿和40多个中小城市共同组成，历经几百年市场经济发育，是世界上首个被认可，也是实力最强的城市群
日本太平洋沿岸城市群	多中心	多圈层连接而成的条带状	包含以东京、大阪、名古屋地区为主要核心的三个都市圈，是日本经济最发达的地带，是日本政治、经济、文化、交通的重要枢纽

城市群	空间结构	空间形态	城市组成
京津冀城市群	单中心	一核、双城、三轴、四区、多节点、两翼	一核即北京市,双城即北京、天津,三轴为京津发展轴、京保发展轴、京唐发展轴,四区为中部核心功能区、东部滨海发展区、南部功能拓展区和西北部生态涵养区,多节点包括城市群内多个重要城市节点,两翼为北京通州城市副中心、河北雄安新区
长三角城市群	单中心	一核、五圈、四带	积极发挥上海市龙头带动的核心作用和区域中心城市的辐射带动作用,依托交通运输网络培育形成多级、多类发展轴线,推动南京都市圈、杭州都市圈、合肥都市圈、苏锡常都市圈、宁波都市圈的同城化发展,强化沿海发展带、沿江发展带、沪宁合杭甬发展带、沪杭金发展带的聚合发展
粤港澳大湾区	多中心	极点带动、轴带支撑	在发展过程中,形成了以香港、澳门、广州、深圳四大中心城市为区域发展的核心引擎,带动周边重要节点城市发展的空间格局

资料来源:根据城市群内各城市政府官网数据整理。

第四节　中国城市群发展质量评价及其空间差异

国家"十一五""十二五""十三五""十四五"四个五年规划纲要连续把城市群作为推进新型城镇化的空间主体,国家"十三五"规划纲要提出在全国建设 19 个高质量发展的城市群;党的十七大、十八大、十九大报告连续把城市群作为新的经济增长极;《全国主体功能区规划》把城市群作为重点开发区和优化开发区;2013 年底召开的首次中央城镇化工作会议和《国家新型城镇化规划(2014—2020 年)》也把城市群作为推进国家新型城镇化的空间主体,提出以城市群为主导,构建大中小城市与小城镇协调发展的城镇格局。由此可见,城市群是未来经济发展格局中最具活力和潜力的核心地区,主宰着国家经济发展的命脉,城市群如何高质量发展是亟待解决的一个问题，而要解决这个问题，首先需要对城市群现阶段的发展质量进行评价，然后根据评价有针对性地提出未来城市群高质量发展的方向。

一　城市群发展质量评价指标体系构建

通过对有关城市群发展质量评价方面的文献进行梳理，发现方创琳等（2005）通过计算中国城市群发育程度指数，认为中国城市群总体发育程度低且差异很大。方创琳等（2008）还通过对选取的23个城市群紧凑程度进行分析，认为中国城市群紧凑度总体不高且空间差异性大，城市群综合紧凑度与城市群发育程度呈现高度的正相关性。另外，适度的紧凑度是城市群综合效益最大化的集中体现，城市群紧凑度过高、过低都不利于城市群的健康发展。欧阳志云等（2009）构建了城市绿色发展评价体系，为我国城市绿色发展规划、决策和研究提供了参考。宋吉涛等（2006）依据中心地理论，采用CAS空间分析及分形理论技术，对中国城市群空间结构稳定性进行了定量研究，对促进城市群内部节点按照合理的空间组织构架进行配置、增强城市群空间组织的有效性、提高城市群空间组织结构的运行效率提供了指导。根据这些研究成果，本书拟通过构建城市群发育程度指数、城市群紧凑度、城市群城市规模体系和城市群绿色发展程度等指标来对城市群发展质量进行综合评价。另外，2018年11月18日，中共中央、国务院发布的《关于建立更加有效的区域协调发展新机制的意见》指出，要围绕努力实现基本公共服务均等化、基础设施通达程度比较均衡、人民基本生活保障水平大体相当的目标，加快形成区域协调发展新机制，促进区域协调发展，以此为依据可以构建城市群协调发展程度评价体系。此外，还可以根据第一财经研究院与复旦大学联合发布的《中国城市和产业创新力报告》中的城市创新指数和历年各城市年末专利授权总量来构建城市群创新能力指标，支撑对城市群发展质量的评价。总而言之，本书拟构建如下6个指标来对城市群发展质量进行评价，具体见表2-12。

表 2-12　城市群发展质量评价指标

项目	一级指标
城市群发展质量	城市群发育程度指数
	城市群紧凑度
	城市群城市规模体系
	城市群创新能力
	城市群协调发展程度
	城市群绿色发展程度

　　考虑到经济发展水平、交通通道、经济外向度、工业化程度等指标在城市群结构体系的形成中起着关键作用，参考方创琳等（2005）计算的中国城市群发育程度指数，通过综合比较，选用表 2-13 所示指标作为衡量城市群发育程度指数的指标，具体数据来源于《中国城市统计年鉴》《中国城市建设统计年鉴》和 EPS 数据库。参考方创琳等（2008）计算的城市群紧凑程度构建了城市群紧凑度评价体系（见表 2-14），数据来源于《中国城市统计年鉴》。

表 2-13　城市群发育程度指数

一级指标	二级指标	评价维度
城市群发育程度指数	城市群经济发展水平指数	(1) 城市群内城市人均 GDP 标准差 (2) 城市群内城市居民人均收入标准差
	城市群城市网络发展指数	(1) 城市群内城市人均道路面积的标准差 (2) 城市客运量占城市群客运量比重的标准差 (3) 城市货运量占城市群货运量比重的标准差
	城市群的经济外向度指数	城市群进出口总额占 GDP 的比重
	城市群的城市化水平指数	城市群非农业人口占城乡总人口的比重
	城市群的产业成长指数	(1) 城市群专业化程度（区位熵）① (2) 城市群多样化程度（赫芬达尔指数）

---

①　区位熵 =（城市群工业总产值/城市群国内生产总值）/（全国工业总产值/全国国内生产总值）。

表 2-14　城市群紧凑度

一级指标	二级指标	评价维度
城市群 紧凑度	城市群产业紧凑度	产业集中度指数
		产业结构集中指数
		产业空间效率指数
	城市群空间紧凑度	空间相互作用指数
		人口密度指数
		城镇密度指数
	城市群交通紧凑度	加权通达指数
		非加权通达指数
		交通空间紧凑指数

城市规模体系本质上是衡量一个国家各城市规模的离散程度（唐为，2016）。有不少文献运用齐夫定律对我国城市规模分布体系的现状进行了估计（王小鲁，2010；梁琦等，2013；余吉祥等，2013；唐为，2016；李松林等，2017）。李松林等（2017）采用夜间灯光数据来测度城市的规模，发现我国城市规模分布并不服从齐夫定律，而是呈现明显的扁平化特征。唐为（2016）以建制市为口径，并使用城镇常住人口作为城市规模的衡量指标，研究发现我国城市体系集中度低于世界平均水平。因此，本节采用地级市常住人口数据来衡量城市群的规模，运用齐夫定律来估计城市群城市规模体系；城市群创新能力由城市群内城市被授权专利数的标准差来衡量。

计算齐夫指数的方程如下所示。

$$\ln y = \ln A - \partial \ln x \qquad (2-1)$$

其中，x 指人口规模水平，y 指该城市人口规模在所有城市中的排名，∂ 为齐夫指数。[①]

2018 年 11 月 18 日，中共中央、国务院发布的《关于建立更加有效

[①] 若齐夫指数为 1 或接近 1，城市群内的城市规模分布符合齐夫定律；若指数大于 1，城市群内城市的规模分布比较集中，大城市突出；若指数小于 1，城市群内城市人口分布较为分散，中小城市成熟。

的区域协调发展新机制的意见》指出，要围绕努力实现基本公共服务均等化、基础设施通达程度比较均衡、人民基本生活保障水平大体相当的目标，加快形成区域协调发展新机制，促进区域协调发展。基于此，我们建立了城市群协调发展程度评价体系（见表2-15），数据来源于《中国城市统计年鉴》和《中国城市建设统计年鉴》。

表2-15　城市群协调发展程度

一级指标	二级指标	评价维度
城市群协调发展程度	基本公共服务发展	文化:每万人公共图书馆藏书量(册、件);博物馆数(个)
		卫生:医院、卫生院数(家);医院、卫生院床位数(张);医生数(人)
		环境:人均绿地面积(平方米)
		交通:每万人拥有公共汽车数(辆)
	基础设施通达程度	公路里程(公里);人均城市道路面积(平方米)
	人民基本生活保障水平	职工平均工资(元);地方财政一般预算内收入(万元);人均GDP(元)

本节参考欧阳志云等（2009）建立的城市绿色发展评价体系构建了城市群绿色发展程度评价体系（见表2-16），数据来源于《中国城市统计年鉴》、《中国城市建设统计年鉴》和《中国环境统计年鉴》。

表2-16　城市群绿色发展程度

一级指标	评价维度
城市群绿色发展程度	人均公园绿地面积(平方米)
	建成区绿地率(%)
	建成区绿化覆盖率(%)
	城镇生活污水处理率(%)
	生活垃圾无害化处理率(%)

二 各指标计算结果分析

（一）城市群发育程度指数

为衡量城市群区域内经济发展水平和差距，通过城市群经济发展水平指数、城市群城市网络发展指数、城市群的经济外向度指数、城市群的城市化水平指数、城市群的产业成长指数等 5 个指标来衡量城市群的发育程度。

1. 城市群经济发展水平指数

城市群的经济发展水平由城市群内城市人均 GDP 标准差和城市群内城市居民人均收入标准差两个指标进行度量，详细数据分别见表 2-17 和表 2-18。城市群内城市人均 GDP 不均衡程度由大到小依次为：天山北坡城市群、京津冀城市群、珠三角城市群、长三角城市群、山东半岛城市群、呼包鄂榆城市群、海峡西岸城市群、长江中游城市群、辽中南城市群、哈长城市群、兰西城市群、关中平原城市群、山西晋中城市群、中原城市群、滇中城市群、黔中城市群、成渝城市群、宁夏沿黄城市群、北部湾城市群。天山北坡城市群的人均 GDP 差异最大，城市群发育程度不高，其中克拉玛依市的人均 GDP 与石河子市和乌鲁木齐市差距过大，因此拉高了标准差。

表 2-17　2020 年城市群内城市人均 GDP 标准差

单位：元

城市群	标准差
天山北坡城市群	47414.49
京津冀城市群	36300.83
珠三角城市群	36173.97
长三角城市群	32296.31
山东半岛城市群	31239.28
呼包鄂榆城市群	30410.78
海峡西岸城市群	28999.40
长江中游城市群	23620.56
辽中南城市群	21521.28

续表

城市群	标准差
哈长城市群	20548.59
兰西城市群	18442.28
关中平原城市群	18042.86
山西晋中城市群	17594.00
中原城市群	17444.02
滇中城市群	16612.71
黔中城市群	14863.92
成渝城市群	14266.17
宁夏沿黄城市群	13924.37
北部湾城市群	12370.84

资料来源：历年《中国城市统计年鉴》、各市统计年鉴。

城市群内城市居民人均收入被认为是消费开支的最重要决定性因素，可以用来衡量地区居民生活水平的变化情况。由表 2-18 可知，长三角城市群、珠三角城市群和海峡西岸城市群的人均收入标准差超过 10000 元。这表明三个城市群的城市居民人均收入差距过大，居民生活水平不均衡。山西晋中城市群内城市居民人均收入标准差最小，这表明该城市群居民生活水平最为均衡，其根源在于，该城市群只有太原和晋中两个城市，且两个城市 GDP 和人口数量相差较小。

表 2-18 2020 年城市群内城市居民人均收入标准差

单位：元

城市群	标准差
长三角城市群	14006
珠三角城市群	13232
海峡西岸城市群	11193
京津冀城市群	9905
滇中城市群	9168
山东半岛城市群	8772

续表

城市群	标准差
长江中游城市群	7649
呼包鄂榆城市群	7393
宁夏沿黄城市群	7264
兰西城市群	7161
辽中南城市群	6365
关中平原城市群	6046
北部湾城市群	5482
哈长城市群	5388
中原城市群	5034
天山北坡城市群	4739
成渝城市群	3473
黔中城市群	2430
山西晋中城市群	1201

资料来源：历年各市统计年鉴。

2. 城市群城市网络发展指数

城市群城市网络发展指数由城市群内城市人均道路面积的标准差、城市客运量占城市群客运量比重的标准差和城市货运量占城市群货运量比重的标准差 3 个指标进行度量，由此来判断城市群的交通基础设施建设程度、交通便捷度以及经济发达程度。表 2-19 为城市群内城市人均道路面积的标准差，能够直观反映城市群内城市交通拥挤程度。我们能直观地了解到，天山北坡城市群和宁夏沿黄城市群人均道路面积标准差较大，这表明两个城市群内存在人口过度聚集的城市，区域内人口要素分布不均匀。

表 2-19　2020 年城市群内城市人均道路面积的标准差

单位：平方米

城市群	标准差
天山北坡城市群	18.81
宁夏沿黄城市群	9.92
珠三角城市群	5.13

续表

城市群	标准差
滇中城市群	4.58
山东半岛城市群	4.23
呼包鄂榆城市群	3.93
关中平原城市群	3.88
北部湾城市群	3.59
哈长城市群	3.49
长三角城市群	3.38
兰西城市群	3.28
辽中南城市群	3.24
长江中游城市群	3.11
京津冀城市群	2.78
中原城市群	2.45
黔中城市群	2.28
成渝城市群	2.14
海峡西岸城市群	1.72
山西晋中城市群	1.39

资料来源：历年《中国城市统计年鉴》。

中国 19 个城市群以公路运输为主、以水路运输和航空运输为辅的交通基础设施网络已初步成形，公路交通网络都比较发达，拥有较强的公路运输能力，但在区域内城市间进行比较，仍有优劣之分。表 2-20 和表 2-21 分别是城市客运量占城市群客运量比重的标准差和城市货运量占城市群货运量比重的标准差。从客运量层面来看，长三角城市群标准差最小，城市群内城市客运量差距最小，公路旅客运输能力相差无几，共同发挥着交通枢纽的功能。长江中游城市群、中原城市群和山东半岛城市群的标准差数值相同，且都很小，这意味着三个城市群的内部公路对旅客运输的承载能力相似，三个城市群的交通便捷程度差别不大。呼包鄂榆城市群、天山北坡城市群、滇中城市群、黔中城市群、山西晋中城市群的标准差较大，且与其他城市群的差距均很大。这表明这几个城市群内有作为交通枢纽的城市，而其他城市的客运功能较弱，城市群内部交通便捷程度具有较大差异，城市群发展不均衡。从货运量层面来看，山西晋中城市群内的太原市和晋中市的公路货运量差距最小，城市群该项标准差仅有0.005%。两个城市的公路货运承载能力相差不大，发展最为均衡。相比之下，滇中城市群就是另一个极端，其城市货运量占城市群货运量比重的标准差最大，城市群内部的公路货运承载能力极不协调，发展不均衡。

表 2-20　2020 年城市客运量占城市群客运量比重的标准差

单位：%

城市群	标准差
长三角城市群	0.02
长江中游城市群	0.03
中原城市群	0.03
山东半岛城市群	0.03
海峡西岸城市群	0.04
辽中南城市群	0.05
京津冀城市群	0.06
哈长城市群	0.06
关中平原城市群	0.07
北部湾城市群	0.08
兰西城市群	0.08
宁夏沿黄城市群	0.09
珠三角城市群	0.09
成渝城市群	0.10
呼包鄂榆城市群	0.19
天山北坡城市群	0.19
滇中城市群	0.19
黔中城市群	0.23
山西晋中城市群	0.25

资料来源：历年《中国城市统计年鉴》和各市统计年鉴。

表 2-21　2020 年城市货运量占城市群货运量比重的标准差

单位：%

城市群	标准差
山西晋中城市群	0.005
中原城市群	0.02
长三角城市群	0.03
长江中游城市群	0.04
山东半岛城市群	0.04
辽中南城市群	0.05
关中平原城市群	0.06
海峡西岸城市群	0.08
哈长城市群	0.08
北部湾城市群	0.08
宁夏沿黄城市群	0.08
兰西城市群	0.09
成渝城市群	0.11
京津冀城市群	0.15
天山北坡城市群	0.15
珠三角城市群	0.16
黔中城市群	0.17
呼包鄂榆城市群	0.19
滇中城市群	0.21

资料来源：历年《中国城市统计年鉴》和各市统计年鉴，城市货运量为公路货运量。

3. 城市群的经济外向度指数

"十四五"时期我国进入新发展阶段，习近平总书记指出要坚定不移全面扩大开放，推动建设开放型世界经济，推动构建人类命运共同体。"深化改革扩大开放"是经济发展的重要方向，打造外向型经济是城市群地区经济持续、健康、快速发展的重要手段。外贸活动能够带动地区经济发展，对外贸易也能够判断一个地区经济的开放程度。本书通过测算城市群对外贸易依存度来衡量城市群的经济外向度。城市群进出口总额占GDP 的比重能直观反映该地区经济对对外贸易的依赖程度。从表 2-22 可以看出，珠三角城市群的比重最大，高达 76%，珠三角地区对外贸的依赖程度最高，对外贸易在该地区经济中具有重要地位，也反映了该城市群市场对外的开放程度最高。相反，宁夏沿黄城市群、兰西城市群和呼包鄂榆城市群的比重相同且均为 3%，这反映了其经济发展中对外贸易的贡献度较低，当地市场对外贸的依赖程度较小。

表 2-22　2020 年城市群进出口总额占 GDP 的比重

单位：%

城市群	比重
珠三角城市群	76
长三角城市群	55
京津冀城市群	40
海峡西岸城市群	30
山东半岛城市群	30
辽中南城市群	29
北部湾城市群	27
山西晋中城市群	22
成渝城市群	21
关中平原城市群	18
长江中游城市群	13
哈长城市群	12
天山北坡城市群	10
中原城市群	10
滇中城市群	4
黔中城市群	4
宁夏沿黄城市群	3
兰西城市群	3
呼包鄂榆城市群	3

资料来源：EPS 数据库和各市统计局网站。

4. 城市群的城市化水平指数

城市群城市化水平通过城市城镇人口占城乡总人口的比重进行衡量，国家统计局公布的《中华人民共和国 2020 年国民经济和社会发展统计公报》指出，2020 年末常住人口城镇化率超过 60%，城乡区域协调发展正在稳步推进。从表 2-23 能够看出，有 14 个城市群城镇化率超过 60%，分别是天山北坡城市群、珠三角城市群、山西晋中城市群、辽中南城市群、长三角城市群、呼包鄂榆城市群、宁夏沿黄城市群、海峡西岸城市群、京津冀城市群、山东半岛城市群、哈长城市群、长江中游城市群、成渝城市群、兰西城市群。这几个城市群城市化保持较快发展速度，对我国新型城镇化建设发挥了巨大推动作用。其中，天山北坡城市群比重最大，高达89%；珠三角城市群次之，高达87%。这两个城市群城市化水平较高，区域间城市化水平差异较小，区域发展较为平衡。

表 2-23　2020 年城市群非农业人口占城乡总人口的比重

单位：%

城市群	比重
天山北坡城市群	89
珠三角城市群	87
山西晋中城市群	78
辽中南城市群	77
长三角城市群	76
呼包鄂榆城市群	75
宁夏沿黄城市群	69
海峡西岸城市群	66
京津冀城市群	66
山东半岛城市群	63
哈长城市群	63
长江中游城市群	62
成渝城市群	62
兰西城市群	61
滇中城市群	58
关中平原城市群	58
黔中城市群	55
北部湾城市群	54
中原城市群	54

资料来源：历年《中国城市统计年鉴》和各市统计年鉴。

5. 城市群的产业成长指数

城市群的产业成长指数由城市群专业化程度和多样化程度两个指标进

行度量，使用区位熵来衡量城市群专业化程度，使用赫芬达尔指数来衡量城市群多样化程度（见表2-24）。从城市群专业化程度来看，19个城市群中有10个城市群的区位熵大于1，其中呼包鄂榆城市群的专业化程度最高，海峡西岸城市群和宁夏沿黄城市群次之；京津冀城市群和北部湾城市群的专业化程度较低，其中京津冀城市群是因为主要以服务业为主导，工业产业占比较低。从多样化程度来看，山西晋中城市群赫芬达尔指数最高，这说明该城市群的产业集中度最高，该区域内企业规模分布不均匀程度高。

表2-24 2020年城市群专业化程度和多样化程度

城市群	专业化程度	多样化程度
	区位熵	赫芬达尔指数
珠三角城市群	1.056441	0.21
海峡西岸城市群	1.182633	0.10
长三角城市群	1.024506	0.08
山东半岛城市群	1.034956	0.09
京津冀城市群	0.740867	0.22
长江中游城市群	1.073723	0.06
中原城市群	1.082213	0.05
山西晋中城市群	1.021406	0.61
成渝城市群	0.993499	0.21
北部湾城市群	0.754378	0.13
黔中城市群	0.922345	0.22
滇中城市群	0.944018	0.27
关中平原城市群	0.984055	0.27
兰西城市群	0.876791	0.30
宁夏沿黄城市群	1.141187	0.37
呼包鄂榆城市群	1.306973	0.26
天山北坡城市群	0.939732	0.53
辽中南城市群	1.026224	0.21
哈长城市群	0.831957	0.19

资料来源：历年《中国城市统计年鉴》和各市统计年鉴。

（二）城市群紧凑度

1. 城市群产业紧凑度

城市群产业紧凑度指的是各城市按一定的技术联系进行产业分工合作，实现经济上的相互合作、互利共赢。其计算公式如下。

$$I_{CC} = \sqrt{\sum_{i=1}^{n} \frac{(x_i - \bar{x})}{n-1} \frac{\sum x_i}{n}}, x_i = \frac{\sum M_i^2}{GDP_i} \tag{2-2}$$

其中，M_i 为第 i 个城市的工业增加值，GDP_i 为第 i 个城市的 GDP。城市群内部各城市间的产业分工、产业的空间配置情况、产业链间的联系情况等方面的因素直接影响城市群产业紧凑度。表 2-25 是全国 19 个城市群的产业紧凑度。

表 2-25 2020 年城市群产业紧凑度

城市群	城市群产业紧凑度
珠三角城市群	0.792416
海峡西岸城市群	1.214785
长三角城市群	0.490584
山东半岛城市群	4.125327
京津冀城市群	1.085616
长江中游城市群	0.543289
中原城市群	1.141784
山西晋中城市群	0.839466
成渝城市群	0.575603
北部湾城市群	1.010771
黔中城市群	1.228027
滇中城市群	6.060298
关中平原城市群	0.783507
兰西城市群	0.90788
宁夏沿黄城市群	0.643251
呼包鄂榆城市群	2.782964
天山北坡城市群	1.023003
辽中南城市群	1.157556
哈长城市群	1.596227

资料来源：红黑人口数据库。

2. 城市群空间紧凑度

城市群空间紧凑度是指城市群内部各种生产要素在空间上的集聚程度，是衡量土地集约利用和空间产出效益的核心指标，城市群空间紧凑度也决定了城市群形成和发育程度。表 2-26 是我国 19 个城市群的空间紧凑度，其计算公式如下。

$$I_{sp} = \sqrt{\frac{\sum_{i=1}^{n}(x_i - \bar{x})^2}{n-1} \frac{\sum x_i}{n}} \quad , x_i = a_j \frac{P_i}{A_i} \qquad (2-3)$$

其中，a_j 为不同城市等级的权重（通过熵技术支持下的专家群民主决策法计算获得），j 为 1~5，即超大城市、特大城市、大城市、中等城市和小城市五个等级，相应的权重分别为 0.36、0.28、0.20、0.12 和 0.04。P_i 为第 i 个地级市的总人口，A_i 为第 i 个地级市的面积。

表 2-26 2020 年城市群空间紧凑度

城市群	城市群空间紧凑度
珠三角城市群	8.131
海峡西岸城市群	0.483
长三角城市群	0.661
山东半岛城市群	0.116
京津冀城市群	0.272
长江中游城市群	0.108
中原城市群	0.162
山西晋中城市群	0.158
成渝城市群	0.132
北部湾城市群	0.0678
黔中城市群	0.0528
滇中城市群	0.0188
关中平原城市群	0.119
兰西城市群	0.0921
宁夏沿黄城市群	0.0659
呼包鄂榆城市群	0.0298
天山北坡城市群	0.0747
辽中南城市群	0.0432
哈长城市群	0.0118

资料来源：红黑人口数据库。

3. 城市群交通紧凑度

城市群交通紧凑度是衡量紧凑度的广义指标之一，是从通达性角度衡量城市群内节点城市交通联系便利程度的指数，通过节点城市数量、交通距离、区域范围体现城市群内节点间的交通联系，进而反映城市群的紧凑程度。表 2-27 是我国 19 个城市群的交通紧凑度，其计算公式如下。

$$I_{tt} = \frac{\sum_{j=1}^{n} (T_{ij} \cdot \sqrt{GDP_j \cdot P_j})}{\sum_{j=1}^{n} \sqrt{GDP_j \cdot P_j}} \tag{2-4}$$

其中，T_{ij} 为外围城市 i 到达中心城市 j 所花费的最短时间；$GDP_j \cdot P_j$ 为评价系统范围内某区域中心和活动目的地 j 的社会经济要素流量。

表 2-27 2020 年城市群交通紧凑度

城市群	城市群交通紧凑度
珠三角城市群	0.389811
海峡西岸城市群	1.175208
长三角城市群	1.4636
山东半岛城市群	1.074405
京津冀城市群	0.660213
长江中游城市群	1.34152
中原城市群	1.254566
山西晋中城市群	0.05896
成渝城市群	0.531359
北部湾城市群	1.944211
黔中城市群	0.874274
滇中城市群	1.026167
关中平原城市群	0.877984
兰西城市群	1.156197
宁夏沿黄城市群	0.612946
呼包鄂榆城市群	2.106837
天山北坡城市群	0.547115
辽中南城市群	1.306852
哈长城市群	1.776417

资料来源：红黑人口数据库。

（三）城市群城市规模体系

齐夫指数计算结果如表 2-28 所示，我国 19 个城市群的城市规模分布普遍比较集中，有 13 个城市群的齐夫指数大于 1，其中呼包鄂榆城市群的城市规模分布最为集中，黔中城市群和天山北坡城市群的齐夫指数较小，说明根据计算结果，我们可以认为其中小城市发展差距不大，规模分布较分散。

表 2-28　2020 年城市群规模体系的齐夫指数

城市群	齐夫指数
珠三角城市群	0.9865
海峡西岸城市群	1.5463
长三角城市群	1.0357
山东半岛城市群	1.3847
京津冀城市群	1.2554
长江中游城市群	1.1491
中原城市群	1.1016
山西晋中城市群	1.5281
成渝城市群	0.9621
北部湾城市群	0.8964
黔中城市群	0.4245
滇中城市群	1.0782
关中平原城市群	0.8006
兰西城市群	1.5349
宁夏沿黄城市群	1.0563
呼包鄂榆城市群	2.2778
天山北坡城市群	0.4756
辽中南城市群	1.0668
哈长城市群	1.0461

资料来源：课题组根据历年《中国城市统计年鉴》数据计算。

（四）城市群创新能力

在改革开放 40 余年中，中国经济的高速增长主要借助劳动力等要素而非技术进步。但随着劳动力成本提高、市场竞争加剧，经济增长转向高质量发展，创新成为经济发展的重要驱动力。城市群经济发展也需要依靠创新，将创新力作为未来发展的重心。表2-29为中国19个城市群的创新能力指数标准差，其中珠三角城市群、京津冀城市群和长三角城市群标准差位居前三，分别达到73394.63、58204.06和37843.78。这三个城市群属于第一梯队，其他城市群与之相差甚远。这也意味着，这三个城市群内部的城市差距过大，创新能力极其不均衡。呼包鄂榆城市群的创新能力指数标准差最小，仅为1106.30，说明呼包鄂榆城市群内部差距不大，创新能力比较均衡。

表2-29　2020年创新能力指数标准差

城市群	标准差
珠三角城市群	73394.63
京津冀城市群	58204.06
长三角城市群	37843.78
成渝城市群	19949.73
海峡西岸城市群	16851.96
关中平原城市群	14660.95
山东半岛城市群	14015.18
长江中游城市群	11199.68
中原城市群	8751.95
滇中城市群	7565.18
辽中南城市群	7471.06
山西晋中城市群	6838.43
哈长城市群	6274.93
黔中城市群	5838.24
兰西城市群	3522.69
北部湾城市群	3508.92
宁夏沿黄城市群	3151.11
天山北坡城市群	2624.07
呼包鄂榆城市群	1106.30

资料来源：《中国城市统计年鉴》。

（五）城市群协调发展程度

1. 基本公共服务发展

根据城市群协调发展程度评价体系，本节计算了基本公共服务发展程度的指数。如表 2-30 所示，根据每万人公共图书馆藏书量和博物馆数的标准差来衡量城市群基本公共服务发展的文化方面发展程度，其中天山北坡城市群、关中平原城市群、成渝城市群与呼包鄂榆城市群的每万人公共图书馆藏书量标准差明显大于其他城市群，城市群内文化发展差距较大；同时，京津冀城市群、成渝城市群、关中平原城市群、长三角城市群的博物馆数标准差也明显大于其他城市群。

表 2-30　2020 年基本公共服务发展文化方面标准差

城市群	每万人公共图书馆藏书量 （册、件）	博物馆数 （个）
	标准差	标准差
珠三角城市群	6882.19	21.69
海峡西岸城市群	6755.17	13.22
长三角城市群	7102.10	31.40
山东半岛城市群	4345.80	20.42
京津冀城市群	8235.03	47.31
长江中游城市群	3486.19	15.31
中原城市群	2265.99	18.47
山西晋中城市群	2510.18	1.50
成渝城市群	19742.35	42.08
北部湾城市群	8552.35	3.08
黔中城市群	1219.07	5.36
滇中城市群	1648.99	12.73
关中平原城市群	18281.34	37.36
兰西城市群	8244.13	9.26
宁夏沿黄城市群	1926.01	4.00
呼包鄂榆城市群	26731.53	11.99
天山北坡城市群	15866.88	2.00
辽中南城市群	4654.92	7.55
哈长城市群	2639.54	12.35

资料来源：历年《中国城市统计年鉴》和各市统计公报。每万人公共图书馆藏书量＝全市公共图书馆藏书量/（全市常住人口÷10000）。

在基本公共服务发展的卫生方面，一些城市群的卫生发展均衡程度与资源、地理禀赋并不匹配。如表2-31所示，发展最不均衡的依然是成渝城市群，其次是京津冀城市群、长三角城市群与珠三角城市群，这三个城市群虽拥有地理和资源上的优势，也是国内发展较好的三大城市群，但是城市群内卫生方面的发展差距过大，医疗资源主要集中在核心城市，而其他的中小城市卫生发展较为滞后。

表2-31　2020年基本公共服务发展卫生方面标准差

城市群	医院、卫生院数（家）	医院、卫生院床位数（张）	医生数（人）
	标准差	标准差	标准差
珠三角城市群	72.17	25494.98	17387.78
海峡西岸城市群	34.13	9090.45	7352.65
长三角城市群	96.17	28985.74	16455.25
山东半岛城市群	100.87	16108.90	9980.12
京津冀城市群	175.09	27215.25	27911.98
长江中游城市群	69.77	16314.58	8209.08
中原城市群	86.04	16522.76	8172.07
山西晋中城市群	31.50	14142.00	8709.00
成渝城市群	226.09	44318.00	24054.95
北部湾城市群	40.65	11783.03	7425.48
黔中城市群	78.35	11568.78	5970.02
滇中城市群	108.48	19207.77	11504.23
关中平原城市群	98.30	16368.74	10407.73
兰西城市群	22.94	7554.91	4185.33
宁夏沿黄城市群	19.25	4784.13	3680.74
呼包鄂榆城市群	4.24	3171.12	1883.56
天山北坡城市群	61.50	14177.50	7668.50
辽中南城市群	77.00	18560.45	9533.86
哈长城市群	83.80	21922.82	9266.38

资料来源：历年《中国城市统计年鉴》和各市统计公报。

衡量基本公共服务发展的环境与交通方面的测度，如表2-32所示。环境方面，辽中南城市群的标准差最大，城市群环境发展均衡度较低，此外，珠三角城市群、长三角城市群与宁夏沿黄城市群的标准差也较大，其余城市群发展较为均衡；交通方面，珠三角城市群的发展均衡度最低，主要是由于其资源集中于核心城市，滇中城市群与兰西城市群的城市群内交通发展均衡度也较低。

表 2-32　2020 年基本公共服务发展环境与交通方面标准差

城市群	人均绿地面积(平方米)	每万人拥有公共汽车数(辆)
	标准差	标准差
珠三角城市群	36.46	5.66
海峡西岸城市群	9.45	1.93
长三角城市群	27.64	2.23
山东半岛城市群	11.98	2.27
京津冀城市群	10.32	2.84
长江中游城市群	7.79	2.26
中原城市群	4.86	1.12
山西晋中城市群	2.78	2.57
成渝城市群	5.19	1.51
北部湾城市群	15.99	1.94
黔中城市群	11.74	1.59
滇中城市群	6.88	2.96
关中平原城市群	8.41	1.93
兰西城市群	7.32	2.91
宁夏沿黄城市群	26.41	1.60
呼包鄂榆城市群	15.26	2.65
天山北坡城市群	21.02	0.17
辽中南城市群	45.91	1.78
哈长城市群	15.02	2.20

资料来源：《中国城市统计年鉴》与《中国城市建设统计年鉴》。

2. 基础设施通达程度

本节根据公路里程与人均城市道路面积两个指标测算基础设施通达程度，计算结果如表 2-33 所示。从公路里程看，天山北坡城市群的基础设施通达程度群内差距较小，发展较为均衡；标准差较小的依次为宁夏沿黄城市群、兰西城市群与辽中南城市群，其他城市群则标准差较大，其中成渝城市群标准差最大，主要原因是其中心城市重庆市属于直辖市，公路基础设施发展较为完善，其公路里程约为成都市的 6 倍，从而导致城市群内的基础设施通达程度不均衡。

表 2-33　2020 年基础设施通达程度

城市群	公路里程（公里）	人均城市道路面积（平方米）
	标准差	标准差
珠三角城市群	4721.58	4.85
海峡西岸城市群	5226.44	6.01
长三角城市群	5947.03	6.72
山东半岛城市群	7656.86	5.80
京津冀城市群	4570.64	5.40
长江中游城市群	8805.96	5.92
中原城市群	7806.02	7.08
山西晋中城市群	4449.00	4.53
成渝城市群	40241.46	6.42
北部湾城市群	6044.71	8.49
黔中城市群	10587.25	4.91
滇中城市群	4302.75	4.59
关中平原城市群	4530.65	4.21
兰西城市群	2944.20	4.23
宁夏沿黄城市群	2670.00	9.87
呼包鄂榆城市群	11001.91	15.75
天山北坡城市群	872.00	17.93
辽中南城市群	3743.42	4.34
哈长城市群	7599.17	4.89

资料来源：《中国城市建设统计年鉴》。

3. 人民基本生活保障水平

本节根据职工平均工资、地方财政一般预算内收入与人均 GDP 三个指标来度量城市群的人民基本生活保障水平（见表 2-34）。人民基本生活保障水平发展较不均衡的城市群依次为京津冀城市群、长三角城市群、珠三角城市群与成渝城市群，差距较大的部分都体现在中心城市地方财政一般预算内收入的标准差上。

表 2-34 2020 年人民基本生活保障水平

城市群	职工平均工资（元）	地方财政一般预算内收入（万元）	人均 GDP（元）
	标准差	标准差	标准差
珠三角城市群	20031.15	11234616.92	36173.97
海峡西岸城市群	14332.52	2289646.10	28999.40
长三角城市群	21068.71	13736862.80	34497.05
山东半岛城市群	12727.60	2940068.06	31239.28
京津冀城市群	30343.15	14239104.29	36300.83
长江中游城市群	10243.25	2721262.11	23980.78
中原城市群	7961.74	2086050.69	15668.51
山西晋中城市群	7090.50	1048615.00	17594.00
成渝城市群	9848.78	5722518.00	13924.51
北部湾城市群	7597.51	943248.99	12370.84
黔中城市群	35666.30	1267162.49	16423.98
滇中城市群	5533.10	2385309.18	16927.94
关中平原城市群	12009.97	2067273.37	18042.86
兰西城市群	10420.14	899165.44	19048.41
宁夏沿黄城市群	5162.57	570989.40	13924.37
呼包鄂榆城市群	6507.31	1313725.60	30410.78
天山北坡城市群	15319.00	1566744.00	49278.50
辽中南城市群	11668.14	2491521.06	21521.28
哈长城市群	12029.98	1342543.66	21492.22

资料来源：《中国城市统计年鉴》和各城市统计公报。

（六）城市群绿色发展程度

该指标体系计算结果如表 2-35 所示。其中，生活垃圾无害化处理率方面，珠三角城市群、长三角城市群、山东半岛城市群、长江中游城市群与天山北坡城市群已经实现生活垃圾 100%无害化处理；其余四个指标各个城市群发展都比较均衡。总体来看，哈长城市群的绿色发展程度较低，呼包鄂榆城市群次之，而天山北坡城市群的发展程度最高，其他 16 个城市群的发展程度差距不大，发展程度相当。

表 2-35　2020 年城市群绿色发展程度

城市群	人均公园绿地面积（平方米）	建成区绿地率（%）	建成区绿化覆盖率（%）	城镇生活污水处理率（%）	生活垃圾无害化处理率（%）
	标准差	标准差	标准差	标准差	标准差
珠三角城市群	2.88	2.07	1.26	1.38	0.00
海峡西岸城市群	1.51	2.21	1.97	1.51	0.09
长三角城市群	2.45	1.99	2.09	1.08	0.00
山东半岛城市群	4.16	2.26	2.29	0.47	0.00
京津冀城市群	3.38	3.04	2.86	1.17	0.01
长江中游城市群	2.38	4.17	3.88	1.61	0.00
中原城市群	2.20	2.60	2.55	1.18	0.25
山西晋中城市群	1.15	1.12	2.13	2.71	0.08
成渝城市群	1.42	1.59	1.78	1.15	1.48
北部湾城市群	5.28	2.32	1.69	1.31	0.20
黔中城市群	3.55	0.23	0.31	1.09	6.32
滇中城市群	1.05	1.60	1.43	1.16	1.90
关中平原城市群	1.44	2.00	1.53	1.68	0.51
兰西城市群	2.30	5.04	3.85	0.54	0.53
宁夏沿黄城市群	4.92	0.99	4.92	1.96	0.22
呼包鄂榆城市群	8.25	2.31	2.91	1.60	0.82
天山北坡城市群	0.98	1.28	1.59	1.55	0.00
辽中南城市群	1.05	3.08	3.22	1.64	4.56
哈长城市群	1.69	4.56	5.40	13.76	1.69

资料来源：《中国城市统计年鉴》与《中国城市建设统计年鉴》。

三　中国城市群发展质量评价结果分析

上文所构建的城市群发展质量评价指标体系，由于不同的指标自身的量纲不同，数量级存在较大差异，所以本节先对指标进行标准化处理，再通过加权计算城市群发展质量评价指标，结果如表 2-36 所示（指数越小，发展质量越高）。呼包鄂榆城市群、山西晋中城市群、滇中城市群与海峡西岸城市群的指标得分位列前四，说明这些城市群发展质量不高；京津冀城市群的指标得分最低，城市群发展质量最高。我们发现，发展质量较高的城市群均处于东部，其自然资源、交通便捷度等条件都处于比较优势地位，此外，我国 19 个城市群间的发展质量差距较大，城市群总体发展不均衡。

表 2-36　2020 年城市群发展质量评价指标

城市群	指标得分
京津冀城市群	0.4030
珠三角城市群	0.4483
长三角城市群	0.4677
成渝城市群	0.4794
黔中城市群	0.4939
天山北坡城市群	0.5078
哈长城市群	0.5292
关中平原城市群	0.5424
长江中游城市群	0.5547
宁夏沿黄城市群	0.5636
辽中南城市群	0.5770
北部湾城市群	0.5864
中原城市群	0.5874
兰西城市群	0.6067
山东半岛城市群	0.6105
海峡西岸城市群	0.6181
滇中城市群	0.6242
山西晋中城市群	0.6687
呼包鄂榆城市群	0.6884

资料来源：根据《中国城市统计年鉴（2021）》与各城市政府统计公报数据计算。

第五节　本章小结

本章根据前人研究，总结相关文献构建了城市群发展质量评价指标体系，计算并分析了我国 19 个城市群的发展质量情况，并重点对评价指标的二级指标进行了详细分析，并基于我国 19 个城市群的特征事实，与国外三大城市群进行了对比分析。研究发现，我国城市群经济总规模发展较好，有 3 个城市群的人均 GDP 突破了十万元大关，但是城市群的核心城市引擎能力参差不齐，差距较大；从城市群内交通便捷程度看，大部分城市群的核心城市到城市群内其他城市的平均通勤时间在 3 小时以内，拥有优良的交通网络；城市群空间格局呈现多样化特征，单中心与多中心共存；与国外城市群相比，我国城市群虽然交通基础设施完善、区位优势明显，但是产业分工不合理、核心城市带动作用弱的问题还比较突出；根据城市群发展质量评价指标计算结果，其中京津冀城市群、珠三角城市群与长三角城市群发展质量较高，中西部城市群发展质量较低，总体上 19 个城市群之间发展质量差距较大，城市群发展质量并不均衡。

第三章 中国城市群溢出效应的时间演变特征及分类比较

在前一章分析中国城市群基本事实和主要空间结构特征的基础上，本章进一步从城市群总体角度，探讨了中国城市群溢出效应的时间演变特征以及各类型城市群之间的溢出效应异质性。

第一节 文献梳理与评述

城市群是城市发展到成熟阶段的最高空间组织形式，其发展形成空间格局的过程可以分为两个阶段：空间集聚和空间扩散，即通过自身的不断成长，形成新的集聚点，进而发挥城市群溢出效应，向周围输送和扩散自己的势能，带动周边城市快速发展。很多学者对城市群溢出效应的相关理论基础及结构进行了研究，本节从城市群溢出效应理论研究、空间溢出效应测算及空间结构演化三个方面对城市群溢出效应的文献进行梳理。

一 城市群溢出效应理论研究的文献梳理

1. 增长极理论

法国经济学家佩鲁（Perroux，1950）提出了"增长极"概念，增长极可以描述为，如果把发生支配效应的经济空间视为力场，那么位于这个力场中的推进型单元就是增长极。它常被用于解释在地理空间上经济增长不是均匀发生的，而是以不同强度呈点状分布，通过各种渠道影响区域经济增长。增长极既可以是推进型产业部门，也可以是具有区位优势的区域。该理论的主要观点在于，区域的经济发展是较少数发展较好的产业或地区所带动的，应着重培养这样的产业或地区成为经济的增长极。

弗里德曼（Friedman，1966）认为，增长极对其所在区域的影响可分为正向、负向和不正不负的中性效应。正向效应是指向外溢出效应，缪尔达尔（Myrdal，1957）将这种正向效应称为扩散效应，扩散效应是指经济相对发达地区对欠发达地区经济发展所产生的推动作用，是增长极向欠发达地区扩散的效应。欠发达地区通过这种效应从增长极中获取各要素资源，在刺激本地发展的同时，还能够提供追赶中心地区发展的动力。负向效应是指增长极所产生的负外部性，表现为各生产要素向增长极回流和聚集的趋势，缪尔达尔称之为回流效应，赫希曼（Hirschman，1958）称之为极化效应，它会加重发达地区与欠发达地区间经济发展的不平衡性。增长极同样也具有综合效应，即净效应，综合效应取决于扩散效应与极化效应的强度和出现的时间段，这与区域发展的经济水平、产业结构、要素流动趋势等息息相关。佩鲁认为，极化效应促成各种生产要素向增长极的回流和聚集；扩散效应促成各种生产要素从增长极向周围不发达地区扩散。在发展的初级阶段，极化效应是主要的，当增长极发展到一定程度后，极化效应削弱，扩散效应加强。增长极效应是多种效应的复合体，如上游下游效应、集聚效应和互利效应等。

2. 点-轴理论

点-轴理论最早由我国学者陆大道（1984）提出，认为点-轴结构是区域空间内两个或多个增长极在轴上的组合。增长极理论中的推进型单元可能是多个，当这些单元呈现带状时，便演化为点-轴开发模式。点-轴理论是以中心地理论为基础，利用集聚与扩散两种力在空间经济客体上的两种运动倾向，形成点-轴开发模式。首先从集聚中心开始逐渐向外扩散到邻近区域，一些基础设施在沿线发展的过程中形成了基础设施束。然后这些基础设施束又构成了新的区域集聚中心，进一步促进基础设施束的扩散。沿着这些基础设施束形成的发展轴，欠发达地区得以发展较低等级的基础设施束，之后由较低等级的基础设施束又发展成经济水平较高、产业结构较好、生产效率较高的发展轴，而最初的基础设施束将形成更大的经济区和产业集聚区，由多个发展轴构成的立体网络结构便是点-轴开发模式（陆大道，2001；陆大道，2002）。点-轴开发模式是增长极理论的外延，适合点-轴开发模式的区域首先要有多个增长极，其次应该具备良好的基础交通网络。点-轴开发模式在区域经济发展的初期作用是促进重点区域经济的快速崛起，当经济水平提高到一定程度时，较低级别的中心地以及轴线出现，区域开发也逐步转移到较低水平的轴线中，进一步缩小地区经济发展的差距。

3. 核心-边缘理论

核心-边缘理论是解释区域从互不相关且经济发展不平衡到相互联系且具有平衡性的区域开发与发展理论。核心-边缘理论由多个学者研究而成，其中，缪尔达尔（Myrdal，1957）和赫希曼（Hirschman，1958）对核心-边缘理论进行了全面论述，弗里德曼（Friedman，1966）对该理论进行了完善与补充。在核心-边缘理论中，一个区域由核心区和边缘区两个系统组成，核心区代表了经济较为发达的区域，边缘区代表了经济发展较为落后的区域，核心区与边缘区共同组成了完整的空间系统。该理论强调核心与边缘区域存在一种支配与依赖关系。其中，在区域经济发展的初期，核心区对边缘区有支配性，而边缘区对核心区有依赖性，随着经济的进一步发展，核心区对边缘区的控制效应会进一步加强，但边缘区经济的发展也会使扩散效应进一步增强，形成新的核心区，新核心区的形成也有可能取代原有的核心区。核心区与边缘区之间的空间演变，不仅受自然地理环境的约束和社会经济活动的影响，还要受到区域空间联系的影响，空间联系越紧密，核心区覆盖范围越广，核心区与边缘区之间的差距越小。

4. 空间相互作用理论

海格特（Haggett，1972）提出空间相互作用理论，该理论重点关注人口、资金、信息等要素在不同区域间流动所产生的空间效应，被广泛应用于区域经济学、城市规划与空间布局的研究。该理论以区域互补性、区域可达性、干扰机会为前提条件。其中，区域互补性是指区域间的要素资源产生的互补性，即劳动力、产品、资金、技术等要素在相关区域之间存在供求关系。区域互补性建立在一定经济联系的基础上，空间相互作用与区域互补性成正比。区域可达性是指区域间生产要素实现交流的可能性，空间相互作用与区域可达性呈正向关系。区域可达性受运输、区域间政治壁垒等因素的影响，当区域间物理通达性高、贸易壁垒小时，区域可达性越强，反之，区域可达性较小。此外，由于区域间经济发展存在竞争关系，区域间的相互作用也受其他区域的干扰影响，即区域间的互补性是多方面且多方向的，一个区域可能与一个或多个区域同时产生互补性，而互补性的强度决定了哪些区域间的相互作用水平更高。干扰机会的存在可能使存在互补性的区域间不一定产生空间相互作用。应用空间相互作用理论研究区域间关系的模型，主要有赖利模型、康弗斯模型、引力模型和潜力模型四种。

5. 网络开发理论

魏后凯（1988）在增长极理论和点-轴理论基础上提出网络开发理论，认为区域经济的发展一般是从一些点开始，然后在空间中不断延伸与扩散，这些点可能是一个城镇或城市群，通过投入与产出的联系，对周边区域发展产生乘数效应，从而产生带动整个区域发展的动力。进一步，空间上每个点通过交通干线形成发展轴，发展轴进一步构成经济网络。在经济网络中，欠发达地区应采用增长极开发模式，而较为发达的区域应采用点-轴开发模式。网络开发模式一般发生在经历过增长极开发和点-轴开发两阶段的区域，同时，该区域具备良好的经济基础，已明确进入工业化中后期阶段，具有进一步经济开发的潜力。某区域之所以实行网络开发，主要原因有两方面：一是区域经济发展的空间不够，需要进行空间扩张；二是经济发展到一定水平后，有能力规划和开发大规模的新区域。

网络开发模式能够形成一个具有完整性、层次分明、分工合作和具有不同功能的经济系统，不仅能够将区域内各要素资源以及经济活动纳入其中，还能够吸收区域外的资源要素，促进本区域经济发展水平的提升，该模式是区域经济发达时的空间开发高级形式（郑长德，2001）。张建军（2007）研究发现，网络开发模式能够有力地缩小地区间发展的差距，与增长极开发模式和点-轴开发模式不同，网络开发模式更强调区域发展的均衡性与分散性而前两种开发模式更强调经济的发展，即在一定时期和条件下通过某一区域经济水平的提升扩大地区间发展的差距。网络开发模式通过加强基础设施建设，完善区域交通网络，能够促使孤立的增长极之间形成紧密的联系。同时，网络开发模式能够通过比较优势与竞争优势原则实现区域间的明确分工与定位，促进区域间协调发展，弱化不良竞争效应，在区域网络空间开发建设过程中，寻找新的增长极和发展轴或者强化原有的增长极和发展轴，通过新发展点进一步实现对区域经济协调发展的带动作用。

二　城市群空间溢出效应测算的文献梳理

城市群空间溢出效应指城市群对大中小城市、小城镇发展的带动作用，其值为城市群扩散和极化效应之差。本节对城市群空间溢出效应的测算方法和应用进行文献梳理。

（一）城市群空间溢出效应的测算

已有文献对城市群空间溢出效应测算的研究可分为以下四类。

一是空间计量模型。本方法基于空间面板数据，使用空间误差模型、空间滞后模型或空间杜宾模型等空间计量经济学方法，对要素的空间溢出效应进行参数估计，其优点是计算逻辑严密且能较好地解释地区间溢出效应的影响因素。例如，朱虹等（2012）以经济收敛模型为基础，通过构建计量经济模型和稳健性检验，考察城市群中心城市的辐射影响力差异，如北京经济辐射影响力表现为空吸，而上海则反之。

二是优化引力模型。不同学者对传统引力模型进行修正，从经济规模变量、人口变量、距离变量以及调整系数等多个角度考察中心城市的辐射强度（韩冬，2020）。章晓英等（2019）在引力和辐射作用理论基础上，结合引力模型与空间计量模型，比较了长江经济带三大城市群的中心城市在区域和产业方面对周边城市的辐射影响力，研究发现上海呈现扩散作用，武汉和重庆呈现极化作用。中心城市对周边城市扩散作用与产业分工互为正向关系，辐射影响力强度同时受到区域政策和地理位置等多种因素的影响。

三是引力模型与空间计量模型相结合。应用引力模型和空间计量模型的目的在于综合评价城市群中心城市对区域内其他城市的辐射性质和辐射强度。其中，为了考察城市群内不同城市之间的相互影响，引入刻画地区间相对作用的空间自相关变量，重点检验地区之间的相互影响。在分析城市群中心城市与其他城市的影响性质和作用强度时，空间权重矩阵为我们提供了分析工具。如果空间权重矩阵项的回归系数为正，则辐射性质为扩散效应；反之，辐射性质为极化效应。韩冬（2020）通过分析对比京津冀和长三角两大城市群辐射影响力差异，发现北京表现为极化效应，上海表现为扩散效应，而且北京辐射影响力高于上海，以极化效应为主导的北京，其地理距离是影响辐射强度的主要因素。

四是比较集聚与扩散效应指数。除了以上直接测算城市群空间溢出效应的方法外，还有学者根据集聚与扩散效应是城市群空间形态演化最直接的动因，提出熵测度指数、均匀度指数与城市流强度等方法。其中，熵测度指数用于从整体上定量分析城市群空间集聚和扩散趋势；均匀度指数用于分析区域要素空间分布均匀度；城市流强度用于分析城市群区域内各城市的对外辐射能力。Theil 和 Sorooshian（1979）提出单位面积集聚扩散效应的熵测度公式，Attaran 和 Zwick（1987）在此基础上优化了熵测度公式，该指数越大说明该地区经济集聚效应越低，即经济扩散效应越明显。均匀度指数用于衡量区域空间要素集聚扩散分布均匀度。大都市均匀度指数被用于衡量城镇群体空间集聚和扩散程度，张虹鸥与叶玉瑶（2006）引入辖区面积，改进了大都市圈均匀度指数。该基数计算公式分为两步：首先计算每个区域单元内某指标占区域总指标的比重；其次根据第一步计算出的权重，赋予均值后取算术平方根再求和。该指数越接近 1，区域空间越均匀，值越小，区域空间越集聚。城市流是指在城市群区域内部城市之间人流、物流、信息流、资金流、技术流等流动的现象。城市空间辐射是经济空间要素由一个城市地域空间向其他城市地域空间的流动。因此，可以通过计算城市流强度来定量测度城市群区域内城市对外辐射能力，城市流强度的计算公式为：$F = N \cdot E$。其中，F 为城市流强度；N 为城市功能效益，表示各城市间单位外向功能量所产生的实际影响力，可以用人均GDP 表示；E 为城市外向功能量，可以用城市从业人员做代理变量。从城市流强度的含义和计算方法可知，城市流强度反映了城市对外联系与辐射能力，城市流强度越大，其外向功能越强，与其他城市之间的联系越密切。

（二）城市群空间溢出效应研究进展

1. 空间溢出效应实证研究

国外对空间溢出效应的研究较早，并形成了系统的理论。赫希曼的极化-涓滴学说系统地阐述了不同经济水平区域间的交互作用和相互影响。随着以中心-外围理论为基础的新经济地理学的诞生以及全球经济贸易的快速发展，对空间溢出效应的研究可以分为两大类：第一类是以国别为单位的空间溢出效应研究；第二类是通过微观企业主体或者生产要素投入产出模型度量区域间的溢出效应。在以国别为单位的空间溢出效应研究中，Mundell-Fleming 模型被广泛应用于国家间经济增长的溢出效应评价（Krugman，1995）。Douven（1998）以国家的财政、货币政策或其他内生变量的变化能够造成经济增长溢出为基本原理，构建了多国评价模型。但是 Mundell-Fleming 模型和 Douven 的多国评价模型以国家间利率和消费价格指数的差异为评价基础，缺点是不适用于国家内部地区间溢出效应的评价，需要评价方法的改进和完善。微观企业主体分工及生产要素流动是研究国内区域空间溢出效应的基本单元或者要素，外商直接投资（FDI）、研发（R & D）、知识和技术等直接生产要素以及高速铁路建设等非直接生产投入，均成为研究区域间溢出效应机理的切入点。基于空间面板数据，使用空间误差模型、空间滞后模型或空间杜宾模型对要素的空间溢出效应进行参数估计，然后根据估计参数值的正负及显著性判断空间溢出效应的性质。空间计量模型的优点是计算逻辑严密且能较好地解释地区间溢出效应的影响因素，缺点是虽然在计算过程中加入了空间权重，但仅是将研究对象作为整体来测度其空间溢出效应，一些研究即使应用了空间探索性分析，也只将其作为地区经济发展过程中空间相互作用和空间依赖性存在的佐证。因此，该模型总体上忽略了由区域结构单元在经济活动组成和空间组织上的差异性而导致的溢出效应的空间异质性。

中国地区间经济发展的溢出效应研究得到了广泛关注。孙冬益（2009）通过引入城市流强度模型和城市空间均匀度指数建立空间集聚与扩散的量化指标，实证研究结果表明，长三角城市群的空间发展已经处于扩散（均质化）阶段。毕秀晶等（2013）利用空间自相关模型，研究了长三角城市群的集聚与扩散效应以及大都市区的空间溢出效应，研究发现，人口等要素资源向长三角城市群集聚现象显著，但在城市群内部，大都市区外围区域形成了新的集聚空间，溢出效应明显；在影响经济空间格局的各因素中，除要素投入、政策、集聚经济等因素外，区位条件也有重要作用。张学波等（2016）通过将修正的 Conley-Ligon 模型与空间马尔可夫链分析法相结合，探讨了京津冀县域经济发展过程中的溢出效应空间格局及其对经济水平空间格局演变的影响，研究发现，京津冀地区的县域间存在显著的空间溢出效应，溢出效应在空间上呈现与经济发展水平和空间距离紧密相关的具有梯次性特征的核心-外围结构。朱道才等（2016）利用空间误差模型和地理加权回归模型，对长江经济带中心城市空间溢出效应的演化过程与空间分布进行研究，发现长江经济带城市经济已经形成"中心-外围"空间模式，其经济发展水平存在显著的空间依赖性。金祥荣等（2016）基于 2000~2012 年市级面板数据，研究中心城市发展对外围城市经济增长的溢出或极化效应，结果发现，中心城市发展对外围城市的经济增长具有正向溢出效应，并且呈现 U 形关系。苏华等（2018）利用熵测度指数分析了中国西北地区城市群从"十一五"时期到"十三五"开局之时的变化趋势，横向比较了各城市群的集聚扩散水平，结果表明，西北地区城市群的熵测度指数整体呈下降趋势，说明西北地区城市群尚处于集聚阶段，扩散效应并不显著。别小娟等（2018）基于 Capello 模型，计算了京津冀城市群地区 13 个城市扩张带来的经济增长溢出效应，通过比较扇状扩张城市与轴向扩张城市得到和给出的城市增长溢出效应，研究了不同扩张类型城市溢出效应的差异。章晓英等（2019）采用空间计量模型和引力模型，比较分析了成渝、长江中游、长三角三大城市群内部的国家中心城市在区域和产业上对周围城市的影响力。结果表明，三大城市群内部的国家中心城市上海、武汉、重庆对周围城市的影响力分别表现为扩散作用、极化作用、极化作用，分别平均呈现了强经济影响型、一般经济影响型、较弱经济影响型特征。其中，中心城市对周围城市的影响力呈现一种扩散作用越大、产业分工越明显则经济影响强度越大的趋势，而产业分工越明显，在一定程度上会使扩散作用越强，经济影响强度同时也受到地理位置和政策优惠等多重因素影响。韩冬（2020）在空间计量模型和引力模型的框架下，比较分析了京津冀城市群和长三角城市群中心城市北京与上海对周围城市辐射性质和辐射强度的差异，发现北京、上海的辐射性质分别表现为极化效应和扩散效应，北京对周围城市的极化效应要远高于上海对周围城市的扩散效应，极化效应一旦形成就具有很强的路径依赖。同时研究还发现，中心城市扩散效应越强、产业分工越明显，经济影响强度就越大；地理距离仍然是决定中心城市影响力的关键因素，尤其是以极化效应为主导的中心城市，相邻城市仍然能够受到较强的经济辐射。

2. 城市群空间溢出效应路径研究

肖金成和李博雅（2020）研究发现，城市群溢出路径一般可分为两种形式：一是城市群内中心城市向非中心城市产生的辐射；二是城市群整体对非城市群区域的辐射。在城市群一体化初期，城市群溢出能力主要体现在中心城市的单点辐射功能，当城市群一体化进入成熟期，城市群内会有新的副中心城市产生，区域呈现向多中心转变的趋势，此时城市群表现为城市群整体向非城市群地区辐射。

由于城市群中心城市处于区域核心位置，具有经济活动和经济要素的优势，容易产生集聚效应，同时对周边城市辐射带动效应也非常明显，主要体现在经济拉动、创新辐射和服务支撑3个方面的功能（贾根良，2016）。例如，经济拉动功能是城市之间协同发展的基础，城市群依靠自身强大的经济能力对周边城市发挥带动作用；服务支撑功能是城市之间协同发展的保障，可为周边城市提供城市基础设施建设等综合服务。肖金成和黄征学（2017）认为，以城市群带动周边城市协同发展，体现了我国经济社会发展过程中先集聚成点、后扩散于带、再辐射为面的发展模式，而且可以改善我国产业与人口结构不匹配的现状，因为城市群辐射伴随着劳动人口等生产要素的流动，城市群内区域由于生活成本提升，自然会迫使一批低技能、低工资的人口向周边城市迁移，吸引高技能、高端人才流入。从城市发展角度来看，城市群始终是人口净流入的区域，但从非城市群区域来看，一些具备较好产业结构和经济实力的新兴城市逐渐成为新一级经济要素集聚中心，区域空间格局在不断扩展中得以优化，推动协调发展。

三 关于城市群空间结构演化研究的文献梳理

城市群作为国家区域间分工的全新地域单元，已经成为我国经济发展格局中最具活力和潜力的核心区域，其空间结构是城市群发展程度、阶段与过程在空间上的反映，是由各个城市之间的关联方式决定的（吴建楠等，2013）。关于城市群空间结构演化的研究，一方面聚焦于城市群空间结构演化的动力，另一方面聚焦于城市群空间结构演化的形态变化。城市群空间结构演化的动力源于集聚力与扩散力的相互作用，包括经济、人口等要素的集聚与扩散。Marshall（1890）研究发现，经济集聚可以通过企业获得劳动力市场匹配、中间产品共享和知识溢出这三大外部经济效应提高经济收益。经济活动的周期性发展在空间上的表现就是集聚与扩散（薛东前等，2003）。城市群的发展过程是不断动态变化的，经济集聚与扩散机制使各城市之间既相互吸引又兼具扩散辐射功能（吴启焰，1999）。宁越敏等（2011）认为城市群本质上是生产网络在一定空间范围内集聚与扩散形成的城市化现象。在经济发展初期，集聚效应使得城市群空间格局呈现向中心城市极化的现象，但随着经济发展水平的提高，经济活动会逐渐趋于分散，城市群空间结构也会朝多中心方向演化（孙铁山，2016）。部分学者通过实证，分析了中国城市群的空间结构演化情况。刘华军等（2017）运用城市夜间灯光数据，采用 Dagum 基尼系数、Kernel 密度估计方法以及广义脉冲响应函数，对中国城市经济发展的空间差异和溢出效应进行了实证考察。研究发现，城市群的经济发展呈现显著的空间非均衡特征，且城市群间差异是总体差异的主要来源；城市群内部差异中绝对差异和相对差异的演变趋势不同，从绝对差异来看，长三角城市群、长江中游城市群、成渝城市群及哈长城市群绝对差异呈扩大趋势，珠三角城市群和京津冀城市群绝对差异则逐渐缩小，而从相对差异来看，除成渝城市群的相对差异略微扩大之外，其他城市群整体上呈现缩小的趋势；除长江中游城市群之外，其他城市群之间均存在溢出效应。以上结论与陈明华等（2016）的研究结论一致。李博雅（2020）测算了 2003～2017 年长三角城市群空间结构演化以及泛长三角经济区空间联系的变化，通过构建空间计量模型探究了城市群多中心结构对经济区的溢出效应，研究发现，城市规模较小时，单中心结构对经济发展的促进作用较明显，随着城市规模的不断扩大，多中心的空间结构更有利于地区经济发展。

　　本节从中心城市数量及功能变化方面梳理了城市群空间结构的演化。比尔·斯科特将城市群空间结构演化分为以中心城市为主导的单中心阶段，中心城市和郊区相互竞争的多中心阶段，以及相互依赖和竞争的网络化发展阶段三个阶段（熊剑平等，2006）。根据城市群中核心城市的规模与功能的不同，城市群的空间结构可以分为单中心和多中心。其中，单中心结构是指以一个特大城市为核心，周边分布若干个中等城市和小城市，这些城市成为一个有机系统，主次分明，核心城市的主导地位突出，如英伦城市群；多中心结构是由多个城市共同承担核心城市的职能，其他城市围绕多个核心城市形成复杂的空间网络，如美国东北部大西洋沿岸城市群。关于哪种空间结构更能提升区域经济增长和经济效率，结论并不统一。刘静玉等（2004）研究发现，城市群的空间结构并不是一成不变的，而是随着区域经济发展由单中心集聚向多中心集聚演化，城市群内的城市间联系日益紧密，分工日益成熟，使得城市群的结构和功能不断发展和完善。孙铁山（2016）研究发现，城市群空间结构的多中心化能够通过中心城市职能向外疏解，有效降低集聚不经济的问题，并通过在更大尺度上的多中心再集聚实现整合效应，从而实现城市群的可持续发展和效率提升。北美大都市区的实证研究显示，分散化集聚的多中心空间结构有助于持续发挥集聚效应并避免集聚不经济，从而能够支撑都市区规模扩张和地区经济增长（Anas，et al.，1998；Lee & Gordon，2007）。

合理的空间结构能够促进区域经济增长，而不合理的空间结构则可能导致区域资源配置效率降低、中心城市发展压力过大、区域生态环境恶化等问题。朱政等（2011）指出，多中心结构虽然能够加快推动城镇化，有效控制城市规模并缓解大城市病问题，但不利于生态环境保护和产业结构调整升级。单中心结构只有在人口低于某个临界值时才能达到均衡，而人口增长一旦超过某个临界值，新的城市就会出现，随着人口规模的持续增长，直到超过下一个临界值，则会有更多的新城市出现（Fujita，et al.，2001）。单中心结构与多中心结构的经济效应是动态演化的，城市由孤立发展到城市体系，再发展到城市群的这一过程，本身就是经济活动的空间分布由分散到集聚再到分散的过程，但后面的分散是建立在先集聚的基础上，是更高专业化分工、更紧密经济联系在更大空间范围的体现。从该过程来看，多中心的城市群结构能够通过分散经济活动降低集聚不经济的情况，比单中心结构更能维持区域空间结构的稳定。

第二节　中国城市群变化的事实描述与特征

城市群是推动区域高质量发展的中心引擎，已经成为支撑中国经济高质量发展的主要平台。19 个城市群构筑成"两横三纵"的城镇化战略格局，为中国经济高速发展提供了基本的空间支撑，但从各城市群变化情况看，它们之间还存在不小差距。

一　中国城市群总体发展现状

城市群是新型城镇化的主体形态、生产力布局的中心增长点以及支撑中国经济高质量发展的主要平台。"十三五"时期我国规划了 19 个城市群，构筑了"两横三纵"的城镇化战略格局，"两横"说的是沿长江通道及陆桥通道；"三纵"则指沿海、京哈－京广、包昆通道。自 21 世纪以来，在改革开放的助力下，中国的各大城市群发展取得了举世瞩目的成就。以国家统计局公布的数据计算，2005 年 19 个城市群的 GDP 规模约为18. 33 万亿元，截至 2020 年底，19 个城市群的 GDP 规模已增长至 90.89万亿元，约是 2005 年的 5 倍。我国城市群 GDP 规模虽然在快速增长，但在全国 GDP 中的比重有所下降，2005 年 19 个城市群的 GDP 占全国 GDP的 98%，2020 年 19 个城市群的 GDP 约占全国 GDP 的 90%。回顾中国城市群发展的历程，可以总结出两个典型特征：第一，城市群经济整体呈增长态势，但增长速度开始放缓；第二，城市群规模在扩大，但城市群经济质量还有提升空间。

二　中国城市群变化的事实描述与特征

本书根据国家对各大城市群发展目标的规划，将我国 19 个城市群分为三个梯队：第一梯队包括长三角城市群、珠三角城市群、京津冀城市群、长江中游城市群和成渝城市群；第二梯队包括山东半岛城市群、中原城市群、海峡西岸城市群、北部湾城市群、关中平原城市群；第三梯队包括呼包鄂榆城市群、兰西城市群、哈长城市群、辽中南城市群、山西晋中城市群、宁夏沿黄城市群、黔中城市群、天山北坡城市群、滇

中城市群。本节使用《中国城市统计年鉴》及各省份统计年鉴，从
GDP 规模、产业结构、人均收入等角度对三个梯度的城市群进行事实与
特征描述。

（一）第一梯队城市群事实与特征描述

1. 城市群间变化的事实与特征描述

第一梯队城市群包括长三角、珠三角、京津冀、长江中游和成渝 5 个
城市群，均为国家级城市群，同时也是建设世界级城市群的潜在城市群，
5 个城市群的中心城市都是国家中心城市。为了反映五大城市群之间的经
济水平差异情况，本书绘制了 2008~2020 年城市群 GDP 规模及人均 GDP
变化趋势图。根据图 3-1，从整体来看，五大城市群 GDP 规模逐年递增，
但城市群经济呈现非均衡发展态势，差异较为显著。具体来看，2008 年
长三角、京津冀、珠三角、长江中游、成渝城市群 GDP 规模最高绝对差
异为 4.62 万亿元。截至 2020 年，五大城市群的 GDP 规模最高绝对差异
增加到 14.27 万亿元。因此，样本观测期内五大城市群之间经济发展的绝
对差异有显著扩大趋势。

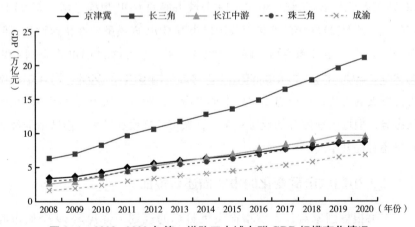

图 3-1　2008~2020 年第一梯队五大城市群 GDP 规模变化情况

为了进一步分析五大城市群之间经济发展的差异情况，本书还绘制了
2008~2020 年五大城市群人均 GDP 动态变化图，如图 3-2 所示。整体上
看，五大城市群人均 GDP 在 2008~2019 年逐年递增，但 2020 年长三角、

珠三角城市群人均 GDP 有所下降，城市群经济呈现非均衡发展态势，空间差异较为显著。具体来看，2008 年珠三角、长三角、京津冀、长江中游和成渝城市群人均 GDP 最高绝对差异为 4.11 万元，此后各城市群经济均呈现快速增长态势，截至 2020 年，人均 GDP 最高绝对差异已增至 5.77 万元。因此，样本观测期内五大城市群之间经济发展的绝对差异有显著扩大趋势。

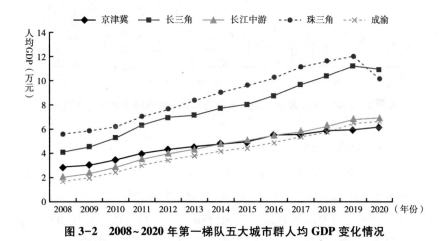

图 3-2　2008~2020 年第一梯队五大城市群人均 GDP 变化情况

2. 各城市群内部变化的事实与特征描述

（1）长三角城市群

长三角城市群以上海市为主要中心城市，包括四省一市共 27 个市，是我国城市最密集、经济最发达的区域。同时，长三角城市群是"一带一路"与长江经济带的重要交汇地带，是中国参与国际竞争的重要平台、经济社会发展的重要引擎、长江经济带的引领者，是中国城镇化基础较好的地区之一。然而，2010 年以来，上海在城市群中的 GDP 规模占比逐渐降低，而人口规模占比逐渐增大，已呈现一定程度上的拥挤特征。图 3-3 为 2000~2020 年长三角城市群及其中心城市上海的人均 GDP 及 GDP 增长速度变化情况。可以看出，上海与城市群人均 GDP 均快速增长，但 GDP 增长速度均逐渐下降，上海与城市群 GDP 增长速度呈现阶段性交错领先走势。

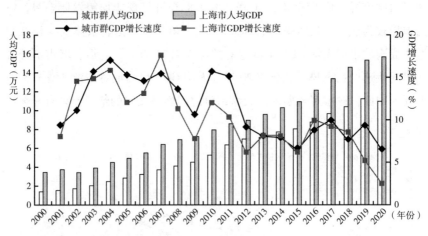

图3-3　2000~2020年长三角城市群及其中心城市经济水平变化情况

（2）珠三角城市群

珠三角城市群是亚太地区较具活力的经济区之一，是有全球影响力的先进制造业基地和现代服务业基地，南方地区对外开放的门户，以及中国参与经济全球化的前沿区域，有"南海明珠"之称。珠三角城市群包括广州、深圳、珠海、佛山、江门、肇庆、惠州、东莞、中山9个城市。图3-4显示了广州市、深圳市与珠三角城市群在经济水平方面的变化趋势。总体上看，2000~2019年，珠三角城市群及其中心城市人均GDP均稳定上升，但中心城市与城市群人均GDP差距逐渐拉大。从GDP增长速度来看，深圳市GDP增长速度高于城市群GDP增长速度，广州市GDP增长速度低于城市群GDP增长速度。

（3）京津冀城市群

京津冀城市群包括北京、天津两大直辖市，以及河北省的保定、唐山、廊坊、石家庄、秦皇岛、张家口、承德、沧州、衡水、邢台、邯郸和河南省的安阳。京津冀城市群位于东北亚中国地区环渤海心脏地带，是中国北方经济规模最大、最具活力的地区，未来发展的主要定位是打造以首都为中心的世界级城市群。图3-5为京津冀城市群及其中心城市北京市、天津市经济水平的变化情况。可以看出，2000~2020年，京津冀城市群及其中心城市人均GDP水平逐渐提升，但增长速度慢慢下降，同时，中心

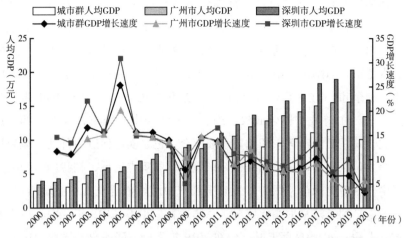

图 3-4　2000~2020 年珠三角城市群及其中心城市经济水平变化情况

城市间及其与城市群人均 GDP 水平的间距在拉大。从 GDP 增长速度来看，无论是中心城市还是城市群，其 GDP 增长速度均逐渐降低，且差距也在缩小。

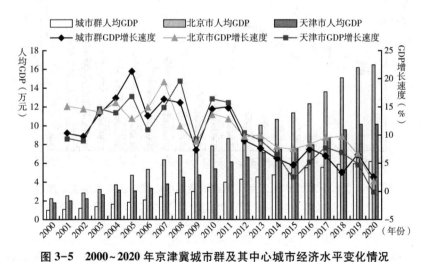

图 3-5　2000~2020 年京津冀城市群及其中心城市经济水平变化情况

（4）长江中游城市群

长江中游城市群是以武汉城市圈、环长株潭城市群、环鄱阳湖城市群为主体形成的特大型城市群，范围包括湖北省的武汉市、黄石市、鄂州市、黄冈市、孝感市、咸宁市、仙桃市、潜江市、天门市、襄阳市、宜昌市、荆州市、荆门市，湖南省的长沙市、株洲市、湘潭市、岳阳市、益阳市、常德市、衡阳市、娄底市，江西省的南昌市、九江市、景德镇市、鹰潭市、新余市、宜春市、萍乡市、上饶市及抚州市、吉安市的部分县（区）。长江中游城市群以武汉、南昌、长沙为中心城市，承东启西、连南接北，既是长江经济带的重要组成部分，也是实施促进中部地区崛起战略、全方位深化改革开放和推进新型城镇化的重点区域，在我国区域发展格局中占有重要地位。图3-6反映了长江中游城市群及其中心城市武汉、长沙及南昌的经济水平变化情况。总体来看，2000~2019年，中心城市及城市群人均GDP均显著上升，但在2019年之后下降明显，同时，中心城市与城市群人均GDP差距逐渐拉大。

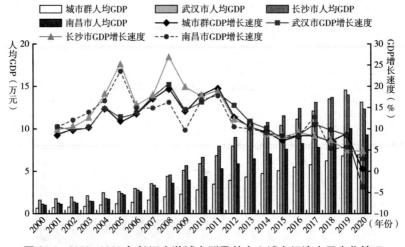

图3-6　2000~2020年长江中游城市群及其中心城市经济水平变化情况

（5）成渝城市群

成渝城市群以重庆、成都为中心，是西部大开发的重要平台，是长江经济带的战略支撑，也是国家推进新型城镇化的重要示范区。成渝城市群具体范围包括重庆市的渝中、万州、黔江、涪陵、大渡口、江北、沙坪坝、九龙坡、南岸、北碚、綦江、大足、渝北、巴南、长寿、江津、合

川、永川、南川、潼南、铜梁、荣昌、璧山、梁平、丰都、垫江、忠县等
27个区（县）及开州、云阳的部分地区，以及四川省的成都、自贡、泸
州、德阳、绵阳（除北川县、平武县）、遂宁、内江、乐山、南充、眉
山、宜宾、广安、达州（除万源市）、雅安（除天全县、宝兴县）、资阳
等15个市。图3-7反映了成渝城市群及其中心城市经济水平的变化情况。
整体上看，2008~2020年中心城市及城市群整体经济发展水平显著提升，
并且中心城市与城市群人均GDP差距逐渐拉大。具体来看，人均GDP由
高到低依次为成都市、重庆市及城市群平均水平。从GDP增长速度变化
趋势来看，重庆市和成都市交替领先。

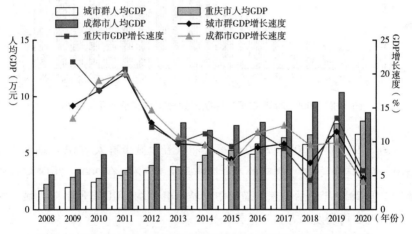

图3-7　2008~2020年成渝城市群及其中心城市经济水平变化情况

（二）第二梯队城市群事实与特征描述

1. 城市群间变化的事实与特征描述

　　第二梯队是在国家规划中未来需要"发展壮大"的城市群，包括山
东半岛、中原、海峡西岸、北部湾、关中平原城市群，这五大城市群已有
雏形，相对有发展潜力。图3-8反映了2000~2020年第二梯队五大城市
群的GDP及其增长速度的变化趋势。总体来看，城市群GDP规模逐年递
增，城市群经济呈现非均衡发展态势，差异较为显著。以2000年为基期，
2000~2020年绝对差异年均增长率为4.43%。另外，北部湾和关中平原城
市群之间经济发展差异较小，但它们与山东半岛、中原、海峡西岸城市群

之间经济发展差异则较大。从五大城市群 GDP 增长速度来看均有所放缓，同时增长速度差距逐渐缩小。

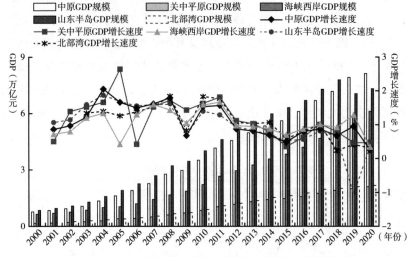

图 3-8　2000~2020 年第二梯队五大城市群经济水平变化情况

　　图 3-9 反映了 2002~2020 年第二梯队五大城市群人均 GDP 动态变化情况。总体显示，第二梯队的五大城市群人均 GDP 在 2002~2018 年逐年递增，但 2018 年之后山东半岛、中原城市群人均 GDP 有所下降，城市群经济呈现非均衡发展态势，差异较为显著。

　　2. 各城市群内部变化的事实与特征描述

　　（1）山东半岛城市群

　　山东半岛城市群是 10 个国家级城市群之一，包括济南、青岛、烟台、淄博、潍坊、东营、威海、日照 8 个城市，其中济南、青岛被列为山东半岛城市群的中心城市。其发展目标是：构筑由山东半岛、韩国和朝鲜西南海岸、日本九州岛组成的跨国城市走廊，推动"鲁日朝韩黄海地区成长三角"形成。在全国范围内，山东半岛城市群是中国黄河流域的经济中心和带动区域，是与珠三角、长三角、京津冀比肩的中国北方和华东地区的重要增长极。图 3-10 为 2000~2020 年山东半岛城市群及其中心城市人均 GDP 及 GDP 增长速度变化情况。整体来看，中心城市及城市群人均 GDP 均快速增长，但 GDP 增长速度逐渐下降。具体来看，

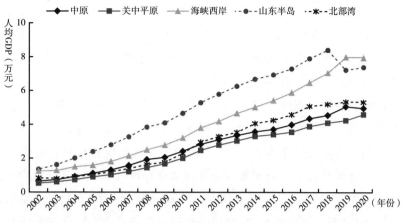

图 3-9　2002~2020 年第二梯队五大城市群人均 GDP 变化情况

中心城市人均 GDP 增长速度快于城市群人均 GDP 增长速度；中心城市及城市群 GDP 增长速度呈现阶段性交错领先态势，但 2018 年之后，中心城市济南的 GDP 增长速度高于青岛及城市群 GDP 增长速度，且绝对差异较大。

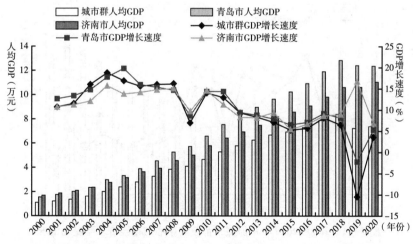

图 3-10　2000~2020 年山东半岛城市群及其中心城市经济水平变化情况

（2）中原城市群

中原城市群是北京、武汉、济南、西安之间，半径 500 公里区域内城

市群体规模最大、人口最密集、经济实力较强、工业化进程较快、城镇化
水平较高、交通区位优势突出的城市群，是中华民族和华夏文明的重要
发祥地。中原城市群以郑州为中心，包括河南省的郑州、开封、洛阳、
南阳、安阳、商丘、新乡、平顶山、许昌、焦作、周口、信阳、驻马
店、鹤壁、濮阳、漯河、三门峡、济源，山西省的长治、晋城、运城，
河北省的邢台、邯郸，山东省的聊城、菏泽，以及安徽省的淮北、蚌
埠、宿州、阜阳、亳州等 5 省 30 个地级市。其建设目标是：打造中国
经济发展新增长极、全国重要的先进制造业和现代服务业基地、中西部
地区创新创业先行区、内陆地区双向开放新高地和绿色生态发展示范
区。图 3-11 反映了 2000~2020 年中原城市群及其中心城市的人均 GDP
及 GDP 增长速度变化情况。整体来看，中心城市及城市群人均 GDP 均
快速增长，而 GDP 增长速度逐渐下降。具体来看，中心城市人均 GDP
增长速度快于城市群人均 GDP 增长速度；中心城市及城市群 GDP 增长
速度呈现阶段性交错领先态势，但 2009 年之后，中心城市 GDP 增长速
度高于城市群 GDP 增长速度。

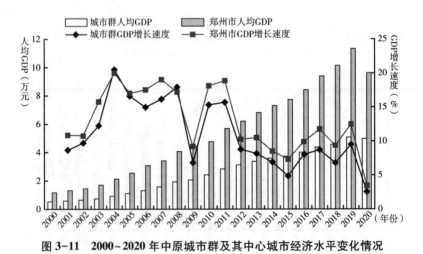

图 3-11　2000~2020 年中原城市群及其中心城市经济水平变化情况

（3）海峡西岸城市群

海峡西岸城市群以福州、厦门等为中心，包含福建省的福州、厦门、
泉州、莆田、漳州、三明、南平、宁德、龙岩，浙江省的温州、丽水、衢

州，江西省的上饶、鹰潭、抚州、赣州，以及广东省的汕头、潮州、揭阳、梅州共计20个地级市。其发展目标是：成为促进祖国统一大业的前沿平台，推动国际合作的重要窗口，衔接长三角、珠三角，辐射中西部的沿海增长极，打造两岸文化交融、社会和谐的示范区，以及践行科学发展观的先行区。图3-12反映了海峡西岸城市群及其中心城市经济水平变化情况。整体来看，中心城市及城市群人均GDP水平逐渐提升，但增长速度放缓。具体来看，2002～2019年，厦门市人均GDP领先于其他中心城市及城市群平均水平；2014～2020年中心城市人均GDP从高到低依次为厦门、福州、温州。

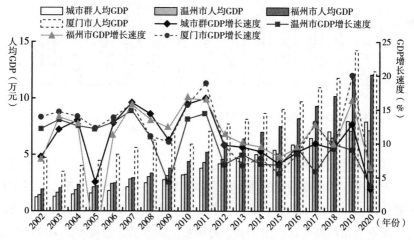

图3-12　2002～2020年海峡西岸城市群及其中心城市经济水平变化情况

（4）北部湾城市群

北部湾城市群地跨广西、广东、海南三省区，是海上丝绸之路的重要枢纽，位于全国"两横三纵"城镇化战略格局中沿海纵轴最南端，包括广西壮族自治区的南宁市、北海市、钦州市、防城港市、玉林市、崇左市，广东省的湛江市、茂名市、阳江市，海南省的海口市、儋州市、东方市、澄迈县、临高县、昌江黎族自治县。其总体定位是：发挥地缘优势，挖掘区域特质，建设面向东盟、服务"三南"（西南、中南、华南）、宜居宜业的蓝色海湾城市群。图3-13反映了2008～2020年北部湾城市群及其中心城市南宁的经济水平变化情况。整体上看，北部湾城市群整体及中心城市经济水平显著提升，但增长速度呈递减状态。具体来看，中心城市与城市群整体人均 GDP 水平差距逐渐增大，同时中心城市的 GDP 增长速度波动也较大。

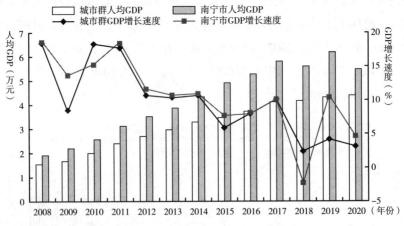

图 3-13 2008~2020 年北部湾城市群及其中心城市经济水平变化情况

（5）关中平原城市群

关中平原城市群跨越陕西、山西和甘肃三省，以西安为中心，包括陕西省的西安、宝鸡、咸阳、铜川、渭南 5 个市，杨凌农业高新技术产业示范区及商洛市的商州区、洛南县、丹凤县、柞水县，甘肃省的天水市及平凉市的崆峒区、华亭市、泾川县、崇信县、灵台县和庆阳市的西峰区，山西省的运城市（除平陆县、垣曲县）及临汾市的尧都区、侯马市、襄汾县、霍州市、曲沃县、翼城县、洪洞县、浮山县。其发展目标是：建成具有国际影响力的国家级城市群，建设内陆改革开放高地，建成创新型产业体系和基础设施支撑体系。图 3-14 反映了 2001~2020 年关中平原城市群及其中心城市人均 GDP 及 GDP 增长速度变化情况。整体来看，中心城市及城市群人均 GDP 均快速增长，但 GDP 增长速度逐渐下降。具体来看，中心城市人均 GDP 增长速度快于城市群人均 GDP 增长速度；中心城市及城市群 GDP 增长速度呈现阶段性交错领先态势，但 2012 年后，中心城市 GDP 增长速度高于城市群 GDP 增长速度，且绝对差异较大。

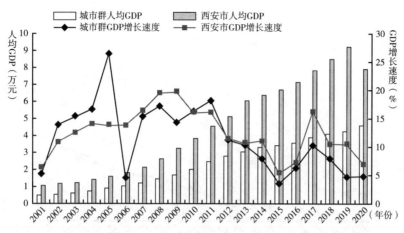

图 3-14　2001～2020 年关中平原城市群及其中心城市经济水平变化情况

（三）第三梯队城市群事实与特征描述

1. 城市群间变化的事实与特征描述

第三梯队城市群是总体发展相对落后的区域，多为跨省域城市群以及位于边疆的小而美城市群，包括滇中、哈长、呼包鄂榆、兰西、辽中南、宁夏沿黄、黔中、山西晋中、天山北坡 9 大城市群。为了反映第三梯队城市群之间经济发展变化的差异，本书绘制了 2000～2020 年城市群 GDP 规模及人均 GDP 变化趋势图。如图 3-15 所示，第三梯队城市群 GDP 规模逐年递增，城市群经济呈现非均衡发展态势，差异较大。具体来看，2000 年第三梯队城市群 GDP 规模最高是哈长城市群，此后各城市群经济呈现快速增长态势，但增长速度均在降低。截至 2020 年，第三梯队城市群 GDP 规模最高为辽中南城市群，最低为天山北坡城市群。图 3-16 反映了 2000～2020 年第三梯队城市群人均 GDP 水平变化情况。整体来看，2000～2020 年各城市群的人均 GDP 水平逐渐提升，且城市群间的差距逐渐缩小；呼包鄂榆城市群和天山北坡城市群人均 GDP 均明显高于其余城市群。具体来看，2000 年天山北坡城市群的人均 GDP 最高，黔中城市群最低；2020 年天山北坡城市群人均 GDP 最高，黔中城市群最低，10 年间人均 GDP 最高和最低城市群之间的差距有逐渐拉大的态势。

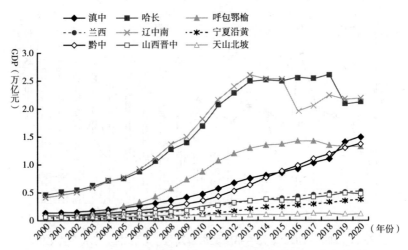

图 3-15　2000~2020 年第三梯队九大城市群经济总量变化情况

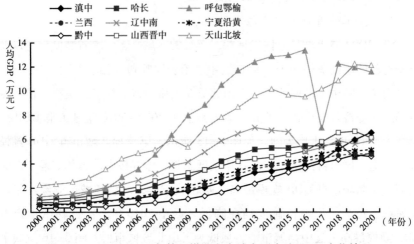

图 3-16　2000~2020 年第三梯队九大城市群人均 GDP 变化情况

2. 各城市群内部变化的事实与特征描述

（1）哈长、辽中南城市群

哈长、辽中南城市群位于我国东北老工业基地，其中，哈长城市群是国务院规划建设的东北老工业基地振兴发展重要增长极、北方开放的重要门户、老工业基地体制机制创新先行区和绿色生态城市群，位于中国东北地区的黑龙江省和吉林省，包括黑龙江省的哈尔滨市、大庆市、齐齐哈尔市、绥化市、牡丹江市，以及吉林省的长春市、吉林市、四平市、辽源市、松原市和延边朝鲜族自治州。辽中南城市群位于辽宁省中南部，濒临渤海和黄海，主要由沿哈大交通线分布的城市组成，是东北地区对外开放的重要门户，在实施"一带一路"建设、推进新型城镇化和带动东北地区全面振兴中具有重要地位，主要包括沈阳市、大连市、鞍山市、抚顺市、本溪市、营口市、辽阳市、铁岭市、盘锦市9个城市。其中，沈阳是东北地区的政治、文化和信息中心，中国最大的综合性重工业基地；大连是东北亚地区重要的国际航运中心，东北地区最大的港口城市、对外贸易口岸、经济中心和金融中心，以及重要的旅游城市。

　　图3-17反映了2001~2020年哈长城市群及其中心城市经济水平变化情况。总体来看，两个中心城市人均GDP均比城市群人均GDP高；从GDP增长速度来看，无论是中心城市还是城市群整体速度均显著下降，且近年出现了负增长情形。图3-18反映了2000~2020年辽中南城市群及其中心城市经济水平变化情况。总体来看，两个中心城市人均GDP均比城市群整体人均GDP高，两个中心城市中人均GDP较高的是大连市。大连和沈阳人均GDP的增长速度变化趋势几乎一致，但近年也出现了负增长情形。

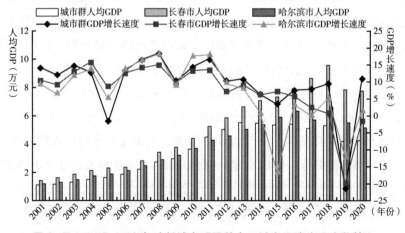

图3-17　2001~2020年哈长城市群及其中心城市经济水平变化情况

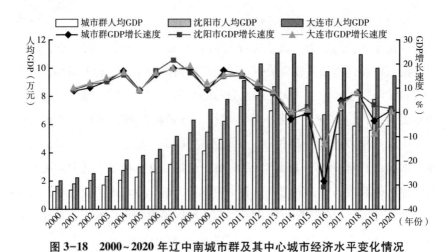

图 3-18　2000~2020 年辽中南城市群及其中心城市经济水平变化情况

（2）滇中、黔中、天山北坡城市群

滇中、黔中、天山北坡城市群属于我国省域城市群。滇中城市群以昆明为中心城市，由昆明市、曲靖市、玉溪市和楚雄彝族自治州及红河哈尼族彝族自治州北部的蒙自市、个旧市、建水县、开远市、弥勒市、泸西县、石屏县组成，是云南省经济最发达的地区。黔中城市群以贵阳为中心城市，是带动贵州省经济持续快速增长、促进区域协调发展的重要平台，也是贵州建设国家生态文明试验区、大数据综合试验区和内陆开放型经济试验区的重要支撑，范围包括贵阳市、遵义市、毕节市、安顺市、黔东南州、黔南州 6 个市（州）及贵安新区。天山北坡城市群是新疆现代工业、农业、交通信息、教育科技等最为发达的中心区域，包括乌鲁木齐市、昌吉市、阜康市、呼图壁县、玛纳斯县、石河子市、沙湾市、乌苏市、奎屯市、克拉玛依市。图 3-19 反映了 2000~2020 年滇中、黔中、天山北坡城市群经济水平的变化情况。从人均 GDP 上看，天山北坡城市群人均 GDP 最高，黔中城市群最低；从 GDP 增长速度上看，2010 年增长速度最快的是天山北坡城市群，但在 2010 年之后三个城市群 GDP 增长速度均有所下降。

（3）山西晋中、宁夏沿黄城市群

山西晋中、宁夏沿黄城市群属于规模较小的城市群。山西晋中城市群以山西省太原市为中心，以晋中城镇密集区为主体，具体包括太原、晋

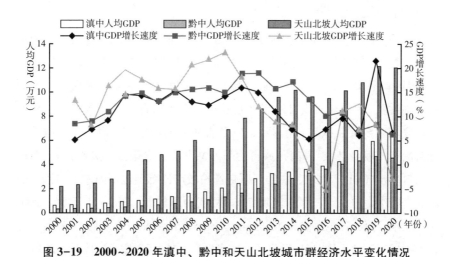

图3-19　2000~2020年滇中、黔中和天山北坡城市群经济水平变化情况

中、忻州、吕梁、阳泉五市。宁夏沿黄城市群位于黄河上游、宁夏中北部地区，以银川为中心城市，主要包括银川、石嘴山、吴忠、中卫、平罗、青铜峡、灵武、贺兰、永宁、中宁10个城市。图3-20反映了2000~2020年山西晋中、宁夏沿黄城市群经济水平的变化情况。从人均GDP看，两个城市群人均GDP均有明显提升，且两者差距很小；从GDP增长速度来看，两个城市群均有下降趋势，但山西晋中城市群波动较大，宁夏沿黄城市群则更稳定。

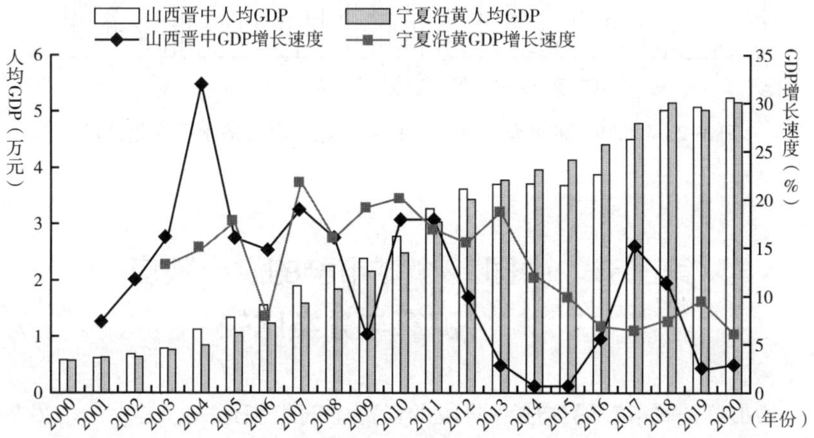

图3-20　2000~2020年山西晋中、宁夏沿黄城市群经济水平变化情况

（4）兰西、呼包鄂榆城市群

兰西、呼包鄂榆城市群位于西北地区，是带动西北地区经济发展的增长极。兰西城市群以兰州、西宁为中心，包括甘肃省的兰州市、白银市（白银区、平川区、靖远县、景泰县）、定西市（安定区、陇西县、渭源县、临洮县）、临夏回族自治州（临夏市、东乡族自治县、永靖县、积石山保安族东乡族撒拉族自治县），以及青海省的西宁市、海东市、海北藏族自治州（海晏县）、海南藏族自治州（共和县、贵德县、贵南县）、黄南藏族自治州（同仁市、尖扎县）；呼包鄂榆城市群范围包括内蒙古自治区的呼和浩特市、包头市、鄂尔多斯市和陕西省的榆林市。图 3-21 反映了 2000 ~2020 年兰西、呼包鄂榆城市群经济水平的变化情况。从人均 GDP 看，呼包鄂榆城市群的人均 GDP 远比兰西城市群高；从 GDP 增长速度看，2010 年以前呼包鄂榆城市群增长速度较高，2010 年以后则兰西城市群较高。

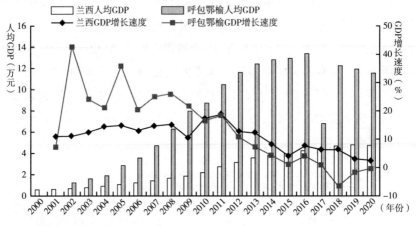

图 3-21　2000~2020 年兰西、呼包鄂榆城市群经济水平变化情况

第三节　中国19个城市群的溢出效应
测算与分类比较

城市群是城市发展到成熟阶段的最高空间组织形式，是生产力发展、生产要素逐步优化组合的产物，每个城市群一般以一个或两个（少数城市

群是多核心的）经济比较发达、具有较强辐射带动功能的中心城市为核心，吸引若干个空间距离较近、经济联系密切、功能互补、等级有序的周边城市，最终组成高度同城化和高度一体化的城市群体。城市群在实现高度同城化和高度一体化过程中，必然要经历集聚-扩散这一过程，即通过自身的不断成长，形成新的集聚点，向周围输送和扩散自己的势能，带动周边城市快速发展，从而促进区域协调发展。空间集聚与扩散主要指经济和人口等要素的空间分布动态变化，是由分散的广域空间向相对狭小的地域空间集中和聚合，还是由分布密集的地域空间向周围广域空间扩展和分散。这对矛盾的统一体始终贯穿于城市（区域）空间演化的全过程，成为塑造城市（区域）空间结构的两股最基本的力量，两者的差值为城市群溢出效应。

一 中国城市群的空间结构特征

城市的位序-规模分布特征可以很好地反映城市群的空间结构。位序-规模法则定义如下。

$$\ln POP_i = C - q\ln R_i \qquad (3-1)$$

其中，POP_i 为城市群中 i 城市的总人口，C 为常数，R_i 为城市群内对应城市 i 人口的位序。q 为待估方程斜率绝对值，可以判断城市群中城市的分布均衡情况。如果 $q<1$，表示城市群人口相对分散，城市之间规模差异较小，为多中心结构；$q>1$ 说明中心城市辐射效应较强，城市群空间结构分布为单中心结构；$q=1$ 时，则城市规模差异服从齐夫定律。在此基础上，再利用城市群规模最大的前两位、前三位和前四位城市计算所得 q 值的平均值，可测算城市群的 Mono 指数，以此反映核心城市对人口的集聚能力。若 Mono 指数增大，说明核心城市的人口增长快于中小城市，城市群呈单中心集聚态势；若 Mono 指数减小，说明中小城市的人口增长快于核心城市，城市群向多中心发展；若 Mono 保持不变，说明城市规模等级体系相对稳定，呈平衡增长态势。

本章采用 2000~2020 年各城市群所覆盖城市的人口规模作为城市规模的衡量指标，按照上述计算方法对中国 19 个城市群 Mono 指数进行计算，结果如表3-1所示。表3-1揭示了中国 19 个城市群空间结构的三个主要特点。

表3-1 2000~2020年19个城市群Mono指数变化情况

年份	第一梯队城市群					第二梯队城市群									第三梯队城市群				
	长三角	珠三角	京津冀	长江中游	成渝	山东半岛	中原	海峡西岸	北部湾	关中平原	哈长	辽中南	滇中	黔中	天山北坡	山西晋中	宁夏沿黄	兰西	呼包鄂榆
2000	0.582	0.446	0.135	0.187	1.388	0.188	0.108	0.185	0.243	0.329	0.431	0.511	0.530	0.323	1.561	0.073	0.471	0.506	0.385
2001	0.585	0.422	0.143	0.082	1.383	0.186	0.104	0.182	0.239	0.334	0.432	0.514	0.527	0.323	1.571	0.077	0.421	0.519	0.559
2002	0.589	0.391	0.149	0.093	1.381	0.183	0.101	0.178	0.238	0.342	0.433	0.510	0.526	0.321	1.593	0.080	0.263	0.528	0.559
2003	0.594	0.355	0.153	0.108	1.379	0.180	0.098	0.173	0.123	0.359	0.443	0.507	0.526	0.320	1.675	0.085	0.221	0.534	0.601
2004	0.601	0.330	0.157	0.110	1.370	0.178	0.093	0.170	0.102	0.364	0.451	0.511	0.547	0.316	1.699	0.089	0.183	0.539	0.454
2005	0.605	0.293	0.407	0.128	1.365	0.151	0.093	0.169	0.094	0.386	0.447	0.513	0.522	0.310	1.746	0.092	0.156	0.544	0.377
2006	0.607	0.295	0.130	0.145	1.361	0.168	0.079	0.166	0.092	0.392	0.441	0.512	0.525	0.318	1.775	0.094	0.152	0.541	0.368
2007	0.612	0.305	0.113	0.153	1.364	0.165	0.072	0.166	0.083	0.396	0.438	0.514	0.527	0.334	2.187	0.095	0.143	0.545	0.361
2008	0.619	0.319	0.093	0.155	1.360	0.164	0.068	0.168	0.080	0.399	0.435	0.513	0.528	0.355	1.939	0.097	0.107	0.543	0.348
2009	0.625	0.338	0.079	0.149	1.357	0.159	0.063	0.170	0.079	0.401	0.431	0.516	0.529	0.370	1.954	0.096	0.116	0.598	0.333
2010	0.630	0.364	0.172	0.115	1.355	0.175	0.102	0.168	0.081	0.397	0.427	0.519	0.552	0.398	1.963	0.211	0.513	0.530	0.261
2011	0.627	0.361	0.184	0.097	1.354	0.176	0.096	0.175	0.085	0.396	0.430	0.522	0.553	0.410	1.990	0.248	0.572	0.524	0.250
2012	0.630	0.362	0.193	0.086	1.351	0.183	0.044	0.171	0.082	0.399	0.439	0.527	0.555	0.418	2.023	0.281	0.605	0.580	0.250
2013	0.632	0.363	0.210	0.094	1.351	0.188	0.086	0.168	0.093	0.404	0.457	0.530	0.558	0.425	2.035	0.311	0.642	0.651	0.245
2014	0.633	0.366	0.196	0.067	1.347	0.188	0.116	0.156	0.098	0.426	0.451	0.535	0.561	0.429	2.028	0.330	0.697	0.721	0.249
2015	0.634	0.374	0.195	0.063	1.348	0.188	0.117	0.143	0.088	0.436	0.428	0.538	0.564	0.443	2.025	0.360	0.727	0.562	0.252
2016	0.635	0.391	0.203	0.065	1.290	0.193	0.120	0.147	0.088	0.438	0.435	0.541	0.567	0.448	2.078	0.394	0.764	0.561	0.245
2017	0.638	0.391	0.204	0.090	1.283	0.206	0.115	0.143	0.086	0.572	0.442	0.552	0.572	0.453	1.846	0.427	0.803	0.559	0.246
2018	0.637	0.392	0.201	0.123	1.278	0.214	0.079	0.136	0.084	0.674	0.440	0.568	0.578	0.451	1.843	0.461	0.820	0.562	0.251
2019	0.633	0.395	0.205	0.151	1.277	0.221	0.078	0.132	0.080	0.645	0.441	0.583	0.590	0.451	1.865	0.492	0.856	0.572	0.250
2020	0.630	0.365	0.225	0.162	1.274	0.226	0.101	0.127	0.079	0.642	0.574	0.595	0.890	0.454	1.876	0.515	0.878	0.573	0.225

第一，整体来看，除成渝和天山北坡城市群外，其他城市群 Mono 指数均小于 1，说明中国的城市群总体呈现分散式增长特征，中心城市的带动能力还不够。从城市群梯队来看，第一梯队和第三梯队城市群的 Mono 指数大多高于第二梯队城市群，表明相对于第二梯队城市群，第一、第三梯队城市群中心城市增长更快。成渝与天山北坡城市群 Mono 指数虽然都大于 1，但两者隐含的意义不一样。成渝城市群尽管拥有重庆和成都两个中心城市，但自 2000 年以来，成都的人口规模低于重庆，集聚效应小于重庆。天山北坡城市群以乌鲁木齐为中心城市，生产要素优势较大，Mono 指数大于 1 表明，该中心城市对周围城市辐射效应较强，该城市群空间结构分布为单中心结构。

第二，城市群空间结构单中心化和多中心化趋势并存。从各大城市群 Mono 指数时间演变来看，2000 年以来呈现下降趋势的有成渝、海峡西岸、北部湾城市群，意味着这些城市群存在逐渐向多中心发展的趋势；长三角、京津冀、关中平原、哈长、辽中南、滇中、黔中、山西晋中、兰西城市群 Mono 指数呈上升趋势，表明这些城市群逐渐向单中心发展；珠三角、长江中游、山东半岛、中原、宁夏沿黄、天山北坡、呼包鄂榆城市群 Mono 指数呈现先降后升或者先升后降，意味着这些城市群的空间结构呈现中心化发展或者在多种发展趋势中转化的特点。其实，中国城市群的形成并非完全源于自然发展过程，而是先由政府规划指导，然后构建城市之间的经济联系。政府对城市用地结构的调整、开发区和工业园区的建设，都会使城市群空间发生扩张，并带动城市群空间结构转变。

第三，第二、三梯队城市群自 2000 年以来已经开始呈现增速逐步加快的趋势，而第一梯队城市群虽然存在规模优势，但是增长速度开始放缓，导致城市群空间分布也存在很大的不均衡性。这与中国经济发展和社会结构发展存在地域性差异有关，如果这种情况不改变，将进一步扩大中国区域之间经济发展的非均衡性。

二　城市群的溢出效应测算原理与结果

为了综合考察城市群整体的经济集聚扩散水平，将城市群作为一个经济体计算熵测度指数,该指数越大说明该地区经济集聚效应越低,即经济扩散效应越明显。熵测度指数公式 $AZ(s)$ 由 Attaran 和 Zwick（1987）提出,具体如下所示。

$$AZ(s) = -\sum_{i=1}^{n} S_i \log(S_i) \qquad (3-2)$$

其中, S_i 表示城市 i 的 GDP 份额。

单位面积 GDP 的集聚扩散效应的熵测度公式 $TS(s)$ 由 Theil 和 Sorooshian（1979）提出,具体如下所示。

$$TS(s) = -\sum_{i=1}^{n} S_i \log(S_i/A_i) \qquad (3-3)$$

其中, A_i 表示城市 i 的面积在该区域所占份额。

根据公式 $AZ(s)$ 和 $TS(s)$,结合源数据,可计算出 19 个城市群内部及整体集聚与扩散效应的演变情况,结果如表 3-2 所示。

以下分析单个城市群空间集聚与扩散的趋势。

1. 长三角城市群

根据计算结果,就核心城市来看,2000~2020 年,上海熵测度指数由 0.149 下降到 0.135,呈现微小的下降趋势,说明集聚效应越来越显著,南京和合肥熵测度指数分别由 0.069、0.030 上升到 0.081、0.062,这两个城市熵测度指数呈上升趋势,说明这两个城市的扩散效应越来越大。其他周围城市的熵测度指数呈现微小的下降趋势,说明单个城市的集聚效应越来越显著,但扩散效应并没有显著呈现。从整个城市群来看,熵测度指数呈现上升趋势,从 2000 年的 1.211 提升到 2020 年的 1.268,说明随着城市群的发展,城市的集聚效应显著到一定程度后开始出现明显的扩散趋势,跨区域扩散趋势更加明显。

2. 珠三角城市群

就单个城市 2000~2020 年熵测度指数来看,除深圳外,其他各城市的熵测度指数均呈现微小的下降趋势,说明单个城市的集聚效应越来越显著,但扩散效应并没有显著呈现。而深圳熵测度指数从 0.145 上升到 0.157,说明深圳对周边城市的扩散效应越来越显著。从城市群整体水平来看，熵测度指数总体呈下降趋势，说明珠三角城市群集聚效应大于扩散效应。

3. 京津冀城市群

从京津冀城市群单个城市熵测度指数来看，北京熵测度指数上升，其他城市熵测度指数下降，说明北京扩散效应越来越显著，而周围城市的集聚效应越来越显著。从京津冀城市群整体熵测度指数来看，从2000年的0.978下降到2020年的0.857，说明京津冀城市群集聚效应大于扩散效应。

4. 长江中游城市群

长江中游城市群2000～2020年熵测度结果显示，就单个城市来看，核心城市武汉、长沙、南昌熵测度指数值上升，扩散效应大于集聚效应；周围城市熵测度指数大多逐渐递减，说明周围城市集聚效应大于扩散效应。从城市群整体水平看，熵测度指数跨度从2000年的1.395下降到2020年的1.353，呈现轻微的下降趋势，集聚效应显著。

5. 成渝城市群

2000～2020年成渝城市群的熵测度指数计算结果表明，中心城市重庆、成都熵测度指数分别从0.016、0.172下降到0.010、0.165，呈现微小的下降趋势，说明单个城市的集聚效应越来越显著。同时，周围城市熵测度指数均呈下降趋势，但跨度较小。从整个城市群熵测度指数变化来看，其值从0.964下降到0.889，说明成渝城市群在2000～2020年集聚效应大于扩散效应。

6. 山东半岛城市群

山东半岛城市群的核心城市济南、青岛计算结果显示，熵测度指数逐渐增大，且青岛跨度大于济南，表明中心城市扩散效应显著。周围城市的熵测度指数均逐渐降低，说明周围城市集聚效应显著。从城市群整体水平来看，熵测度指数从2000年的1.145逐渐下降到2020年的1.127，说明近年来山东半岛城市群集聚效应越来越显著。

7. 中原城市群

中原城市群2000～2020年熵测度指数显示，核心城市郑州、洛阳指数逐渐增加，周围城市逐渐降低，表明中原城市群核心城市扩散效应显著,周围城市集聚效应显著。从中原城市群整体水平来看,2000~2020年熵测度指数从1.419逐渐下降到1.398,说明中原城市群集聚效应越来越显著。

8. 海峡西岸城市群

海峡西岸城市群2000~2020年熵测度指数显示,核心城市福州、厦门熵测度指数逐渐升高,周围城市熵测度指数逐渐下降,表明海峡西岸城市群中心城市的辐射功能显著,周围城市的集聚效应越来越显著。从城市群整体来看,指数从2000年的1.107逐渐升高到2012年的1.118,然后又降到2020年的1.098,熵测度指数先升后降,说明海峡西岸城市群在政策扶持下,集聚效应越来越显著。

9. 北部湾城市群

2000~2020年北部湾城市群熵测度指数显示,各城市的熵测度指数均呈现微小的下降趋势,说明单个城市的集聚效应越来越显著,但扩散效应并没有显著呈现。其中,南宁、湛江、海口的集聚效应高于周围城市。从北部湾城市群整体水平来看,指数从0.994逐渐上升到1.017,表明北部湾城市群扩散效应越来越显著。

10. 关中平原城市群

关中平原城市群单个城市2000~2020年熵测度指数均逐渐下降,说明单个城市群的集聚效应越来越显著。从关中平原城市群整体水平来看,指数从0.815逐渐下降到0.739,说明关中平原城市群整体表现为集聚效应越来越显著。

11. 哈长城市群

2000~2020年哈长城市群熵测度指数显示,中心城市长春、哈尔滨指数逐渐增大,周围城市则逐渐减小,表明哈长城市群中心城市的扩散效应越来越显著,周围城市的集聚效应越来越显著。从哈长城市群整体水平来看,指数从0.902逐渐升高到0.940然后又下降到0.862,说明哈长城市群扩散效应先显著,其后在政策扶持下,集聚效应越来越显著。

12. 辽中南城市群

从辽中南城市群2000~2020年熵测度指数变化来看,核心城市沈阳、大连的指数逐渐增大，周围城市则逐渐减小，表明核心城市扩散效应显著，周围城市集聚效应显著。从辽中南城市群整体水平来看，指数从0.852逐渐降低至0.808，说明辽中南城市群空间集聚效应越来越显著，扩散效应没有显著呈现。

13. 滇中城市群

滇中城市群2000~2020年熵测度指数变化显示，单个城市中昆明和玉溪的指数均逐渐减小，其他城市则逐渐增大，城市群整体的熵测度指数先升后降。这表明，昆明和玉溪的集聚效应越来越显著，城市群整体水平一开始较为分散，后期在政策的扶持下，集聚效应逐渐增强。

14. 黔中城市群

黔中城市群2000~2020年熵测度指数显示，贵阳市熵测度指数先逐渐升高后有所下降，周围城市的熵测度指数逐渐下降，城市群整体熵测度指数先升高后下降。黔中城市群熵测度指数演变趋势表明，单个城市集聚效应越来越显著，城市群整体集聚效应逐渐提升，扩散效应越来越不显著。

15. 天山北坡城市群

天山北坡城市群熵测度指数显示，单个城市熵测度指数均逐渐下降，城市群整体水平从0.355下降到0.326。这表明，天山北坡城市群单个城市及城市群整体的集聚效应越来越显著，扩散效应没有显著呈现。

16. 山西晋中城市群

山西晋中城市群2000~2020年熵测度指数显示，太原、吕梁先升后降，其他周围城市逐渐下降，城市群整体也先升后降。熵测度指数演变结果表明，晋中城市群整体及中心城市集聚效应越来越显著，扩散效应并没有显著呈现。这说明山西晋中城市群在政策实施下，开始出现集聚效应大于扩散效应的现象。

17. 宁夏沿黄城市群

宁夏沿黄城市群2000~2020年熵测度指数显示，银川、石嘴山熵测度指数逐渐变小，吴忠和中卫的熵测度指数逐渐升高，说明核心城市集聚效应越来越显著，周围城市扩散效应越来越显著。宁夏沿黄城市群整体熵测度指数先升后降，表明宁夏沿黄城市群由扩散效应显著逐渐转变为集聚效应越来越显著。

18. 兰西城市群

兰西城市群 2000~2020 年熵测度指数整体水平先由 0.475 上升到 0.517，之后又下降到 0.491，说明兰西城市群总体上扩散效应越来越显著。就单个城市熵测度指数来看，核心城市兰州熵测度指数逐渐降低，周围城市熵测度指数逐渐升高，这表明兰西城市群核心城市集聚效应越来越显著，周围城市扩散效应越来越显著，并且兰州市的整体集聚效应高于其他城市。

19. 呼包鄂榆城市群

呼包鄂榆城市群熵测度指数显示，呼和浩特和包头的熵测度指数逐渐下降，鄂尔多斯及榆林的熵测度指数逐渐上升。单个城市熵测度指数演变趋势表明，核心城市集聚效应越来越显著，周围城市的扩散效应越来越显著。呼包鄂榆城市群整体熵测度指数从 0.586 逐渐上升到 0.596，说明呼包鄂榆城市群的扩散效应越来越显著，而集聚效应没有显著呈现。

三　中国城市群集聚扩散趋势的分类比较

中国 19 个城市群熵测度指数如表 3-2 所示。由表 3-2 可以看出，整体上，第一梯度城市群熵测度指数总体最高，第二梯队城市群次之，第三梯队城市群最低，说明越成熟的城市群扩散效应越显著。从各城市群熵测度指数来看，海峡西岸、中原、山东半岛城市群扩散效应较大，其他城市群熵测度指数均小于 1。在第三梯队里，城市群规模较小，而且较为不成熟，熵测度指数及跨度均较小。

从上述分析可以看出，第二、第三梯队城市群当前甚至很长一段时间内将依然处于集聚阶段，相比于东南地区城市群的发展水平，西北地区城市群的发展水平远远滞后。扩散作为城市群成长发育的第二阶段，是带动地区经济发展的重要途径。协同发展是第二、第三梯队城市群扩散效应形成的前提。城市群涉及的行政区划、经济功能、行政功能不一致等问题，极易造成贸易壁垒、地方保护主义、以邻为壑的发展模式，这会直接阻碍

表3-2 2000~2020年19个城市群熵测度指数演变情况

年份	第一梯队城市群					第二梯队城市群									第三梯队城市群				
	长三角	珠三角	京津冀	长江中游	成渝	山东半岛	中原	海峡西岸	北部湾	关中平原	哈长	辽中南	滇中	黔中	天山北坡	山西晋中	宁夏沿黄	兰西	呼包鄂榆
2000	1.211	0.834	0.978	1.395	0.964	1.145	1.419	1.107	0.994	0.815	0.902	0.852	0.964	0.714	0.355	0.618	0.610	0.475	0.586
2001	1.210	0.830	0.971	1.390	0.960	1.144	1.417	1.106	0.993	0.812	0.901	0.848	0.971	0.711	0.357	0.610	0.613	0.473	0.578
2002	1.212	0.828	0.967	1.389	0.956	1.143	1.417	1.103	0.995	0.811	0.902	0.841	0.970	0.710	0.355	0.610	0.636	0.478	0.569
2003	1.209	0.824	0.968	1.390	0.956	1.146	1.412	1.101	0.987	0.815	0.899	0.842	0.974	0.709	0.360	0.611	0.625	0.479	0.567
2004	1.210	0.824	0.972	1.387	0.963	1.149	1.411	1.102	0.989	0.820	0.902	0.844	0.981	0.707	0.364	0.608	0.652	0.484	0.569
2005	1.203	0.808	0.921	1.377	0.955	1.149	1.411	1.107	0.997	0.857	0.905	0.851	0.992	0.710	0.368	0.611	0.655	0.493	0.578
2006	1.209	0.808	0.917	1.375	0.960	1.150	1.409	1.107	0.992	0.826	0.908	0.849	0.996	0.710	0.369	0.617	0.657	0.498	0.584
2007	1.211	0.810	0.907	1.376	0.968	1.152	1.408	1.108	0.995	0.825	0.916	0.842	0.997	0.714	0.363	0.617	0.629	0.503	0.591
2008	1.218	0.810	0.915	1.369	0.966	1.154	1.409	1.112	1.010	0.820	0.920	0.845	0.998	0.713	0.364	0.620	0.635	0.507	0.593
2009	1.220	0.811	0.909	1.361	0.944	1.154	1.410	1.114	1.006	0.809	0.928	0.840	1.003	0.710	0.354	0.624	0.627	0.509	0.593
2010	1.229	0.813	0.911	1.365	0.940	1.154	1.410	1.117	1.013	0.808	0.930	0.849	1.002	0.712	0.364	0.634	0.631	0.513	0.596
2011	1.241	0.813	0.916	1.366	0.936	1.155	1.408	1.118	1.017	0.813	0.933	0.853	1.003	0.712	0.359	0.640	0.626	0.512	0.596
2012	1.246	0.810	0.913	1.363	0.934	1.157	1.409	1.118	1.019	0.813	0.940	0.849	1.004	0.715	0.352	0.641	0.618	0.516	0.597
2013	1.249	0.806	0.905	1.362	0.930	1.158	1.409	1.119	1.019	0.811	0.940	0.848	0.999	0.713	0.355	0.640	0.613	0.517	0.597
2014	1.250	0.805	0.898	1.360	0.923	1.157	1.409	1.119	1.021	0.801	0.932	0.838	1.009	0.714	0.349	0.635	0.604	0.507	0.597
2015	1.251	0.803	0.892	1.357	0.918	1.155	1.406	1.118	1.019	0.794	0.934	0.829	1.009	0.715	0.324	0.621	0.600	0.504	0.595
2016	1.249	0.800	0.893	1.356	0.901	1.154	1.404	1.118	1.021	0.789	0.926	0.802	1.011	0.718	0.330	0.617	0.600	0.502	0.595
2017	1.250	0.797	0.880	1.354	0.897	1.153	1.403	1.113	1.023	0.770	0.901	0.809	1.012	0.716	0.334	0.622	0.601	0.494	0.601
2018	1.252	0.797	0.851	1.349	0.900	1.151	1.402	1.110	1.025	0.762	0.887	0.807	1.018	0.716	0.336	0.617	0.602	0.491	0.598
2019	1.248	0.792	0.853	1.353	0.891	1.130	1.400	1.100	1.017	0.746	0.878	0.808	1.017	0.716	0.329	0.614	0.598	0.488	0.595
2020	1.268	0.789	0.857	1.353	0.889	1.127	1.398	1.098	1.017	0.739	0.862	0.808	1.025	0.714	0.326	0.613	0.600	0.491	0.596

要素的自由流动与资源的合理配置，所以协同发展是第二、第三梯队城市群最快捷、最有效的发展方式。

第四节　本章小结

本章在总结国内外学者在城市群溢出效应相关理论基础、实证分析以及城市群空间结构与溢出效应等方面的文献资料基础上，从城市群总体发展、城市群内部演化发展的视野分析了中国城市群演化的基本事实和特征，为分析城市群空间溢出奠定了基础。最后通过测算19个城市群的空间溢出效应，对19个城市群进行了具体分析和分类比较，结果大体验证了第一章第四节"城市群溢出效应时空演化的分析框架"的分析结论。主要结论是：依据陈栋生（1993）提出的"经济净溢出"框架，综合第一章第四节的分析结果，以及本章第三节城市群溢出效应测算结果可知，我国城市群绝大部分处于第一阶段，中心城市或者核心城市利用周围城市资源实现快速发展，慢慢增强溢出能力。

基于城市群溢出效应的时空演变，进一步可将我国19大城市群分为四类：第一类为有望建设成世界级的城市群，包括京津冀、长三角、珠三角城市群；第二类为沿海区域城市群，包括山东半岛、辽中南、海峡西岸城市群，此类城市群有助于提升我国开放竞争水平；第三类为中西部地区城市群，此类城市群已具雏形，但处于发展初始阶段，包括哈长、中原、长江中游、成渝、关中平原城市群；第四类为北部湾、山西晋中、呼包鄂榆、黔中、滇中、兰西、宁夏沿黄、天山北坡城市群，这类区域性城市群需要规划引导。通过对我国各大城市群分类与比较，科学划定中心城区开发边界，能够加快建立健全城市群发展协调机制，推动跨区域城市间产业分工、基础设施建设、生态保护、环境治理等协调联动，实现城市群一体化高效发展及由外延扩张式向内涵提升式转变。

第四章 中国城市群溢出效应的空间 演变特征及分类比较

在前一章从城市群整体角度分析城市群溢出效应的时间演变规律基础上，本章从城市群内城市空间演进关系的角度，进一步探讨了中国城市群溢出效应的空间演变特征以及各类型城市群之间的溢出效应异质性。

第一节 文献梳理和评述

本节的文献梳理和评述主要从城市群空间演变、经济收敛和研究评述三个角度来展开，为下文进一步分析城市群空间溢出问题奠定文献和逻辑基础。

一 城市群空间演变的相关文献梳理

国内已有多种方法来研究城市群内的空间演变关系，如张虹鸥等（2006）利用首位度、城市规模基尼系数等方法对珠三角城市群 1983～1993 年的城市规模演化进行分析，其研究证明了城市首位度的下降是城市群内部城市规模差距缩小的主要动力；李佳洺等（2014）也利用首位度和城市基尼系数两种方法对 20 个城市群的人口、经济的集聚程度进行测算，研究证明城市群人口集聚与经济集聚存在较高的线性正相关关系，但人口的集聚度要明显低于经济的集聚度，人口和经济的集聚对城市群空间结构的演变都起着重要作用。国外学者根据现代空间扩散理论，展开城市群空间结构演变的研究，典型的如 Roy Sarkar 等（2017）利用了齐夫定律的位序-规模法则、吉布斯首位度指数和断裂点分析方法来衡量印度西孟加拉邦库奇比哈尔镇的首位度水平。

二 经济收敛的相关文献梳理

根据 Barro（1991）提出的俱乐部收敛理论，俱乐部收敛类似群体效应，现实中的个体不可能都趋于收敛，只有那些初始状态类似、结构特征相似的经济体才可能趋于同一稳定状态。我国在发展的各个阶段都强调了区域协调的重要性，而经济收敛是能够实现区域协调发展的重要途径。国内学者对经济收敛的研究已有不少成果，最早在经济收敛研究中运用实证方法的是宋学明（1996）。此后，尽管国内关于经济收敛的研究日益升温，但结论上出现了争议，如马拴友等（2003）认为我国经济不存在收敛的倾向，蔡昉等（2000）则认为我国经济存在绝对收敛或条件收敛的倾向。随后又有更多方法来研究经济收敛问题。周业安等（2008）采用条件分量回归方法对中国城市收敛性进行研究，得出了条件收敛并非普遍存在的结论；何一峰（2008）借助非线性时变因子模型来研究经济收敛，发现经济绝对收敛趋势并没有在中国大范围内普遍出现；刘强（2001）为了研究中国的经济增长收敛机制，还将索罗模型引入。随着空间溢出效应和区域间经济互动的增强，空间效应逐渐被纳入分析框架，林光平等（2005）引入空间计量方法研究 28 个省份的人均 GDP 收敛情况，他的研究证明了中国的地区经济发展存在收敛趋势，β 的估计值在加入了省际相关性后明显增大；朱国忠等（2014）也研究同样的中国经济收敛问题，不同的是他采用了空间动态面板，并得出了和林光平相反的结论，即中国各省份总体不存在收敛趋势；董雪兵等（2020）在时空维度上分析了中国经济收敛特征，指出中国全域经济变化存在"收敛-发散-再收敛"的变化过程。

随着收敛性研究的不断深入，国外经济收敛分析中开始使用空间计量方法。有学者采用空间权重矩阵来构建空间计量模型，研究表明相邻地区的经济增长的确呈现了明显的空间相关特性，因此得出结论，美国的经济收敛趋势得益于空间溢出效应。Alberto 等（2019）认为传统的 β 收敛源于新古典主义框架，没有考虑空间层面的相关性。因此，他们提出 Solow-Swan 理论增长模型的多层次空间效应扩展，并利用欧盟统计局和剑桥经济计量学提供的 2000~2014 年的数据和多级空间杜宾模型估计方法对区域间的相互作用进行评价，得出了欧盟内部的趋同过程与发散过程并存的结论，也凸显了空间层面的相关性。German-Soto 和 Brock（2022）分别考虑四个人口普查宏观区域，利用系统 GMM 方法分析了 1963~2015 年美国各州的经济增长与 β 趋同，肯定了经济增长中物质资本和人力资本的贡献度，也证明了经济收敛率存在阶段性特征，即早期收敛率较高，后期收敛率较低。

三 研究评述

就研究区域而言，无论是针对区域的空间差异还是经济差异，国内外学者的研究视角均有所转变，研究范围和尺度整体上都在逐渐收敛。研究视角由大到小，研究范围不断突破行政边界。研究视角从原来的国家层面、省际层面等标准的行政区划逐渐转向城市群、经济带、经济区，甚至是范围更小的市域、县域和企业层面，研究范围正在突破传统的行政边界，不断贴近当下的政策规划范围。国内学者的研究重点也逐渐转移至城市群上来，对城市群的研究大致可以分为三种类型：第一类只关注京津冀、长三角和珠三角等发达城市群，研究三大城市群的空间结构异同或经济异同；第二类只单纯研究城市群的经济发展差异和趋同，并未从空间视角切入；第三类则研究具体某一个城市群的空间结构与区域经济的关联。

就研究方法而言，对城市群的研究已经不再仅仅采用简单的文字阐述和经典的经济学理论进行分析，现已过渡到多学科交叉研究阶段，因为区域差异的一种表现形式就是空间差异，所以现有研究尤其重视与地理学科的结合。国内外研究中对空间结构的分析多采用反映人口规模分布的齐夫指数、反映集中程度的首位度，以及反映内部差异的基尼系数等方式。现在学界对经济收敛的研究也多采用与地理学科相结合的空间计量方法，并且侧重对区域经济差异的预测趋势研究和对中国区域经济差异的研究，"空间"成了考量区域经济差异的重要变化要素。

第二节 城市群溢出效应的空间演变的测度方法

在明确了研究背景和研究问题的基础上，本部分主要从研究方法和数据来源方面，说明本书的研究对象、研究区间与具体的指标处理。

一 收敛模型设定

1. 收敛性相关概念

空间收敛性可以用于检验空间主体在样本期内的集聚趋同情况。收敛性分析一般包含绝对收敛和相对收敛，绝对收敛又由两种收敛组成，一种是δ收敛，另一种是绝对β收敛，可以将绝对收敛理解为不同区域的产出增长率随时间演进而逐渐趋同，但δ收敛和绝对β收敛两者又存在区别，前者不把城市的基础要素和初始经济水平考虑在内，后者则将不同城市的基础要素结构视为相同。δ收敛的主要测算指标有标准差、变异系数、基尼系数和泰尔系数，它们都可以用于反映离散程度。本书主要运用变异系数对δ收敛加以测度，指标随着时间演进上升则说明个体发散，指标随着时间演进下降则说明个体收敛。绝对β收敛与相对β收敛的区别在于，绝对β收敛只考虑经济发展水平这个唯一指标的收敛，并且不受其他控制变量等外部力量的影响；相对β收敛则认为不同的区域有不同的基础条件，因此其收敛性会受多种因素的影响，因此加入了不同的控制变量来分析收敛性。

2. 收敛类型

δ收敛采用横截面数据相关假设，定义为不同经济系统间实际人均产出的变异系数。此处使用变异系数作为δ收敛的指标，能够消除采用标准差时所存在的测量尺度与量纲不一致的影响。绝对β收敛是指技术、制度、文化等特征类似的地区随着时间的演进，呈现相似的经济发展路径，直到增长至相同的均衡状态，收敛于相同的水平。与稳态的距离、与经济增长率呈相反关系，可以理解为较发达地区的经济增长率明显低于较落后地区的经济增长率。但两者最终都会收敛于相同的水平。绝对β收敛模型如下所示。

$$\ln\left(\frac{y_{i,t_0+T}}{y_{i,t_0}}\right) = \alpha + \beta\ln y_{i,t_0} + \xi_{i,t} \qquad (4-1)$$

其中，i代表地区，t_0代表初期，t代表期末，y_{i,t_0}和y_{i,t_0+T}分别代表第i个地区期初和期末的人均产出，$\xi_{i,t}$为误差项。β是收敛速度，若$\beta<0$，则

证明人均产出增长率的增长速度与初始水平成反比，即人均产出较低的区域存在追赶人均产出较高的区域的趋势。

相对 β 收敛则考虑了不同区域存在的差异，如不同的技术、制度与文化要素结构，以及不同的经济状况，因此收敛状况不能一概而论，也不会达到绝对收敛，只有在模型中控制住不同区域的差异时才能达到收敛。其实相对收敛模型只是在绝对收敛模型的基础上加入了若干控制变量，公式具体如下。

$$\ln\left(\frac{y_{i,t_{0,\tau}}}{y_{i,t_0}}\right) = \alpha + \beta\ln y_{i,t_0} + \sum_{j=1}^{n} \lambda_j X_{j,i,t} + \xi_{i,t} \qquad (4-2)$$

其中，λ_j 是第 j 个控制变量 $X_{i,t}$ 的回归系数，相对 β 收敛验证的是引入控制变量之后，人均收入增长率（速度）在时间演化上是否仍呈现缩小趋势，落后地区是否仍存在"追赶效应"。本章参考斯丽娟等（2021）的研究，选择固定资产投入、工业化水平、外资投入和金融发展水平为控制变量。

二 数据来源和变量设定

1. 数据来源

本章所有原始数据均来自 2011～2020 年的《中国城市统计年鉴》和各省份国民经济和社会发展统计公报。

2. 研究区域

依据国家"十三五"规划中"加快城市群建设发展"的相关内容，我国已经布局了 19 个国家层面的城市群，并形成了"两横三纵"的态势，但由于各区域经济发展步伐不一致，19 个城市群的定位大相径庭，根据发展水平分别处于"优化提升"、"发展壮大"和"培育发展"三个阶段。例如，哈长、辽中南、滇中、天山北坡等城市群还没有真正形成，尚处于"培育发展"阶段。受限于数据的获取，所以本书选择发展相对成熟的京津冀、长三角、珠三角、长江中游、成渝、中原、海峡西岸、山东半岛、北部湾和关中平原这十大国家级城市群作为研究对象。

3. 研究时间

本书的研究区间为 2010～2019 年，"十一五"规划为 2006～2010 年，

"十二五"规划为 2011~2015 年,"十三五"规划为 2016~2020 年,研究时段包含"十一五"末期、"十二五"时期和"十三五"时期,既可以检验"十二五"时期的区域政策成效和发展成果,也可以通过"十三五"时期城市群的发展态势预测未来中国城市群的发展方向。

4. 变量选取与处理

基于数据的准确性和可得性,本章的被解释变量使用 2010~2019 年中国十大城市群 178 个地级市的人均 GDP、固定资产投入($invest$)、工业化水平(ind)、外商投资(fdi)、金融发展(fin)作为相关控制变量。从统计年鉴获得所需数据后,为完成从非线性到线性的转化和消除时间趋势影响,本书使用经对数化处理后的人均 GDP 指标,对于社会固定资产投资、第二产业生产总值、金融机构年末存款余额和实际利用外资等其他指标,均使用其占 GDP 的比重。

5. 空间计量模型引入

地理学中的第一定律指出,任何事物都不是孤立的,都可以和其他事物联系在一起,但距离较近的事物比距离较远的事物联系得更为紧密。因此,可推断经济增长存在空间性,尤其是两个相邻的区域之间频繁的经济交互,会对彼此的经济增长产生影响,这种现象就是空间效应。空间计量充分考虑了各地区伴随经济互动和要素流动加强所产生的空间依赖性,弥补了传统 β 收敛存在的不足。

6. 空间权重矩阵的构建

在实际建模前需要创建空间权重矩阵来构建空间计量模型,学界常用的矩阵有邻接、地理距离、经济距离、产业距离和技术距离等矩阵,由于本章主要研究经济聚散现象,且不是所有城市群都相邻和有共边,为此,本章以经济距离为基础,根据各地区人均 GDP 指标构建经济距离权重矩阵。

7. 空间自相关检验

空间建模分析前需要检验空间相关性,本书使用最常用的 Moran's I 指数来检验空间相关性,如果莫兰值小于 0,则表明数据呈现空间负相关,值越小我们认为空间差异越大;如果莫兰值大于 0,则表明数据呈现空间正相关,值越大我们认为相关性越明显;如果莫兰值为 0,我们就认为空间不存在相关性，而是存在随机性；通过检验全局莫兰值判断研究对象是否在空间中呈现自相关性，若莫兰值显著，则说明所研究对象具有空间自相关性。通过检验局部莫兰值判断研究对象具体的聚散情况，局部莫兰值的四个象限分别为"H-H"、"L-L"、"H-L"和"L-H"，我们认为处于"H-H"和"L-L"象限的研究对象具有正自相关效应，而处在"H-L"和"L-H"象限的研究对象则具有负自相关效应。

第三节　中国城市群的 δ 空间收敛及演化分析

因为区域经济差异本身就是一种空间现象，所以空间敛散一定程度上会反映经济空间的集聚和扩散特性。空间分析只能观测城市群在空间上的聚散，对收敛方向、收敛速度等指标却很难解释，若想得知区域的具体收敛速率以及影响收敛性的因素，就必须进行更深入的研究。收敛性分析弥补了空间分析结论仅限于时空领域的不足，因此，收敛性分析是空间结构分析的升华。本部分从两个方面展开：一是城市群发展现状分析；二是城市群的绝对收敛、相对收敛分析。从经济收敛视角分析前文提及的空间结构及演变的动因。

一　δ 空间收敛演化分析

从城市群的人均 GDP 来看，十大城市群在研究时段内总体人均 GDP 为 5.504 万元，其中京津冀城市群人均 GDP 为 8.166 万元，长三角城市群为 8.159 万元，珠三角城市群为 10.383 万元，山东半岛城市群为 6.761 万元，这四大城市群均高于总体人均 GDP 水平。而长江中游城市群（5.052 万元）、成渝城市群（3.679 万元）、中原城市群（3.624 万元）、海峡西岸城市群（5.276 万元）、北部湾城市群（4.145 万元）、关中平原城市群（3.66 万元）则低于总体人均 GDP。从演变趋势来看，2010～2019 年十大城市群的人均 GDP 呈现整体上升态势，但各城市群由于自身禀赋和发展机遇不同，所以增幅不同，其中增幅最大的是海峡西岸城市群，10 年间海峡西岸城市群的人均 GDP 增长了 1.58 倍。2013 年是重要分界点，2013 年以前，长三角、珠三角、山东半岛、京津冀城市群的人均 GDP 水平稳居前四位，但从 2013 年开始，京津冀被海峡西岸城市群不断赶超，海峡西岸城市群的人均 GDP 水平开始跻身前列，珠三角城市群的人均 GDP 也达到峰值。

使用变异系数来刻画 δ 空间收敛性，将十大城市群 2010～2019 年人均 GDP 的变异系数绘制成图 4-1，从中我们可以大致看出变异系数演化情况呈现三个阶段。第一阶段（2010～2013 年），十大城市群的变异系数随时间推移逐渐上升，出现差距扩大的趋势。第二阶段（2013～2016 年），除关中城市群之外的九大城市群变异系数随时间推移逐渐下降，经济差距逐渐缩小，关中城市群的经济差距明显随着时间推移不断扩大。第三阶段（2016～2019 年），除京津冀和北部湾城市群变异系数变化幅度较大之外，多数城市群变异系数较为稳定，城市群内部经济差距基本处于稳定水平。第一阶段初期，我国已开始实施额度更高、以扩大内需为主的经济刺激计划，"12 个国家级区域"发展规划也在此时首次出台。此后，我国持续把区域协调发展视为区域政策的核心，继续推进西部大开发、振兴东北老工业基地、中部崛起、东部转型，2013 年四项区域政策初见成效。由于正处于快速变革期，自然禀赋好、经济活力充足的城市会与区域政策匹配度更高，发展态势更加迅猛，因此会有一部分政策适应性强的城市优先发展，与政策适配性较弱的城市拉开差距，这反映在图 4-1 中，则是 2013 年各城市群变异系数总体出现高峰，并且各城市群峰值不一。2013 年作为实施"十二五"规划承前启后的关键年，中西部区域发展战略持续推进，在保持东部发展优势的前提下，中西部地区生产总值显著提高，取得了较大成就，区域发展协调性不断增强。2016 年是"十三五"规划的第一年，正处于中国经济下行压力较大的攻坚克难期，这一时期的区域政策具有较强的针对性，对中西部地区、东部地区较发达城市群"对症下药"，充分发挥东部自贸区对市场的激活作用，利用西部"一带一路"政策转变"资源依赖型"的固有模式。因此，2016 年后各城市群发展状态不一。

二　空间演化分析

研究经济收敛性之前要先检验空间是否存在相关性，才能判定是否有引入空间计量的必要。本书的空间自相关分析使用 Moran's I 指数，研究

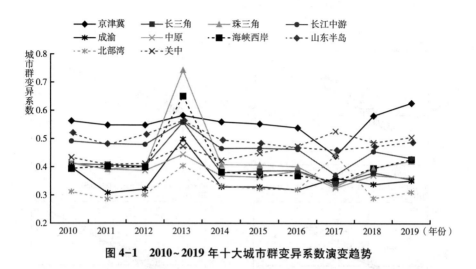

图 4-1　2010~2019 年十大城市群变异系数演变趋势

时不仅将十大城市群看成独立的个体，也根据研究需要将其视为一个总体。由于本书重点研究经济敛散问题，且十大城市群在空间上并非邻近，因此本书舍弃传统的地理距离矩阵和简单的邻接矩阵，采用更适于研究经济敛散问题的经济距离矩阵，经济距离矩阵采用人均 GDP 指标进行构建。结果显示，2010~2019 年十大城市群的全局 Moran's I 指数取值在 0.28~0.32，取值为正，并且通过了 1% 的显著性检验，说明研究样本存在正空间自相关。Moran's I 指数的变化趋势大体平稳，说明在研究期间，我国城市群的经济发展一直存在空间相关特性。

就总体城市群而言，为了更加直观地观测所研究城市群在空间上的集聚范围和位置，本书展示了 178 个城市 4 个年份的局部莫兰散点图。如图 4-2 所示，集聚主要发生在第一、第三象限，主要为高-高集聚和低-低集聚，高-高集聚说明若某个城市人均生产总值较高，那么其周围城市的人均生产总值也高，低-低集聚则说明若某个城市人均生产总值水平较低，那么它周围城市的人均生产总值水平也不高。对四个年份的局部莫兰散点图进行对比可知，2010 年的值相较之下更分散，直线的拟合程度不高，说明 2010 年相较其他 3 个年份空间相关性较弱。2013 年相关性倒退，第一象限的集聚程度减弱，第三象限的密集度变大，我们猜测这是由于2013 年正处于"十二五"承前启后时点，变革与调整打乱了城市的发展

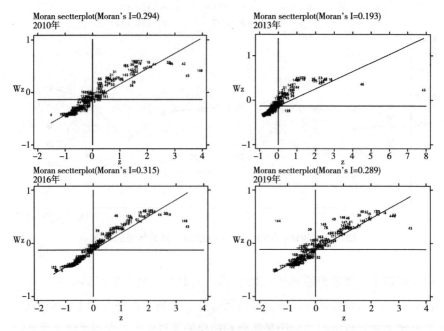

图 4-2 2010、2013、2016、2019 年经济距离权重矩阵下的局部莫兰散点图

规律，因此出现暂时性的异常。2019 年相比于 2016 年，空间相关性更高，我们认为这是因为 2019 年已处于"十三五"规划后期，"十三五"的主要区域目标即将达成，区域协调发展的新格局已经在加速落实，城市群的空间分布也得到了进一步优化。

综上所述，我们认为城市之间确实存在空间依赖性，且随时间的不断演进而呈现不断增强的趋势，因此这也说明在进行收敛性分析时，如果忽略了空间相关性的作用，会导致结果发生偏离。此外，本书的权重构建使用的是经济距离，结果拟合较好，这说明经济来往更密切、经济联系更频繁的城市更容易趋于收敛。

第四节 中国城市群空间 β 收敛与分类比较

本节聚焦对 β 收敛与相对 β 收敛分析和各类城市群之间的比较，在

城市群选择上，主要以 10 个较为成熟的国家级城市群为分析对象。其他
9 个区域性城市群中的绝大多数由于空间发育发展还不成熟，显著性不
一，难以进行横向比较分析，所以在此不进行讨论。

一 绝对 β 收敛分析

观察 Moran's I 指数可知，十大城市群之间存在空间相关性，因此引
入空间计量。首先，经 LM 检验，空间滞后与空间误差检验均显著，空间
回归模型明显优于 OLS 模型，且设定本书选用 SDM 模型。其次，Hausman
检验结果较显著，选择固定效应模型更优。最后，LR 检验具有较强显著
性，说明 SDM 模型明显优于 SAR、SEM 模型，Wald 检验结果拒绝原假
设，进一步支持 SDM 模型；通过检验固定效应类型鉴别，最终选择空间
杜宾个体固定效应模型。由于考虑了空间依赖性，进行绝对 β 收敛回归
时，绝对 β 收敛结果见表 4-1。

$$\ln\left(\frac{y_{i,t_0+T}}{y_{i,t_0}}\right) = \alpha + \beta\ln y_{i,t_0} + \gamma W_{i,j}\ln y_{i,t_0} + \rho W_{i,j}\ln\left(\frac{y_{i,t_0+T}}{y_{i,t_0}}\right) + \xi_{i,t} \quad (4-3)$$

其中，$\ln\left(\dfrac{y_{i,t_0+T}}{y_{i,t_0}}\right)$ 表示城市 i 在该时期内的人均生产总值增长率（用以
表示经济增长率）；γ 表示邻近地区的经济发展水平对本地区经济发展的
影响；ρ 为空间回归系数，反映邻近地区的经济增长水平对本地区的影
响；$W_{i,j}$ 为基于经济距离的权重矩阵；其他变量含义与前文相同。

表 4-1　2010~2019 年十大城市群绝对 β 收敛结果

变量	总体	京津冀	长三角	珠三角	海峡西岸	山东半岛
β	−0.7453 *** （−27.91）	−0.6292 *** （−7.17）	−0.6355 *** （−10.51）	−1.0018 *** （−8.95）	−0.9008 *** （12.50）	−0.8863 *** （−5.78）
γ	0.7158 *** （25.07）	0.5433 *** （5.81）	0.6048 *** （9.15）	0.8719 *** （6.47）	0.8513 *** （11.20）	0.7182 *** （4.29）
ρ	0.9019 ***	0.6889 ***	0.7284 ***	0.7750 ***	0.7455 ***	0.5276 ***
R^2	0.2966	0.3275	0.458	0.4196	0.363	0.2395

变量	长江中游	中原	成渝	关中平原	北部湾
β	-0.8325 *** （-13.27）	-0.6296 *** （-10.30）	-0.8997 *** （-9.80）	-0.7277 *** （-6.82）	-0.8243 *** （-8.37）
γ	0.7919 *** （12.18）	0.5977 *** （9.17）	0.8584 *** （9.19）	0.6439 *** （5.63）	0.7614 *** （7.34）
ρ	0.8137 ***	0.7802 ***	0.7914 ***	0.7024 ***	0.7389 ***
R^2	0.3251	0.2436	0.3112	0.3269	0.3460

注：*** 分别表示1%的显著性水平，括号内为 Z 统计量。

绝对 β 收敛结果显示，就全国总体收敛系数来看，系数是-0.7453，在1%的显著性水平下明显小于0，也就是说，就我国十大城市群总体来看，是存在收敛的，并且收敛速度不慢。这表明我国十大城市群之间存在一定的吸力与拉力，发展比较快的城市群会拉动发展比较慢的城市群，发展较弱的城市群不断向发达的城市群靠近，并且从收敛系数来看，较落后城市群的追赶速度较快。由空间回归系数 $\rho=0.9019$ 可知，我国各城市群之间存在正向的空间溢出效应。

就单个城市群的收敛系数来看，十大城市群的系数都明显小于0，且也通过了1%的显著性检验，这表明绝对 β 收敛既存在于城市群之间，又存在于单个城市群内部，且各城市群以不同速度趋向各自的稳态。就收敛速度而言，十大城市群中，珠三角城市群的收敛速度最快，收敛系数是-1.0018，而收敛速度最慢的是京津冀城市群，收敛系数是-0.6292，因为绝对收敛只考虑经济发展水平这一指标自身的收敛，所以我们认为京津冀城市群收敛速度较慢的原因是重点城市如北京、天津、保定、石家庄、廊坊等城市的经济发展水平原本就处于较高水平，到城市群内部均衡稳态的距离较短，所以在达到稳态时速度降缓。我们一般认为收敛速度较快通常发生在落后城市追赶发达城市的过程中，但珠三角的状况明显与之不符，由此我们推测，珠三角内部可能是形成了比原先均衡水平更高的稳态，阈值提高，群内所有城市都在向着更高的稳态不断趋近，因此在经济往来增多、资源要素流动加快的情况之下，整个珠三角城市群的收敛速度明显加快。

二　相对 β 收敛分析

相对 β 收敛需要引入相应控制变量，本书分别选用第二产业生产总值、社会固定资产投资、实际利用外资和金融机构年末存款余额这四个指标作为控制变量指标，在书中依次以 ind、$invest$、fdi、fin 来表示。相对收敛模型其实就是在原本绝对收敛模型的基础上加入了控制变量，也就是在公式 4-3 的基础上进行了改动，如公式 4-4 所示。式中的控制变量用 $X_{i,t}$ 表示，各控制变量的系数以 θ 来表示，收敛结果如表 4-2、4-3 所示。

$$\ln\left(\frac{y_{i,t_0+T}}{y_{i,t_0}}\right) = \alpha + \beta\ln y_{i,t_0} + \gamma W_{i,j}\ln y_{i,t_0} + \rho W_{i,j}\ln\left(\frac{y_{i,t_0+T}}{y_{i,t_0}}\right) + \theta X_{i,t} + \xi_{i,t} \quad (4-4)$$

1. 空间溢出效应角度

如表 4-2 所示，从空间相关系数视角分析可以看出，10 个城市群总体及各城市群空间相关系数均在 1% 置信水平下显著小于 0，城市群总体相关系数较大。这说明我国各城市群之间的经济互动较为频繁，要素流动较快，区域协调发展的局面也在逐渐形成。

就各城市群的相关系数而言，相关系数绝对值较高的分别是成渝、关中平原和珠三角城市群，说明三个城市群均表现了较强的正向空间溢出效应，且经济发展水平越高，对周边区域经济增长的拉动作用越明显；就各控制变量的空间相关系数而言，不同的控制变量对 10 个城市群的作用大不相同。

实际利用外资对北部湾等城市群和关中平原等城市群分别产生负向和正向的空间溢出效应。由此分析推测，关中平原城市群作为内陆西部城市群，受限于区位条件，多依赖传统的资源型、政策型发展模式，外商投资对其而言是一种较新的投资模式，因此在经济发展的新动力加入后，关中平原城市群不仅自身获得了发展，还对周边地区产生溢出效应。北部湾城市群作为东部沿海城市群，濒临海港，具有良好的区位条件，其经济增长主要依靠海外投资、海外业务。海外投资是其重要的经济增长动力，因此，如果一味地加大北部湾的外商投资力度，北部湾城市群会不断利用自身资源而发展迅速，这容易形成与周围地区较大的发展差异和产生"虹吸"

表 4-2 2010～2019 年十大城市群相对 β 收敛结果

变量	总体	京津冀	长三角	珠三角	海峡西岸	山东半岛	长江中游	中原	成渝	关中平原	北部湾
β	-0.8301*** (-31.49)	-0.6306*** (-7.65)	-0.7472*** (-12.40)	-1.0327*** (-9.43)	-0.9572*** (-13.24)	-0.8308*** (-5.73)	-0.9369*** (-15.51)	-0.8366*** (-13.49)	-1.0449*** (-13.68)	-1.0334*** (-13.19)	-0.8962*** (-11.82)
ind	0.0152*** (10.34)	0.0025 (0.99)	0.0158*** (5.93)	0.0066 (0.91)	0.0078** (2.52)	0.0194** (5.73)	0.0067*** (3.49)	0.0087*** (5.01)	0.0125*** (6.75)	0.0230*** (9.52)	0.0150*** (5.31)
invest	0.2293*** (3.47)	-0.0782** (-2.28)	-0.0262 (-1.19)	-0.3544 (0.96)	-0.1618 (-1.61)	-0.7854*** (-3.29)	-0.0428 (-0.59)	0.0624 (1.44)	0.0477 (0.90)	0.0498* (1.75)	0.0480 (0.69)
fdi	-0.0045*** (-3.32)	-0.0040 (-0.18)	0.0090 (0.01)	0.2903 (0.17)	-3.2348 (-1.23)	-0.0905 (-0.05)	-0.1927 (-0.15)	0.0028 (0.01)	1.7635* (1.77)	6.0779*** (2.74)	-0.6540 (-1.39)
fin	-0.0508*** (-3.76)	0.0840*** (3.86)	-0.0090 (-0.18)	-0.1040 (-1.00)	0.0925 (1.44)	0.0979 (0.62)	-0.2618*** (-3.28)	-0.2191*** (-5.22)	-0.1067** (-2.25)	0.1292*** (4.72)	-0.0417 (-1.64)

注：*、**、*** 分别表示 10%、5%、1% 的显著性水平，括号内为 Z 统计量。

效应，因此，会对周围区域的经济增长产生抑制作用。

2. 收敛系数角度

从绝对 β 收敛系数与相对 β 收敛系数（见表4-1、4-2）的对比角度来看，十大城市群总体和十大城市群个体在加入4个控制变量进行相对收敛回归后，收敛系数均小于0，且都通过了1%显著性水平检验。由此可见，我国"十三五"时期持续实施西部大开发战略，加强"一带一路"建设，以及以开放引领来推动西部经济社会发展的政策措施落到了实处，且卓有成效。

综上所述，地区的经济收敛不仅只受到自身初始经济基础的影响，也受到其他异质性因素的影响，并且很有可能随时间的演进而更加依赖这些异质性因素。在制定政策时将异质性因素考虑在内，不但能以最快速度对经济落后地区精准施策，还能提升落后地区的区域协调度。因此，相对收敛较绝对收敛结果更加可靠与科学。

3. 控制变量角度

相对收敛分析分别引入第二产业生产总值、社会固定资产投资、实际利用外资和金融机构年末存款余额等指标，接下来将对几个控制变量一一进行分析。从控制变量对城市群总体经济增长的影响来看，引入的4个控制变量均通过了显著性检验，据表4-2，第二产业生产总值和社会固定资产投资显著为正，实际利用外资和金融机构年末存款余额显著为负，这说明提高工业化发展水平和增加资本投入会造成城市群间发展差距的扩大，也说明金融发展与外商投资有利于我国区域经济收敛。

据表4-2，就第二产业生产总值而言，长三角、长江中游、中原、成渝、关中平原和北部湾城市群的系数在1%的水平之下显著为正，海峡西岸和山东半岛城市群的系数则在5%的水平下显著为正。这说明，对长三角、长江中游、中原、成渝、关中平原和北部湾城市群来说，工业发展水平的提高虽然能够促进整个城市群经济的增长，但不利于城市群内部差距的缩小，会出现关注效率、忽略均衡的局面。

就社会固定资产投资而言，山东半岛和京津冀城市群的系数显著小于0；关中平原城市群的系数在10%的水平下显著大于0。除此以外的城市群均未通过显著性检验。这表明，社会固定资产投资的增长在一定程度上

表4-3 2010~2019年考虑空间溢出的十大城市群相对 β 收敛结果

变量	总体	京津冀	长三角	珠三角	海峡西岸	山东半岛	长江中游	中原	成渝	关中平原	北部湾
$W \cdot \ln y_{i,t}$	0.7840*** (21.10)	0.3690*** (3.50)	0.7605*** (7.64)	0.6689*** (4.23)	0.6833*** (4.30)	0.8284*** (3.92)	0.7317*** (7.41)	0.5376*** (3.95)	0.9176*** (10.62)	0.7366*** (6.65)	0.5576*** (4.61)
$W \cdot ind$	0.0066 (0.58)	-0.0059 (-1.45)	-0.0194*** (-2.77)	0.0056 (0.30)	-0.0188** (-2.42)	0.0291 (1.07)	-0.0055 (-1.15)	-0.0037 (-0.59)	-0.0127*** (-5.32)	-0.0159*** (-3.95)	-0.0055 (-1.14)
$W \cdot invest$	1.2189 (1.51)	0.3412** (2.03)	-0.1249 (-1.00)	1.9270 (1.55)	0.7329** (2.43)	1.5804*** (4.10)	-0.0055 (-0.03)	-0.4749** (-2.44)	-0.2570 (-1.18)	0.0336 (0.55)	0.2560 (0.81)
$W \cdot fdi$	-0.0199 (-1.46)	0.0813 (1.20)	3.1090 (0.80)	1.0162 (0.24)	-0.0646 (-0.01)	-0.1172 (-0.02)	-15.7406 (-1.40)	2.0164 (0.44)	3.6058 (0.70)	13.0603* (1.73)	-6.9406*** (-3.83)
$W \cdot fin$	-0.0720 (-0.55)	-0.1898* (-1.93)	0.0060 (0.04)	0.2073 (0.62)	-0.9271*** (-2.83)	0.4510 (0.77)	0.9713*** (3.68)	1.1727*** (3.83)	0.5752** (2.56)	0.2724*** (2.84)	0.4248*** (4.24)
ρ	0.8823***	0.3619***	0.7224***	0.7000***	0.6202***	0.3642***	0.7675***	0.7030***	0.7931***	0.4738***	0.5531***
R^2	0.4660	0.6584	0.6131	0.6239	0.6202	0.4108	0.5139	0.4965	0.5159	0.8745	0.8162

注：*、**、*** 分别表示10%、5%、1%的显著性水平，括号内为 Z 统计量。

会促进山东半岛、京津冀城市群的经济协调发展，加快城市群内部差异的缩小，促进收敛；相反，社会固定资产投资的增加会促进关中平原城市群的经济发展，但也会使其内部差异继续扩大。

就实际利用外资而言，关中平原城市群和成渝城市群的系数分别在1%和10%的水平下显著为正，且值都较大。这表明实际利用外资十分有利于成渝城市群和关中平原城市群的经济发展。但提高两大城市群的外商投资水平有利也有弊，一方面能够加快两个城市群的经济增速，另一方面则会阻碍城市群内部的收敛，扩大内部城市的发展差异，与区域协调发展的目标背道而驰。

就金融机构年末存款余额而言，长江中游和中原城市群在1%的水平上都存在显著的负向影响，成渝城市群在5%的水平上存在显著的负向影响，说明金融发展有助于缩小长江中游、中原和成渝城市群的经济差距，推动城市群的内部收敛。相反，京津冀和关中平原城市群在1%的水平下显著为正，说明提高京津冀城市群和关中平原城市群的金融发展水平有利于提高其经济增速，但不利于缩小城市群内部的发展差距，仅考虑了增长效率，没有考虑增长均衡。

综上所述，各控制变量对不同城市群产生不同的作用效果；各城市群在区位、发展基础、发展路径、发展模式和战略规划等方面存在差异，导致了各城市群适用的外部推力不同，但从各控制变量的分析中可知，外部政策推力应该平衡效率与均衡，在保证增长率的基础上促进区域经济发展收敛。

第五节　本章小结

本章利用2015~2019年十大国家级城市群数据对城市群空间的扩散收敛情况进行了研究，对十大城市群内部空间溢出效应的发展演化特征进行了分析，尤其利用2010~2019年的城市群人均GDP指标和空间计量模型对十大城市群进行了绝对β收敛和相对β收敛分析，研究结论如下。

十大城市群收敛速度不同，外部条件的利用效果也不尽相同。从城市群的收敛性结果来看，十大城市群总体和各城市群均存在显著的绝对β收

敛和相对 β 收敛趋势，且同一主体的相对收敛速度普遍大于绝对收敛速度，这也表明无论是 10 个城市群间还是各城市群内，都存在向均衡稳态发展的趋势。相对收敛系数大于绝对收敛系数也证明，地区经济不仅受自身经济水平因素影响，还可能受各地区的异质性外部力量影响，由于各地区的基础、禀赋、发展动力不同，相同的外力对各地区会有不同的效用，这样导致了加入控制变量之后，个别地区收敛幅度提升或下降。但无论收敛速度如何，都表明我国各地区间、各城市群内都在不断缩小发展差距，"先富带后富""后发赶超"的现象持续存在，我国经济发展趋势长期向好。

我国各阶段实施的区域政策精准有效，未来可期。由 δ 空间收敛分析可知，变异系数的起伏划分了三阶段，三阶段各节点分别对应了相应的区域政策。第一阶段十大城市群变异系数随时间推移而上升，差距扩大，2013 年达到顶峰，恰好符合 2013 年初见成效的快速变革期，优势城市群迎来机遇，抓住了优先发展机会。第二阶段 9 个城市群变异系数随时间推移逐渐下降，经济差距逐渐缩小，变异系数较为平稳，恰好符合 2016 年我国对东中西部精准施策、对症下药的动向。第三阶段多数城市群变异系数较为稳定，城市群内部经济差距基本处于稳定水平，也符合我国 2016年后持续利用地区优势推进区域协调发展的趋势。由此可以证明，我国各项区域战略与政策均具有较好成效，随着各项政策的实施，我国区域经济的短板会不断被补齐，发展瓶颈也会不断被突破。

第五章　中国城市群核心城市的溢出
能力实证分析与比较

所谓溢出能力，是指核心城市对外围城市发展的带动力或带动潜力，这主要取决于核心城市对群内其他城市因产业和技术溢出而产生的引领效应。本章在文献分析评述和现状分析的基础上，重点分析了核心城市对其所在城市群产生的实际产业和技术溢出效应程度。

第一节　核心城市溢出能力产生的机制

本节主要对核心城市溢出能力的产生机制进行理论分析，主要从经典的增长极理论、集聚微观机制、新经济地理学经典的核心-外围补偿模式三个角度展开相关分析，旨在解释城市群内部主要溢出和被溢出空间的互动关系。

一　经典增长极理论对核心城市溢出能力的基本解析

Perroux（1950）最早提出增长极理论，他认为经济增长会最先在"增长极"出现，再对周边地区进行扩散，从而带动区域整体的经济发展。继而，Boudeville 等（1966）在 Perroux 的基础上进行了扩展，将"增长极"对区域经济的影响转为区域内中心城市或者核心城市对周边地区的影响。此外，核心-边缘理论和中心-外围理论也对增长极理论做了进一步拓展，认为集聚中心或者核心区根据其优越条件和集聚优势形成具有强大辐射与扩散作用的增长极，推动整个区域的经济发展（Fridmann，1967；Krugman，1991）。同时，核心城市的发展带来的先进技术、新知识会溢出到周边地区，周边地区可以因此获益（Baldwin & Forslid，2000）。

根据增长极理论，拥有高度集中的产业和生产要素的核心城市，具有规模经济效应，会对周边的城市和地区产生强大的辐射带动作用，促进外围周边城市的经济增长。而核心城市的人力资本、知识以及技术是产生溢出效应的主要来源，人力资本溢出会对整个经济体产生外部性（Lucas，1988）；知识的溢出会产生知识外部性，同时还会带来技术外部性和资本外部性，带动城市群实现技术进步和经济增长（Romer，1986）。中心城市在经济发展到一定阶段后，由于技术进步带来产业结构调整，一些传统产业开始向边缘地区转移，此外，因为中心城市房价上涨、交通拥挤以及空气质量下降等问题，部分人才和资本会向周围地区转移，其结果表现为人才、资本、技术等生产要素的外溢，带动了周边地区的经济发展。钟鸣长（2009）运用动态脉冲模型与时间序列收敛模型，实证测算了上海和北京的经济辐射能力，结果得出上海的经济辐射能力更强，他认为城市规模、经济腹地实力、产业结构关联度、区域一体化程度等是造成城市经济辐射能力差异的主要原因。孙斌栋等（2016）通过对长三角城市群的实证分析，认为邻近大城市确实有助于促进中小城市的经济增长；金祥荣等（2016）用2000~2012年我国十大城市群的面板数据也得到了类似的结论。

此外，在中心城市辐射带动周边城市的机制研究方面，学者们从要素集聚的外部经济性、基础设施改善、交通发展、产业升级与转移等方面进行了更加细致深入的分析（吴福象等，2008；许政等，2010；毕秀晶等，2013；王雨飞等，2016；崔耀平等，2020），而王珺等（2022）则认为，影响城市辐射带动效应的主要因素为中心城市的经济规模和层级、城市之间的联系、城市的宏观制度和区域协调组织或发展平台。随着我国创新驱动型高质量经济发展要求的提出，创新作为经济发展的第一驱动力在其中起着重要作用，而核心城市集聚信息、技术、知识、人才等创新资源，分析其创新溢出能力很有必要。创新本身就带有外溢的特征（Romer，1994），由于知识的可复制性和传播性，创新活动会对中心城市的邻近地区产生知识溢出效应（王俊松等，2017）。翟少轩（2021）根据我国地级市面板数据，建立空间计量模型，实证分析了中心城市的创新发展对周边城市的辐射带动作用，结果发现中心城市的创新发展对周边地区有溢出效应，并且这种创新溢出效应同时促进了中心城市及其周边地区的经济发展。翟婧彤等（2020）从人才结构的角度分析，认为单纯地扩大人口规模不能增强创新能力的空间溢出效应，应该关注高技能劳动力在人口规模中的占比，在扩大人口规模的同时，高技能劳动力集聚产生的知识溢出效应会随之增强。

总之，核心城市作为多种生产要素的集聚地，在发展到一定阶段后会对周边地区产生较大辐射带动作用，通过人力资本溢出、知识技术溢出、产业链延伸等渠道产生溢出效应，促进城市群高质量发展。

二　核心城市集聚经济的微观机制分析

Duranton 等（2004）提出了城市集聚的三个微观机制，即共享、匹配和学习，他们认为这三种机制能够促进核心城市聚集各种资源。共享，即大城市集聚了很多生产活动，拥有足够大的经济规模，因而会产生专门服务于其他部门的基础设施和部门，并且更大的经济规模能够提供更高质量的公共基础设施；匹配是指企业和人才的匹配，大城市拥有更加厚实的市场，而劳动力和企业的匹配质量在厚实的市场中要好于稀薄的市场，在越靠近大城市的地区，每个经济主体所面对的机遇更多，因此企业更容易招到适合的人才，而求职者也容易找到与自己适配的岗位；学习是中心城市的规模效应，中心城市聚集了大量的人力、信息和技术，可以促进学习的发生。从这三个微观机制看，首先，由于公共基础设施具有公共产品属性，中心城市的周边城市由于空间邻近性，可以通过共享中心城市公共基础设施而获益。例如，周边城市可以充分运用中心城市新的信息和通信技术以及各种交通运输基础设施，发展自身经济。其次，由于中心城市存在更多的潜在岗位和劳动力，越靠近中心城市，不管是企业还是劳动力都可以提高其匹配水平。最后，信息和技术的传播是在真实空间中发生的，并且研发的过程是不断交流、试错、学习的过程，虽然网络上可以获取大量信息，但是大量的信息使得搜索目标信息的难度增大，效果还是不如"面对面"向他人学习，所以涉及知识的创造和获取时要考虑邻近效应。因此，距离中心城市越近的城市，更容易因中心城市的溢出效应而获益。

换言之，中心城市可以通过共享、匹配和学习这三个机制产生巨大的辐射带动作用，促进周边城市的经济发展。

三 核心城市对外围城市的福利补偿分析

1. 核心城市的劳动力和资本向外围城市转移的补偿

根据新经济地理学的分析，当不同产业高度集中在核心城市时，由于产业的过度集中，企业之间的竞争更加激烈，核心城市的生产成本也在不断上涨，根据工业区位论思想，企业会根据自身的特征和盈利情况不断调整，选择适宜的生产活动地点，此时对生产成本较敏感的产业就会向外转移，而产业转移的过程就是资本转移的过程。这种补偿体现在资本转移上，但是产业转移的补偿在一定的市场开放程度之下才会发生，例如，由于核心城市的市场规模较大，当核心城市对外围城市的开放度和外围城市对核心城市的开放度都很大时，在市场力的作用下，外围城市的可流动要素反而会向核心城市转移，这会进一步降低外围城市的产业份额。因此，核心城市对外围城市的开放度要足够大，同时要适度降低外围城市对核心城市的开放度，只有这样，一些不依赖核心城市功能且对租金成本和劳动力成本较敏感的产业才会向外围城市转移，选择更有利的城市进行生产。朱尔茜（2013）结合了美国和日本的都市圈发展经验，认为都市圈第三产业占比应超过80%，调整产业结构是国内都市圈重要发展方向之一。因此，当前第二产业占比较大的城市群，其辐射能力较强，何龙斌（2014）通过分析国内三大城市群证实了这一观点。由于城市群的产业结构调整，第二产业占比较大的城市群势必要向外转移产业，经济辐射能力也较强。

2. 核心城市经济增长率提高向外围城市进行补偿

根据新经济地理学的分析，当采取非均衡战略而导致经济增长率提高时，市场开放度达到某一临界点，核心城市与外围城市开始出现福利水平的差距，核心城市从经济集聚和经济快速增长中获益，而外围城市从经济增长中获益，从经济集聚中受损。受损是指外围城市可流动要素大量向核心城市集聚，导致外围城市名义收入和实际收入水平下降。在集聚力的作用下，要素和产业向核心城市转移，导致外围城市产业份额减少，如人力资本在城市间具有竞争性关系，人才单向涌入核心城市，使得周边城市人力匮乏，增长动力不足（周锐波等，2019）。获益是经济系统整体经济增长率提高所导致的外围城市实际收入水平提高，并且只有在外围城市居民对制造业产品支出份额高的情况下，福利水平才是提高的，而当制造业产品支出份额较低时，核心城市对外围城市的福利水平没有太大影响。

3. 核心城市以知识技术扩散方式对外围城市进行补偿

根据新经济地理学的分析，核心城市作为城市域创新的主引擎，吸纳创新要素，促使创新集聚，进而有利于提升核心城市的创新能力，知识和技术一旦产生，就会在企业和城市之间产生不完全溢出（Almeida & Kogut，1999）。并且，知识溢出和空间集聚是相互促进的，知识溢出效应的正外部性使得社会回报率大于个人回报率，降低创新成本，促进知识的产生和创新的集聚，而处在集聚城市内更容易受到知识溢出的影响，获得隐形的好处。核心城市扩散出来的知识技术，也是外围城市可使用的知识资本，并且核心城市的创新能力越强，知识溢出效应越强。Almeida 和 Kogut（1999）认为，携带知识要素在不同企业和城市域之间自由流动，会促进知识的空间溢出，因此，当核心城市的劳动力和资本向外围城市转移时，也会促进知识技术的扩散，有利于外围城市提升创新能力。而张战仁（2012）认为在发展初期，创新能力较弱城市域的创新要素流向创新能力较强的城市域，直到发展后期，在扩散作用主导的情况下，创新能力较强的城市域才会对较弱城市域进行要素输出，因此对于远离创新增长极的城市域，应积极采取措施抑制距离对其创新关联的衰减作用。白俊红等（2017）使用我国 30 个省级城市域的面板数据，实证考察了研发要素的流动对空间知识溢出效应的影响，结果认为研发要素的流动不仅能够促进本地经济增长，还能通过知识溢出效应促进其他邻近城市的经济增长。

第二节　中国城市群核心城市的溢出能力刻画

经济增长、创新能力、人口集聚和企业盈利是核心城市溢出能力的四个基本维度，本节从核心城市人口密度和经济密度、创新能力、研发投入、人口增长率及 500 强企业数量五个方面，分析 19 个城市群主要核心城市的潜在溢出能力。

一 核心城市人口密度和经济密度比较

在核心城市市辖区人口密度方面，郑州的人口密度最高，达到 0.69 万人/平方公里，南京、广州次之，分别为 0.59 万人/平方公里、0.50 万人/平方公里；人口密度最低的城市是南宁，为 0.06 万人/平方公里。就经济密度而言，最高的是南京，为 4.79 亿元/平方公里；其次是广州，为 4.34 亿元/平方公里；南宁最低，为 0.38 亿元/平方公里。从图 5-1 中不难看出，不同核心城市与市辖区人口密度和经济密度大致呈现正相关的关系。

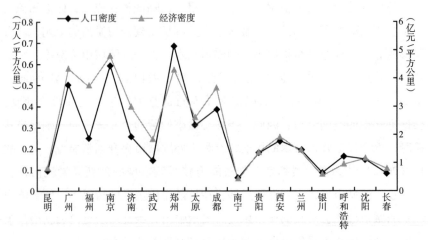

图 5-1　2020 年城市群核心城市市辖区人口密度和经济密度比较

资料来源：各城市统计年鉴。

二 核心城市创新能力比较

在全部城市群的核心城市当中，2021 年专利申请数最高的是北京，为 16.28 万件，其次分别为广州、福州与济南，专利申请数分别达到 15.58 万件、7.63 万件与 7.63 万件，最低的是乌鲁木齐，为 5325 件。从专利申请数占所属城市群总申请数的比例来看，最高的是乌鲁木齐，为 87.35%，最低的是南京，为 7.75%（见图 5-2）。由此可见，不同城市群的专利申请数均较多，且在其所处城市群总申请数中占比均较高。

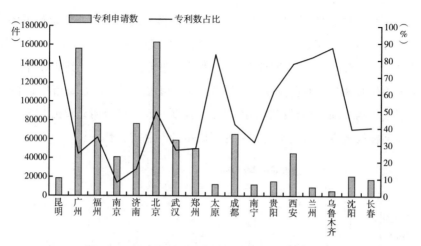

图 5-2　2021 年城市群核心城市创新产出与占比

资料来源：各城市统计年鉴。

从各个核心城市的专利授权数来看，超过 10 万件的有北京和广州，分别为 16. 28 万件和 15. 58 万件，专利授权数低于 1 万件的核心城市仅有兰州，为 9289 件；从外围城市的专利授权数来看，最高的是珠三角城市群和长三角城市群，分别是 5. 96 万件和 2. 37 万件，最低的是兰西城市群，外围城市专利授权数均值为 690. 67 件。从图 5-3 不难看出，核心城市的专利授权数越多，越能带动外围城市的专利授权数增长。

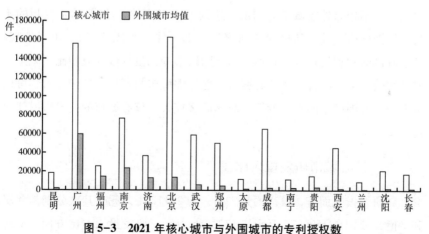

图 5-3　2021 年核心城市与外围城市的专利授权数

资料来源：各城市统计年鉴。

从核心城市的相邻外围城市（百度地图搜索的距离核心城市最近的3个城市）专利授权数来看，专利授权数均值较高的是北京和广州的相邻外围城市，分别为7.54万件和7.38万件，最低的是兰州，其相邻外围城市平均仅有817件专利授权（见图5-4）。相比之下，核心城市比其相邻外围城市的平均专利授权数高出了较大幅度，而且可以明显看出，核心城市专利授权数高，也会带动相邻外围城市的专利授权数增长。

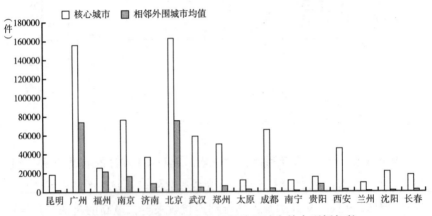

图5-4 2021年核心城市与相邻外围城市的专利授权数

资料来源：各城市统计年鉴。

从核心城市与其不相邻外围城市的专利授权数比较的角度出发，最高的是广州不相邻外围城市的均值，达到了5.48万件，最低的是兰州的不相邻外围城市，其专利授权数均值仅有628件（见图5-5）。可以发现，核心城市的专利授权数与其不相邻外围城市专利授权数均值相比，高出了非常大的幅度。综合比较核心城市相邻外围城市与不相邻外围城市，可以发现相邻外围城市的专利授权数总体而言较大，核心城市的技术溢出能力得以体现。

三 核心城市研发投入比较

就研发投入而言，最高的是广州，为2211321万元，其次分别是武汉和济南，分别是1526677万元与1372866万元；研发投入占比方面，最高的是太原，为92.69%，最低的是南京，为6.41%（见图5-6）。不难看

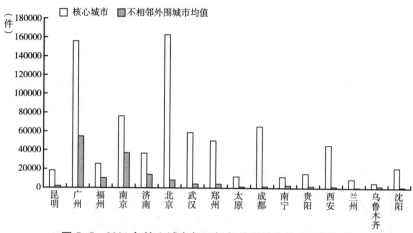

图 5-5 2021 年核心城市与不相邻外围城市的专利授权数

资料来源：各城市统计年鉴。

出，不同核心城市的城市研发投入金额差异较大，但大体上均占所在城市群研发投入的比重较高。

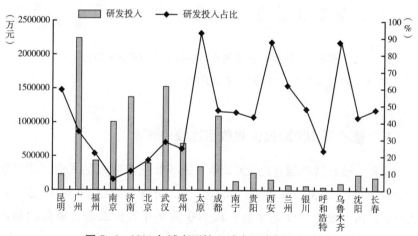

图 5-6 2021 年城市群核心城市研发投入与占比

资料来源：各城市统计年鉴。

四 核心城市人口增长率比较

从核心城市人口增长率来看，人口增长率最高的是西安，为 4.34%，其次是广州和郑州，分别是 3.93% 与 3.86%，最低的是长春，为 0.34%；从各个城市群人口增长率来看，超过 1.5% 的有珠三角与天山北坡城市群，分别是 1.91% 与 1.71%，有 5 个城市群的人口增长率低于 0，最低的是哈长城市群，为 -1.61%。从图 5-7 来看，各个核心城市的人口增长率与城市群的人口增长率大致呈现正相关的关系，并且核心城市的人口增长率往往更高。

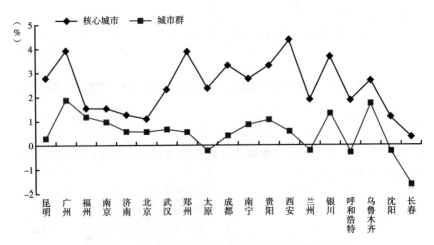

图 5-7　2021 年核心城市与城市群人口增长率对比

资料来源：各城市第七次全国人口普查数据。

五　核心城市 500 强企业数量比较

从各个核心城市拥有的 2021 年中国 500 强企业数量来看，北京遥遥领先，拥有 97 家，其次为广州与济南，分别拥有 20 家和 11 家，最低的是银川，没有 500 强企业；从 500 强企业占比来看，最高的是昆明，占所在城市群 500 强企业的比重为 83.33%，之后是北京和西安，分别占比 75.78% 和 70%，500 强企业占比最低的是银川，为 0%，所在城市群唯一的 500 强企业不在该城市（见图 5-8）。总体来看，大多数核心城市都拥有所在城市群中比例较高的 500 强企业。

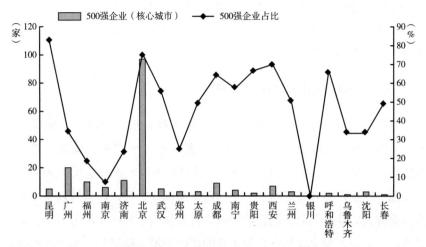

图 5-8　2021 年城市群核心城市 500 强企业的数量与占比

资料来源：东方财富网。

第三节　产业链视角的核心城市产业溢出能力分析测算

对省内城市群来说，由于其属于全省经济增长点和核心产业集聚地，所以我们使用各省 2017 年 42 个部门的投入产出数据，来大体反映城市群内的投入产出关系。此外，由于城市群内最主要的溢出关系就是由产业关系产生的，所以可以用城市群内的产业链关系来反映核心城市的产业溢出能力。首先，利用投入产出表数据，并结合滇中、珠三角、海峡西岸三个城市群"十四五"规划，找出 10 个重点主导产业。然后，参考刘起运（2002）的方法计算得到相应的感应系数和影响力系数。其中，感应系数是指国民经济各部门每增加一个单位，最终使用时某一部门由此而受到的需求感应程度，也就是需要该部门为其他部门生产而提供的产出量，衡量的是一个产业部门的前向关联度；影响力系数是指国民经济某一个产品部门增加一个单位最终产品时，对国民经济各部门所产生的生产需求波及程度，影响力系数越大，该部门对其他部门的拉动作用越大，因此该指标衡量的是国民经济中某个部门对其他生产部门的拉动作用。从另一个角度说，如果两个指标越大，就表明该部门在城市域内的溢出能力越强，在城市群内的溢出效应就越大。

一 以滇中城市群为例的分析

首先，通过整理计算云南省（滇中城市群）投入产出表的感应系数和影响力系数，并结合城市群内部各主要城市"十四五"规划纲要中重点发展的主导产业，整理得到表5-1。从感应系数来看，金属矿采选产品与石油、炼焦产品和核燃料加工品的前向关联性很强，而且与其他主导产业的前向关联性也不弱。结合滇中城市群具体的主导产业部门可知，滇中城市群的主导产业主要依托自身丰富的矿产资源禀赋优势，集中在初级产品加工和金属矿采选、加工领域。从影响力系数来看，在滇中城市群的10个主导产业中，有7个产业的影响力系数在1以上，这表明滇中城市群各主导产业对其他生产部门的拉动作用较强。通过分析滇中城市群主导产业的感应系数和影响力系数可知，滇中城市群的主导产业主要集中在初级产品加工业。从整体上看，若核心城市拥有这些主导产业，则会具有较强的空间溢出效应。结合我们调研的结果来看，核心城市昆明的主导产业也如此。

表5-1　2017年滇中城市群主导产业感应系数和影响力系数

产业	感应系数	影响力系数
食品和烟草	1.028	0.632
金属冶炼和压延加工品	1.076	1.132
金属矿采选产品	2.282	0.869
金属制品	1.029	1.118
化学产品	1.181	1.120
石油、炼焦产品和核燃料加工品	2.363	0.798
专用设备	0.820	1.175
通信设备、计算机及其他电子设备	0.816	1.347
通用设备	1.119	1.182
金属制品、机械及设备修理服务	0.803	1.198

二 以珠三角城市群为例的分析

表5-2列出了珠三角城市群10个主导产业的感应系数和影响力系数。对珠三角城市群而言，感应系数在1以上的只有化学产品产业，其他产业的感应系数都在1以下，表明珠三角城市群的几大主导产业的前向关联性普遍偏弱。从影响力系数来看，在珠三角城市群的10个主导产业中，有4个产业的影响力系数在1以上，其他6个主导产业的影响力系数在1以下。因此，可以发现珠三角城市群主导产业的后向关联性也不强，其核心城市主导产业的溢出能力有限。将两个城市群主导产业的感应系数和影响力系数进行对比，仅从数据来看，不论感应系数还是影响力系数，滇中城市群主导产业的前向关联性和后向关联性都强于珠三角城市群。但对比具体的产业后发现，对滇中城市群经济带动较强的几个主导产业主要集中在金属矿等初级产品加工行业，与此形成对比的是，带动珠三角城市群经济快速发展的主导产业主要集中在通信、交通等高技术产业领域，这些产业属于技术密集型产业，产品附加值高，对高质量人力资本需求大。

表5-2 2017年珠三角城市群主导产业感应系数和影响力系数

产业	感应系数	影响力系数
通信设备、计算机和其他电子设备	0.439	1.326
信息传输、软件和信息技术服务	0.491	0.899
卫生和社会工作	0.319	0.592
公共管理、社会保障和社会组织	0.401	0.816
化学产品	1.384	0.871
专用设备	0.615	1.345
交通运输设备	0.471	1.251
电力、热力的生产和供应	0.881	1.145
交通运输、仓储和邮政	0.675	0.692
金融	0.411	0.799

导致珠三角城市群核心城市主导产业溢出能力弱于滇中城市群的原因可能是，珠三角城市群毗邻港澳，但由于数据缺失，在上述分析中没有将

香港和澳门纳入分析，珠三角城市群的产业关联性受到影响，进而可能导致对珠三角城市群主导产业溢出能力的测度出现偏差。因此，为了检验上述结论的可靠性，下文将对比滇中城市群与海峡西岸城市群主导产业的溢出能力。

三 以海峡西岸城市群为例的分析

表5-3是整理得到的海峡西岸城市群主导产业的感应系数和影响力系数。从数据上看，只有5个产业的感应系数在1以上，但是这10个产业的影响力系数都在1以上，表明海峡西岸城市群的后向关联性更强，对整体经济的带动作用更大，核心城市产业溢出能力更强。与滇中城市群进行对比，从感应系数和影响力系数上看，两城市群的前向关联性和后向关联性差别总体上不大，表明两个城市群的主导产业对城市域经济的溢出能力水平相当。但是与主导产业集中在初级矿产加工行业的滇中城市群不同，海峡西岸城市群的主导产业集中在对劳动力需求较大的制造业，而且海峡西岸城市群10个主导产业的后向关联度都超过了1，相比于滇中城市群，海峡西岸城市群对经济的溢出能力也更强。

表5-3 2017年海峡西岸城市群主导产业感应系数和影响力系数

产业	感应系数	影响力系数
电气机械和器材	0.464	1.276
交通运输设备	0.507	1.371
电力、热力的生产和供应	1.211	1.146
通信设备、计算机及其他电子设备	1.008	1.393
金属制品、机械及设备修理服务	1.360	1.393
金属冶炼和压延加工品	1.201	1.369
金属矿采选产品	7.037	1.273
纺织服装鞋帽皮革羽绒及其制品	0.451	1.161
纺织品	0.731	1.258
木材加工品和家具	0.653	1.148

第四节 中国城市群核心城市空间溢出能力计量测度

本节主要从人均收入、经济增长率和地理距离三个维度，直接测度了城市群核心城市的空间溢出能力，然后分别从城市群总体视角和个体视角分别展开分析，并对 19 个城市群的空间溢出能力进行基本研判。

一 模型设定和数据来源

本节以 19 个城市群为研究对象，选取 2013～2020 年数据进行分析。使用这个区间样本的原因有二：第一，正如前文分所描述的，2008 年的国际金融危机对城市的发展造成了严重负面影响，因而如果囊括 2008 年的数据，则可能使识别结果产生偏误；第二，中国的城市群发展迅猛，如果选择过长的分析区间，则可能同时将城市群的多个发展阶段同时纳入识别，并造成估计偏误。在模型设定方面，空间溢出效应的测度主要从三个维度进行，分别是人均收入维度、经济增长率维度和地理距离维度，本节针对这三个维度分别设定测度模型，使用社会消费品零售总额、政府一般公共预算支出、全社会固定资产投资三个指标，分别作为消费、政府支出和投资的控制变量进行分析。

1. 人均收入维度

多元回归模型设定如式（5-1）。式中，$pergdp_{it}$ 代表城市当年的人均 GDP；$cenpgdp_{it}$ 代表城市所属的城市群核心城市当年的人均 GDP；χ_t 为控制变量；λ_i 控制了个体固定效应。

$$pergdp_{it} = \beta_0 + \beta_1 cenpgdp_{it} + \beta_2 X_{it} + \lambda_i + \chi_t + \varepsilon_{it} \qquad (5-1)$$

β_1 代表人均收入维度下城市群空间溢出效应的强度。如果 $\beta_1 > 0$ 且数值越大，则表明核心城市的正溢出效应越强，越能够带动周边地区实现经济增长；反之，则代表核心城市的负溢出效应越强。

2. 经济增长率维度

多元回归模型设定如式（5-2）。此模型为经济收敛方程，GDP_{it} 代表城市当年的 GDP；$GDPS_{it}$ 代表城市当年的 GDP 增速。

$$GDP_{it} = \alpha_0 + \alpha_1 GDPS_{it} + \alpha_2 X_{it} + \lambda_i + \chi_t + \varepsilon_{it} \qquad (5-2)$$

如果 $\alpha_1 > 0$，则表明经济增速高的城市有着更高的 GDP，城市处于集聚状态，能够侧面印证城市处于负溢出发展阶段；反之，则表明城市处于扩散状态。α_1 数值的大小则代表了集聚程度的强弱。

3. 地理距离维度

多元回归模型设定如式（5-3）。式中，$pergdp_{it}$ 代表城市当年的人均 GDP；$pdis_i$ 表示该城市的中心地带到核心城市中心地带的地理距离，由各城市的中心地带所处经纬度计算得到。

$$pergdp_{it} = \kappa_0 + \kappa_1 pdis_i + \kappa_2 X_i + \varepsilon_i \qquad (5-3)$$

如果 $\kappa_1 > 0$，则表明距离中心城区更远的地区 GDP 更高，核心城市处于正溢出状态；反之，则表明核心城市处于负溢出状态。在没有误设核心城市的前提下，如果 κ_1 越大，则表明溢出效应越强。

二　城市群总体视角的分析结果

回归结果如表 5-4 所示，其中模型（1）、（2）、（3）分别对应人均收入维度、经济增长率维度和地理距离维度的回归结果。模型（1）、（2）采用面板数据固定效应模型，控制了个体固定效应，括号内为稳健标准误。模型（3）采用 OLS 进行回归，括号内为城市群聚类的稳健标准误。

由表 5-4 可知，中国城市群核心城市整体处于聚集状态，空间溢出效应较弱。由模型（2）可以看出，GDP 增速高的城市有着更高的 GDP，城市整体处于聚集状态。虽然从模型（1）可以看出，核心城市人均 GDP 提升会带动周边地区 GDP 的增长，存在空间正溢出效应，但是必须注意到，模型（3）中到核心城市距离的系数并不显著且数值较小，表明与核心城市的距离对周围城市的 GDP 增长整体并无很强关联，这证明了从空间梯度来看，远离核心城市的城市并没有因此而增长放缓，核心城市的空间溢出效应并不强烈。故而在回归分析中，模型（1）的系数显著可能部分是由于中国城市的 GDP 均处于快速增长阶段，而并不完全是由核心城市的空间正溢出效应带动的。

表 5-4　2013~2020 年全体城市群基准回归结果

模型	（1）	（2）	（3）
变量	人均 GDP	GDP	人均 GDP
核心城市人均 GDP	0.573 ***		
	（0.043）		
GDP 增速		1.0566 ***	
		（2.601）	
与核心城市距离			-0.920
			（19.671）
控制变量	是	是	是
个体固定效应	是	是	否
稳健标准误	是	是	是（聚类）
观测样本数	2663	2710	2663
R²	0.335	0.934	0.105

注：*** 表示回归结果在 1% 的置信水平下显著。

三　城市群个体视角的分析结果

城市群个体视角下的回归分析结果如图 5-9~图 5-11 所示。图 5-9 中的散点代表模型（1）划分城市群后核心城市人均 GDP 对周围城市人均 GDP 的回归系数。可以看出，除山西晋中城市群外，其余 18 个城市群的核心城市人均 GDP 提升均会带动周围城市的人均 GDP 增长，说明中国的城市群大部分存在一定程度的空间溢出效应。但是不同城市群的经济带动作用有所不同，以珠三角城市群为界限，珠三角城市群左侧的各大城市群增长带动作用差异较小，系数均在 0.5 左右；而在珠三角城市群右侧的各大城市群则呈现了带动作用较强和分异的特征，不仅回归系数较大，而且分布较为分散，这说明这些城市群的空间溢出效应较强，对周边地区产生了强有力的带动作用。

图 5-10 中的散点代表模型（2）划分城市群后各城市 GDP 增速对 GDP 的回归系数。从图 5-10 可以看出，在经济增长率维度，中国各大城市群出现了集聚程度的分异，大部分城市群产生了负空间溢出效应，少量城市群的空间溢出效应并不明显，黔中、滇中两个较落后城市群仍未形成

健全的城市群体系。大部分城市群,尤其是珠三角、山东半岛等城市群仍处于集聚状态,出现了高 GDP 与高 GDP 增速并存的现象;而滇中、黔中等相对落后的城市群反而处于扩散状态,GDP 增速高的地区 GDP 却较小,这可能是由于这些地区尚未形成健全的城市群体系,因而中心城市的负溢出效应尚未凸显。这种分异表明中国的城市群发展正处于分化状态,大部分发达地区城市群仍处于高速集聚状态,对周围产生了负空间溢出效应;黔中、滇中两个较落后地区城市群仍未完全形成;京津冀、兰西、呼包鄂榆、宁夏沿黄、山西晋中和关中平原、成渝 7 个城市群则没有产生明显溢出效应。

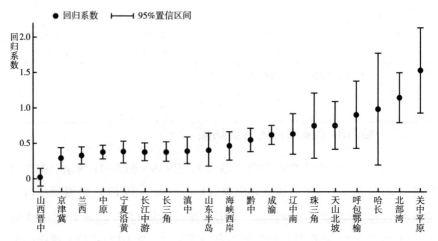

图 5-9　2013~2020 年划分城市群后核心城市人均 GDP 对周围城市
人均 GDP 的回归系数

图 5-11 中的散点代表模型(3)划分城市群后非核心城市与核心城市距离对 GDP 的回归系数。分析表明,中国大部分发达地区城市群的回归系数为负,说明城市群处于集聚阶段,负溢出效应明显;少部分城市群的回归系数为正,但如果考虑到这些城市群的特殊"双子星"空间结构,则这些城市群的正溢出效应仍不明显。

由图 5-10 可以看出,包括长三角、海峡西岸、京津冀、珠三角等大部分发达地区城市群均处于集聚阶段,存在一定程度的负溢出效应,值得注意的是,滇中城市群这一欠发达城市群呈现了较发达地区城市群更加明

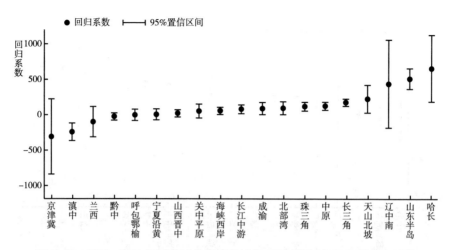

图 5-10　2013~2020 年划分城市群后各城市 GDP 增速对 GDP 的回归系数

显的集聚状态，这可能与云南省的经济发展状况和地理特征有关联。云南省的地形较为复杂，除昆明市外的城市交通均存在一定程度上的不便，这使得外来要素更加倾向集聚在核心城市昆明市，而难以传导到较为落后的外围城市，于是穷者愈穷、富者愈富，使得集聚程度不断增强。此外，辽中南、成渝、兰西、山东半岛四个城市群的回归系数为正，如果仅从该回归结果看，这并不代表四个城市群处于扩散状态，亦不意味着它们产生了正溢出效应。因为这四个城市群都是典型的"双核"式城市群，城市群内存在两个经济规模与城市发展水平相近的城市，其中辽中南城市群包含了辽宁省省会沈阳市与重要港口城市大连市，成渝城市群包含了四川省省会成都市与直辖市重庆市，兰西城市群包含了甘肃省省会兰州市与青海省省会西宁市，山东半岛城市群包含了山东省省会济南市与副省级港口城市青岛市。这种"双核"结构会使得城市群内的城市同时受到两个巨型城市的溢出效应影响，因而无法准确测度各城市受城市群核心城市溢出效应的影响程度。在图 5-11 中，距离一个核心城市较远的城市可能距离另一个核心城市较近，因而受"双核"城市的溢出效应影响，系数产生了正偏误。但是如果我们综合三个模型的估计结果，从三个维度出发相互验证，则这一偏误并不影响本书对城市群空间溢出能力的判断。

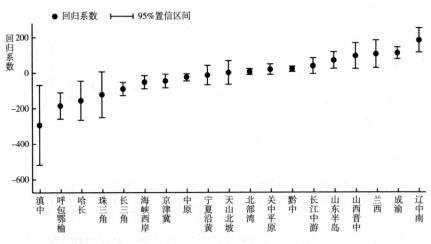

图 5-11　2013~2020 年划分城市群后非核心城市与核心城市距离
对 GDP 的回归系数

依照上述分析，本节最终结合中国 19 个城市群的发展阶段，进一步
对第一章第四节的结论进行了验证，对 19 个城市群作出了如表 5-5 所示
的划分。可以看出，中国的城市群可以分为四个类型：负溢出较强、负溢
出较弱、正溢出强、正溢出一般以及无明显溢出。这一结果表明，中国的
城市群大多仍处于城市群发展阶段的初期，各大城市群经济高速增长，产
生负空间溢出效应。随着更多城市群不断发育成型，中国城市群的建设也
将持续深入推进。依照城市群的发展规律，可预见未来数十年中国的城市
群仍有相当大的发展进步空间。

表 5-5　2013~2020 年中国 19 个城市群核心城市溢出效应测度分析结果

负溢出较强	负溢出较弱	正溢出强	正溢出一般	无明显溢出
长江中游城市群、天山北坡城市群	中原城市群、海峡西岸城市群、哈长城市群、北部湾城市群	京津冀城市群、珠三角城市群、长三角城市群	辽中南城市群、兰西城市群、成渝城市群、山东半岛城市群	滇中城市群、黔中城市群、山西晋中城市群、宁夏沿黄城市群、关中平原城市群、呼包鄂榆城市群

第五节　本章小结

本章立足我国城市群的实际情况，主要分析了核心城市对整个城市群的溢出能力。第一节从增长极理论、集聚经济的作用机制以及新经济地理学理论等角度，为分析核心城市溢出能力构建框架，这些理论认为，核心城市作为生产要素的集聚地，具有规模效应，其对城市群整体发展也具有较强的溢出效应；第二节从人口密度和经济密度、创新能力、研发投入、人口增长率及 500 强企业数量等诸多角度，分析了核心城市溢出能力的具体表现，分析了核心城市的技术溢出能力，与非相邻城市相比，核心城市对其相邻城市有更强的技术溢出能力；第三节分析了核心城市的产业溢出能力，从滇中、珠三角和海峡西岸三个城市群的产业溢出能力上看，核心城市对外围城市具有产业溢出效应；第四节对中国城市群核心城市空间溢出效应进行了计量测度分析，对 19 个城市群内核心城市的溢出效应进行了定量测度研究，重点是利用 2013~2020 年各大城市群的数据，分别从人均收入、经济增长率、地理距离三个维度测算评估了各大城市群的发展现状，并将其与城市群溢出效应的相关理论进行验证与匹配，最终确定了中国各大城市群所处的空间溢出阶段。本章主要发现，中国的城市群核心城市溢出能力差异较大，而且实证支持了核心城市对外围城市溢出效应中，因产业发展溢出而产生的城市分工很关键这一观点。最后分析发现，从核心城市溢出能力角度来看，大多数城市群仍处于发展初期，可以进一步将其划分为负溢出较强、负溢出较弱、正溢出强、正溢出一般以及无明显溢出五个类型，验证了前文关于城市群发展阶段的理论分析。

第六章　中国城市群溢出效应的渠道传播能力分析与比较

所谓溢出渠道，是指核心和外围城市间的基础设施连接、产业分工匹配以及其他影响溢出的空间因素。本章重点分析了中国城市群内部的交通和互联网基础设施经济增长效率，以及城市群内核心和外围城市之间的产业分工程度，将这三者作为影响中国城市群核心城市溢出效应的渠道传播能力的主要因素。尤其在城市群内产业分工分析部分，除了基本的产业分工指数构建和分析之外，本书还增加了对滇中五城的产业发展调研案例和调研结果分析。

第一节　文献梳理与评述

"要想富，先修路。"基础设施是推动经济发展的重要基础和条件。改革开放以来，以公路、铁路为代表的传统基础设施为我国实现经济腾飞立下了汗马功劳。进入新时代以来，以高铁、现代化通信设备等为代表的新基建为我国经济发展按下加速键。研究表明，基础设施对推动城市群经济高质量发展具有重要意义（杜悦等，2022），这种重要性主要表现为两个相反的作用机制：第一个是集聚效应，第二个是扩散效应。

一　基础设施的集聚效应

集聚效应主要表现在加快城市群内部生产要素由外围城市向核心城市集聚。现有文献资料表明，基础设施主要通过降低生产要素在城市间的流动成本来推动城市群经济发展（玉国华，2022）。完善的基础设施加强了城市群内部各城市间的经济联系，生产要素的流动更加自由，又由于核心城市的经济基础雄厚，对生产要素的需求量大，所能支付的要素报酬高，从而加速生产要素向核心城市集聚，促进核心城市经济快速发展。基础设施建设通过两个途径降低要素流动成本：第一个途径是通过降低城市间原材料、中间货物和劳动力的运输成本，加速要素向核心城市集聚，高铁、公路等交通基础设施在这一过程中起了主导作用；第二个途径是通过减少城市间资金、信息等生产要素的流动时间，提高要素在城市群内部配置的效率，加快要素投入实际生产，助力城市群经济快速发展，在这一过程中，起主导性作用的是以通信基站为代表的信息化基础设施。本书将从上述两个途径对现有文献资料进行梳理。

1. 交通基础设施的集聚效应

随着我国高铁里程突破 4 万公里，我国的基础设施建设达到了一个新的高度，以铁路、公路为主的运输基础设施日益完善，诸多学者分析了高铁开通对城市群经济发展的影响。姚永玲等（2022）的研究表明，高铁的开通有助于资源和生产要素在城市间的重新分配，进而重塑城市群格局，主要表现为，高铁的开通降低了劳动力流动的成本，提高了核心城市对劳动力的吸引力，大量劳动力的进入推动了核心城市的经济快速发展。依托完善的高铁线路，许多城市群提出了"一小时经济圈"，极大减少了日常通勤时间，在核心城市工作、在外围城市休息已成为许多年轻人工作生活的新常态。兰秀娟（2022）的研究表明，高铁开通对城市群经济发展存在循环因果累积效应，即高铁网络密集度越高，则城市群经济发展越好，两者形成了一个相互促进的良性循环，这是因为高铁的开通优化了城市群内部的空间结构和功能分工，进而提高了效率。当然，也有学者指出，高铁等基础设施的建设对城市群经济发展并不总是起到促进作用，他们认为在基础设施数量较少时，基建投入对城市群经济发展具有显著的促进作用，但随着基础设施趋于饱和，再追加投资就会导致资源配置效率低下、阻碍地区经济发展，这是因为超额基建挤占了数量有限的城市建设用地等资源，城市无法进行新的产业投资，产业升级也难以展开，这一点在城市建设用地紧张的东部城市群表现得尤其突出。此外，财政资金大量投入基建后，会对教育、医疗等民生领域的投入形成挤出效应，不利于城市群经济社会的长期发展（邱骏等，2022）。

2. 信息化基础设施的集聚效应

提高信息、知识等生产要素流动的效率，能够缩短要素流动时间，促进城市群经济发展。以现代化通信基础设施为例的研究表明，数字治理对推动城市群经济高质量发展具有显著正向效应（孙勇等，2022）。邓慧慧等（2022）分析了其中的原因，认为数字通信设施在一定程度上打破了城市群内部和城市群之间的市场分割，实现了信息、知识等生产要素的跨域流动，增强了核心城市的要素集聚能力，促进了核心城市协同创新发展，进而推动了城市群整体经济发展。从微观角度看，数字化基础设施激励了区域内企业创新，这是因为数字化基础设施加快了信息传播的速度，提高了知识转化为生产力的效率和企业全要素生产率，极大地提升了核心城市的创新能力，进而带动整个城市群经济发展。更具体的研究指出，城市互联网发展指数每提高1%，其所在地区的企业生产率就会提高0.3%，这是因为互联网技术极大地提高了资源配置的效率（黄群慧等，2019）。另一个研究角度表明，数字化基础设施推动了先进制造业和现代服务业融合发展，提高了企业创新能力，从而促进了城市经济发展（赵宸宇等，2021）。从宏观角度来看，信息化基础设施熨平了城市房价上涨带来的拥挤成本上涨，人们工作和生活打破了空间限制，促进了劳动力要素的流动，从而推动了城市群经济发展（安同良等，2020）。完善的数字基础设施也为融资提供了便利条件，为地方企业进行技术创新提供了资金支持，进而促进了地方经济的发展（钱海章等，2020）。此外，也有研究指出，数字基础设施建设激发了大众创新创业，推动了城市群经济高质量发展（赵涛等，2020），由于金融市场存在信息不对称的问题，导致金融市场的交易成本极高，传统金融难以为地处偏远、落后地区的群体服务，但依托大数据等信息化基础设施，不仅可以极大地缓解信息不对称问题，还可以为更广泛的人群提供服务（李彦龙等，2022），从而让资金更充分地流动，为信用良好的中小企业提供融资便利，带动城市经济持续向好发展。

二 基础设施的扩散效应

除了集聚效应，完善的基础设施对城市群的发展还有扩散效应，即完善的基础设施在推动核心城市经济发展的同时，也能带动外围城市的经济发展，这一过程主要表现为城市群内部产业分工效应和知识溢出效应。

1. 产业分工效应

基础设施在整个城市群经济发展过程中的扩散效应的一个主要表现形式就是促进城市群内部的产业分工，这是因为，生产要素向核心城市集聚提高了城市的房价，导致部分企业向外围城市转移，从而促进了城市群内部的产业分工。在这一过程中，基础设施越完善，对城市群内部的分工就越有利，因为完善的基础设施降低了商品和货物在城市之间的运输成本（安同良等，2020）。宋德勇等（2021）明确指出，交通基础设施建设有助于加快城市群内部产业分工，这对推动城市群经济高质量发展具有深远意义，因为完善的交通基础设施有助于优化生产要素的空间布局，形成核心城市和非核心城市的功能互补。赵旭等（2022）对长江经济带的研究发现，城市群从起步到发展成熟，其内部的产业结构会经历快速起步、同质化竞争和结构转型三个阶段，这也进一步证明了随着经济的发展，城市群内部会逐渐形成合理的产业分工体系。以长江经济带为研究对象的文献同样表明，基础设施建设对促进城市群产业结构升级和分工具有显著的正效应，通常来说，核心城市在产业分工的过程中将成为高技术产业集聚的核心区域（原媛等，2022；彭文斌等，2022），创新能力较弱的产业会向外围地区扩散（彭文斌等，2022），从而推动整个城市群实现产业结构升级。

那么，基础设施建设为什么能推动城市群内部的产业分工呢？学术界有以下几种观点：第一种观点认为，产业分工是由于产业多样化集聚导致的，崔格格等（2022）的研究认为，基础设施建设带来的产业专业化集聚降低了交易成本，优化了劳动力结构，从而促进了城市间的产业分工；第二种观点则认为，产业分工是产业多样化的结果，完善的交通基础设施在促进劳动力流动的同时，推动了产业多样化的发展，从而有力地推动了城市间的产业分工（宫攀等，2022）；第三种观点认为，产业分工是政府政策引导的结果，城市间产业分工的一个重要好处就是降低了城市污染物的排放（郭爱君等，2022），改善了城市群整体生态环境，地方政府有动力改善基础设施，引导城市间的产业分工，为地方经济发展创造良好生态环境。

2. 知识溢出效应

基础设施带来的扩散效应的另一个表现形式是知识溢出效应，这也是基础设施建设在城市群发展中最受关注的一个方面。信息化基础设施的建设放大了知识溢出效应，知识溢出的一个重要表现就是提高了城市群整体创新能力，这也是现有文献资料的普遍共识（黄群慧等，2019；赵宸宇等，2021；玉国华，2022；邓慧慧等，2022；姚常成等，2022）。学者们从以下角度分析了基础设施对知识溢出的放大效应。首先，基础设施的完善打破了劳动力在各城市间的分割状态，人们的日常交流早已不再局限于特定的地理空间，从事创新活动的高技能劳动力因此获益（姚常成等，2022；邓慧慧等，2022）。高铁建设方便了劳动力在城市间的流动与交流，促进了创新技术由创新中心向外围地区扩散（玉国华，2022），在跨地域通勤已成常态的背景下，各企业员工间正式或非正式的交流机会也大大增加，这就为企业创新奠定了基础。其次，互联网的普及加速了知识传播（黄群慧等，2019）。除了促进技术进步外，互联网的普及还促进了先进管理经验的分享（姚常成等，2022），例如，网络上时常能看到一些大企业的员工分享自己在企业中的管理经验和工作心得，而这一过程本身就是知识溢出的过程。

此外，完善的信息化基础设施带来的技术创新也是驱动生产空间转型的重要动力，这也间接推动了城市群内部的产业分工（兰秀娟，2022）。因此，基础设施建设对城市群发展的产业分工效应和知识溢出效应是相辅相成的，即产业分工带来的专业化生产促进了技术创新，而技术创新又促进了城市群内部的产业分工。总之，基础设施对知识溢出效应的积极作用得到了广泛的认可，基础设施带来的知识溢出效应会提高企业的技术创新、管理能力，对推动城市群经济的高质量发展具有重要意义。

虽然核心城市对外围城市的扩散效应会受到地理空间距离、核心城市经济发展水平、基础设施建设情况、行政区划等因素的影响，但随着城市间距离的增加，核心城市的扩散效应也会相应减弱，经济发展水平越低的核心城市对外围城市的扩散效应越弱，辐射范围也更小（何龙斌，2014），但学术界普遍认可基础设施建设对城市群发展的溢出效应。

在这一部分，我们梳理了研究基础设施与城市群发展关系的文献资料，基础设施对城市群发展的作用主要表现在集聚效应和扩散效应两方面。首先是集聚效应，基础设施降低了要素的流动成本，提高了要素配置的效率，促进了生产要素向核心城市集聚，提高了核心城市的创新能力和经济发展水平；其次是扩散效应，核心城市崛起之后，又通过产业分工效应和知识溢出效应带动外围城市发展，最终推动城市群总体发展。

第二节 中国城市群核心城市溢出渠道的基本事实

一 城市群基建的事实描述

当前，在以国内大循环为主体、国内国际双循环相互促进的新发展格局下，推动基础设施高质量发展已经成为支撑地区经济社会发展的重要着力点。2022 年 4 月，习近平总书记在主持召开中央财经委员会第十一次会议时强调，基础设施是经济社会发展的重要支撑，要统筹发展和安全，优化基础设施布局、结构、功能和发展模式，构建现代化基础设施体系，为全面建设社会主义现代化国家打下坚实基础。可见，基础设施建设水平已成为衡量一个国家或地区综合能力和现代化水平的重要标志。

1. 城市群交通基础设施建设

交通基础设施建设是促进城市群经济增长和发展的关键。本书选取了 2020 年 19 个城市群（长江中游城市群因数据不全，个别指标未纳入分析）的 8 个相关指标，这些指标具体可分为以下三个层面，如表 6-1 所示。

表 6-1 城市群交通基础设施建设指标

层面	指标名称	单位
公路发展	平均公路里程数	公里
	平均高速公路里程数	公里
	平均高速公路里程占平均公路里程比重	%
公共交通发展	公共汽车营运数	辆
	公共汽(电)车客运量	万人次
	巡游出租汽车营运数	辆

层面	指标名称	单位
运输发展	公路客运量	万人次
	公路货运量	万吨

图 6-1 反映了 2020 年 18 个城市群公路发展状况，成渝城市群平均公路里程数以 26682.061 公里位居第一；其次是黔中城市群，比成渝城市群少了 21%；天山北坡城市群最低，成渝城市群平均公路里程数是天山北坡城市群的 13.19 倍。滇中城市群平均高速公路里程数在各城市群中占据首位，为 923 公里；黔中城市群次之，比滇中城市群少了 9.8%；京津冀城市群位居第三；宁夏沿黄城市群最低。珠三角城市群平均高速公路里程占平均公路里程比重最高，为 0.13%，天山北坡城市群次之，以上两个城市群与其他城市群平均高速公路里程占平均公路里程比重差距较为显著。

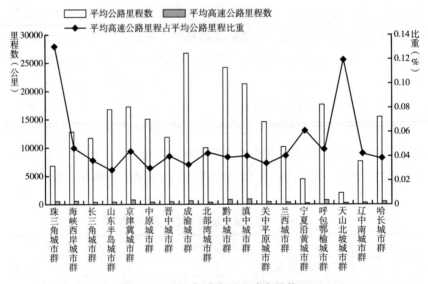

图 6-1　2020 年城市群公路发展状况

图 6-2 反映了 2020 年 18 个城市群公共交通发展情况。公共交通是城市群交通基础设施建设的重要组成部分，是体现城市群综合发展和现代化水平的重要标志，对城市群的建设和经济社会发展具有十分重要的作用。

由图 6-2 可知，珠三角城市群公共交通较为发达，公共汽车营运数和公共汽（电）车客运量均居首位，且明显超过其他城市群，且差距较大。具体来看，珠三角城市群公共汽车营运数以 9639 辆在各城市群中名列第一，是名列第二的京津冀城市群公共汽车营运数的 2.29 倍，是末位的宁夏沿黄城市群公共汽车营运数的 22.01 倍；就公共汽（电）车客运量而言，珠三角城市群远远超过其他城市群，是京津冀城市群的 2.07 倍；京津冀城市群的巡游出租汽车营运数最高，为 11353 辆，天山北坡城市群次之，比京津冀城市群少了 35.43%，北部湾城市群巡游出租汽车营运数最少。

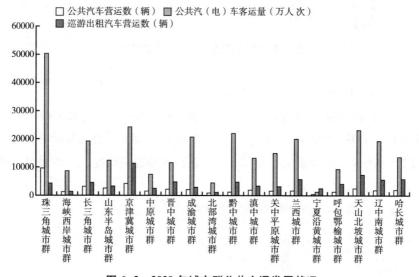

图 6-2　2020 年城市群公共交通发展状况

图 6-3 反映了 2020 年 18 个城市群运输发展状况。从图 6-3 可以看出，各个城市群公路货运量都高于公路客运量，说明交通运输结构正不断优化。具体来看，黔中城市群的公路客运量和公路货运量均居首位，且与其他城市群相比，优势相当明显。宁夏沿黄城市群的公路客运量垫底，是132.89 万人次，比黔中城市群少了 99.51%，远远落后于黔中城市群。黔中城市群的公路货运量是呼包鄂榆城市群的 1.21 倍，是公路货运量最少的宁夏沿黄城市群的 18.47 倍。

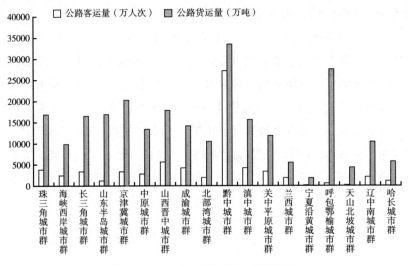

图6-3　2020年城市群运输发展状况

2. 城市群信息网络基础设施建设

信息网络基础设施建设为提升城市群互联互通和现代化水平提供了有利条件。本书通过选取2020年18个城市群固定电话用户数和移动电话用户数2个指标来一定程度上反映信息网络基础设施建设情况，具体如图6-4所示。

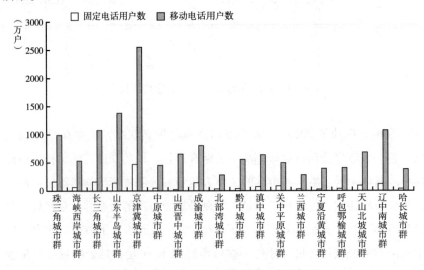

图6-4　2020年城市群信息网络发展状况

总体来看，2020 年 18 个城市群的固定电话用户数差异较小。相比于其他城市群，京津冀城市群的移动电话用户数优势较为显著，远远超过其他城市群。具体来看，京津冀城市群的固定电话用户数在各城市群中名列第一，为 470.68 万户；名列第二的是珠三角城市群，比京津冀城市群少了 65.26%；长三角城市群固定电话用户数名列第三，比京津冀城市群少了 65.57%；宁夏沿黄城市群固定电话用户数最少，只有 25.3 万户，京津冀城市群的固定电话用户数是宁夏沿黄城市群的 18.6 倍。

二　城市群产业发展现状

随着城市群经济的不断发展和发育程度的不断提高，城市群产业分工也处于持续的演进当中，核心城市和外围城市在城市群中发挥了不同的功能。根据相关规划，我国共布局了 19 个国家级城市群。本书依据各行业就业人员比重来一定程度上反映每一个城市群核心城市和外围城市的主导产业发展情况，具体如下。

1. 珠三角城市群

由图 6-5 可知，珠三角城市群核心城市和外围城市的主导产业都以制造业为主，制造业发达，但又有所差异。其中，广州和深圳作为两大核心城市，致力于发展电子信息业等先进制造业，而将传统制造业向外围城市转移，使得其他外围城市的主导产业大多以机械制造、金属冶炼、纺织、食品、化工等中低端制造业为主。

2. 海峡西岸城市群

由图 6-6 可知，海峡西岸城市群核心城市主导产业以制造业为主，占比 4.42%，远高于其他行业。具体来看，福州、厦门作为城市群核心城市发挥引擎作用，主导产业以电子信息、交通运输、材料与装备制造、生物医药等先进制造业为主；外围城市主导产业覆盖多个行业，其中制造业、建筑业、教育业以及公共管理和社会组织等行业领域占比较高。多样化的产业发展使得产业结构不断优化，从而促进了核心城市与外围城市的协调联动发展，推动了海峡西岸城市群多元化高质量发展。

3. 长三角城市群

长三角城市群是中国产业体系较完备、综合实力较强的城市群之一。

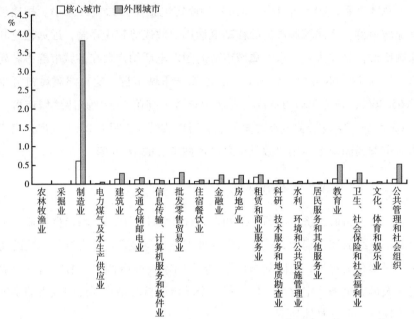

图 6-5　2020 年珠三角城市群各行业从业人员比重

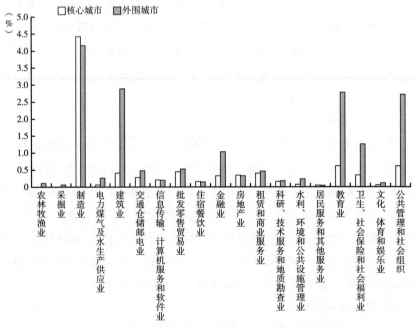

图 6-6　2020 年海峡西岸城市群各行业从业人员比重

由图6-7可知，长三角城市群核心城市（上海、南京、杭州）主导产业以制造业为主，但各个核心城市侧重点有所不同。上海作为长三角城市群的中心城市，发挥龙头带动作用，主导产业包括集成电路、生物医药、人工智能等高精尖制造业；南京的主导产业主要是汽车产业、钢铁产业、电子信息制造业等先进制造业，并不断朝着高端化、现代化方向发展；杭州以数字化改革为牵引，坚持制造业朝着高端化、绿色化、集约化方向发展。长三角的外围城市主导产业涉及制造业和建筑业，为核心城市主导产业的发展提供了较好的配套基础。

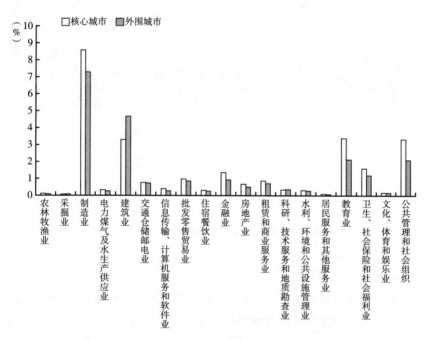

图6-7 2020年长三角城市群各行业从业人员比重

4. 山东半岛城市群

由图6-8可知，山东半岛城市群核心城市（济南、青岛）主导产业以制造业和建筑业为主。山东省是名副其实的制造业大省，济南作为山东省会，在制造业方面颇具代表性，尤其是在智能制造、先进材料、生物医药等先进制造业方面具有重大突破。青岛主导产业侧重于食品饮料等传统制造业，正逐渐朝着先进制造业方向进行转型升级。济南和青岛建筑业呈现持续健康较快增长态势。外围城市主导产业覆盖制造业、建筑业、公共管理和社会组织等多个行业领域，促进核心城市和外围城市产业链、供应链、创新链加快融合。

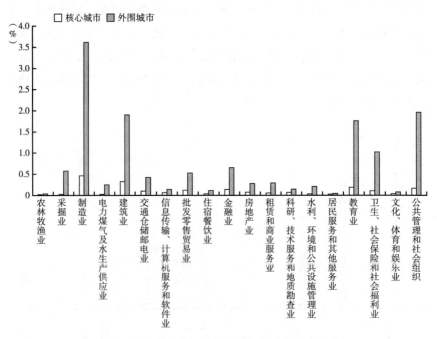

图6-8　2020年山东半岛城市群各行业从业人员比重

5. 京津冀城市群

京津冀城市群是我国北方最大的城市群和国家核心增长极。作为核心城市，北京和天津是京津冀城市群发展的主要引擎。由图6-9可知，其制造业和建筑业占比较高。外围城市主导产业覆盖了制造业、公共管理和社会组织、建筑业和教育业等多个行业领域，其中制造业占比最高。北京主动疏解非首都功能，快速疏解一般制造业，加速培育以科技创新和高精尖产业为主的先进制造业；天津和河北积极对接服务北京，推动传统制造业和资源密集型制造业向战略性新兴产业和高端制造业转型。核心城市可以发挥科技创新资源对外围城市的辐射带动作用，建设京津冀先进制造业集群及产业链，将制造业基础资源进行整合，围绕产业链部署创新链，打造京津冀协同创新共同体，提升区域创新能力。

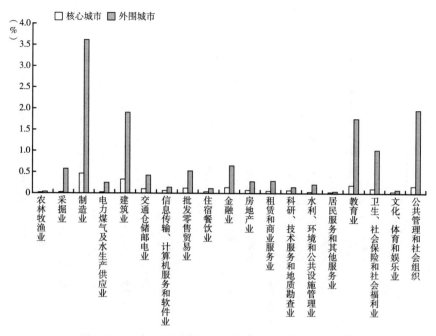

图6-9　2020年京津冀城市群各行业从业人员比重

6. 长江中游城市群

长江中游城市群是推动长江经济带发展、促进中部地区崛起的重点区域。长江中游城市群是中国开发较早，综合实力较为雄厚的地区，已形成较为完备的现代工业体系和有一定影响力的优势产业集群。由图6-10可知，长江中游城市群核心城市的主导产业以建筑业和制造业为主，其中建筑业占比最高；外围城市主导产业包括制造业、建筑业、公共管理和社会组织以及教育业。长江中游城市群为形成多中心发展格局，促进了一系列工业建筑、通信设施建筑、能源管道建筑等建筑业的发展。在制造业方面，核心城市以高端劳动密集型产业和现代装备制造业为主导产业，依托产业基础和比较优势，充分发挥对外围城市的辐射和带动作用，打造优势产业集群，有序促进跨区域产业转移与承接。

7. 中原城市群

由图6-11可知，中原城市群核心城市和外围城市的主导产业均以制造业为主。核心城市郑州注重产业结构升级，构建了以先进制造业为主导

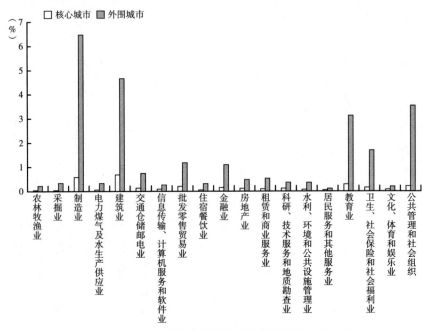

图 6-10　2020 年长江中游城市群各行业从业人员比重

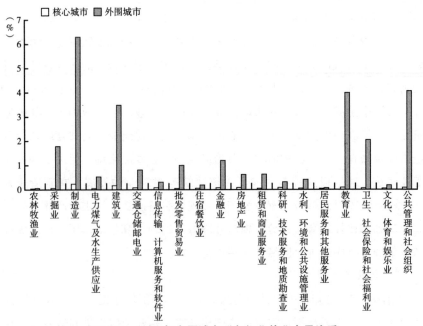

图 6-11　2020 年中原城市群各行业从业人员比重

的现代产业体系，涵盖了电子信息、新材料、生物及医药、汽车及装造等多种产业类型。外围城市的制造业主要涉及汽车及零部件、生物医药、新一代信息技术、有色金属冶炼及精深加工、装备制造等制造业。中原城市群后续应进一步促进核心城市发展，引导外围城市联动发展，提升科技水平，发展先进产业，提高制造业和现代服务业水平，提升城市群的经济运行效率和竞争力。

8. 山西晋中城市群

由图 6-12 可知，山西晋中城市群核心城市主导产业以制造业和建筑业为主，制造业占比最高，外围城市的主导产业以采掘业为主。核心城市太原市作为山西省会，在发展制造业方面有比较优势，能源、冶金、信息技术、智能制造均有涉及，正逐渐由传统制造业向先进制造业转变，在推动产业转移的过程中实现自身转型。外围城市多是资源型城市，以开采与煤炭、焦炭等资源相关的产业为主导产业。

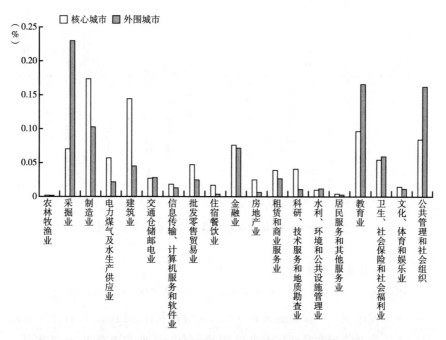

图 6-12 2020 年山西晋中城市群各行业从业人员比重

9. 成渝城市群

由图 6-13 可知，成渝城市群核心城市主导产业以建筑业和制造业为主，建筑业占比最高，外围城市的主导产业也以建筑业和制造业为主，建筑业从业人员比重比制造业多 1.16 个百分点。"双核"城市成都和重庆的建筑业发展态势良好，建筑业规模日益壮大，其中成都积极推进装配式建筑发展，被国家列为首批装配式建筑示范城市。核心城市发挥龙头作用，推动外围城市建筑业转型升级，实现建筑工业化、数字化、智能化升级，进而促进成渝城市群建筑业发展。

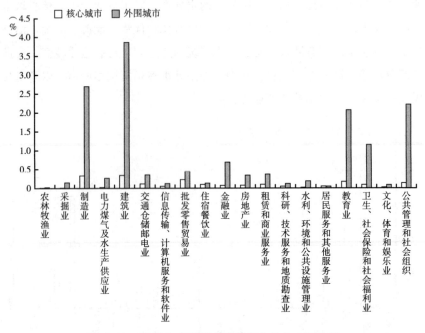

图 6-13　2020 年成渝城市群各行业从业人员比重

10. 北部湾城市群

由图 6-14 可知，北部湾城市群核心城市南宁的主导产业以建筑业为主，外围城市主导产业是教育业以及公共管理和社会组织，教育业从业人员比重比公共管理和社会组织多 0.19 个百分点。南宁市自 2016 年被列入全国装配式建筑积极推进城市以来，在建筑业领域取得了卓越成效，并发挥辐射带动作用，进一步增强了核心城市对外围城市的向心力。

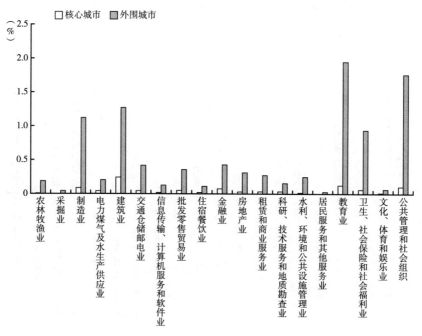

图 6-14 2020 年北部湾城市群各行业从业人员比重

11. 黔中城市群

由图 6-15 可知，黔中城市群核心城市贵阳的主导产业以建筑业为主，建筑业从业人员占比最高，为 0.31%，外围城市的主导产业以教育业以及公共管理和社会组织为主。贵阳高资质建筑业企业发挥强有力的支撑作用，使得建筑业发展趋势向好。外围城市的教育业可以增强资源要素集聚和竞争能力，服务整个城市群的高质量发展。

12. 滇中城市群

由图 6-16 可知，滇中城市群核心城市昆明的主导产业以建筑业为主，建筑业从业人员占比最高，为 0.16%，外围城市的主导产业以教育业以及公共管理和社会组织为主。其中，昆明发展了装配式建筑，提升了区域绿色化、工业化的建造能力。但总体来讲，核心城市的辐射带动作用发挥不充分，未能带动外围城市的发展。

13. 关中平原城市群

由图 6-17 可知，关中平原城市群核心城市西安的主导产业以制造业为

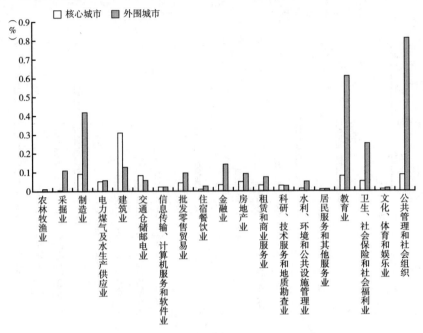

图 6-15　2020 年黔中城市群各行业从业人员比重

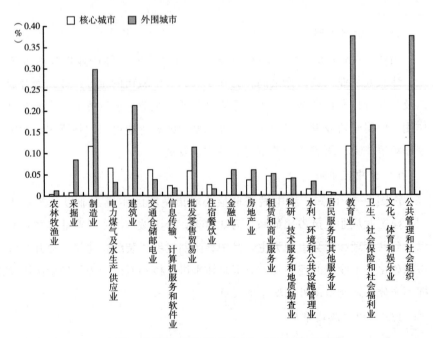

图 6-16　2020 年滇中城市群各行业从业人员比重

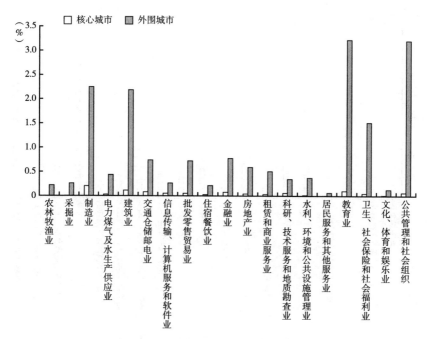

图 6-17　2020 年关中平原城市群各行业从业人员比重

主，制造业从业人员占比最高，为 0.11%，外围城市的主导产业以教育业以及公共管理和社会组织为主。西安电子信息、汽车、航空航天、高端装备、新材料、新能源等先进制造业对区域工业增长拉动作用较强，但对外围城市辐射作用不足。

14. 兰西城市群

由图 6-18 可知，兰西城市群核心城市兰州的主导产业以建筑业为主，建筑业从业人员占比最高，为 0.22%，外围城市的主导产业以教育业以及公共管理和社会组织为主。中国十七冶的兰州奥体中心项目，以"BIM+智慧工地"建设为核心，打破各类信息壁垒，构建了生产、技术、施工、人员调配等各条线互联互通的信息共享机制，实现了横向和纵向的施工数据链整合，形成了建造的"立体化"，实现了建筑业数字化转型。

15. 宁夏沿黄城市群

由图 6-19 可知，宁夏沿黄城市群核心城市银川的主导产业以采掘业和制造业为主，采掘业从业人员比重比制造业多了 0.01 个百分点，外围

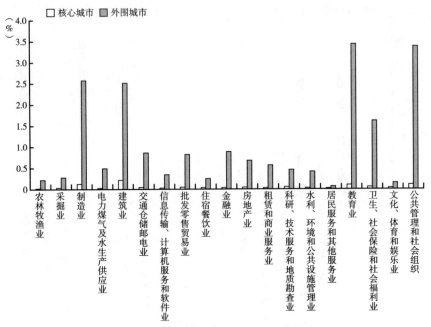

图 6-18　2020 年兰西城市群各行业从业人员比重

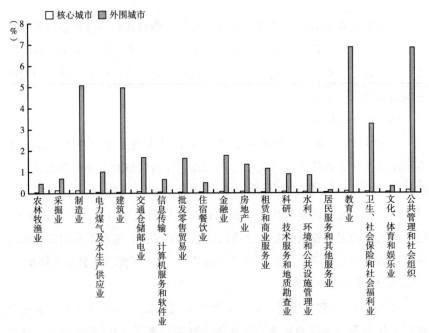

图 6-19　2020 年宁夏沿黄城市群各行业从业人员比重

城市的主导产业以教育业以及公共管理和社会组织为主。银川属于能源型城市，煤炭等矿产资源丰富，这促进了银川采掘业的发展，为制造业的发展提供了动力。

16. 呼包鄂榆城市群

由图 6-20 可知，呼包鄂榆城市群核心城市呼和浩特和包头的主导产业以制造业和建筑业为主，建筑业从业人员比重比制造业多了 0.04 个百分点，外围城市的主导产业以教育业以及公共管理和社会组织为主。具体来看，呼和浩特和包头大力推进装配式建筑产业发展，促进了建筑业与信息化、工业化深度融合，培育了新产业新动能。

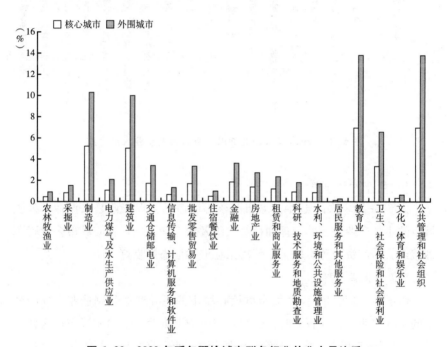

图 6-20　2020 年呼包鄂榆城市群各行业从业人员比重

17. 天山北坡城市群

由图 6-21 可知，天山北坡城市群核心城市乌鲁木齐的主导产业以公共管理和社会组织、交通仓储邮电业及建筑业为主，外围城市的主导产业以采掘业为主，且从业人员比重远远超过其他产业。

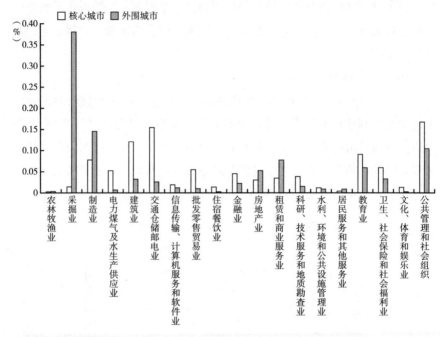

图 6-21　2020 年天山北坡城市群各行业从业人员比重

18. 辽中南城市群

由图 6-22 可知，辽中南城市群核心城市的主导产业是采掘业，外围城市的主导产业以公共管理和社会组织及教育业为主。核心城市多是资源型城市，矿产资源种类较多，使得采掘业发展态势良好。

19. 哈长城市群

由图 6-23 可知，哈长城市群核心城市的主导产业是制造业，外围城市的主导产业以公共管理和社会组织以及教育业为主。哈尔滨市作为核心城市，围绕高端智能创新升级，促进传统产业向高端化、智能化、绿色化转型，发展具有核心竞争力的先进装备制造业，推动了制造业高质量发展。

综上所述，通过分析 2020 年 19 个城市群的交通和网络基础设施建设以及核心城市和外围城市的主导产业，可以得到以下结论：各个城市群交通基础设施建设差异显著。具体来看，在公路发展方面，成渝城市群平均公路里程数最高，滇中城市群平均高速公路里程数在各城市群中排名第一，

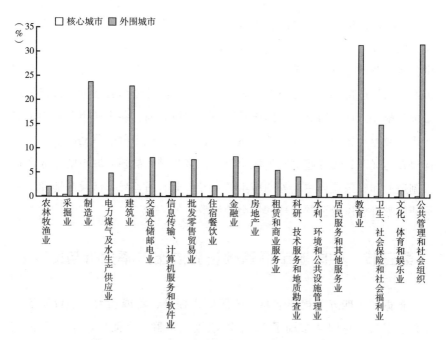

图6-22　2020年辽中南城市群各行业从业人员比重

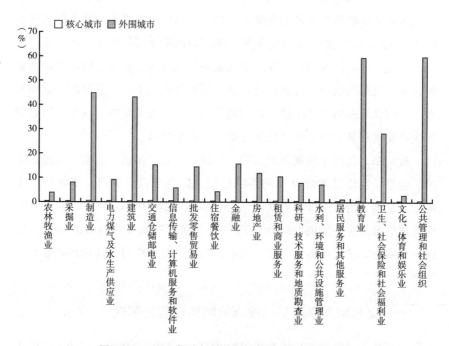

图6-23　2020年哈长城市群各行业从业人员比重

珠三角城市群平均高速公路里程占平均公路里程比重最高；在公共交通发展方面，珠三角城市群公共汽车营运数和公共汽（电）车客运量均居首位，京津冀城市群的巡游出租汽车营运数最高；在运输发展方面，各个城市群公路货运量都高于公路客运量，黔中城市群的公路客运量和公路货运量都是第一。在城市群信息网络基础设施建设方面，各个城市群的固定电话用户数差异较小。相比于其他城市群，京津冀城市群的移动电话用户数优势较为显著，远远超过其他城市群。大多数城市群核心城市的主导产业以制造业和建筑业为主，外围城市的主导产业有所差异，涉及制造业、采掘业、教育业以及公共管理和社会组织等。

第三节　中国城市群基础设施溢出效率分析与比较

根据"十四五"规划纲要，按照优化提升、发展壮大、培育发展三个发展层次，我国共布局了 19 个国家级城市群，全面形成了"两横三纵"城镇化战略格局。在此格局下，城市群已经成为我国优化空间格局、促进区域经济高质量发展的重要抓手之一，其内部各类生产要素的集聚和扩散直接影响着该地区的经济发展。基础设施网络建设作为一种渠道，具有网络性、外部性等特征，既是连接城市群内部核心城市与周边城市的重要纽带，也是实现城市群高质量发展、辐射周边城市产业集聚的前提和基础。基础设施网络的核心是一种运输渠道，是实现劳动力、资本、原材料等生产要素和各类信息在区域间流动与转移的载体。

近年来，我国不断加强对水利、铁路、公路、水运、航空、管道、电网、信息、物流等基础设施网络的建设，促进了以交通网、能源网、水网、信息网、物流网等多层次多形态网络为主体的网络经济发展。其中，由交通基础设施构成的交通运输网与由互联网基础设施构成的信息运输网，是城市群核心城市的主要空间溢出渠道，是城市群经济活动扩展的前提和基础。

一　交通和互联网基础设施的网络性与外部性

交通基础设施和互联网基础设施具有网络性与外部性，这两种特性决定了交通和互联网基础设施对区域经济有空间溢出效应，且在城市群内部，交通运输网络和信息运输网络是核心城市的主要空间溢出渠道。

1. 网络性

基础设施网络构成了节点与节点之间、节点与域面之间以及域面与域面之间功能联系的通道，使得地理空间连接为一体，促进了区域之间的可达性。由交通基础设施构成的交通运输网与由互联网基础设施构成的信息运输网是区域经济空间的脉络（边志强，2015），各类生产要素和信息技术以交通运输网和信息运输网为载体，实现空间集聚和扩散。随着基础设施网络化水平的不断提高，城市群内部的交通通达度和信息传播、交互的速度不断加快。交通基础设施中的节点、线路连接起来所构成的通道具有典型的网络性特征，是经济联系的空间网络通道，该网络将成为区域经济空间的脉络，是一定范围内经济活动的基础。建设交通基础设施可以打破空间上的制约，促进各类生产要素在网络中流动，同时地区间的生产、分配、交换和消费等环节也是通过交通基础设施得以正常运行的。在其网络性特征的作用下，一定范围内各区域之间的交流开始密集，最后逐渐成为联系紧密的经济系统，出现经济活动在空间上的集聚和扩散（谢云云，2020）。

网络化是现代信息技术的一个典型标志，也是基础设施建设的重点。互联网基础设施通过无形的信息网络加强不同地区、不同人员之间的信息联系，降低不同地区间的信息不对称，进而促进区域内不同地区间的信息交换和贸易往来。与交通基础设施不同，互联网基础设施不受实物连接的限制，对要素流动的影响受地理距离影响更小。尤其在我国大力发展数字经济，推动建设网络强国、数字中国的背景下，互联网基础设施作为数字经济发展的底座和基石，其网络性更是数字信息得以交互的前提。

2. 外部性

交通基础设施和互联网基础设施有明显的外部性，其正外部性表现为交通基础设施的完善促进了各种生产要素在空间上的流动，城市群的核心城市能进一步吸引更多的生产要素，提高自身的技术水平与创新能力，形成产业集聚现象；负外部性具体表现为边缘城市的生产要素更容易流出，削弱当地企业的创新力和市场竞争力。由此引起的资本、技术等生产要素向城市群核心城市集聚的负向溢出效应，以及向城市群边缘城市扩散的正向溢出效应，构成了交通基础设施的空间溢出效应。

二　城市群交通基础设施网络效率分析与比较

基于以往研究发现，交通基础设施对核心城市的空间溢出有重要影响。一般认为，伴随着交通基础设施的持续完善，交通通达性不断提升，可引起区域经济空间溢出效应持续增强。据此，为更好地研究我国19个城市群交通基础设施的空间溢出效应，本节首先测算各个城市群的平均通勤时间，分析比较其交通通达性，然后分别从总体角度和个体角度出发，评估城市群的交通基础设施网络效率。

（一）数据来源及说明

各城市2020年国内生产总值数据来源于2021年《中国城市统计年鉴》，加总求和得到2020年各城市群的国内生产总值。通勤时间数据来源于百度地图和12306网站。在测算城市群通勤时间和平均通勤时间时，主要考虑了两类交通运输方式：公路（包括普通公路、高速公路）和火车（包括普通火车、高铁和动车），且均选择每类交通运输方式中用时最短的。

此外，19个城市群中包括单核城市群和多核城市群：单核城市群即以一个特大城市或者超大城市为核心，以几个大城市和若干中小城市、城镇组成的城市群，如滇中城市群、中原城市群等；多核城市群则是以多个特大城市或者超大城市为核心，以几个大城市和若干中小城市、城镇组成的城市群，如长三角城市群、珠三角城市群、成渝城市群等。由于一个核心城市对应着一个交通基础设施网络的总体效率和个体效率，相应的多核城市群有多个总体和个体效率。为更直观地对比分析城市群的平均通勤时间和网络效率，会依据核心城市的数量计算平均值。

（二）城市群内平均通勤时间

$$城市群内平均通勤时间 = \frac{所有外围城市到所有核心城市的公路通勤时间 + 高铁通勤时间}{2 \times 核心城市数量}$$

$$(6-1)$$

基于上述公式，测算19个城市群的平均通勤时间，并绘制柱状图，如图 6-24 所示。可以看出，第一，山西晋中城市群内平均通勤时间最短，仅有 28.20 分钟，这是因为该城市群规模小，主要城市仅有太原和晋中两个城市，且两地距离近，通勤时间短。第二，宁夏沿黄城市群、珠三角城市群、滇中城市群、黔中城市群和关中平原城市群平均通勤时间较短，均在 2 小时内，达到了《国家综合立体交通网规划纲要》提出的 2035 年城市群要实现 2 小时通达的目标。宁夏沿黄、滇中、黔中和关中平原城市群虽发展较为落后，但均为省内城市群，通勤距离短；珠三角城市群作为我国发达城市群，交通基础设施完善，交通通达度高。第三，成渝、辽中南、中原、长三角和京津冀城市群的平均通勤时间均在 2.5 小时以内，城市群内核心城市与周边城市的交通相对便利，交通通达度高。第四，呼包鄂榆、山东半岛、哈长、兰西、天山北坡、长江中游、海峡西岸和北部湾城市群平均通勤时间均超过 2.5 小时，甚至海峡西岸和北部湾城市群超过了 3 小时。其原因在于，一方面这 8 个城市群大多是跨省城市群，城市群规模大，省际通勤时间长；另一方面天山北坡等城市群受地理因素的影响，交通不便，且经济发展相对落后，交通基础设施建设滞后。

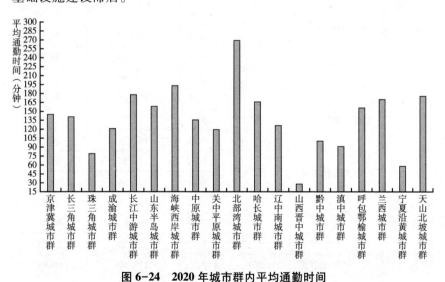

图 6-24 2020 年城市群内平均通勤时间

资料来源：根据百度地图和 12306 网站的原始数据计算整理。

（三）总体角度分析交通基础设施网络效率

$$交通基础设施网络总体效率 = \frac{城市群的国内生产总值}{城市群内通勤时间} \qquad (6-2)$$

$$城市群内通勤时间 = \frac{所有外围城市到所有核心城市的公路通勤时间 + 高铁通勤时间}{2}$$
$$(6-3)$$

基于式（6-2）、（6-3），测算 2020 年我国 19 个城市群交通基础设施网络总体效率，如表 6-2 所示。

表 6-2 　2020 年城市群交通基础设施网络总体效率

类型	城市群	城市群 GDP（十亿元）	核心城市	城市群内通勤时间（分钟）	总体效率
优化提升	京津冀城市群	8652	北京	150.53	57.48
			天津	139.17	62.17
	长三角城市群	20511	南京	121.07	169.42
			杭州	147.12	139.41
			上海	154.10	133.10
	珠三角城市群	8952	广州	63.94	140.01
			深圳	93.67	95.57
	成渝城市群	6456	成都	73.20	88.20
			重庆	168.60	38.29
	长江中游城市群	9643	武汉	170.65	56.51
			长沙	170.59	56.53
			南昌	192.70	50.04
发展壮大	山东半岛城市群	7309	济南	125.28	58.34
			青岛	191.54	38.16
	海峡西岸城市群	6997	福州	194.51	35.97
			厦门	191.87	36.46
	中原城市群	8127	郑州	135.60	59.93
	关中平原城市群	2016	西安	119.40	16.88
	北部湾城市群	2145	南宁	269.26	7.97

续表

类型	城市群	城市群 GDP（十亿元）	核心城市	城市群内通勤时间（分钟）	总体效率
培育发展	哈长城市群	2120	哈尔滨	166.20	12.75
	辽中南城市群	2189	沈阳	83.82	26.11
			大连	168.60	12.98
	山西晋中城市群	562	太原	28.20	19.94
	黔中城市群	1059	贵阳	100.26	10.56
	滇中城市群	1507	昆明	91.20	16.53
	呼包鄂榆城市群	1321	呼和浩特	181.35	7.29
			包头	130.85	10.10
	兰西城市群	596	兰州	158.20	3.76
			西宁	182.50	3.26
	宁夏沿黄城市群	423	银川	58.14	7.28
	天山北坡城市群	474	乌鲁木齐	175.80	2.70

资料来源：根据 2021 年《中国城市统计年鉴》、百度地图和 12306 网站原始数据计算整理。

1. 总体效率的三个水平层次

按照"十四五"规划纲要，我国依据优化提升、发展壮大和培育发展三个发展层次，共布局了 19 个国家级城市群。其中，京津冀等 5 个城市群发展相对成熟，以后需进一步优化提升；山东半岛等 5 个城市群已有雏形，未来需要继续发展壮大；哈长等 9 个城市群尚未真正成形，处在培育发展阶段。总体来看，城市群的交通基础设施网络总体效率与城市群的发展层次相一致，有三个水平层次：优化提升类城市群的交通基础设施网络总体效率最高，其中长三角城市群的总体效率位列 19 个城市群之首；发展壮大类城市群总体效率次之；培育发展类城市群的总体效率最低，其中兰西城市群和天山北坡城市群的交通基础设施网络总体效率在 5 以下。

交通基础设施网络总体效率体现了我国城市群的发展格局。2021年中共中央、国务院出台了《国家综合立体交通网规划纲要》，依据国家区域发展战略和国土空间开发保护格局，结合未来交通运输发展和空间分布特点，将重点区域按照交通运输需求量级划分为 3 类，并依此将我国未来的城市群建设分为 3 个层次。具体而言，将京津冀、长三角、粤港澳大湾区和成渝地区双城经济圈 4 个地区作为极，将长江中游、山东半岛、海峡西岸、中原、哈长、辽中南、北部湾和关中平原 8 个地区作为组群，将呼包鄂榆、黔中、滇中、晋中、天山北坡、兰西、宁夏沿黄、拉萨和喀什 9 个地区作为组团。① 总体来看，上述三个分层与城市群的三个层级基本一致，可见城市群的类型划分均体现在了交通规划中。

2. 城市群交通基础设施网络总体效率相差悬殊

由表 6-2 可明显看出，长三角城市群的交通基础设施网络总体效率位列第一，且以南京为核心城市的总体效率最高，达 169.42，而天山北坡城市群的交通基础设施网络总体效率最低，仅为 2.70，两者相差 60 余倍，可见我国城市群之间交通基础设施网络总体效率差距巨大。这种差距除历史和地理等原因以外，也与城市群之间在经济发展方面存在较大差异有关，这使得交通基础设施网络在空间分布上出现不均衡发展的状况。

（四）个体角度分析交通基础设施网络效率

$$交通基础设施网络个体效率 = \frac{城市群每个外围城市的国内生产总值}{该外围城市到核心城市平均时间 \times 外围城市个数}$$

$$(6-4)$$

根据式（6-4）得到的数据，测算每个城市群的交通基础设施网络个体效率，为更加直观地对比分析城市群的个体效率情况，对多核城市群的个体效率取平均值。其中，城市群每个外围城市的 GDP 单位为亿元，该外围城市到群内核心城市的平均时间的单位为分钟。计算结果如表 6-3、6-4 所示。

---

① 《国家交通纲要，勾勒出我国城市群三个发展层次》，山东财经网，2021 年 3 月 4 日，http：//sdenews. com/html/2021/3/311443. shtml。

表 6-3　2020 年城市群交通基础设施网络个体效率

城市群	核心城市	个体效率
山西晋中城市群	太原	148.85
珠三角城市群	广州	141.94
珠三角城市群	深圳	105.88
京津冀城市群	天津	71.86
长三角城市群	杭州	70.88
长三角城市群	南京	70.17
长三角城市群	上海	64.10
京津冀城市群	北京	38.38
山东半岛城市群	济南	36.90
海峡西岸城市群	厦门	30.92
呼包鄂榆城市群	包头	29.47
成渝城市群	成都	29.05
滇中城市群	昆明	27.98
山东半岛城市群	青岛	27.68
中原城市群	郑州	24.28
海峡西岸城市群	福州	22.91
呼包鄂榆城市群	呼和浩特	22.70
关中平原城市群	西安	22.43
长江中游城市群	武汉	21.48
辽中南城市群	沈阳	20.54
长江中游城市群	长沙	20.21
成渝城市群	重庆	18.78
长江中游城市群	南昌	17.81
哈长城市群	哈尔滨	12.96
黔中城市群	贵阳	12.53
辽中南城市群	大连	10.65
宁夏沿黄城市群	银川	8.93
北部湾城市群	南宁	6.60
天山北坡城市群	乌鲁木齐	4.22
兰西城市群	西宁	3.86
兰西城市群	兰州	2.87

资料来源：根据 2021 年《中国城市统计年鉴》、百度地图和 12306 网站的原始数据计算。

表 6-4　2020 年城市群交通基础设施网络个体平均效率

序号	城市群	核心城市	个体平均效率
1	山西晋中城市群	太原	148.85
2	珠三角城市群	深圳、广州	123.91
3	长三角城市群	南京、杭州、上海	70.97
4	京津冀城市群	北京、天津	53.89
5	山东半岛城市群	青岛、济南	32.29
6	滇中城市群	昆明	27.98
7	海峡西岸城市群	厦门、福州	26.09
8	呼包鄂榆城市群	包头、呼和浩特	25.74
9	中原城市群	郑州	24.28
10	成渝城市群	成都、重庆	20.32
11	关中平原城市群	西安	22.43
12	长江中游城市群	武汉、长沙、南昌	19.83
13	辽中南城市群	沈阳、大连	15.60
14	哈长城市群	哈尔滨	12.96
15	黔中城市群	贵阳	12.53
16	宁夏沿黄城市群	银川	8.93
17	北部湾城市群	南宁	6.60
18	天山北坡城市群	乌鲁木齐	4.22
19	兰西城市群	西宁、兰州	3.37

资料来源：根据 2021 年《中国城市统计年鉴》、百度地图和 12306 网站原始数据计算。

　　根据表 6-3 和表 6-4，整体来看我国 19 个城市群的交通基础设施网络个体效率差距较大。山西晋中城市群的个体平均效率最高，达 148.85；珠三角、长三角和京津冀城市群个体平均效率较高，均在 50 以上；宁夏沿黄、北部湾、天山北坡和兰西城市群的个体平均效率较低，均在 10 以下，其中兰西城市群最低，仅为 3.37。

　　从单个城市群来看，首先，山西晋中城市群的交通基础设施网络个体效率和个体平均效率最高，原因在于山西晋中城市群内平均通勤时间短。其次，珠三角、长三角和京津冀三大世界级城市群代表了我国最发达的区域，且这三个区域的交通基础设施网络已经形成，所以其交通基础设施网络的个体效率高。再次，山东半岛、滇中、海峡西岸、呼包鄂榆、中原、成渝城市群的个体平均效率位列前十，其原因是这几个城市群大多为省内城市群，通勤时间较短；海峡西岸城市群和成渝城市群区域范围虽都跨省份，通勤时间较长，但是成渝城市群发展较为成熟，经济发展水平高，海峡西岸城市群则地处东部沿海发达地区，交通便利。最后，关中平原、长江中游、辽中南、哈长、黔中、宁夏沿黄、北部湾、天山北坡和兰西城市群位列后九位，这些城市群大多为培育发展类城市群，此类城市群发展起步晚，层次较低，经济发展水平也较低。其中，长江中游城市群虽然发展成熟，但是该城市群是特大型城市群，跨越湖北、湖南、江西三省，包括30多个市，跨省通勤时间长，所以交通基础设施网络个体效率总体偏低，较为落后。

三　城市群互联网基础设施效率分析与比较

数字经济的发展必须依托互联网基础设施的建设，只有基于互联网基础设施的网络性，数字信息才得以交互和传播。特别是在大力推动城市数字化发展的现实背景下，互联网基础设施为我国城市的数字化转型提供了关键支撑和创新动能。所以本书认为，城市化数字发展指数能反映城市的互联网基础设施效率情况。据此，本章选择了长三角、京津冀等10个相对发达的城市群，并基于《城市数字化发展指数（2022）》[①] 中每个城市的相关数据，取平均值测算相应城市群的数字化发展指数，用于衡量互联网基础设施效率。数字化发展指数越大，则互联网基础设施效率越高，反之则越小。由表6-5可知，首先，10个城市群中珠三角城市群的数字化发展指数最高，长三角城市群次之，两大城市群数字化发展领跑全国，互联网基础设施效率高。其次，呼包鄂榆城市群、山东半岛城市群、京津冀城市群和海峡西岸城市群的数字化发展指数均在55以上，表明其互联网基础设施效率较高。其中，京津冀城市群的核心城市北京和天津，虽然其数字化发展指数高，互联网基础设施建设水平位于我国城市前列，但是部分边缘城市的互联网基础设施建设刚刚起步，发展基础薄弱，为此京津冀城市群位列第五。最后，北部湾、长江中游、中原和成渝城市群数字化发展指数均在55以下，在10个城市群中互联网基础设施效率较低。通过群

---

① 新华三集团数字中国研究院：《城市数字化发展指数（2022）》，2022年6月。

内城市数据对比发现，这几个城市群数字化发展指数较低也是由城市群核心城市与边缘城市差距过大导致的。

表 6-5　2021 年城市群数字化发展指数

序号	城市群	数字化发展指数
1	珠三角城市群	71.41
2	长三角城市群	66.42
3	呼包鄂榆城市群	62.33
4	山东半岛城市群	61.15
5	京津冀城市群	60.64
6	海峡西岸城市群	55.71
7	北部湾城市群	54.90
8	长江中游城市群	52.08
9	中原城市群	50.56
10	成渝城市群	50.36

资料来源：根据新华三集团数字中国研究院《城市数字化发展指数（2022）》测算。

交通基础设施构成的交通运输网与互联网基础设施构成的信息运输网是城市群核心城市的主要空间溢出渠道，为了评估各个城市群的基础设施网络建设情况，本书分别测算了其交通基础设施和互联网基础设施的效率，并进行对比分析。结果显示：第一，晋中、滇中等省内城市群的平均通勤时间较短，长江中游、海峡西岸等跨省城市群的平均通勤时间较长；第二，从总体角度来看，优化提升类城市群的交通基础设施网络总体效率最高，发展壮大类城市群次之，培育发展类城市群最低，且城市群间交通基础设施网络总体效率相差悬殊；第三，从个体角度来看，晋中、珠三角、长三角、京津冀等城市群的个体效率较高，北部湾、天山北坡、兰西等城市群的个体效率较低，且各个城市群间的个体效率差距较大；第四，珠三角和长三角城市群互联网基础设施效率领跑全国，长江中游、中原、成渝等城市群互联网基础设施效率较低，原因在于虽然城市群内核心城市的互联网基础设施效率很高，但是其边缘城市的效率较低，城市群内部效率差距过大导致整体效率被拉低。

第四节　中国城市群内产业分工程度测算与比较

一　城市群内城市产业分工程度测算

城市间的功能分工是衡量城市群经济发展质量的重要指标（杨孟禹等，2020），也是核心城市溢出效应的结果，具体表现之一就是城市间的产业分工。本书参考杨孟禹等（2020）的测度方法，用"城市群中心城市生产性服务业从业人员/制造业从业人员"和"城市群内各个非中心城市生产性服务业从业人员/制造业从业人员"的比值来测度我国19个城市群内部的产业分工程度，具体的计算公式如下。

$$fs_{it} = \frac{\sum_{k=1}^{n} l_{cks,t} / \sum_{k=1}^{n} l_{ckm,t}}{\sum_{k=1}^{n} l_{iks,t} / \sum_{k=1}^{n} l_{ikm,t}} \qquad (6-5)$$

式（6-5）中，fs_{it} 是第 i 个城市群在第 t 年的产业分工指标，其值越大，就证明城市群非核心城市相对于核心城市的产业分工功能程度越高；$l_{cks,t}$ 表示的是第 t 年中心城市（c）所有服务业（s）的从业人数；$l_{ckm,t}$ 表示的是第 t 年中心城市（c）所有制造业（m）的从业人数；$l_{iks,t}$ 表示的是第 t 年非中心城市（i）所有服务业（s）的从业人数；$l_{ikm,t}$ 表示的是第 t 年非中心城市（i）所有制造业（m）的从业人数。城市产业从业人员的数据来源于 2016~2020 年的《中国城市统计年鉴》，制造业、服务业从业人员的划分主要依据年鉴中划归为第二产业和第三产业从业人员的标准。对数据收集、整理、计算后，我们得到 19 个城市群内产业分工程度的数据，如表 6-6 所示。

表 6-6　2015~2019 年城市群内产业分工测度

城市群	2015 年	2016 年	2017 年	2018 年	2019 年
珠三角城市群	3.74	3.88	3.52	3.68	3.32
海峡西岸城市群	1.47	1.45	1.31	1.19	1.17
长三角城市群	4.17	3.96	3.75	3.87	3.89

城市群	2015 年	2016 年	2017 年	2018 年	2019 年
山东半岛城市群	1.67	1.88	1.78	1.77	1.79
京津冀城市群	2.59	2.78	2.70	2.47	2.41
长江中游城市群	1.25	1.33	1.42	1.44	1.48
中原城市群	1.21	1.42	1.25	1.23	1.30
山西晋中城市群	1.46	1.32	1.04	1.73	1.20
成渝城市群	2.47	2.74	2.35	2.58	3.44
北部湾城市群	0.88	0.95	0.81	0.85	0.76
黔中城市群	1.05	1.02	0.96	0.91	0.81
滇中城市群	2.46	2.53	2.16	2.16	1.52
关中平原城市群	2.46	2.64	2.34	2.28	2.37
兰西城市群	0.94	0.97	0.80	1.54	0.73
宁夏沿黄城市群	5.61	1.87	1.92	1.58	1.78
呼包鄂榆城市群	1.47	1.64	1.76	2.08	2.48
天山北坡城市群	5.32	5.28	4.93	0.17	5.48
辽中南城市群	1.48	1.84	2.07	1.89	2.11
哈长城市群	1.86	1.96	1.99	1.71	1.88

二 城市群内产业分工的横纵向比较

从横向上看，2015 年，产业分工测度值在 2 以上的城市群共有 8 个，表明这 8 个城市群中的外围城市产业分工功能程度较高，在随后的 4 年时间里，值在 2 以上的城市群数量分别为 7 个、8 个、7 个、8 个。观察发现，5 年中值都在 2 以上的有珠三角城市群、长三角城市群、京津冀城市群、成渝城市群和关中平原城市群 5 个经济较发达的城市群，这也表明了这 5 个城市群内部非核心城市的产业分工程度高于其他城市群。其次，珠三角城市群和长三角城市群的产业分工测度值都高于其他城市群，表明这两个城市群的非核心城市的产业分工程度高于其他城市群，这对推动两个城市群的经济实现高质量发展具有重要意义，因为城市间的产业分工有助于缩小外围城市与核心城市的发展差距（宋德勇等，2021）。这两个城市群的核心城市和非核心城市的联系非常密切，表明两个城市群的核心城市与非核心城市之间存在生产要素和商品的交换，也进一步验证了产业分工测度值所反映的珠三角城市群和长三角城市群产业分工程度更高的事实。通过表6-6，我们还可以发现，绝大多数城市群的产业分工测度值处在一个较低的水平，这也表明大多数城市群的非核心城市间产业分工并不明确。

从纵向来看，各城市群的变化情况有所不同。通过观察，大致可以将各城市群的非核心城市产业分工情况划分为先上升后下降、先下降后上升、一直上升、一直下降以及波动五种情况。先上升后下降的城市群有京津冀城市群、滇中城市群。2015~2019年，这两个城市群的非核心城市都经历了产业分工先上升然后又下降的情况；先下降后上升的城市群有长三角城市群和天山北坡城市群，5年间两个城市群的非核心城市产业分工经历了先下降后上升的过程；海峡西岸城市群和黔中城市群的值则呈现一直下降趋势，表明在5年的时间里，这两个城市群的非核心城市产业分工程度有所降低；与此相反，长江中游城市群和呼包鄂榆城市群的值呈现一直上升的态势，表明2015~2019年这两个城市群的非核心城市产业分工水平一直在不断提升；值的波浪式变动更符合大多数城市群的情况，珠三角城市群、山东半岛城市群等都属于这一情况，即在5年的时间内，这些城市群的非核心城市的产业分工波动很大。梳理现有文献资料可以发现，绝大多数的学者认为基础设施建设对城市群的产业分工具有积极的促进作用，但是基础设施的建设应该有一个合理的限度，超过了这个限度就会面临城市建设用地紧张、财政资金负担过重等一系列问题，进而对城市群内部的产业分工产生消极影响，阻碍产业分工。此外，城市间的产业分工还受核心城市产业结构调整的影响（陈国亮等，2012）。基于上述观点，我们可以尝试按照产业分工测度值在5年间的变动规律，将19个城市群划分为5类，并依次分析我国19个城市群非核心城市产业分工波动的原因。

三　城市群非核心城市产业分工波动的原因分析

第一，分析京津冀和滇中两个城市群的产业分工测度值先上升后下降的原因。京津冀城市群、滇中城市群的经济发展水平参差不齐，所处的发展阶段各不相同，但是2015~2019年，两者的非核心城市间的产业分工

都经历了先上升后下降的情况。对京津冀城市群而言，城市群的经济发展
起步早、发展水平高，因此更可能是因为基础设施建设趋于饱和，大量挤
占了用于生产的城市建设用地，用于产业转型升级的土地面积有限，导致
城市间产业分工程度下降。以北京为例，北京 2021 年的计划建设用地为
3710 公顷，较 2020 年的 3720 公顷有所下降，但其中仅交通运输用地就高
达 1450 公顷，[①] 由此也证实了前文的猜想。经济发展水平相对落后的滇
中城市群，更可能受到财政资金的约束，导致产业分工程度出现先升后降
的情况。以昆明为例，昆明 2021 年用于城市交通基础设施建设的资金仅
为 68 亿元，相较于 2016 年的 64.8 亿元增长有限，[②] 对交通等基础设施建
设的投入偏低，对加强整个滇中城市群产业联系所起到的作用极为有限。
在初期，数量有限的资金对促进城市群内部产业分工起到了积极作用，但
随着经济发展，基础设施无法满足产业转型和发展的需求，从而导致整个
城市群内部产业分工先上升后下降。

　　第二，分析长三角城市群和天山北坡城市群产业分工测度值先下降后
上升的原因。对长三角城市群而言，该地区的经济发展程度高，已经进入
了产业升级阶段，而产业的转型和升级不仅需要时间，还需要建设用地，
但这一地区的城市建设用地紧张，用地指标极为有限，《上海市城市总体
规划（2016-2040）》明确指出，至 2040 年，要将上海的城市建设用地
严控在 3200 平方公里以内，但截至 2015 年，上海全市的建设用地已达
3145 平方公里，仅剩余 55 平方公里可供使用，[③] 可用于产业转型升级和
基础设施建设的土地已经十分有限。但随着产业的逐步外迁和调整，长三
角城市群的产业结构得到优化，产业分工程度进一步提高，因此导致了城
市间分工呈现出先下降后上升的情况。天山北坡城市群分工测度值先下降
后上升更可能是受财政资金规模的影响，随着近年来国家对新疆地区经济
发展的重视和国家财政的转移支付增加，天山北坡城市群的产业分工程度
也得到提高。以乌鲁木齐的财政收入为例，2016 年，中央政府对乌鲁木

---

① 数据来源：北京市规划和自然资源委员会官网。
② 数据来源：昆明市人民政府官网。
③ 数据来源：上海市人民政府官网。

齐市的转移支付资金达 87.52 亿元，占全市当年收入的 13.6%，① 这为当地基础设施的建设注入了充足的资金，城市群内部的联系也因此不断加强，产业联系更加紧密，进而促进了整个城市群内部城市间的产业分工。但由于基础设施建设对城市间的产业分工存在滞后性，天山北坡城市群出现了分工测度值先下降后上升的情况。

第三，长江中游城市群和呼包鄂榆城市群 2015～2019 年产业分工测度值一直在上升，可能的原因是这两个城市群正处于成长阶段，基础设施建设还未对城市建设用地和财政资金支出产生阻碍作用，因此，随着城市基础设施的完善，这两个城市群的产业分工程度也在逐步上升。以长沙市为例，2016 年，其城市建设用地高达 347.97 平方公里，比 2015 年增加 10.44 平方公里，其中仅交通运输用地就增长了 5.63 平方公里，② 这也验证了前文的猜想。

第四，与长江中游城市群和呼包鄂榆城市群的情况相反，海峡西岸城市群和黔中城市群的产业分工测度值一直呈现下降的趋势，地处沿海地区的海峡西岸城市群是较早实行改革开放的地区之一，经济发展程度高，基础设施建设已趋近饱和，因此，继续追加基础设施投资会极大增加财政负担，阻碍城市群的内部分工。以厦门为例，2016 年其用于交通运输的资金投入为 282.58 亿元，比上年增长 8.8%，但产业分工测度值却从 2015 年的 1.47 下降到 1.45，表明基础设施建设对城市产业分工产生了阻碍作用。黔中城市群地处云贵高原，地形崎岖，受交通条件约束，当地经济发展水平相对落后，产业基础薄弱，即使交通状况改善，也会导致人口大量流向东部沿海地区，进一步降低城市间产业分工水平。2016 年贵州总人口为 3856 万，但外出务工人口达 730 多万，③ 这对黔中城市群内部的产业分工极为不利。

第五，分析变化最为复杂，但也是大部分城市群所表现的常态，即波浪式变动的原因。珠三角城市群、山东半岛城市群等 10 个城市群都属于

---

① 数据来源：乌鲁木齐市人民政府官网。

② 数据来源：长沙市人民政府官网。

③ 数据来源：EPS 人口普查年鉴。

这一类型。我们认为，这些城市群的产业分工测度值之所以出现波动，除了上文提到的基础设施建设、财政资金负担等方面的影响之外，很可能和其地方政府的政策变动有关。例如，城市群内部的基础设施建设规划变动，地方政府资金的倾斜等，都极大地影响着这些城市群的产业分工情况。交通基础设施和互联网基础设施的建设极大地降低了城市间商品和要素流通的成本，为城市间的产业分工奠定了基础（陈国亮等，2012）。根据这一观点，我国各城市群之间的产业分工应该是趋于加强的，因为近年来中国对基础设施建设投入了巨额资金，但是实际情况并没有像文章所预测的那样，城市之间的产业分工并没有随着基础设施的完善而出现增强。这表明，基础设施建设导致的运输成本降低只是影响城市产业分工的一个因素，城市间的产业分工还会受其他因素的影响。

四 滇中城市群产业分工的调研案例

如表6-7所示，通过调研走访可以从更微观的角度来洞察滇中城市群产业发展同质化的情况，这些典型的不同程度同质化的产业主要包括：电子信息制造、生物医药、新能源电池、冶金、先进装备制造、化工、硅光伏、钛矿、现代物流。从产业部门宏观分类来看，滇中城市群的产业高度同质化，但是深入研究调查发现，各城市间的产业侧重点有所不同，互补空间巨大。以冶金产业为例，各城市都将金属冶炼加工作为重要产业，但又存在差别，如表6-8所示，昆明主要加工的金属是铜和铝等，曲靖以锌、镁、铝等为主，玉溪以铝和铜等为主，楚雄和红河两地分别以铜和锡为重点加工对象。

在石化领域同样如此，滇中各城市几乎都有化工企业，但又存在差异，如表6-9所示。冶金和化工是滇中城市群的传统主导产业，从以上分析可知，传统产业内部存在差异，这种产业内部的差异为各市开展交流合作提供了空间。结合滇中城市群各城市近年来的发展规划及重点产业园区，我们得到滇中城市群各城市的新兴主导产业。从表6-10可知，滇中城市群各城市的主导产业存在异质性，产业合作交流空间广阔。例如，昆明、曲靖和玉溪都将新能源作为自己的主要发展产业，但3个城市的出发点却不一样，昆明和玉溪主要发展新能源电池产业，曲靖主要发展光伏发电产业，此外，昆明的新能源汽车产业已初具规模，年产近 15 万辆新能源汽车，三个城市间具有广阔的分工合作空间。

综上所述，滇中城市群内当前的产业分工还很难支撑滇中城市群的一体化发展，未来需要在《滇中城市群发展规划》基础上持续发力，推进滇中城市群产业一体化。

表 6-7　2020 年滇中城市群同质化产业

同质化产业	昆明	曲靖	玉溪	楚雄	红河
电子信息制造	同质化程度一般,因为昆明拥有半导体龙头企业闻泰科技,其余城市无龙头企业				
生物医药	√	√	√		
	在生物技术药物与疫苗领域,玉溪引入企业多于昆明,有一定竞争关系				
新能源电池	√	√			√
	竞争最激烈的产业,昆明、曲靖同质化竞争激烈				
	昆明规划:90 万吨磷酸铁、磷酸铁锂产能	曲靖现状:年产 12 万吨新能源电池正极材料			
冶金	√		√		
	钢铁行业,昆明昆钢与玉溪玉昆钢铁存在同质化竞争				
先进装备制造	√		√		
	昆明、楚雄发展新能源汽车,玉溪主要生产新能源汽车配件				
化工	√			√	√
	昆明磷化工产业规模大,楚雄发展煤化工、钛化工,红河以磷化工、煤化工为主				
硅光伏		√		√	
	曲靖已建成 40 GW 硅棒与切片产能,与楚雄竞争				
钛矿	钛矿产业的低水平重复竞争				
现代物流	√	√	√	√	√
	各城市对所在区域物流节点定位相似,同质化竞争激烈				

注：√表明，各城市间该产业同质化竞争激烈。

资料来源：根据一线访谈和调研整理。

表6-8　2020年滇中城市群各城市主要加工的金属种类

城市	主要加工的金属种类
昆明	铜、铝、钢铁、锰铁合金、锑
曲靖	锌、镁、铝、锗、镉、铅、锑
玉溪	铝、铜、钴
楚雄	铜、铁、铅、锌、钛
红河	锡、铁、锰铁合金、铜、铝、锂、锌、锑、钯铂金、镁

资料来源：各市政府部门资料及各地冶金企业资料。

表6-9　2020年滇中城市群各城市主要化工产业

城市	具体化工产业分类
昆明	石油冶炼、氟化工、磷化工、胺类、酚类、醇类、酸类、醛类、酯类、化肥
曲靖	磷酸一铵、工业磷酸一铵、化肥、硫酸钡、氧化锌、氟硅酸钠、煤焦油、轻油、粗苯、氧气乙炔、纯苯
玉溪	水泥、腐殖酸、腐殖酸生物有机肥、黄腐酸、黄腐酸钾、黄腐酸钠、褐煤蜡、氧气、氮气、乙炔气、二氧化碳、氩气、危险化学品类农药
楚雄	化肥、农药、氢化松香、水泥、玻璃加工
红河	制糖、煤焦油、粗苯、磷酸、钼化工、分子聚乙烯管材、农药、化肥

资料来源：各地政府部门资料及各地化工企业资料。

表6-10　2020年滇中城市群各城市主导产业

城市	主导产业
昆明	新能源电池、石油炼化、汽车及现代装备制造、花卉、化工（磷、盐）、生物医药、现代商贸物流、装备制造、光电子、食品饮料和烟草加工、现代服务
曲靖	绿色水电硅、金属冶炼、化工、新材料、新能源、数字经济、农业
玉溪	烟草生产、先进装备制造、信息服务、新能源电池
楚雄	生物医药、化工、建材
红河	钢铁、有色金属及新材料、电子信息制造、现代服务

资料来源：各地政府部门资料。

第五节 本章小结

在文献梳理和评论基础上，本章收集整理了我国 19 个城市群的基础设施建设情况，以及最大最小通勤时间差，我们用这些指标衡量了城市群内部各城市间的联系，基于获得的城市群基础设施数据，从总体角度和个体角度分析了城市群基础设施的网络效率，结果表明，各城市群的交通基础设施网络效率差距大于通信基础设施。本章还收集了 19 个城市群核心城市的主导产业和外围城市的主导产业，并据此分析了 19 个城市群内部的产业关联度和产业分工程度。结果表明，各城市群核心城市的主导产业大多以制造业和建筑业为主，外围城市主要布局采掘业、教育业以及公共管理和社会组织等行业领域，但在一些城市群，核心城市几乎囊括了城市群的所有主要产业，而外围城市几乎没有产业生产空间。

此外，本章分别从总体角度和个体角度构建指标，对交通基础设施网络效率进行了测度。从总体效率水平来看，我国城市群大致可以划分为三个层次：第一个层次是以京津冀城市群为代表的 5 个城市群，这类城市群各方面发展都已成熟，已经步入世界级城市群行列，总体效率最高；第二个层次是以山东半岛城市群为代表的 5 个城市群，这类城市群的发展已经初具规模，未来需要继续发展壮大，总体效率次之；其余城市群属于第三个层次，这类城市群还处在培育阶段，尚未真正成形，总体效率最低。从个体效率来看，山西晋中城市群由于城市数量少、交通运输时间短而成为效率最高的城市群，此外，东部地区经济发达的几个城市群个体效率也普遍较高，而诸如宁夏沿黄等西部城市群的个体效率偏低，原因在于东部地区经济发达、基础设施完善、城市间通勤时间短，而西部城市群基础设施建设相对滞后、城市间通勤时间长，因此导致了城市群间的个体效率呈现东高西低的局面。从互联网基础设施来看，城市群间效率东高西低的局面更加明显，长三角等东部城市群凭借雄厚的经济实力，在互联网基础设施建设方面处于领先地位。从城市群内部来看，并不是城市群的每个城市的互联网基础设施都处于高水平。以京津冀城市群为例，其核心城市北京和天津的互联网建设处于全国前列，但外围城市还处于起步阶段，城市群内部互联网基础设施的差距降低了整体效率。

最后，本章参考杨孟禹等（2020）的度量方法，测算了我国 19 个城市群 2015~2019 年的城市群内产业分工程度。通过对城市产业分工测度值的横纵向对比发现，基础设施建设会对城市的产业分工产生影响，但这种影响是不确定的，既可能促进城市间的产业分工，也可能会降低产业分工，因为城市间的产业分工还会受到地方政府产业政策、财政支出、城市建设用地等诸多因素的影响。

第七章　中国城市群外围城市承接
溢出的能力分析与比较

所谓外围城市吸收能力，指的是外围城市利用核心城市净溢出效应的能力，体现在外围城市的资本积累强度、市场制度环境和市场需求等方面。本章在梳理过去相关文献的基础上，以各城市群的外围城市为分析对象，首先从营商环境、市场总量、社会服务和基础设施四个角度刻画和分析比较了其承接溢出的能力，然后比较分析了各城市群外围城市的投资吸引能力和创新创业增长效应。

第一节　文献梳理与评述

虽然与核心城市在经济发展方面存在差距，但在城市群的发展过程中，外围城市同样发挥着重要作用，这种重要性主要表现在承接核心城市的产业转移、通过扩大城市群市场容量吸引外资、疏解核心城市非核心功能，以及提高总体生产率等方面。相较于核心城市，外围城市在资源禀赋、要素价格以及政策扶持等方面有更大优势，而且外围城市的地方政府承接产业转移的意愿强烈（周博等，2015）。对现有文献梳理发现，外围城市承接核心城市产业转移的优势可以划分为第一自然因素和第二自然因素：第一自然因素即自然因素，主要包括外围城市的自然资源禀赋、地理区位优势等；第二自然因素即社会经济因素，其中主要是政府政策，包括吸引外资的政策、改善营商环境的政策、人才引进的政策等。

一　第一自然因素及评述

第一自然因素对外围城市产业承接能力的影响是自然形成的、短期内难以改变或无法改变的，如一个地方的自然资源禀赋、地理区位，以及在此基础上发展起来的交通运输条件等，这些因素都深刻地影响着外围城市的产业承接能力。

1. 自然资源禀赋

影响外围城市产业承接力的一个主要因素是外围城市的资源禀赋（黄妍莺，2021）。作为核心城市产业转移的承接地，充裕的资源禀赋有助于转入企业节约原材料运输成本，提高经济效益。随着城市群经济的发展，最先从核心城市向外围城市转移的产业通常是劳动密集型产业和资源消耗型产业（关爱萍等，2016）。因此，如何充分利用外围城市的资源禀赋条件，最大限度地节省运输成本，就成了产业向外转移过程中必须考虑的一个问题，例如靠近原料产地可以节约原料运输成本，靠近市场可以节约商品运输成本。此外，外围城市的环境承载力也是其自然资源禀赋的一个重要体现，对资源消耗型产业而言，其发展不仅对资源需求量大，而且在生产过程中还会排放大量废弃物，这就要求承接地的生态环境足以承受产业进入带来的对生态环境的冲击，这对外围城市的生态环境是极大的考验（毛小明等，2021）。因此，外围城市的生态环境承载力也是其自然资源禀赋的一个重要方面，深刻影响着外围城市的产业承接能力。付德申等（2017）的研究表明，我国西部城市的生态环境比中部地区脆弱，这导致了中部城市的产业承接能力强于西部城市，外围城市的产业承接能力与生态环境耦合协调度呈现"中高西低"的空间分布格局。所以从这个意义上说，中部地区的产业承接力可能比西部地区更强。

2. 区位优势

地理区位是影响外围城市产业承接能力的第二个自然因素。对外围城市区位与产业承接能力的研究主要围绕城市区位与交通运输条件展开。研究表明，我国城市的产业承接能力自沿海向内陆依次递减（杨莉等，2022），这是因为越靠近沿海，海运交通越便利，运输成本也越低，不管是运输原材料还是出口商品都十分有利。此外，东部地区经济发展较快，选择靠近东部地区的地方作为产业转移地，不仅可以有效利用地理区位上的优势，还可以通过东部地区的知识溢出效应，提升当地产业承接能力，这也导致了产业承接能力自东向西逐渐递减。吴传清等（2017）的研究同样表明了外围城市地理区位对其产业承接能力存在重要影响，他们对长江沿岸城市的承接力进行分析后发现，靠近长江沿岸的城市，产业承接能力明显更强，而远离长江沿岸的城市，产业承接能力则较弱。从整体空间分布来看，长江下游的城市产业承接能力最强，中游次之，上游最弱，原因在于靠近长江的城市拥有便利的水路运输优势，这会极大地增强外围城市的产业承接能力。长江下游城市不仅拥有便利的交通运输条件，而且更容易受东部发达地区知识溢出的影响，而中游城市和上游城市所受到的溢出影响有限。

外围城市的交通基础设施是城市群区位优势的另一个重要表现形式。周启清等（2022）认为，交通设施的完善有助于城市群内部形成合理的产业分工布局，进而更好地发挥核心城市的溢出效应，更好地促进外围城市的产业承接，提高城市群内部分工合作。这是因为完善的基础设施降低了原材料和产品的运输成本，促进了生产要素的流动。这里所说的产业分工包括了将核心城市的部分产业向外围城市转移。以高铁为例，高铁的开通促进了高素质劳动力在城市群内部的流动，而劳动力的流动又促进了知识溢出效应，进而提高了外围城市的产业承载力（张雪薇等，2022）。同时，也有研究表明，高铁的开通有助于缩小外围城市和核心城市的经济差距，带动城市群的整体发展（马为彪等，2022），原因在于，高铁开通大大提高了外围城市的产业承接能力，产业转入外围城市后提高了当地居民的收入水平。因此，外围城市和核心城市之间的交通基础设施完善程度是影响外围城市产业承接能力的一个重要因素。

二　第二自然因素及评述

第二自然因素对外围城市产业承接能力的影响是在经济发展过程中形成的、短期内可以改变的。在影响外围城市产业承接能力的社会经济因素中，地方政府的政策是最为重要的因素，外围城市采取的招商引资政策、产业政策、人才引进政策等都深刻影响着外围城市的经济走向。政府政策对外围城市产业承接能力的影响主要表现在以下几个方面。

1. 吸引外资

与核心城市相比，外围城市的经济实力较弱，城市建设发展所需要的资金数额相对有限，吸引外来投资，缓解资金紧张的情况，对外围城市提升产业承接能力至关重要，在此过程中，地方政府的态度和政策扮演着重要角色。政府的准入政策是决定外资参与城市建设与发展的关键所在，开放的政策有助于吸引外资投资（李志远等，2022），缓解外围城市建设资金紧张的情况，提升城市的产业承接能力。从地方政府的角度而言，税收方面的优惠政策同样可以提高当地对外资的吸引力，王鑫等（2017）的研究表明，地方政府采取的诸如减税之类的优惠性政策对外资具有强大的吸引力，现实中外围城市也的确通过减税等手段增强对外资的吸引力，提升自身产业转移承接能力。当然，地方政府通过优惠性政策吸引外资并不总是能达到吸引投资、提升承载力的预期效果，虽然单个地方政府总是会通过各种优惠政策吸引外资，但是从整体来看，当每个城市都采取优惠政策，甚至通过调整地方财政支出来吸引外资时，这些城市就会陷入"囚徒困境"，即各地方政府为吸引外资而陷入无休止的恶性竞争，这反而会使城市投资环境恶化，抑制外资进入（胡渊等，2021）。从这一点来看，通过优惠性政策吸引外资也应保持合理适度，避免陷入恶性竞争。

2. 营商环境

营商环境是影响外围城市产业承接能力的重要因素（吕颖，2022）。营商环境主要体现在城市的经济发展水平、科技教育水平、社会保障水平以及劳动力成本等方面（韩悦，2019），当城市的经济发展水平、科教水平、社会保障水平较高且劳动力成本较低时，城市便可以吸引更多的企业进入，从而提高自身产业承接能力。改善城市的营商环境离不开政府各部门之间的协同配合与提前布局（诸丹等，2021），简政放权减少企业审批时间，制定符合自身实际情况的产业发展政策，以及完善法律法规营造良好法治环境等举措，都能极大地改善城市的营商环境。此外，影响城市营商环境的最重要的一个因素是人才引进，相较于核心城市，外围城市对人才的吸引力略逊一筹，但外围城市依然可以采取一系列措施，利用核心城市的人才优势提升自身产业承接能力。史梦昱等（2022）的研究表明，在人才引进方面，核心城市不仅具有虹吸效应，也具有扩散效应，不仅可以集聚大量人才，也能通过知识溢出效应改善外围地区产业结构，提高外围城市的产业承接能力。因此，外围城市可以充分利用核心城市人才集聚的优势，通过增加科研经费支持等一系列举措，引进适合本地经济发展的人才，提升自身产业承接能力。

3. 其他社会因素

外围城市的产业承接能力还与其自身产业结构发展相关（周博等，2015），通常而言，外围城市对那些更容易发挥自身比较优势的产业的承接能力更强，但对那些无法发挥自身比较优势的产业的承接能力较弱，这种比较优势不仅体现在资源禀赋方面，更体现在外围城市原有的产业结构上，外围城市对自身原有产业结构相似的产业具有更强的承接能力。外围城市的产业承接能力还与核心城市的辐射能力有关，安树伟等（2022）对比长三角城市群和京津冀城市群发现，上海对其外围城市的溢出效应更显著，北京对其周围地区的带动作用有限，这也导致了两个城市群外围地区产业承接能力呈现差异。此外，国际舆论也会影响城市的外资投入（程盈莹等，2021），进而影响城市的产业承接能力，可能的原因是，媒体对城市的关注度往往伴随着城市政策的转变。

第二节　中国城市群外围城市的溢出承接能力刻画

一　外围城市营商环境分析

根据粤港澳大湾区研究院和 21 世纪经济研究院联合发布的《2020 年中国 296 个城市营商环境报告》，城市营商环境总水平由 6 个维度构成，其中软环境指数权重最大，占 25%，市场容量和生态各占 20%，基础设施占 15%，社会服务、商务成本各占 10%。本节通过对比 19 个城市群核心城市与外围城市的营商环境总得分，分析外围城市与核心城市的营商环境差距，进而刻画城市群外围城市的溢出承接能力。

如表 7-1 所示，在 19 个城市群中，有 7 个城市群外围城市与核心城市的营商环境总水平差距较小，分别是海峡西岸城市群、辽中南城市群、滇中城市群、哈长城市群、呼包鄂榆城市群、天山北坡城市群、宁夏沿黄城市群。这些城市群外围城市与核心城市的很多指标表现良好，甚至一些外围城市营商环境总水平超过了核心城市，如泉州高于福州、鄂尔多斯高于呼和浩特。山西晋中城市群两个城市太原、晋中营商环境总水平差距较大。太原在人才吸引力、投资吸引力、创新活跃度等方面要强于晋中。其余11个城市群外围城市与核心城市的差距都比较明显。京津冀城市群核心城市北京、天津在很多指标领域具有独特优势，其中在生态环境方面，北京空气质量已经高于很多中部和南方城市，而外围城市石家庄、邢台空气质量较差。长江中游城市群外围城市宜昌、岳阳、吉安的营商环境总水平基本相同，但上饶与核心城市的差距较大，原因是其产业结构单一、城市定位狭隘、人口净流入少。

表 7-1　2020 年中国城市群核心与外围城市营商环境总水平比较

城市群名称	城市分类	城市	营商环境总得分	城市群名称	城市分类	城市	营商环境总得分
珠三角城市群	核心城市	深圳	0.6064	京津冀城市群	核心城市	北京	0.6006
		广州	0.5520			天津	0.3522
	外围城市	珠海	0.3894		外围城市	邢台	0.0681
		佛山	0.3497			石家庄	0.2879
		惠州	0.3183			廊坊	0.2562
		东莞	0.3569			唐山	0.2662
海峡西岸城市群	核心城市	福州	0.3453	长江中游城市群	核心城市	武汉	0.4205
		厦门	0.3970			长沙	0.4225
	外围城市	泉州	0.3533		外围城市	宜昌	0.2654
		莆田	0.2905			岳阳	0.2421
		漳州	0.2732			上饶	0.0888
		温州	0.3378			吉安	0.2648
长三角城市群	核心城市	上海	0.6062	成渝城市群	核心城市	成都	0.4900
		杭州	0.4718			重庆	0.5170
	外围城市	合肥	0.3460		外围城市	自贡	0.2350
		扬州	0.2742			泸州	0.2420
		苏州	0.3958			南充	0.2410
		绍兴	0.3065			宜宾	0.2650

城市群名称	城市分类	城市	营商环境总得分	城市群名称	城市分类	城市	营商环境总得分
山东半岛城市群	核心城市	青岛	0.3859	辽中南城市群	核心城市	沈阳	0.3083
		济南	0.3175			大连	0.3413
	外围城市	烟台	0.3000		外围城市	营口	0.2524
		日照	0.2392			抚顺	0.2505
		聊城	0.0929			本溪	0.2590
		潍坊	0.2679			—	—
中原城市群	核心城市	郑州	0.3592	滇中城市群	核心城市	昆明	0.3500
	外围城市	洛阳	0.2592		外围城市	曲靖	0.2597
		商丘	0.0851			玉溪	0.2579
		南阳	0.1097			昭通	0.2392
		驻马店	0.0774			保山	0.2509
黔中城市群	核心城市	贵阳	0.1550	关中平原城市群	核心城市	西安	0.4016
	外围城市	遵义	0.2789		外围城市	宝鸡	0.2594
		毕节	0.2474			咸阳	0.0989
		安顺	0.2615			运城	0.0664
哈长城市群	核心城市	哈尔滨	0.2810	呼包鄂榆城市群	核心城市	呼和浩特	0.2624
	外围城市	大庆	0.2510			包头	0.2617
		长春	0.2840		外围城市	鄂尔多斯	0.2889
		吉林	0.2480			榆林	0.2352
北部湾城市群	核心城市	—	—	天山北坡城市群	核心城市	乌鲁木齐	0.2832
	外围城市	南宁	0.3370		外围城市	克拉玛依	0.2597
		北海	0.2554	宁夏沿黄城市群	核心城市	银川	0.3043
		玉林	0.2510		外围城市	石嘴山	0.2533
		防城港	0.2833			吴忠	0.2506
山西晋中城市群	核心城市	—	—	兰西城市群	核心城市	兰州	0.2821
	外围城市	太原	0.3055		外围城市	—	—
		晋中	0.0532			—	—

资料来源:《2020 年中国 296 个城市营商环境报告》。

　　综上所述,有一半以上的城市群外围城市与核心城市的差距较大,核心城市在市场活跃度、招商引资、基础设施、人均可支配收入等方面有着先天的优势，以至于外围城市的营商环境总水平与之相比差距较大。但也有少数城市群外围城市表现出色，与核心城市的差距较小，甚至超过核心城市的营商环境总水平。

二　外围城市市场总量分析

市场总量指数用常住人口、地区生产总值、人均社会消费品零售总额、一般公共预算收入、进出口额、贷款额、人均可支配收入7个指标衡量。表7-2对比了19个城市群核心城市与外围城市的市场总量指数。

表7-2　2020年中国城市群核心与外围城市市场总量指数比较

城市群名称	城市分类	城市	市场总量指数	城市群名称	城市分类	城市	市场总量指数
珠三角城市群	核心城市	深圳	0.6655	京津冀城市群	核心城市	北京	0.9054
		广州	0.5608			天津	0.4041
	外围城市	珠海	0.1554		外围城市	邢台	0.0937
		佛山	0.2698			石家庄	0.1969
		惠州	0.1434			廊坊	0.1279
		东莞	0.2959			唐山	0.1790
海峡西岸城市群	核心城市	福州	0.2473	长江中游城市群	核心城市	武汉	0.3824
		厦门	0.2276			长沙	0.3142
	外围城市	泉州	0.2311		外围城市	宜昌	0.1170
		莆田	0.0874			岳阳	0.1050
		漳州	0.1144			上饶	0.1069
		温州	0.2625			吉安	0.0893
长三角城市群	核心城市	上海	0.9993	成渝城市群	核心城市	成都	0.4212
		杭州	0.4417			重庆	0.5461
	外围城市	合肥	0.2217		外围城市	自贡	0.0672
		扬州	0.1471			泸州	0.0851
		苏州	0.4405			南充	0.0904
		绍兴	0.2233			宜宾	0.0893

续表

城市群名称	城市分类	城市	市场总量指数	城市群名称	城市分类	城市	市场总量指数
山东半岛城市群	核心城市	青岛	0.3226	辽中南城市群	核心城市	沈阳	0.2332
		济南	0.2763			大连	0.2262
	外围城市	烟台	0.1649		外围城市	营口	0.0765
		日照	0.0765			盘锦	0.0719
		聊城	0.0825			鞍山	0.0841
		潍坊	0.1859			—	—
中原城市群	核心城市	郑州	0.2980	滇中城市群	核心城市	昆明	0.2076
	外围城市	洛阳	0.1414		外围城市	曲靖	0.0963
		商丘	0.0962			玉溪	0.0774
		南阳	0.1292			昭通	0.0593
		驻马店	0.0867			—	—
黔中城市群	核心城市	贵阳	0.1292	关中平原城市群	核心城市	西安	0.2644
	外围城市	遵义	0.1024		外围城市	宝鸡	0.0763
		毕节	0.0795			咸阳	0.0796
		—	—			运城	0.0694
哈长城市群	核心城市	哈尔滨	0.2034	呼包鄂榆城市群	核心城市	呼和浩特	0.1367
	外围城市	大庆	0.1049			包头	0.1265
		长春	0.1534		外围城市	鄂尔多斯	0.1211
		吉林	0.0660			榆林	0.0796
北部湾城市群	核心城市	—	—	天山北坡城市群	核心城市	乌鲁木齐	0.1252
	外围城市	南宁	0.1572		外围城市	克拉玛依	0.0702
		海口	0.0851	山西晋中城市群	核心城市		
		玉林	0.0816		外围城市	太原	0.1329
		湛江	0.1018			晋中	0.0697
兰西城市群	核心城市	兰州	0.1132	宁夏沿黄城市群	核心城市	银川	
	外围城市	—	—		外围城市		

资料来源:《2020 年中国 296 个城市营商环境报告》。

在 19 个城市群中,外围城市与核心城市的市场总量指数差距都较大。其中珠三角、京津冀、长三角、成渝城市群差距最为明显,这 4 个城市群核心城市的市场总量均排在全国前十位,领先于其外围城市。这主要是因为核心城市的虹吸效应,使得外围城市的人才、资本、知识等要素都涌入核心城市。2020 年，4 个城市群核心城市常住人口总量都超过了 1000 万，GDP 在 1 万亿元左右，人均可支配收入在 6 万元以上；外围城市由于在常住人口、地区生产总值、进出口额等方面存在短板，其市场总量指数仅有核心城市的 20% 左右，甚至更低。也有一些外围城市表现良好，在长三角城市群中，外围城市苏州表现良好，其市场总量指数基本与杭州相当，苏州的市场主体数较多，市场经济较为活跃；在长江中游城市群中，外围城市宜昌表现良好，其有自己独特的发展定位，大力发展化工、新材料、食品生物医药、装备制造，成为湖北的经济副中心；在海峡西岸城市群中，外围城市温州的市场总量甚至超过其核心城市福州、厦门，其市场主体数高达 100 万户，上市公司数量名列全国第八，市场经济活跃度较高。但在黔中城市群中，外围城市毕节与核心城市贵阳的市场总量指数差距较大，原因是毕节人均社会消费品零售额较低，只有 6000 多元/人，是核心城市的 1/10 左右。

综上所述，在市场总量方面，19 个城市群核心城市与外围城市的差距都较大，存在发展不均衡的问题。尤其是北京、上海，两地在进出口额、一般预算收入、地区生产总值等方面都有独特的优势，以至于与其外围城市拉开了较大的差距。

三 外围城市社会服务分析

社会服务指数用融资、科技、医疗、养老、教育、人才和研发服务 7 个指标衡量。表 7-3 对比了 19 个城市群核心城市与外围城市的社会服务指数。

表 7-3 2020 年中国城市群核心与外围城市社会服务指数比较

城市群名称	城市分类	城市	社会服务指数	城市群名称	城市分类	城市	社会服务指数
珠三角城市群	核心城市	深圳	0.5685	京津冀城市群	核心城市	北京	0.7363
		广州	0.5180			天津	0.3266
	外围城市	珠海	0.2133		外围城市	邢台	0.1268
		佛山	0.2487			石家庄	0.2405
		惠州	0.1461			廊坊	0.1336
		东莞	0.2699			唐山	0.1847

续表

城市群名称	城市分类	城市	社会服务指数	城市群名称	城市分类	城市	社会服务指数
海峡西岸城市群	核心城市	福州	0.2071	长江中游城市群	核心城市	武汉	0.4101
		厦门	0.2121			长沙	0.3273
	外围城市	泉州	0.1208		外围城市	宜昌	0.1648
		南平	0.1175			岳阳	0.1182
		衢州	0.1583			上饶	0.1121
		温州	0.1999			黄冈	0.1181
长三角城市群	核心城市	上海	0.5814	成渝城市群	核心城市	成都	0.4795
		杭州	0.4255			重庆	0.4692
	外围城市	合肥	0.2861		外围城市	自贡	0.1166
		扬州	0.1551			泸州	0.1101
		苏州	0.3234			宜宾	0.1365
		绍兴	0.2076			雅安	0.1452
山东半岛城市群	核心城市	青岛	0.2939	辽中南城市群	核心城市	沈阳	0.3097
		济南	0.3157			大连	0.2350
	外围城市	烟台	0.2012		外围城市	盘锦	0.1649
		日照	0.1207			抚顺	0.1732
		聊城	0.1325			本溪	0.1686
		潍坊	0.2064			鞍山	0.1445
中原城市群	核心城市	郑州	0.3903	关中平原城市群	核心城市	西安	0.3881
	外围城市	洛阳	0.1610		外围城市	宝鸡	0.1364
		商丘	0.1219			咸阳	0.1389
		南阳	0.1322			运城	0.1224
		驻马店	0.1232	哈长城市群	核心城市	哈尔滨	0.2930
黔中城市群	核心城市	贵阳	0.2347		外围城市	大庆	0.1299
	外围城市	遵义	0.1772			长春	0.2323
		毕节	0.1331			吉林	0.1939
滇中城市群	核心城市	昆明	0.2849	呼包鄂榆城市群	核心城市	呼和浩特	0.1511
	外围城市	曲靖	0.1161			包头	0.1682
		玉溪	0.1165		外围城市	鄂尔多斯	0.1160
北部湾城市群	核心城市	—	—	兰西城市群	核心城市	兰州	0.2256
	外围城市	南宁	0.2133		外围城市	白银	0.1170
		湛江	0.1200	宁夏沿黄城市群	核心城市	银川	0.1643
		海口	0.1286		外围城市	—	—

城市群 名称	城市分类	城市	社会服务 指数	城市群 名称	城市分类	城市	社会服务 指数
山西晋中 城市群	核心城市	—	—	天山北坡 城市群	核心城市	乌鲁木齐	0.1915
	外围城市	太原	0.2691		外围城市	—	—
		晋中	0.1199	—	—	—	—

资料来源:《2020 年中国 296 个城市营商环境报告》。

　　在 19 个城市群中,有 7 个城市群外围城市与核心城市的社会服务指数差距较大,分别是珠三角城市群、京津冀城市群、长江中游城市群、长三角城市群、成渝城市群、中原城市群、关中平原城市群。其中,长三角、珠三角和京津冀城市群的差距较为明显,主要原因是全国以及各个城市群内的外围城市的各类社会服务资源向北京、深圳、上海等这些核心城市集中,比如全国最好的大学、医院、科研机构等都集中在核心城市。长江中游城市群核心城市社会服务指数高于外围城市的原因是,武汉、长沙的大学、上市公司数量要多于其外围城市。在其余 12 个城市群中,外围城市与核心城市的社会服务指数差距较小。其中,呼包鄂榆城市群差距最小,主要原因是其外围城市与核心城市在科技研发投入、专利授权量、基本医疗服务、上市公司融资等方面都有所欠缺。在辽中南城市群中,外围城市在社会服务方面表现都良好,盘锦是东北科技研发投入最强的城市,同时房价也较低;本溪的建成区绿地覆盖率在全国靠前。

　　综上所述,在较为发达的城市群中,其外围城市与核心城市的社会服务指数差距较为明显,特别是在长三角、珠三角和京津冀城市群中。而在中西部地区的城市群中,外围与核心城市的社会服务指数差距较小,呼包鄂榆城市群内社会服务指数差距最小。

四　外围城市基础设施分析

　　基础设施指数由路网密度、互联网水平,以及涉及交通运输的公路货运、水路货运、民航运输、供气、供水、地铁长度、出租车数量共 9 个指标综合衡量。表 7-4 对比了 19 个城市群核心城市与外围城市的基础设施指数。

表 7-4　2020 年中国城市群核心与外围城市基础设施指数比较

城市群名称	城市分类	城市	基础设施指数	城市群名称	城市分类	城市	基础设施指数
珠三角城市群	核心城市	深圳	0.3513	京津冀城市群	核心城市	北京	0.6083
		广州	0.5886			天津	0.3470
	外围城市	珠海	0.1555		外围城市	邢台	0.0681
		佛山	0.1315			石家庄	0.1825
		惠州	0.1174			廊坊	0.0726
		东莞	0.1553			唐山	0.1589
海峡西岸城市群	核心城市	福州	0.1700	长江中游城市群	核心城市	武汉	0.355
		厦门	0.1775			长沙	0.1803
	外围城市	泉州	0.1443		外围城市	宜昌	0.0960
		莆田	0.0652			岳阳	0.1212
		漳州	0.0734			上饶	0.0888
		温州	0.1472			吉安	0.0785
长三角城市群	核心城市	上海	0.8117	成渝城市群	核心城市	成都	0.3183
		杭州	0.2574			重庆	0.5555
	外围城市	合肥	0.1996		外围城市	泸州	0.0746
		扬州	0.1194			南充	0.0772
		苏州	0.2410			宜宾	0.0589
		绍兴	0.0926			乐山	0.0760
山东半岛城市群	核心城市	青岛	0.2241	辽中南城市群	核心城市	沈阳	0.1932
		济南	0.1935			大连	0.2157
	外围城市	烟台	0.1288		外围城市	鞍山	0.0780
		日照	0.0792			抚顺	0.0653
		聊城	0.0872			营口	0.0587
		潍坊	0.1465			盘锦	0.0702
中原城市群	核心城市	郑州	0.2003	北部湾城市群	核心城市	—	—
	外围城市	洛阳	0.0991		外围城市	南宁	0.1551
		商丘	0.0851			北海	0.0602
		南阳	0.1097			海口	0.1150
		驻马店	0.0774			玉林	0.1047
滇中城市群	核心城市	昆明	0.1600	山西晋中城市群	核心城市	—	—
	外围城市	曲靖	0.0713		外围城市	太原	0.1320
		玉溪	0.0678			晋中	0.0532

续表

城市群名称	城市分类	城市	基础设施指数	城市群名称	城市分类	城市	基础设施指数
哈长城市群	核心城市	哈尔滨	0.1551	呼包鄂榆城市群	核心城市	呼和浩特	0.0960
	外围城市	大庆	0.0865			包头	0.1179
		长春	0.1345		外围城市	鄂尔多斯	0.1336
		吉林	0.0648			榆林	0.0893
关中平原城市群	核心城市	西安	0.2126	天山北坡城市群	核心城市	乌鲁木齐	0.1440
	外围城市	宝鸡	0.0599		外围城市	克拉玛依	0.0899
		咸阳	0.0989	宁夏沿黄城市群	核心城市	银川	0.0848
		运城	0.0664		外围城市	石嘴山	0.0727
兰西城市群	核心城市	兰州	0.1190	黔中城市群	核心城市	贵阳	0.1550
	外围城市	—	—		外围城市	—	—

资料来源:《2020 年中国 296 个城市营商环境报告》。

在 19 个城市群中,珠三角、京津冀、长三角、成渝 4 个城市群外围城市与核心城市的基础设施指数差距较大。上海、北京、广州、重庆、深圳、天津、成都、杭州等核心城市基础设施指数均居全国前十,且北京、上海分别有 2 个机场,航空吞吐量居全国前两名,地铁、公交等基础设施完善,因此与外围城市拉开的差距较大。但一些外围城市在基础设施方面也表现良好,石家庄、唐山、潍坊的公路货运在全国前列。在长三角城市群,外围城市苏州的基础设施指数基本与杭州相当,在基础设施指数前 20 名中,只有苏州是一般地级市。

在其余 15 个城市群中,外围城市与核心城市的基础设施指数差距较小,如滇中、哈长、呼包鄂榆、天山北坡、宁夏沿黄城市群,这些城市群的路网密度、互联网水平、交通运输能力等差异不大。在关中平原城市群,核心城市西安的互联网手机数及宽带用户数超过了其常住人口数,说明其经济活跃度高,但由于外围城市咸阳建有民用机场,其基础设施指数也表现良好。

综上所述,在基础设施建设方面,除了珠三角、京津冀、长三角、成渝 4 个城市群外围城市与核心城市的差距较大之外,其余大部分城市群差距较小。虽然这些城市群差距较小,但其综合基础设施建设水平整体较低，尤其是在交通运输方面，应加快构建涵盖高铁、城际铁路、市域地铁等多种轨道交通的立体交通网，提高基础设施建设水平。

第三节　中国城市群外围城市的投资吸引力分析

根据北京大学发布的《中国区域创新创业指数》（IRIEC），一个城市的投资吸引力受到多种因素的影响，如政治和社会稳定程度、市场化程度、人力资源情况、对外资的市场开放度等，本节在评估城市投资吸引力的时候，以外围城市的外来投资吸引力得分和风险投资吸引力得分为指标，通过对比19个城市群外围城市吸引外来投资得分和吸引风险投资得分这两个指标的方差和均值，来分析中国城市群外围城市的投资吸引力。

通过表7-5能够看出，城市群外围城市吸引外资能力主要分为三类。第一类是吸引外来投资得分的方差低，但均值高。典型城市群是珠三角和长三角城市群，这两个城市群外围城市的发展程度较为均衡，且发展程度很高。珠三角城市群毗邻港澳，与东南亚地区隔海相望，海陆交通便利。此外，珠三角地区还是著名的侨乡，便于吸引大量海外华人、华侨投资。长三角城市群的核心城市上海作为经济中心，在整个长三角城市群发展中起到了带头作用，辐射苏南、浙北地区，使长三角地区的外围城市在吸引外资能力上也具有一定优势。

第二类是吸引外来投资得分的方差高，但均值低。代表城市群是哈长城市群，其外围城市之间发展不均衡，且得分均值不高，其中长春、吉林吸引外资得分较高，而四平、辽源吸引外资得分较低。这与该城市群外围城市产业结构趋同、招商引资竞争激烈有很大的关系，综观哈长城市群内部，各城市功能定位与分工不明确，外围城市中除长春产业类型相对丰富多元外，其余城市产业结构单一，多偏资源型、重化工型、传统型，支柱产业增长乏力，低水平同质化竞争严重，从而导致各外围城市之间互相争夺资源，重复布局项目，难以有效发挥城市群应有的比较优势和规模经济效应，因而吸引外资能力较弱。关中平原城市群也存在投资吸引力不均衡的情况，主要是核心城市对外围城市辐射带动不足，外围城市发展相对缓慢；主导产业竞争力不强，协同发展水平不高，导致城市群外围城市很难吸引到外商的投资。

表 7-5 2020 年中国城市群外围城市吸引外来投资得分方差和均值

城市群名称	城市群外围城市吸引 外来投资得分方差	城市群外围城市吸引 外来投资得分均值
珠三角城市群	2.5002	97.4366
海峡西岸海城市群	30.1775	92.6379
长三角城市群	8.0996	96.6147
山东半岛城市群	1.7198	95.9204
京津冀城市群	8.6250	94.1654
长江中游城市群	23.3897	90.6864
中原城市群	10.1577	92.0634
山西晋中城市群	9.3324	96.0157
成渝城市群	13.9969	89.6533
北部湾城市群	19.6762	92.6710
黔中城市群	5.9282	93.1701
滇中城市群	2.0663	89.3817
关中平原城市群	60.1942	86.6047
兰西城市群	34.3196	73.8927
宁夏沿黄城市群	6.5242	81.1156
呼包鄂榆城市群	1.6813	90.8554
天山北坡城市群	—	77.2561
辽中南城市群	31.5947	80.9176
哈长城市群	72.5348	82.8725

第三类是吸引外来投资得分的方差、均值都不高，即外围城市吸引外来投资能力相差并不大，表现都不强。比较典型的是滇中城市群、宁夏沿黄城市群、天山北坡城市群。滇中城市群的外来投资主要集中在其核心城市昆明，外围城市则较少，这与其核心城市经济还不够发达有一定关系。宁夏沿黄城市群的外围城市吸引外资能力普遍较弱，这与城市群发展水平较低、核心城市竞争力不强有一定关系。就吸引外资能力而言，宁夏沿黄城市群外围城市的经济仍处于较为封闭的状态，经济开放程度较低，尽管

国家投资在逐步向西部地区推进，但是外商投资并没有得到相应的跟进。天山北坡城市群由于未能收集到其所有外围城市的吸引外来投资得分，因而无法计算该城市群吸引外资得分的方差，但观察其得分的均值，我们也能发现该城市群外围城市吸引外资能力较弱。一方面，该城市群位于我国的边疆地区，人口数量少，对外来投资来说并不具有吸引力；另一方面，该城市群的建设重点主要集中于核心城市乌鲁木齐，资源都会向乌鲁木齐倾斜，外围城市很难吸引到外来投资。

通过表7-6能够看出，中国城市群外围城市吸引风险投资能力较吸引外来投资能力更加不稳定，在吸引风险投资能力上表现强劲的依然是珠三角、长三角城市群的外围城市。此外，山东半岛城市群外围城市吸引风险投资能力也有亮眼的表现，主要是由于山东半岛城市群产业门类齐全，现代农业领跑全国，工业增加值稳居全国前列，形成了先进制造业和现代服务业融合发展的产业体系。另外，山东半岛城市群外围城市人口规模居全国前列，有着巨大的需求潜力，对吸引风险投资有得天独厚的优势。呼包鄂榆城市群外围城市吸引风险投资的能力极为不均衡，得分均值也远落后于其他城市群，同样身为外围城市的鄂尔多斯和榆林，吸引风险投资能力存在很大差距，原因主要是榆林市相对来说产业结构趋同，主要以资源型重化工为主，缺乏科技创新产业的支撑，且城市群相关规划政策比较偏向核心城市，导致榆林很难吸引到风险投资。

表 7-6　2020 年中国城市群外围城市吸引风险投资得分方差和均值

城市群名称	城市群外围城市吸引风险投资得分方差	城市群外围城市吸引风险投资得分均值
珠三角城市群	28.0052	94.2739
海峡西岸城市群	166.8685	86.5015
长三角城市群	8.2513	96.2115
山东半岛城市群	7.0313	93.9811
京津冀城市群	36.4537	88.8869
长江中游城市群	106.5661	85.7580
中原城市群	30.8010	88.0136
山西晋中城市群	14.5560	80.7205
成渝城市群	73.5967	85.3591

城市群名称	城市群外围城市吸引风险投资得分方差	城市群外围城市吸引风险投资得分均值
北部湾城市群	92.2955	86.3191
黔中城市群	31.5189	90.6874
滇中城市群	50.5891	82.4909
关中平原城市群	46.7464	82.6109
兰西城市群	53.0479	61.2615
宁夏沿黄城市群	106.7502	75.6368
呼包鄂榆城市群	539.9851	73.4879
天山北坡城市群	—	76.5745
辽中南城市群	78.0622	73.2875
哈长城市群	120.8950	78.0252

　　海峡西岸城市群的外围城市吸引风险投资的能力也存在一定差别，大部分外围城市的风险投资能力表现较好，只有少数外围城市较为落后，不过海峡西岸城市群仍处于发展阶段，缺少龙头城市，缺乏区域发展的协同性。考虑到地理位置、政策等有利因素，该城市群外围城市的投资吸引力会有更好的发展。京津冀城市群、中原城市群、黔中城市群相较于其他城市群来说，外围城市吸引风险投资能力较为均衡，且得分均值表现良好。这几个城市群的共同特点是，核心城市如北京、郑州、贵阳吸引风险投资的能力表现不错，发挥了中心辐射外围的作用，带动了外围城市的发展，促进了整个城市群风险投资吸引力的提升。山西晋中城市群吸引风险投资的能力也很均衡，由于该城市群外围城市只有两个城市，有望进一步打造吸引人才、吸引资源、吸引项目的"强磁场"，进一步辐射周围的次级城市，使山西晋中城市群成为一个极具投资吸引力的城市群。在所有城市群中，兰西城市群吸引风险投资的能力远远落后于其他城市群，主要有两方面原因：一是中心城市的辐射带动能力不足；二是政策、产业都不太成熟，在风险投资吸引上没有竞争力。

　　综合以上分析可以发现，我国投资吸引力较强的外围城市仍然集中于长三角、珠三角这样本身经济就发达的城市群，它们有着先天的地理环境优势，还有着成熟的政策支撑，且其核心城市能够有效发挥辐射作用，带动外围城市的经济发展。我国边陲城市群的外围城市与长三角、珠三角城市群的外围城市相比依然有着很大的差距，这些城市群核心城市自身的投资吸引力不足以带动外围城市的发展，再加上地理位置、交通环境、政策成熟度等不利条件，很难吸引到外来投资和风险投资。当然，也存在像京津冀、长江中游这样的城市群，其得分均值核心城市的投资吸引力较强，且外围城市的投资吸引力较为均衡，但得分均值不高。这说明其核心城市难以发挥带动作用，主要是因为城市群内部产业联系较弱、外围城市存在城市功能不健全的问题，导致人口、经济都流向了核心城市，反而削弱了外围城市自身的投资吸引力。长江中游、成渝、山东半岛等城市群外围城市的投资吸引力处于中上游水平，城市之间发展较为均衡，但存在个别竞争力较弱的城市。但其核心城市投资吸引力位居前列，能够带动外围城市的发展，同时这些城市群也是国家政策重点偏向的地区，地理位置优越，在未来会更具投资吸引力。

第四节　中国城市群外围城市创新创业增长效应比较分析

通过对我国各主要城市群外围城市创新创业系数与 2020 年人均 GDP增长率的相关系数进行估计，在排除新冠疫情等特殊事件影响的情况下，可以发现大多数城市群外围城市的创新创业效应都能在一定程度上促进了本地区人均 GDP 的增长（见表 7-7），这表明各城市群外围城市的创新创业增长效应比较明显，有一定溢出承接力。

表 7-7　2020 年各城市群外围城市创新创业系数与 2020 年
人均 GDP 增长率的相关系数

城市群	珠三角城市群	海峡西岸城市群	长三角城市群	山东半岛城市群	京津冀城市群	长江中游城市群	中原城市群
相关系数	0.6579	0.4178	0.4559	−0.0952	0.2372	−0.0159	−0.4193
城市群	成渝城市群	北部湾城市群	黔中城市群	关中平原城市群	兰西城市群	辽中南城市群	哈长城市群
相关系数	0.6062	0.6579	0.6531	0.5581	0.9389	0.3640	0.6640

注：鉴于回归样本的要求，此处只分析了城市样本较多的 14 个城市群。

1. 珠三角城市群

珠三角城市群外围城市创新创业系数与 2020 年人均 GDP 增长率的相关系数为 0.6579，这表明珠三角城市群外围城市的创新创业程度对人均 GDP 的增长起到了一定的正向影响。综观我国各大城市群，珠三角城市群的高新技术企业数量遥遥领先，GDP 也位居前列，其中，广州、深圳等核心城市的高新技术产业更是呈现高度密集的特征。

中共中央、国务院于 2019 年 2 月印发的《粤港澳大湾区发展规划纲要》指出，粤港澳三地科技研发、转化能力显著，得到了国家的大力支持，创新资源丰富，创新要素吸引力强。现如今，粤港澳大湾区综合利用其发展基础，实力得以显著提升，创新能力突出，产业结构优化，要素流动顺畅。

创新是引领发展的重要动力，广州、深圳作为核心城市，其创新创业的发展在一定程度上带动了周边城市发展。通过建立绿色金融改革创新试验区、对外联通贸易交流基地，核心城市实现了金融、保险、物流等行业的融合创新，从而以构建高质量创新创业平台的方式，促进创新创业要素对周边城市的辐射，显著带动外围城市人均 GDP 的增长。

2. 海峡西岸城市群（粤闽浙沿海城市群）

海峡西岸城市群外围城市创新创业系数与 2020 年人均 GDP 增长率的相关系数为 0.4178，说明该城市群外围城市创新创业程度对人均 GDP 的增长有所贡献。福州和厦门作为核心城市，其 GDP 相对领先，且凭借自身的高校资源以及得天独厚的地理位置，形成了一定的创新与创业氛围，但与其他一线城市进行横向对比，仍然存在一定差距。

海峡西岸城市群横跨浙江、江西、福建、广东四大省份，涉及的城市较多，其核心城市厦门、福州均属于沿海城市，未处于整个城市群的中心地带，同时，城市群的一体化程度较低，没有形成协同效应。所以，其创新创业的辐射范围较小，外围城市的溢出承接能力较弱，对周边城市人均 GDP 的拉动也不明显。

自国家在"十四五"规划中首次提及粤闽浙沿海城市群后，核心城市与外围城市之间的分工协调机制愈发透明，通过交通设施建设等方式提升了城市群内各城市的一体化程度，从而扩大了核心城市创新创业溢出效应的影响范围，其外围城市的创新创业系数得以上升，核心城市对外围城市的人均 GDP 增长起到了更为显著的拉动作用。

3. 长三角城市群

长三角城市群外围城市创新创业系数与 2020 年人均 GDP 增长率的相关系数为 0.4559，作为经济体量较大的城市群，其外围城市创新创业程度对人均 GDP 的促进程度也比较可观。上海等核心城市无论是 GDP，还是创新创业程度，都在全国位居前列，当地依托政策支持，以优质的创新创业平台、人才、资金为纽带，实现了核心城市与外围城市的要素对接。

长三角城市群涵盖了江苏、浙江、安徽三省以及上海市，从规模上足够媲美全球其他的顶尖城市群。国务院和国家发展改革委等国家部门大力支持长三角城市群的发展，长三角城市群拟构筑以轨道交通为主的综合性交通网络体系，以贯彻落实创新驱动发展战略，优化创新体系和要素，完善核心城市与外围城市之间的溢出渠道。

长三角城市群内的各城市之间都存在高质量的信息流通渠道，核心城市的创新创业效应得以扩散，该地区四通八达的网络结构为外围城市提升溢出承接能力奠定了坚实的基础，以城市群为主要平台，实现了核心城市带动外围城市的良好发展趋势，促进了外围城市人均 GDP 的增长。

4. 山东半岛城市群

山东半岛城市群外围城市创新创业系数与 2020 年人均 GDP 增长率的相关系数为-0.0952，这代表两者呈现不显著的负相关关系。综观各城市群外围城市创新创业系数与人均 GDP 增长率的关系，只有山东半岛城市群尤为特殊，但这也代表该城市群外围城市仍然存在较大的发展潜力。

山东半岛城市群的区位特征较为特殊，其核心城市为青岛与济南，凭借其依山傍水的地理优势，在近几年也实现了长足发展，虽然整个城市群内各大城市都拥有不同的产业优势，但未能实现创新创业效应的溢出与传播。与其他发达地区相比，山东半岛城市群作为各城市之间创新创业效应溢出平台的优势并不明显，其外围城市创新创业程度也难对人均 GDP 的增长起到明显的正向影响。

但山东省人民政府印发的《山东半岛城市群发展规划（2021-2035年）》详细阐述了山东半岛城市群 2021~2035 年的发展方向及目标，其中重点提及了创新中心、创新人才、创新企业集群的建设方案，致力于山东半岛城市群发展合力的凝聚，完善"四横五纵、沿黄达海"的网络结构，促进核心城市产业带动效应的形成，提高外围城市的溢出承接能力，同时，外围城市的创新创业增长效应也有望更加显著。

5. 京津冀城市群

京津冀城市群外围城市创新创业系数与 2020 年人均 GDP 增长率的相关系数为 0.2372，表明该地区外围城市存在一定的创新创业效应。其核心城市为北京、天津两大直辖市，作为拥有众多高校人才资源以及重点战略地位的城市，协同引领着河北地区的发展，周边城市的人均 GDP 增速也比较快。

北京中关村作为中国创新的源头与引擎，不断发挥自己的引领带动作用，在过去的短短几年，京津冀协同创新指数实现了跨越式增长，真正使得创新因子传播到了外围城市，也形成了"创新城市群"的良好氛围。此外，根据相关文献，北京、天津作为城市群创业投资的中心，在一定程度上带动了周边地区的创业投资。所以，京津冀城市群的创新创业效应是存在的，但外围城市创新创业效应相对而言并不明显，究其原因，主要是核心城市与外围城市之间发展的严重不均衡。

为应对上述问题，国家出台了诸多规划以促进京津冀协同发展，拟推动该城市群创新实验中心的建设，通过创新平台促进高级创新要素集聚。可以预见在不久的将来，京津冀城市群中各城市创新创业效应的传播渠道将更广泛，外围城市人均 GDP 的增长也将获得更大的助力。

6. 长江中游城市群

长江中游城市群外围城市创新创业系数与 2020 年人均 GDP 增长率的相关系数为 -0.0159，说明两者之间并不存在显著的关系。由于在统计年度内，部分核心城市受到了新冠疫情的重大影响，经济增速较慢，创新创业缺乏流通渠道，所以不能因此而忽略核心城市为城市群内各城市的协调发展做出的努力。

事实上，武汉、长沙、南昌等核心城市为促进创新创业，积极吸引高精尖人才落户，对创业人员也予以一定的政策激励，同时利用本地区高校、科研机构与高新技术企业等高级创新要素，尝试通过建立健全区域协同机制，带动周边地区创新创业，保障人均 GDP 的稳步增长。新冠疫情之后的长江中游城市群，在未来的发展中势必将更具潜力，形成核心城市带动外围城市发展的良好状态。

7. 中原城市群

中原城市群外围城市创新创业系数与 2020 年人均 GDP 增长率的相关系数为-0.4193，说明两者之间的相关性显著为负。与其他城市不同，郑州作为核心城市，与国内的大型城市相比仍存在一定差距，虽然其有一定的自然基础，人口规模也较大，但高校人才相对不足，创新资源比较匮乏，与国际接轨程度较低，城镇化率也低于全国平均水平，有限的土地难以支撑创新创业资源的落地。外围城市亦是如此，没有合适的平台以供创新创业效应的发挥和传播，有可能对人均 GDP 的增速产生负面影响。

对此，郑州也在大力加快城镇化建设，巩固其作为交通枢纽的地位，明确自身的战略定位，在机遇与挑战中寻求发展。郑州市政府专门建立了创新科技平台，以激励创新创业产业的发展，"一核四轴四区"的空间格局也逐渐显现，中原城市群的发展呈现向好的趋势。

8. 成渝城市群

成渝城市群外围城市创新创业系数与 2020 年人均 GDP 增长率的相关系数为 0.6062，表明两者之间有较为显著的正向关联关系。作为西部唯一的双核城市群，成渝城市群是西部大开发的重点区域，创新创业等方面也受到了国家政策的青睐，其核心城市成都与重庆都拥有相近的文化以及各自的产业优势，形成了一定的协同发展态势，城市群人均 GDP 以及创新创业系数也较高。

成渝城市群凭借其现有资源打造了创新创业的服务平台体系，并建立了一定的信息共享机制，实现了创新创业资源的共享；同时通过一定的政策激励，降低了创新创业的门槛，吸引不同层级的个人返乡创业。目前，创新创业激励政策已经初见成效，城市群内已经形成良好的创新创业氛围。

此外，成渝城市群以协同创新中心等机构为纽带，在综合利用核心城市高校资源、经济资源的基础上，带动外围城市创新创业效应的发挥，以创新创业为驱动力，提供高质量就业岗位，并凭借创新成果以获取更多的经济效益，从而在较大程度上形成了外围城市人均 GDP 上升的助力。

9. 北部湾城市群

北部湾城市群外围城市创新创业系数与 2020 年人均 GDP 增长率的相关系数为 0.6579，这代表核心城市的创新创业要素有效地辐射带动了外围城市的经济发展，激发了周边城市的市场活力，进而提高了其人均 GDP 增速。

北部湾城市群受到国家政策的支持，发挥了其沿海沿边的独特区位优势，同时，还进一步强化南宁作为核心地区的战略地位，辐射带动周边城市。根据《北部湾城市群发展规划》，北部湾城市群为创新创业良好生态的构建绘制了蓝图，通过积极的人力资源政策措施，培育或引进优质的创新创业人才，明确创新创业的关键领域与方向；此外，整合优质公共资源，通过构建双创中心、创业基地的形式，强化对创新创业的发展支持。北部湾城市群的激励政策取得了一定成效，核心城市的创新创业效应引领带动了外围城市的发展，进而有力地促进其人均 GDP 的增长。

10. 黔中城市群

黔中城市群外围城市创新创业系数与 2020 年人均 GDP 增长率的相关系数为 0.6531，表明该城市群外围城市创新创业效应比较明显。核心城市贵阳虽与国内其他核心城市相比仍有一定差距，但也有效地扮演了城市群内领导者的角色。

黔中城市群通过创新创业园区的布局建设，有力地支持了创新创业要素的流动，围绕产业升级、转型、发展的重大问题，推动了创新创业共同体的形成，使得核心城市与外围城市在创新创业方面的联系更为广泛，强化了双方之间的联动，提高了外围城市的溢出承接能力，从而通过创新创业效应促进了外围城市人均 GDP 的增长。

11. 关中平原城市群

关中平原城市群外围城市创新创业系数与 2020 年人均 GDP 增长率的相关系数为 0.5581，可见两者之间存在一定的正向关联性。关中平原城市群以西安为中心，主要经济要素向西安都市圈集聚，拥有中心的地理区位优势，为其创新创业效应的传播奠定了基础。此外，核心城市西安也在较大程度上鼓励创新创业，推出创新创业孵化器的大型项目，促进了整个区域内创新创业氛围的形成。关中平原城市群外围城市受此影响，创新创业之风得以扩散，进一步促进了当地人均 GDP 的增长。

12. 兰西城市群

兰西城市群外围城市创新创业系数与 2020 年人均 GDP 增长率的相关系数为 0.9389，说明兰西城市群外围城市的创新创业程度对人均 GDP 的增长起到非常显著的正向影响。其核心城市兰州在引领区域创新创业环境形成等方面起到了至关重要的作用，也为核心城市与外围城市间的资源共享、协同发展做出了示范。

兰州为助推创新创业战略的实现做出了很多努力。例如，紧跟国际科技前沿与国内最新研究方向，抢占西北地区科创制高点，凭借自身的努力，入选了科创中国试点城市；在完善相关创新平台的基础上，大力加强核心技术攻关，并建立创业项目孵化园，加强创新与创业成果的转化；采取优惠政策吸引各地创新创业人才。此外，区域一体化的进展也在不断加快。

兰西城市群在核心城市的引领辐射下，各个城市都能够享受到创新创业政策所带来的收益，也使得更多的创新创业人才愿意扎根于这片土地，起到了循环发展的作用。外围城市紧随核心城市的发展步伐，创新创业效应愈发明显，很大程度上促进了人均 GDP 的增长。

13. 辽中南城市群

辽中南城市群外围城市创新创业系数与 2020 年人均 GDP 增长率的相关系数为 0.3640，这表明该区域内创新创业效应与人均 GDP 的增长存在一定的关联。沈阳、大连作为城市群的核心城市，在协调城市创新创业资源等方面起到了举足轻重的作用，通过优化市场经济体系，深入实施人才创新、科技创业的策略，统筹规划区域合理发展，增强了大连、沈阳的辐射带动能力。核心城市通过激励与引领等措施，推动外围城市创新创业的稳步进行，带动了外围城市人均 GDP 的增长。

14. 哈长城市群

哈长城市群外围城市创新创业系数与 2020 年人均 GDP 增长率的相关系数为 0.6640，说明哈长城市群外围城市的创新创业效应对人均 GDP 的增长起到了较为明显的积极影响。哈长城市群的区位优势独特，城镇化率较高，创新创业基础扎实，拥有较多的科研机构、两院院士以及产业园区。其核心城市哈尔滨虽然存在一定的产业结构不合理、城市定位与分工不匹配等问题，但一直坚持创新发展，壮大区域创新主体，完善双创扶持政策。依托当地便捷高效的综合交通网络以及完备的城市信息基础设施，哈尔滨与其他外围城市形成了协同发展的良好格局，联手打造了优质的产业集群。外围城市受到核心城市的影响，也形成了良好的创新创业效应，进而对本地区的人均 GDP 增长起到了显著的促进作用。

第五节　本章小结

本章主要分析了我国城市群外围城市的产业承接能力。作为城市群的重要组成部分，外围城市在城市群的发展过程中扮演着重要角色，正是在核心城市与外围城市的合理分工下，城市群的经济才能大踏步向前发展。与核心城市的核心带动作用不同，外围城市主要发挥承接核心城市产业转移、疏解核心城市部分功能以及吸引外资等作用。学术界对城市产业承接能力的分析主要集中在产业转移方面，主要从城市的自然资源禀赋、地理区位条件等自然因素方面和政府政策等社会经济因素方面对外围城市的产业承接能力进行分析，其中，政府政策主要从吸引外资、创造良好的营商环境等几个方面展开讨论。

本章在借鉴第一节现有文献研究的基础上，着重分析了社会经济因素对外围城市产业承接能力的影响。第二节主要从营商环境、市场总量、社会服务和基础设施四个方面讨论外围城市的产业承接能力，这一部分构建了包含 6 个维度的指标分析了外围城市与核心城市在营商环境方面存在的差距，利用城市常住人口等 7 个指标估算了外围城市的市场总量指数，结合融资、科技等 7 个指标测算了外围城市的社会服务指数，利用交通基础设施等数据分析了外围城市的基础设施建设水平。总体来看，长三角、珠三角、京津冀和成渝 4 个城市群的外围城市与核心城市发展差距较大，其余城市群则差距不大。

第三节重点分析了我国城市群外围城市的投资吸引力。在这部分，我们对各城市群外围城市吸引外资得分进行了方差和均值的计算，并对结果进行了比较和分析。结果表明，长三角和珠三角城市群的外围城市对外资的吸引力更强，这是因为，这两个城市群的核心城市对外围城市的溢出效应更强。对西部城市群而言，由于受交通运输成本、区位条件、市场发育程度等因素的影响，这些城市群对外资的吸引力较弱。对风险投资的分析表明，风险投资倾向于一、二线的核心城市，而不是外围城市。

第四节比较了外围城市的创新创业增长效应。这一部分估计了每个城市群外围城市创新创业系数和 2020 年人均 GDP 增长率的相关系数，比较分析了 14 个城市群外围城市的创新创业增长效应。从数据上看，除山东半岛城市群、长江中游城市群和中原城市群外，其余城市群的外围城市创新创业增长效应都为正，这表明在我国的城市群发展中，创新创业能力较强的外围城市有较大的经济增长空间。

第八章　中国城市群溢出效应与空间重塑：城市群内视角

在中国改革开放的 40 多年征程中，城市以及连片城市有机组成的城市群通过规模效应和空间溢出效应对经济腾飞和区域协调发挥了引领和推动作用。区域发展是"三个效应"通过循环累积因果链而形成的"两个力"相互作用的结果（Krugman，1991），①"两力之差"即溢出，所以区域从来都不是孤立的，一个地区会影响另一个地区（Overman，et al.，2010），城市群作为大中小城市和小城镇集中的集聚体，是"两个力"冲突、交融或者溢出效应表现得最淋漓尽致的空间单元。正因如此，任何旨在提升要素集聚规模和市场开放度的冲击，都有可能重塑其内部经济地理。实际上，从 2007 年党的十七大报告到"2020 年新型城镇化建设和城乡融合发展重点任务"，十多年间，在城市群的国家战略地位日益强化的过程中，由城市群发展诱发的群内空间演变的种种冲击早已发生。②

第一节　城市群阶段、城市集群与城市差距

一　城市群阶段研判

根据方创琳（2011）的定义，城市群是以 1 个特大城市为核心，以至少 3 个都市圈（区）或城市为基本构成的空间单元。可以看出，"核心-

---

① "三个效应"指市场规模效应、生活成本效应和市场拥挤效应，"两个力"指集聚力和扩散力。

② 本书定义的城市群发展是指城市群内城市集聚规模扩大或城市间联系增强。

外围"是城市群的基本空间关系，这也符合 Friedman（1966）与 Krugman（1991）关于"区域"的定义，所以城市群是典型的"区域"。虽然区域发展必然伴随着"核心-外围"关系的转换，比如原外围城市转换为核心城市，但这一过程是漫长的，尤其是在中国城市群的核心城市行政级别较高的情况下，一定时期内核心-外围关系较为稳定（Thompson，1966）。因此，在时间截面上，城市群一定处于特定的阶段。实际上，无论是胡弗-费希尔阶段论（Hoover & Fisher，1949）、罗斯托阶段论（Rostow，1960）、弗里德曼核心-边缘阶段论（Friedman，1966），还是汤普森阶段论（Thompson，1966），均表明区域发展要跨越某阶段需要较长时间，多则上百年，少则几十年。

为确定各城市群发展阶段，我们重点考虑了近期、中期和远期三个维度的现有证据。首先为近期，"十三五"规划提出未来要"优化提升东部地区城市群，建设京津冀、长三角、珠三角世界级城市群，提升山东半岛、海峡西岸城市群开放竞争水平。培育中西部地区城市群，发展壮大东北地区、中原地区、长江中游、成渝地区、关中平原城市群，规划引导北部湾、山西中部、呼包鄂榆、黔中、滇中、兰州-西宁、宁夏沿黄、天山北坡城市群发展……"该表述实际上根据城市群综合发展程度和未来战略需要，将城市群分为"优化提升""发展壮大""规划引导"三类。其次为中期，叶裕民等（2014）根据 2010 年的普查数据，从经济总量、人口规模、就业规模、流动人口、通勤时间、城市数量等六个方面对城市群发展水平进行了类型划分。最后为远期，方创琳（2011）基于 2007 年的数据，从城市群发育度、城市群紧凑度、城市群空间结构稳定度、城市群投入产出效率四个方面，对城市群发育水平进行了综合评价分类。虽然后两者的划分依据各不相同，但都具备城市群发展内涵相关的"经济活动密度"和"空间结构"两个基本要素。所以我们将"十三五"规划的政策取向与两篇文献的阶段划分的"交集"作为城市群发展阶段划分的重要依据，划分结果见表 8-1。在该阶段划分策略下，意味着 2005~2016 年城市群阶段或群内核心-外围关系未发生明显转换。

表 8-1　2005~2016 年城市群核心城市及其发展阶段

城市群名称	核心城市	城市数	阶段	城市群名称	核心城市	城市数	阶段
京津冀	北京、天津	13	Ⅱ	海峡西岸	福州、厦门	13	Ⅱ
长三角	上海、南京、杭州、宁波	41	Ⅲ	山东半岛	济南、青岛	16	Ⅱ
珠三角	广州、深圳	15	Ⅲ	北部湾	南宁	9	Ⅰ
长江中游	武汉	30	Ⅱ	黔中	贵阳	3	Ⅰ
成渝	成都、重庆	16	Ⅱ	滇中	昆明	3	Ⅰ
哈长	哈尔滨、长春	10	Ⅱ	关中平原	西安	9	Ⅱ
中原	郑州	20	Ⅱ	兰西	兰州	4	Ⅰ
山西晋中	太原	2	Ⅰ	宁夏沿黄	银川	4	Ⅰ
呼包鄂榆	呼和浩特	4	Ⅰ	天山北坡	乌鲁木齐	0	Ⅰ
辽中南	大连	10	Ⅱ				

注：根据研究需要，各城市群核心城市及城市数做过调整，详见本章第二节"数据来源及描述性统计"部分。

为使划分结果更严谨，我们还分别选取三类城市群内城市个数较多的长三角、长江中游和北部湾城市群进行经验分析。借鉴朱虹等（2012）的思路，本书在经典收敛模型的基础上构建空间杜宾模型进行验证。如公式 8-1，$y_{i,t}$ 为群内城市 i 在 t 时期的人均 GDP；矩阵 w_{ij} 用来捕捉城市群内城市 j 对城市 i 的影响，用城市 j 的 GDP 占所在城市群的比例来定义。经济规模越大的区域，规模经济效应越强，对其他区域的影响也越大，这也是"核心-外围"模型的主要结论。ρ 反映了城市群内城市间的相互影响，而由于核心城市经济规模较大，故其也反映了权重较大的核心城市对其他城市的溢出效应；$\varepsilon_{i,t}$ 为误差项。由于样本量有限，本书还添加了前期城市群内城市人均 GDP 加权的变量 $w_{ij}\ln y_{i,t}$，用于控制以核心城市为主导的资本、劳动力和技术因素的空间影响。LR 检验用来分析需采取何种固定效应，最后以空间面板杜宾模型估计得到表 8-2。

$$\ln\left(\frac{y_{i,t+1}}{y_{i,t}}\right) = \beta\ln y_{i,t} + \lambda w_{ij}\ln y_{i,t} + \rho w_{ij}\ln\left(\frac{y_{j,t+1}}{y_{j,t}}\right) + \varepsilon_{i,t} \qquad (8-1)$$

尽管核心城市被赋予了较大权重，但毕竟 ρ 包含了群内其他城市的影响，因此还需要更多证据证明核心城市对 ρ 的影响有主导性。我们的办法是剔除核心城市进行反事实检验，在无核心城市情况下城市群是虚拟的，此时估计出的 ρ 如果不显著或值变化较大，则意味着上述结论稳健，反之则不稳健。如表8-2所示，长三角城市群在剔除行政级别较高与经济规模较大的上海、南京、杭州和宁波四个核心城市后，发现 ρ 不再显著，说明长三角城市群核心城市对外围城市有显著的正溢出效应；尽管均不显著，但长江中游城市群在剔除核心城市武汉后，依然可发现系数 ρ 的绝对值变小，且显著性降低，说明该城市群核心城市对外围城市存在负向溢出效应，核心城市的核心特征尤为突出；在北部湾城市群的回归分析中，虽然反事实估计也显著，但系数 ρ 绝对值变小，显著性也有所下降，同样说明核心城市对外围城市存在负溢出效应。不难看出，长江中游和北部湾城市群的核心城市对城市群的集聚力还不够强，多核心特征较为明显。以上分析表明，从三个城市群中选择的核心和外围城市看，它们之间存在明显的"核心-外围"关系，或者集聚（负溢出）或扩散（正溢出）关系，这是主导城市群内城市发展的重要关系，上述城市群的发展阶段划分有一定合理性。

表8-2　2005~2016年城市群发展阶段计量验证

城市群	长三角	长三角-反事实	长江中游	长江中游-反事实	北部湾	北部湾-反事实
β	0.316 *** (9.94)	0.325 *** (9.84)	-0.434 *** (-8.42)	-0.488 *** (-8.92)	-0.381 *** (-4.22)	-0.378 *** (-3.54)
λ	-0.452 *** (-11.67)	-0.448 *** (-11.93)	0.305 (0.30)	-1.532 *** (-1.48)	-0.325 (-0.59)	-0.371 (-0.63)
ρ	0.229 *** (4.39)	0.019 (0.23)	-0.551 (-1.46)	-0.442 (-1.16)	-1.118 *** (-3.04)	-1.069 *** (-2.62)
LR 检验	双向固定	双向固定	双向固定	双向固定	双向固定	双向固定
N	41×12	37×12	30×12	29×12	9×12	8×12
R^2	0.205	0.266	0.264	0.102	0.118	0.103

注：括号内为T统计量，w_{ij} 使用2004~2016年的GDP均值计算；2004年为基期；人均GDP数据来自相关年份《中国城市统计年鉴》。

二 城市集群与城市差距研判

1. 城市集群视角下的城市群发展

城市群作为增长极，其发展与经济活动密度呈正相关，并伴随着交通基础设施网络化，所以城市群发展的程度必然与这两个方面有关。全球卫星夜间灯光地区栅格平均亮度是衡量经济活动密度的较好指标（徐康宁等，2015），而与城市群内交通基础设施网络化相关的指标是运输成本，但运输成本难以精确测度，为分析准确，又要求必须有时变特征，考虑到通勤时间越短，交通基础设施网络化程度越高的性质，我们使用城市群内外围城市到核心城市的最短交通时间来测度。同时由于城市群内基本的"核心-外围"关系可能随外围城市差异而处于不同溢出状态，那么城市群发展对外围城市的影响可能就是异质的，因此，根据 Portnov 等（2000）的思路，利用空间隔离度（IS）与边缘性（IR）之比来测度城市群发展中外围城市的集群度，如图 8-1 所示。第一，空间隔离度原指一定空间范围内的城市个数，但由于本书的研究对象并非"自然城市"，而是基于行政区划的地级市，显然城市个数忽略了城市的异质性。以城市群内的外围城市灯光最亮点为中心的一定空间范围内的经济活动密度，能较好地捕捉其空间发展环境，故用空间经济活动密度替换；第二，由于城市群属于规划范围，现实中的城市群范围很可能与之有出入，所以须考虑不同的城市群范围以增强稳健性；第三，由于城市群外围城市还可能受到其他城市群的影响，所以需要尽可能地扩大空间范围，以将城市群外城市纳入，削弱此类问题的影响。[①] 经测算后发现，全国各城市到 3 个最近城市的平均距离约为 100km，与 20 个最近城市的平均距离约为 200km。因此，除核心城市外，我们通过计算以外围城市灯光最亮点为圆心，以 100km、200km 为半径的圆形区域的平均灯光密度，以及城市群规划范围的平均灯光亮度来测度 IS。[②] 近十年来，中国城市群基础设施发展迅速，城市群内交通网络已大幅改善，城市间通勤时间越来越短，故用外围城市到核心城

---

① 当然更严谨的，我们后文用工具变量法解决此类问题。

② 城市群规划范围详见各城市群发展规划。

市的最短通勤时间来反映这种城市区位的相对变化，是符合常识的；显然，外围城市越边缘化，其向核心城市"借用规模"的能力越弱，接收的正溢出效应也越弱。

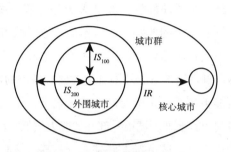

图 8-1　城市集群的内涵示意

2. 城市集群与城市差距

根据第一章第四节的分析，结合陈栋生（1993）对集聚经济效应的分析和 Krugman（1991）的"核心-外围"理论，城市群发展过程可看成城市群内核心城市对外围城市空间溢出效应的时间演变过程，处于不同阶段的城市群，外围城市所受到的空间溢出效应强度是有差异的。如第一章图 1-3 所示，纵轴表示核心城市对外围城市的效应，横轴表示城市群发展时间，[①] 将核心城市的极化效应、扩散效应和溢出效应绘于该坐标系中，可以看出，溢出效应可划分为负溢出效应减弱的Ⅰ阶段、负溢出效应增强的Ⅱ阶段和正溢出效应增强的Ⅲ阶段。Ⅰ阶段的显著特征是核心城市集聚程度逐渐提高并达到最大，该阶段末期核心城市极化效应最强、溢出效应最弱，对周围地区有虹吸效应，这显然会加剧群内城市发展的两极分化。Ⅱ阶段的显著特征是核心城市的极化效应开始减弱，扩散效应开始增强，二者相抵趋向于零，城市群正处于负溢出效应逐渐减弱的过渡期，但群内城市差距持续扩大。Ⅲ阶段的显著特征是核心城市正溢出效应开始增大，对外围城市的带动效应逐渐增强，处于核心城市与外围城市差距缩小期。

---

① 以时间为横坐标是基于这样的考虑：在前期，集聚规模是随时间推移而逐渐扩张的，但在中后期集聚规模容易受到行政边界的限制，因此集聚规模的变化不容易反映现实的城市规模变动。

根据本书对城市群发展的界定，外围城市发展一方面受益于其周边经济密度提高带来的外部规模经济效应，另一方面受益于通勤时间缩短带来的核心城市溢出效应。I、II阶段的城市群，外围城市受核心城市负溢出效应影响，对其而言，只有在"外部规模经济大于等于核心城市负溢出效应"时，才可能缩小与核心城市的差距。可以预期，外围城市的外部规模经济效应可能还不足以抵消负溢出效应，因为两类城市群正处于核心城市主导的集聚期，随着城市群发展带来的外围城市对核心城市的市场接近性提高，其大量优质要素可能被核心城市吸走。而相比之下，外围城市交通网络化程度并不高，自身利用其他外围城市外部性的能力较低。因此，对I、II阶段城市群内的外围城市而言，城市群发展越充分，其与核心城市的发展差距可能越大。由于I阶段处于城市群集聚的前期，II阶段处于中期，随着城市群发展，I阶段城市群内区域差距可能比II阶段更大，而III阶段城市群的外围城市既受核心城市正溢出效应影响，也受到了比前两个阶段更强的外部规模经济效应影响，所以可以预期随着城市群的发展，外围城市与核心城市的差距会逐渐缩小。这是本书需要检验的第一个推论。

接下来需要分析城市群发展影响其内部城市发展的机制。长期以来，行政区域划分带来的市场分割（宋马林等，2016）和户籍制度限制（柏培文，2012），是造成城市要素错配的主要因素。结合城市群发展的内涵不难发现，其本质是局部一体化和全局一体化的增强，局部一体化增强即城市群内城市的周边要素密度提高，全局一体化增强是城市群内外围城市与核心城市或其他城市的通勤时间缩短。在城市群发展带来的两个维度的一体化效应下，以往由于制度、交通、行政等因素形成的要素桎梏将逐步被打破，从而纠正城市群内城市间的要素错配，提高要素配置效率。而问题的关键在于三个阶段的城市群内资本和劳动要素密度不同，III阶段城市群的劳动和资本密度比I、II阶段城市群都高，I阶段城市群资本和劳动密度最低，II阶段城市群适中。因此，城市群发展的要素配置可能与城市群内要素对一体化的敏感程度有关，I、II阶段城市群的一体化程度低、贸易成本高、分工程度低、劳动密集型产业占比高，所以随着城市群的发展，城市群内劳动力配置效率提高；而III阶段城市群内一体化程度高、贸易成本低、资本密集型产业占比高，所以城市群内更多可能以资本流动为主。这种城市群发展的要素错配矫正偏向和矫正幅度差异，是引起城市群发展的内部效应异质的主要原因。

具体结合城市群的阶段特征看，Ⅰ阶段城市群由于处于城市群发展前期，资本密度较低，劳动力密度较高，外围和核心城市间的信息基础设施联系强度、产业关联度都比较弱，外围城市相对更加孤立，而核心城市与其他城市群核心城市却有更强的联系。因此，Ⅰ阶段城市群发展引致的劳动要素错配矫正效应，核心城市可能比外围城市更强，核心城市经济增长比外围城市更快，内部差距拉大。Ⅱ阶段城市群相对于Ⅰ阶段城市群而言，一方面核心城市对外围城市的负溢出效应有所减弱，另一方面城市群的外围城市基础设施网络经Ⅰ阶段发展已较为成熟，故而Ⅱ阶段城市群发展引致的外围城市劳动力配置效应，可能比Ⅰ阶段城市群更强，此时城市群内差距可能有所减小。Ⅲ阶段城市群处于核心城市正溢出效应增强期，核心和外围城市对资本的配置效率差别不大，但总体上资本密度较高、产业分工体系成熟、资本密集产业占比高，城市群发展引致的外围城市资本配置效应较强，同时外围城市也通过不断累积疏解的资本而获得更快的增长率，城市群内差距可能缩小。这是本书需要检验的第二个推论。

第二节　变量与数据

一　变量定义与测算

1. 城市集群的计算

根据前文的分析，本书使用城市集群衡量城市群发展程度，该指标的测度主要有 Portnov 等（2000）和原倩（2016）两篇文献。前者利用城市分割度与边缘性之比来测度城市集群，分割度用一定空间范围内的城市个数表示，边缘性用该城市与最邻近的大城市间的距离来测度；后者虽然对该指标进行了改进，以一定范围内的城市人口数量来测度空间隔离性，但依然用地理距离来测度边缘性。两种方法的缺点都是基于数量来测度分割度，且用无时变特征的地理距离测度边缘性，均无法体现本书赋予城市群发展的真正内涵。因此，我们对此进行了改进，将分子替换为一定空间范围内的经济活动密度，分母替换为外围城市到核心城市的最短交通时间。
经济活动密度反映城市的空间特征，一定范围内城市间经济活动密度越
大，城市集群度越高；外围城市到核心城市的交通时间越短，城市集群度
也越高。公式如下所示。

$$ic_{it} = IS_{it}/IR_{it} = light_{i,t}/time_{i \to j,t} \tag{8-2}$$

式（8-2）中，城市经济活动密度 IS_{it} 表示 t 时期以城市 i 为核心在一定
范围内所有"邻居"（城市）的平均灯光亮度，城市 j 为城市 i 所在城市群
的核心城市。DMSP-OLS 年度数据的饱和度与连续性校准，参考了徐康宁
等（2015）和刘修岩等（2017）的方法；[①] 由于 NPP-VIIRS（2012~2019）
数据均为月度数据，缺乏连续多年度的合成数据，所以用 GIS 软件合成了可
比的年度数据（2012~2016 年）；此外，为扩大回归样本量，对两套灯光数
据进行了可比性调整，参考梁丽等（2020）对两套灯光数据的连续性调整
方法，由于其回归调整法无法很好地处理两者之间的单位差异与 DMSP-
OLS 的饱和上限问题，我们对此进行了改进。考虑到稳定灯光影像 DMSP-
OLS 的 dn 是未经过星上辐射标定的相对亮度辐射值，而 NPP-VIIRS 是经过
辐射标定的有单位的辐射值（l），两者的转换关系为 $l = \alpha \cdot dn + c$。DMSP-
OLS 的两个主要缺陷是数据为相对值、无单位，以及"存在饱和上限 63"
的问题，所以主要考虑将其转化为 NPP-VIIRS 数据，转换的关键在于确定
系数 α 与 c。我们采用 2012 年和 2013 年两套灯光数据的 dn 与 l 进行回归估
计后取平均值的确定方式，[②] 然后使用式（8-2）分别将 2004~2013 年的 dn
值转换为 l，从而得到 2004~2016 年连续可比的灯光数据。

对于 $light_{i,t}$ 的计算，首先算出以该外围城市最亮点为圆心，以 100 公
里、200 公里为半径或规划范围内的城市灯光总亮度，[③] 再除以该范围内
的总栅格数，计算平均亮度；然后再根据式（8-2）将 DMSP 的 dn 值转

---

① 饱和矫正地图为 F16_ 2005-2006，地址是 https：//ngdc. noaa. gov/eog/dmsp/download_
    radcal. html。

② 因为两套数据 DMSP-OLS（2006~2013）和 NPP-VIIRS（2012~2017）重合年份为
    2012 年和 2013 年。

③ 某城市的"邻居"，是以该城市行政中心为圆心，按到面上最近点计算，落入 100km
    和 200km 半径范围内的城市。

换为辐射亮度值，从而使数据在 2004~2016 年具有可比性。① $time_{i \rightarrow j, t}$ 为外围城市到核心城市的最短交通时间。为了反映交通网络化程度，本书分别搜集了国道、高速公路、普通铁路最短交通距离和高铁最短交通时间，国道和高速公路根据《中国公路工程技术标准》（JTG B01-2003）限速标准来计算交通时间，如国道速度按 60 公里/小时计算，高速公路按 100 公里/小时计算；由于铁路提速因素，2005 年普通铁路按 110 公里/小时计算，2006 年按 120 公里/小时计算，2007 年及以后按 140 公里/小时计算；高速铁路交通时间按照各年中国高速铁路开通运营线路、沿线设站城市和《全国铁路旅客时刻表》等信息整理。②

2. 城市差距的测度

本书采用城市群内外围和核心城市的人均 GDP 比值来测度城市差距（$bgdp$）。

3. 控制变量

①财政支出比（gov）：政府干预是影响经济增长的重要因素，参考陈国亮等（2012）的做法，用外围和核心城市的政府非公共财政支出占预算内支出比重来控制政府干预差异，其中非公共财政支出＝一般预算支出-科学支出-教育支出。

②对外开放比（$open$）：开放度会影响城市就业与经济增长，根据 Au & Henderson（2006）用外商直接投资（FDI）的对数控制对外开放度的思路，本书用外围和核心城市的开放度比值来控制，其中开放程度用经汇率换算的当年实际使用外资额占地区生产总值的比值来得到。

---

① 全球卫星夜间灯光数据来自 NOAA，网址为 https：//ngdc. noaa. gov/eog/archive. html，地市级地图由"国家基础地理信息中心"提供。此外，我们做过测算，如果保证每个城市至少有 3 个城市相邻的平均距离为 150 公里，在研究的城市群中，200 公里至少可以覆盖 2/3 左右的空间范围；规划范围指在计算 $light$ 时将城市 i 所在城市群的非核心城市都作为"邻居"。

② 需要进一步说明的是，虽然作者使用的是外围城市到所在城市群核心城市的交通时间，实际上该指标有更宽泛的含义，因为是最短时间，所以更偏向反映外围城市在城市群基础设施网络中的"相对区位"。此外，由于中国城市群核心城市之间的交通网络发展要早得多，外围城市到核心城市的最短交通时间，天然地与外围城市到"北上广"的最短交通时间高度相关。因此，为避免变量相关性引起偏误，回归分析中本章没有控制外围城市到"北上广"的最短交通时间。

③投资比（*inv*）：以基础设施投资拉动地方经济增长，是 2004 年分税制改革以来地方政府的惯用政策，如不控制，可能遗漏重要变量。本书用外围和核心城市当年全社会固定资产投资总额比值来衡量。

④运输能力比（*tra*）：运输成本是影响"核心-外围"结构演化的核心要素，也是影响城市经济增长的重要因素。本书用外围和核心城市货运总量的比来控制，由于《中国城市统计年鉴》仅发布到 2014 年，且运输成本对经济是长期影响的，因此本章将该变量滞后 2 期为 2002~2014 年。

⑤创新水平比（*inn*）：一方面，创新是城市经济增长的重要驱动力，外围城市创新水平直接影响规模经济效应，城市创新水平数据来自寇宗来等（2017）的报告；另一方面，人力资本是引起区域差异的主要因素（Higgins，2006），而城市创新水平也与人力资本高度相关。

⑥城市规模比（*size*）：合理的"等级-规模"分层级结构是城市层级体系优化的必要条件（梁琦等，2013），是城市群空间发育程度的体现，由于城市群内人口流动较频繁，户籍人口的时变性弱，难以准确反映城市规模变化，而研究时段内又缺乏连续可比的常住人口数据，因此本章基于李力行等（2019）关于城市规模与金融发展水平显著正相关的结论，用金融发展水平比测度。

⑦金融危机（*cri*）：与邵朝对等（2016）的做法一样，本书采用2008 年前后的虚拟变量控制金融危机对城市经济社会的系统性冲击。

二　数据来源及描述性统计

本章选取城市样本的时间跨度为 2004~2016 年，样本来自 18 个城市群的 195 个地级城市。所有城市数据均来自《中国城市统计年鉴》。全球夜间灯光数据 DMSP-OLS（2004~2013）、NPP-VIIRS（2012~2016）来自美国国家海洋和大气管理局官网。① 选择 2004~2016 年时间跨度的原因是：一方面，城市土地制度、住房市场化制度自 1998 年开始改革，到

---

① DMSP-OLS 下载地址：https：//ngdc. noaa. gov/eog/dmsp/downloadV4composites. html；NPP-VIIRS 下载地址：https：//ngdc. noaa. gov/eog/viirs/download_ dnb_ composites. html。

2003 年开始走向正轨，2004 年以后是城市制度相对稳定的时期；另一方面，由于 NPP-VIIRS 仅持续更新月度数据，年度合成数据发布滞后，我们不得不自行合成年度数据，故而在计量需要和工作量之间做了权衡。在城市群内核心城市和外围城市确定方面，大体按照各城市群最新公开发布的规划确定。其中，核心城市确定结合了"经济规模"和"行政等级"因素；部分城市群范围存在重叠，且有的城市数据缺失严重，为研究方便，我们按照"部分算整体""地理邻近""地级市随省会"依次调整，如将安徽全部地级市纳入长三角城市群，将陕西省榆林市完全纳入呼包鄂榆城市群，将江西省 11 个地级市全纳入长江中游城市群，将山东省聊城市和菏泽市纳入山东半岛城市群，将河北省邢台市和邯郸市纳入京津冀城市群，滇中城市群仅考虑昆明市、玉溪市和曲靖市，黔中城市群仅考虑贵阳市、安顺市和遵义市，将山西长治、晋城、运城纳入中原城市群，将山西临汾纳入关中平原城市群，天山北坡城市群数据缺失较多，故而剔除。表 8-3 呈现了样本变量描述性统计分析结果，值得一提的是，外围和核心城市规模比有部分城市大于 1，主要集中在山东、贵州、广东和河南所在的城市群内，表明这些外围城市内部人口规模经济并未明显发挥作用，城市群内劳动力可能错配。

表 8-3　主要变量描述性统计

变量	变量名称	样本数	均值	标准差	最小值	中位数	最大值
bgdp	群内差距	2529	0.5363	0.3324	0.0403	0.4682	2.6166
ic_100	100km 集群度	2288	3.9865	11.6096	0.0336	0.9304	166.4115
ic_200	200km 集群度	2288	3.3089	7.7290	0.0453	0.9457	95.9485
ic_qun	规划范围集群度	2483	3.7089	9.4271	0.0644	1.0932	130.5153
gov	财政支出比	2534	1.1429	0.5557	0.2621	1.0858	7.7188
open	对外开放比	2528	0.6305	0.7863	0	0.4279	10.6022
inv	投资比	2533	1.3911	0.8602	0.0914	1.1343	6.0007
tra	运输能力比	2531	0.3947	0.6173	0.0062	0.2544	17.3659
inn	创新水平比	2522	0.0740	0.1346	0	0.0303	1.2576
size	城市规模比	2534	0.4498	0.2241	0.1023	0.4000	4.6458
cri	金融危机	2535	0.3846	0.4866	0	0	1

第三节 模型设定与计量分析

一 基准回归结果

以城市群内外围城市为研究对象，考虑到可能存在的异方差和空间自相关问题，本书采用聚类到城市层面的稳健标准误的双向固定效应模型进行回归分析。如式（8-3）所示，i 表示城市，t 表示年份，x_{it}^n 为一系列控制变量，η_t、γ_i 为时间和城市固定效应。

$$bgdp_{it} = \alpha_0 + \alpha_1 ic_{it} + \alpha_2 x_{it}^n + \eta_t + \gamma_i + \mu_{it} \qquad (8-3)$$

表8-4呈现了计量结果，模型（1）（4）（7）为Ⅰ阶段城市群的影响系数，均为负值，但仅有（1）不显著；模型（2）（5）（8）为Ⅱ阶段城市群的影响系数，为正值，且都在1%的水平下显著；模型（3）（6）（9）为Ⅲ阶段城市群的影响系数，均为正值，且至少在10%水平下显著。尽管显著性水平存在不足，但还是可以发现在100km范围内、200km范围内和规划范围内，三个阶段城市群的自变量城市集群的回归系数符号均保持不变，且估计系数的波动幅度不大。可初步确定，城市集群度提高降低了Ⅰ、Ⅱ阶段城市群内的外围城市和核心城市的人均GDP比，即群内差距扩大了，且似乎前者扩大效应更甚；而Ⅲ阶段城市群则有显著的缩小趋势。这意味着本章的第一个推论基本得到证实。

以上分析中部分模型结果不显著或者置信水平偏低，有理由怀疑该回归结果可能因受内生性干扰而出现估计偏误。一方面是自变量和因变量之间的联立性，城市群内越协调，基本公共服务、基础设施和生活水平差异越小，城市群就越能吸引城市群外要素流入，从而集群度越高。另一方面是回归模型也可能遗漏了同时与城市群发展、城市群内差距相关的变量，比如由于数据限制，前文没有控制外围城市到其他城市群的通勤时间，当然核心变量的测度也可能存在误差。为此，拟通过面板工具变量法来缓解这些问题，以尽可能识别城市群发展的群内净效应。

表8-4　基准回归结果

范围	100km范围			200km范围			规划范围		
阶段	I（1）	II（2）	III（3）	I（4）	II（5）	III（6）	I（7）	II（8）	III（9）
ic	-0.0016 (-1.03)	-0.0015*** (-2.84)	0.0008*** (2.60)	-0.0027* (-1.88)	-0.0019*** (-2.78)	0.0012** (2.22)	-0.0026*** (-3.23)	-0.0019*** (-2.98)	0.0016*** (3.84)
gov	-0.1617*** (-2.83)	-0.0475*** (-3.04)	-0.0961 (-1.54)	-0.1617*** (-2.84)	-0.0475*** (-3.04)	-0.0953 (-1.53)	-0.1377*** (-2.86)	-0.0479*** (-3.21)	-0.0062 (-0.73)
$open$	0.0277 (1.95)	0.0096 (1.00)	-0.0369* (-1.85)	0.0280* (1.96)	0.0095 (0.99)	-0.0367* (-1.87)	0.0313** (2.27)	0.0092 (0.97)	-0.0332 (-1.60)
inv	-0.0036 (-0.05)	-0.0021 (-0.10)	0.0102 (0.81)	-0.0043 (-0.06)	-0.0022 (-0.11)	0.0101 (0.81)	0.0357 (0.54)	-0.0019 (-0.09)	0.0069 (0.51)
tra	0.0139 (1.14)	0.0489* (1.79)	0.2675*** (4.99)	0.0138 (1.14)	0.0491* (1.79)	0.2686*** (5.04)	0.0118 (1.17)	0.0468* (1.74)	0.1882*** (3.46)
inn	0.0680 (0.79)	0.1724* (1.75)	-0.2226 (-0.60)	0.0743 (0.91)	0.1723* (1.75)	-0.2156 (-0.58)	0.0987 (1.37)	0.1730* (1.74)	-0.1358 (-0.34)
$size$	-0.0459 (-1.07)	-0.1500*** (-4.09)	-0.0565 (-0.72)	-0.0455 (-1.07)	-0.1499*** (-4.09)	-0.0561 (-0.71)	-0.0734 (-1.10)	-0.1462*** (-4.27)	-0.0681 (-0.86)
cri	-0.0259 (-0.47)	-0.0685** (-2.51)(	-0.1924*** (-3.11)	-0.0256 (-0.47)	-0.0683** (-2.50)	-0.1928*** (-3.16)	-0.0366 (-0.69)	-0.0699*** (-2.66)	-0.1927*** (-3.32)
截距	0.7715*** (5.80)	0.6668*** (16.52)	0.5579*** (5.53)	0.7716*** (5.81)	0.6670*** (16.54)	0.5561*** (5.56)	0.7417*** (7.13)	0.6540*** (16.87)	0.5121*** (6.56)

续表

范围	100km 范围			200km 范围			规划范围		
阶段	Ⅰ（1）	Ⅱ（2）	Ⅲ（3）	Ⅰ（4）	Ⅱ（5）	Ⅲ（6）	Ⅰ（7）	Ⅱ（8）	Ⅲ（9）
固定效应	控制	控制	控制	控制	控制	控制	控制	控制	控制
R^2	0.1810	0.2530	0.5497	0.1820	0.2533	0.5498	0.1727	0.2607	0.5438
样本量	450	1231	585	450	1231	585	500	1322	636

注：括号里为 T 统计量，* $P<0.05$，** $P<0.01$，*** $P<0.001$，下同。

二 工具变量回归

工具变量不仅要求与内生变量高度相关，而且必须满足外生要求，即该工具变量只能通过内生变量影响因变量，而不能通过其他途径。寻找工具变量的常规思路是构建地理或历史变量，从地理变量构建看，我们开始考虑的是"城市坡度大于 15 度的面积比例"，因为城市地形可能提高城市间普通公路、铁路和高速铁路的修建成本，该变量与内生变量城市集群高度相关，但深入分析发现该变量是不满足外生性条件的，因为在考察了国内 19 个城市群的地形特征后发现，核心城市地形一般比外围城市平缓，这意味着地形条件可能是造成核心-外围结构，甚至城市间差距的主要原因之一。因为城市群发展与地理、社会、文化、经济和制度等因素息息相关，所以仿照 Acemoglu 等（2001）的思路，从历史维度寻找工具变量。

城市间越早建立分工、共通、协作的关系，城市间社会、文化、经济和制度等因素越可能趋同，从而城市集群度越高，城市群内城市可能越协调。这可以从两个方面找到相应证据，一方面，根据冀朝鼎的观点，历史上中国基本经济区依次从黄河下游流域逐渐南迁到长江下游流域，至唐代长江下游流域的重心地位得以形成，而到明清两代珠江流域的经济地位也得到巩固。很显然，城市群发展可能源自更久远的经济地理，也依赖便利的地势与水利条件，这是城市经济、社会、文化、制度融通的基本条件。另一方面，从刘毓芸等（2015）的方言数据可以发现，中国历史上的基本经济区，如黄河下游流域以中原官话为主，长江下游流域则以吴语为主，珠江流域以粤语为主，三大片区的方言种类比其他地区少得多，这是不同城市长期融合的结果，文化的共通性是城市群发展的基础。因此，历史上的城市发展状况可能会对当代城市群发展产生重要影响。

城市历史地理经济信息来自哈佛大学"施坚雅区域系统分析数据库"（Skinner Regional Systems Analysis Dataverse），[①] 该数据库收集了清代各年各地区的县志和著作资料，详细记录了 1644~1911 年全国各府（州）、县所在地经纬度、城墙高度、城墙内面积等数据。与现代行政体制相似，清

---

① 下载地址为 http://dvn.iq.harvard.edu/dvn/dv/hrs。

代行政管理分为省、府（直隶州）、县（散州）三级制，府或直隶州相当于现代地级城市，因此本书提取了清代 268 年间 204 个府、408 个州、1336 个县的衙门地理信息及城墙信息数据来构建相应的历史工具变量。构建方法为：第一步，将该数据库提供的各府、州、县的经纬度数据与当代各城市的地理信息匹配，从而确定当代城市行政区划范围内所包含的清代州、府、县的具体坐标、名称和个数；第二步，计算当代城市在清代时的城市集群度；第三步，计算当代城市群内的清代府、州、县的城墙内总面积后，除以城市群内各府、州、县所在地之间的平均距离（d_{ij}）。

由于缺乏相应的城市要素密度数据，我们参考 Ioannides & Zhang (2017) 的研究，用各府、州、县的城墙内面积来衡量清代城市要素密度。尽管古代城市可能并非仅有城墙内面积那么大，但从长期城市发展演化看，时间变迁是会反映到城市城墙所围成的面积变化上的，比如北京、西安、南京等城市就有多层城墙。事实上，由于要素流动性约束，清代要素的频繁流动多集中于少数几个重要城市，因此城墙内面积扩张要比现代城市慢得多。从数据库提供的信息看，268 年间城墙内面积最大的 15 个城市依次为江宁府（今江苏南京，2）、苏州府（今江苏苏州，2）、西安府（今陕西西安，2）、顺天府（今北京，类似直辖市，1）、杭州府（今浙江杭州，2）、榆林府（今陕西榆林，2）、泉州府（今福建泉州，2）、庐州府（今安徽合肥，2）、定州（今河北定州，类似省直管县，2）、东平州（今山东东平，3）、潞安府（今山西长治，2）、太原府（今山西太原，2）、开州（今重庆开县，3）、宣化府（今河北张家口，2）、正定府（今河北正定，2），仅有 2 个三级行政城市入选。[①] 我们还发现，将城墙内面积降序排列的最后 40 位全为州县三级行政城市。可见，府级城市城墙内面积普遍大于州县城市面积，其在一定程度上能够反映城市要素规模和历史行政属性，如公式 8-4 所示。

$$ic_{i,1644} = \frac{Size_{1644-1911}}{d_{ij}} \tag{8-4}$$

---

① 括号内的数字表示城市的行政级别。

式（8-4）中，i 为外围城市，j 为核心城市，$ic_{i,1644}$ 为当代城市 i 在清代的城市集群度，$Size_{1644-1911}$ 为当代城市群范围在清代有记录的城市总城墙内面积，d_{ij} 为当代城市群范围在清代的府、州、县城市之间的平均距离。可以看出，$ic_{i,1644}$ 从单位地理距离密度角度，反映了当代城市在清代城市群内的相对要素密度，虽然这与用单位时间密度测算的内生变量 ic 有所不同，但在清代城市间通勤运输条件相对现代的演化速度要慢很多，城市间交通通勤方式相对固定，通勤时间也就相对稳定。从公式 8-4 可以看出，其与城市群总城墙面积成正比，与当代城市群范围内清代有记录的各类型城市间距离成反比，与前文构建的城市集群指标内涵是一致的，当代城市群范围内清代的城墙内面积越大、城市群内平均距离越小，意味着有越好的基础。

表 8-5 反映了截面回归分析的相关检验结果，可看出清代城市集群度与当代城市集群度均在 1% 水平下高度相关，且不受城市群发展指标测算方式的影响，满足工具变量的相关性条件。值得一提的是，康熙二十三年（1684 年），清政府设粤、闽、浙、江四海关，近代海关设立由此开始，所以当代城市群发展很可能受对外贸易的影响，所以本书加入了城市到最近港口的距离变量，数据来源于交通部 2006 年《全国沿海港口布局规划》。此外，本章还控制了城市内部文化紧密性对城市群发展的影响，数据来自徐现祥等（2015）的公开数据。因变量为城市人均 GDP，而清代的城市群与当代城市人均 GDP 增长率没有直接关系，满足工具变量的外生性条件。然而，由于主体回归为面板数据，而工具变量为截面数据，为了控制固定效应，需要将其转换为面板数据。本书根据 Nunn 等（2014）的思路，选择剔除了本城市后，把省内其他城市平均灯光亮度的增长率作为时变变量，将其与截面工具变量交互，其含义是清代城市群反映了当代城市群发展的历史基础，而平均灯光亮度增长率则反映了当代城市群的要素密度提升速度，两者交互可以更合理地作为城市群发展的工具变量。

表 8-5　工具变量相关性检验

变量/模型	100km 范围	200km 范围	规划范围
$ic_{i,1644}$	21.9550 ***	18.4471 ***	5.8204 ***
	(4.59)	(5.94)	(3.57)

变量/模型	100km 范围	200km 范围	规划范围
port	-0.0100 *** (-12.05)	-0.0077 *** (-14.27)	-0.0090 *** (-14.21)
divc	-6.2422 *** (-5.37)	-4.0773 *** (-5.40)	-4.3868 *** (-4.95)
截距	8.3698 *** (14.58)	6.3795 *** (17.12)	7.9607 *** (17.94)
F	75.74	104.67	78.57
N	1989	1989	2132
R²	0.1014	0.1353	0.0985

　　表8-6反映了工具变量的分析结果，在控制了时间和城市固定效应且采取聚类标准误后，一阶段回归结果显示 F 值均大于经验法则要求的10，交互后的面板工具变量与内生变量高度相关，因而不存在弱工具变量问题；二阶段回归结果显示，Ⅰ、Ⅱ 阶段城市群外围城市集群度提高显著拉大了区域差距，且前者更甚；Ⅲ阶段城市群外围城市集群度提高则能显著促进区域协调。从表8-6还可看出，控制了内生性后的影响效应比基准回归更强，潜在的内生问题显然使回归低估了城市群发展的内部效应，这可能是测量误差或者遗漏了与城市集群相关的阻碍区域协调的因素，估计结果可能仅仅是效应下限。因此，本章的第一个推论得以证实。

第四节　机制分析与进一步讨论

一　城市集群的要素配置效应

　　前文分析表明，城市集群对外围和核心城市的要素错配矫正效应差异，可能是引起区域差距的主要动因。为了衡量城市间要素错配，本书基于 Hsieh 和 Klenow（2007）企业间要素错配思想，参考陈永伟等（2011）、白俊红等（2018）的方法，构建了城市间资本（τ_{K_i}）和劳动力（τ_{L_i}）错配指数（见公式8-5）。其中，γ_{K_i} 和 γ_{L_i} 分别为要素价格绝对扭曲系数，在

表 8-6　面板工具变量回归结果

范围	100km 范围			200km 范围			规划范围		
阶段	I（1）	II（2）	III（3）	I（4）	II（5）	III（6）	I（7）	II（8）	III（9）
ic	-0.0031***	-0.0026***	0.0094***	-0.0047***	-0.0040***	0.0109***	-0.0048***	-0.0045***	0.0128***
	（-3.02）	（-3.19）	（2.81）	（-3.43）	（-3.25）	（2.94）	（2.93）	（-3.27）	（2.77）
控制变量	控制	控制	控制	控制	控制	控制	控制	控制	控制
固定效应	控制	控制	控制	控制	控制	控制	控制	控制	控制
F	18.25	19.40	17.14	18.44	23.16	13.05	16.53	22.18	19.38
识别不足检验	16.83***	13.86***	12.175***	16.85***	21.45***	14.455***	17.76***	13.60***	10.658***
样本量	450	1231	585	450	1231	585	500	1322	636

计算中一般用价格相对扭曲系数来替代，计算方法如公式 8-6 所示。其中，s_i 为城市 i 的产出占整个经济体的份额；$\beta_K = \sum_i^n s_i \beta_{K_i}$ 表示产出加权的资本贡献值；K_i/K 表示城市 i 的资本占总资本的比例；L_i/L 表示城市 i 的劳动力占总劳动力的比例；$s_i \beta_{K_i}/\beta_K$ 表示资本配置中城市 i 使用资本的理想比例；劳动产出弹性 β_L 和资本产出弹性 β_K 则根据公式 8-7 的索洛余值法测算；Y_{it} 用各城市实际 GDP 表示，是以 2002 年为基期，以各省 GDP 平减指数计算的；L_{it} 用年末单位从业人员与城镇私营和个体从业人员数的和表示；K_{it} 为城市资本存量，用永续盘存法计算。

当前对城市资本存量估算较为权威的是柯善咨等（2012）的方法，但由于该数据无法覆盖 2015~2017 年，所以我们综合了柯善咨等（2012）和黄勇峰等（2002）的方法进行估算，折旧年限主要参考《国有企业固定资产分类折旧年限表》，将建筑安装工程的折旧年限设定为 40 年，机器设备的折旧年限设定为 16 年，将残差率设定为 5%，根据几何递减模式计算出历年折旧率，固定资产投资价格总指数和基期资本存量的估计用柯善咨等（2012）的方法确定。基于《中国城市统计年鉴》2005~2017 年"全市"口径数据，通过最小二乘法估计方程，并根据估计出的资本弹性系数计算出城市间错配指数 τ，$\tau > 0$ 表示资源配置不足，$\tau < 0$ 表示资源配置过度。由于我们不关注配置过度或者不足问题，且同一城市不同年份可能出现不足和过度问题，为便于分析，均对其取绝对值处理。本书构建衡量城市群内外围城市和核心城市要素错配差异程度的指标，以外围城市与核心城市的资本（τ_{K_i}）和劳动（τ_{L_i}）错配指数比值来测度，便于识别城市集群的要素配置效应对两者的影响差异。

$$\gamma_{K_i} = \frac{1}{1 + \tau_{K_i}}, \gamma_{L_i} = \frac{1}{1 + \tau_{L_i}} \qquad (8-5)$$

$$\dot{\gamma}_{K_i} = \left(\frac{K_i}{K} \right) \Big/ \left(\frac{s_i \beta_{K_i}}{\beta_K} \right), \dot{\gamma}_{Li} = \left(\frac{L_i}{L} \right) \Big/ \left(\frac{s_i \beta_{L_i}}{\beta_L} \right) \qquad (8-6)$$

$$\ln(Y_{it}/L_{it}) = \ln A + \beta_{K_i} \ln(K_{it}/L_{it}) + \mu_i + \lambda_t + \varepsilon_{it} \qquad (8-7)$$

表 8-7 反映了城市群发展的劳动配置效应估计结果。因变量为外围与核心城市劳动错配指数比，自变量是城市集群度，在控制了时间和城

表 8-7　城市集群的劳动配置效应

范围	100km 范围			200km 范围			规划范围		
阶段	I（1）	II（2）	III（3）	I（4）	II（5）	III（6）	I（7）	II（8）	III（9）
ic	0.0276**	-0.0013***	0.0006	0.0316**	-0.0016***	0.0037	0.0313*	-0.0018***	0.0036
	（1.95）	（-4.12）	（0.23）	（1.92）	（-4.84）	（0.81）	（1.93）	（-5.73）	（0.43）
控制变量	控制	控制	控制	控制	控制	控制	控制	控制	控制
固定效应	控制	控制	控制	控制	控制	控制	控制	控制	控制
R^2	0.2060	0.3493	0.3345	0.2073	0.3499	0.3356	0.1924	0.3726	0.2828
样本量	463	1233	585	463	1233	585	502	1337	650

市固定效应且采取聚类标准误后，发现城市集群度提高，显著提高了Ⅰ阶段城市群外围与核心城市劳动力错配指数比值，表明城市集群度提高，更有利于缓解核心城市劳动力错配问题，故其经济增长率也更高，群内差距拉大。Ⅱ阶段城市群却与之不同，城市集群度提高，显然更有利于矫正外围城市劳动力错配，这解释了在城市群发展的群内差距拉大效应中，Ⅱ阶段更弱、Ⅰ阶段更强的原因。相比之下，Ⅲ阶段城市群城市集群度提高，对外围和核心城市劳动力错配无显著的差异性影响，这可能由两个原因引起，一是城市集群的劳动力配置效应在核心和外围城市间本无显著差异，因为该阶段城市群基础设施网络化程度和产业关联程度较高；二是该阶段城市群内城市增长对劳动力已经不太敏感，而对资本敏感，即该阶段城市群内城市增长可能更依赖资本驱动。表 8-8 反映了城市集群的资本配置效应估计结果。在控制了时间和城市固定效应且采取聚类标准误后，发现城市集群度提高对Ⅰ、Ⅱ阶段城市群外围和核心城市资本配置无显著效应，但对Ⅲ阶段城市群的外围城市资本错配缓解效应明显。这意味着Ⅰ、Ⅱ阶段城市群发展主要配置的要素是劳动，核心和外围城市对劳动要素配置效率差异是群内差距拉大的原因，而Ⅲ阶段城市群发展主要配置的要素是资本，其通过外围城市获得更高的资本配置红利，实现群内协调。

二　城市集群的空间调节效应

由于本章定义的群内协调反映了与城市群核心和外围城市间的发展关系，因此除从城市集群的要素配置差异角度外，还可考虑从更直接的核心-外围城市间关系调节来阐述其内在机制。根据"核心-外围"理论以及前文的分析，城市群内核心和外围城市之间主动溢出（扩散）和被动溢出（虹吸）是最为重要的空间关系，既然城市集群的本质是一体化，那么外围城市的集群度提高，就犹如在两者间加入了"润滑剂"，无论主动还是被动，溢出效应均可能受影响。为揭示城市集群的这种调节效应，可建立回归方程，如公式 8-8 所示，自变量为核心城市人均 GDP 的对数和外围城市集群度的交互项，因变量为外围城市人均 GDP 的对数，以考察随外围城市集群度提高，其调节核心与外围城市间的溢出效应的情况。其中，v 为城市群，j 为核心城市，i 为外围城市，t 为年份，$x_{v_{it}}$ 为前文的控制变量，

表 8-8 城市集群的资本配置效应

范围	100km 范围			200km 范围			规划范围		
阶段	I（1）	II（2）	III（3）	I（4）	II（5）	III（6）	I（7）	II（8）	III（9）
ic	-0.0012	0.0003	-0.0002 ***	-0.0015	0.0003	-0.0003 ***	-0.0024	0.0004	-0.0009 ***
	（-1.19）	（0.30）	（-2.69）	（-1.41）	（0.27）	（-2.81）	（-1.31）	（0.43）	（-3.99）
控制变量	控制	控制	控制	控制	控制	控制	控制	控制	控制
固定效应	控制	控制	控制	控制	控制	控制	控制	控制	控制
R^2	0.0639	0.1113	0.4473	0.0640	0.1113	0.3356	0.0601	0.1081	0.4658
样本量	463	1233	585	463	1233	585	502	1337	650

259

$\mu'_{v_{it}}$为误差项，γ'_i为城市固定效应，η'_t为时间固定效应，使用面板时间和城市固定效应回归，并采用聚类稳健标准误。

$$\ln rgdp_{v_{it}} = \alpha_0 + \alpha_1 \ln rgdp_{v_{jt}} + \alpha_2 ic_{v_{it}} + \alpha_3 \ln rgdp_{v_{jt}} \cdot ic_{v_{it}} + \alpha_4 x_{v_{it}} + \mu'_{v_{it}} + \gamma'_i + \eta'_t$$

$$(8-8)$$

表 8-9 反映了城市集群的空间调节效应的估计结果，发现 Ⅰ、Ⅱ 阶段城市群的交互项系数显著为负，且前者绝对值大于后者，而 Ⅲ 阶段城市群的交互项系数显著为正。这意味着城市群核心城市对外围城市的影响受外围城市集群度提高的负向调节，且 Ⅰ 阶段城市群外围城市受到的调节效应比 Ⅱ 阶段城市群更强，而城市集群度提高对 Ⅲ 阶段城市群的调节作用为正。这再次验证了前文关于城市群发展阶段和溢出效应演化的推断，Ⅰ、Ⅱ 阶段城市群处于核心城市虹吸外围城市的集聚期，核心城市集聚力占主导，且 Ⅰ 阶段城市群处于集聚初期，Ⅱ 阶段城市群处于集聚中期，前者核心城市集聚力比后者强；Ⅲ 阶段城市群则处于发展后期，核心城市对外围城市的正向溢出效应占主导。在城市群发展初期，城市群发展会拉大区域差距，但在城市群发展后期，却刚好相反。也就是说，欠发达城市群的发展，势必加大内部差距，而发达城市群的发展则会促进群内协调，这与新经济地理学关于区域一体化现象的分析结论是一致的。

三　放松城市群类型划分的讨论分析

虽然前文做了比较充分的论证，但上述城市集群指标是基于特定的城市群计算得来的，且假定了城市群在研究期内的核心-外围关系相对不变，这可能会引起关于时间演化和城市群异质性的质疑与讨论。实际上，中国高速公路、铁路和高铁网络的发展，是优先将大城市或行政级别高的核心城市连接起来的，其中绝大多数城市是本书所关注的 18 个城市群中的核心城市，那么在核心城市间交通网络较为成熟的情况下，城市群内外围城市到核心城市的最短交通时间，必然与该外围城市到"北上广"的时间高度相关。以前文提到的长三角、长江中游和北部湾城市群为例，本章统计并计算了各城市群外围城市到核心城市与到"北上广"三城的最短交通时间，发现两者相关系数达 0.74，也就是说在前文论证中，虽然

表 8-9　城市集群的空间调节效应

范围	100km			200km			群范围		
阶段	Ⅰ	Ⅱ	Ⅲ	Ⅰ	Ⅱ	Ⅲ	Ⅰ	Ⅱ	Ⅲ
ic	0.2522*** (4.28)	0.0633 (0.86)	-0.0535*** (-2.93)	0.0121 (1.67)	0.0109*** (3.19)	-0.0161*** (-3.37)	0.1125*** (4.70)	0.0101*** (3.50)	-0.0502** (-1.88)
交互项	-0.0243*** (-4.30)	-0.0057* (-1.90)	0.0047*** (2.97)	-0.0007* (-1.83)	-0.0005*** (3.42)	0.0009*** (3.87)	-0.0110*** (-4.73)	-0.0006*** (-3.63)	0.0044** (1.94)
$\ln rgdp_j$	0.7530*** (4.49)	0.7278*** (11.00)	-0.0541 (-0.64)	0.6521*** (4.06)	0.6956*** (10.16)	0.0964 (0.88)	0.7956*** (5.56)	0.7120*** (10.63)	-0.1208 (-1.58)
控制变量	控制	控制	控制	控制	控制	控制	控制	控制	控制
固定效应	控制	控制	控制	控制	控制	控制	控制	控制	控制
R²	0.2361	0.2239	0.2131	0.2324	0.2471	0.1631	0.2682	0.2316	0.2251
样本量	450	1231	585	450	1231	585	500	1322	636

使用了各城市群内外围城市到核心城市的最短交通时间，但实际可能包含了该外围城市到全国性核心城市"北上广"的最短交通时间信息。所以从这个角度看，采用城市群内最短交通时间引起的城市群异质性偏误可能并没有预想得那么强。尽管如此，为排除城市群异质性和发展阶段划分误差的潜在影响，仍需要进行更严谨的讨论分析。

一方面，我们放松了前文关于城市群内只有一个核心-外围关系的假定，定义了城市群内存在多个并列的核心-外围关系，以城市群内所有城市为研究对象，定义城市内灯光最亮点为核心地区，取一定半径范围的圆形区域为外围地区，具体参考 Gonzalez-Navarro & Turner（2018）的方法，构建反映城市群内城市间关系的密度梯度变量，用一定范围内的平均城市灯光密度与该半径范围的相关系数来测度，以反映空间灯光密度随着与城市经济中心距离增大而变化的速度。系数 β 衰减越快，说明该城市对周边地区的带动能力越弱，反之则越强。建立截面数据估计方程，如公式 8-9 所示，其中，y_i 是以各城市的地理中心为圆心，以一定距离为半径的圆形区域平均灯光密度；根据 2018 年滴滴公司发布的每个城市绝大多数打车者（超过 90%）的出行起点或终点的分布半径数据，全国 100 个城市中半径最大为北京（31.7km）、最小为沧州（6km）。所以圆形区域半径序列 x_i 最小值选 10km，间距为 30km。最终选择的等差序列为 10km、40km、70km、100km、130km、160km、190km、220km、250km。为使系数估计结果更准确，本书还添加了落入圆形区域内城市的平均方言多样性指数（$divc_i$）和平均地形起伏指数（$land_i$）作为控制变量（游珍等，2018）。根据公式 8-9 可测算出每个城市每年的平均灯光密度与半径间的相关系数 β（$\beta<0$），从而可以建立其与城市集群的面板回归模型。若城市集群的影响为正，则具有减弱空间灯光密度衰减的功能，即缩小群内差距，否则可能扩大群内差距。

$$\ln y_i = \alpha + \beta \ln x_i + \theta divc_i + \gamma land_i + \varepsilon_i \qquad (8-9)$$

由于城市集群（ic）指标的分子为一定范围内的灯光密度，β 可能与之有关，为避免由测度方式引起的内生问题，这里全部采用城市群规划范围的平均灯光密度测度，分母依然用外围城市到核心城市的最短交通时间。其中，核心城市的城市集群度，根据该城市群平均灯光密度与该城市群外围城市到核心城市的平均最短时间计算。最后将估计出的各年 β 作为因变量，将核心或者外围城市的集群度（ic）作为自变量，建立面板双向固定效应模型进行回归，控制变量与基准回归一致。表 8-10 的（1）~（3）反映了分别以三个阶段城市群内城市为对象而构建的面板固定效应估计结果，发现 I 阶段城市群的估计系数为负，且在 5% 的水平下显著；II 阶段城市群的估计系数亦为负，且在 1% 的水平下显著；III 阶段城市的估计系数为正，且在 1% 水平下显著。处于 I、II 阶段城市群内的城市，随着城市集群度的提高，周边地区的灯光梯度呈现加速衰减趋势，且前者衰减速度更快；处于 III 阶段城市群内的城市，随着城市集群度的提高，周边地区灯光梯度的衰减趋势减弱。这意味着，I、II 阶段城市群内的城市发展对其周边地区有明显的集聚效应，且前者更强；III 阶段城市群内的城市发展对其周边地区有协调作用。至此，本书相信城市群发展的协调效应具有明显的异质性特征。III 阶段城市群发展已经能够通过溢出效应促进内部城市协调发展，而 I、II 阶段城市群还处于集聚阶段，城市的虹吸效应正在发挥作用，城市群内差距势必扩大。不过这种虹吸效应并非一无是处，I、II 阶段城市群内城市的集聚效应，可能会大幅缩短城市群发展阶段演变的时间。由此可见，在一定时期内城市群内协调和城市群间协调很可能"鱼"和"熊掌"不可兼得，未来城市群战略的深化是不能脱离各城市群所处阶段特点以及时空演化次序的，否则可能"揠苗助长"。

另一方面，我们还考虑到前文"城市群内部差距"的测度指标内涵过于单一，仅考虑了人均 GDP 差距，忽略了城市发展的其他方面。事实上，2018 年 11 月中共中央和国务院发布的《关于建立更加有效的区域协调发展新机制的意见》指出："围绕努力实现基本公共服务均等化、基础设施通达程度比较均衡、人民基本生活保障水平大体相当的目标，……促进区域协调发展。"新时代促进区域协调发展的主要目标明确为"实现基本公共服务均等化""基础设施通达程度比较均衡""人民基本生活保障水平大体相当"三个方面。其中，"基础设施通达程度"在前文构建的自变量城市集群度的分母中已有体现，而"人民基本生活保障水平"亦在前文构建的因变量城市差距中有所体现。为避免引起内生问题，本章主要从"基本公共服务"层面进行补充分析。限于数据可得性和可比性，本章主要用城市教育和医疗两个方面的通过熵值法加权的综合指标来测度城市基本公共服务发展情况。其中，教育方面的指标主要有每万人高等学校数（所）、每万人普通中学学校数（所）、每万人小学学校数（所）、每万人普通高等学校专任教师数（人）、每万人小学专任教师数（人）、每万人普通中学专任教师数（人）；医疗方面的指标有每万人医院和卫生院数（所）、每万人医院和卫生院床位数（张）、每万人医生数（人）。基于以上情况，以基准回归的城市集群为自变量，以外围与核心城市的基本公共服务发展之比为因变量，构建面板固定效应回归模型。

表 8-10　考虑异质性的面板固定效应估计结果

范围	规划范围			100km 范围		
群类型	Ⅰ（1）	Ⅱ（2）	Ⅲ（3）	Ⅰ（4）	Ⅱ（5）	Ⅲ（6）
ic	-0.0203 **	-0.0108 ***	0.0547 ***	0.2083 *	-0.1407 **	0.2705 ***
	（-2.19）	（-4.19）	（3.86）	（1.74）	（2.05）	（3.17）
控制变量	控制	控制	控制	控制	控制	控制
固定效应	控制	控制	控制	控制	控制	控制
R^2	0.1012	0.2305	0.1321	0.1205	0.2746	0.4752
样本量	370	1744	720	450	1231	585
范围	200km 范围			规划范围		
群类型	Ⅰ（7）	Ⅱ（8）	Ⅲ（9）	Ⅰ（10）	Ⅱ（11）	Ⅲ（12）
ic	0.1732 *	-0.1148 *	0.2165 **	0.1649 ***	-0.1567 ***	0.2413 ***
	（1.88）	（-1.92）	（2.34）	（2.67）	（-3.42）	（2.97）
控制变量	控制	控制	控制	控制	控制	控制
固定效应	控制	控制	控制	控制	控制	控制
R^2	0.1214	0.2788	0.4503	0.1260	0.2759	0.4494
样本量	450	1231	585	500	1322	636

表 8-10 的（4）~（12）反映了重建城市群内差距指标后的估计结果。结果发现，与面板工具变量估计结论有些不同，虽然Ⅱ、Ⅲ阶段城市群的估计符号不变，但Ⅰ阶段城市群的估计符号发生了反转。也就是说，对Ⅱ、Ⅲ阶段城市群内的城市而言，城市集群度的提高，对城市群内城市间的经济、教育和医疗影响是同向的，而对Ⅰ阶段城市群的影响则为反向

的。分城市群看，城市集群度提高，扩大了Ⅰ阶段城市群内的经济差距，但缩小了城市群内教育和医疗水平的差距。同时我们也看到，城市集群度提高不但缩小了Ⅲ阶段城市群内的经济差距，也缩小了城市群内教育和医疗水平的差距。然而，对Ⅱ阶段城市群来说，随着城市集群度的提高，城市群内经济差距和教育、医疗差距双双扩大。总体而言，Ⅲ阶段城市群内城市集群度提高，能够促进城市群内经济、教育和医疗水平差距同向缩小，有利于实现城市群高质量发展；Ⅱ阶段城市群内城市集群度提高，会促使经济、教育和医疗水平同向提升，核心城市获得了较大的集聚优势；而Ⅰ阶段城市群内城市集群度提高，使得城市群内经济、教育和医疗水平反向变化，在经济差距扩大的同时，教育和医疗水平差距却在降低。由于城市群内核心城市发展有一个集聚的过程，因此随着城市集群度提高，Ⅱ、Ⅲ阶段城市群内经济、教育和医疗水平发展的关系必然如此，但Ⅰ阶段城市群却是反向的，第一个原因可能是Ⅰ阶段城市群还处于"低水平均衡"中的集聚初期，核心城市刚获得经济方面的集聚优势，还未带动教育和医疗水平同步发展；第二个原因可能是对Ⅰ阶段城市群来说，选择地级市为研究对象，可能存在空间跨度过大的问题，从表8-10可以看出，Ⅰ阶段城市群内的核心和外围城市数量要比Ⅱ、Ⅲ阶段城市群少，对Ⅰ阶段城市群而言可能采用县级城市为研究对象会更精确，尽管如此，但并不影响本书总体上的结论判断。

第五节　本章小结

当前鲜有文献针对城市群发展的内部经济地理塑造作用展开系统实证研究。本书在集聚经济体时间演化理论分析的基础上，结合经验分析，利用 DMSP-OLS（2004~2013）、NPP-VIIRS（2012~2016）整合的夜间灯光数据，以及手工计算和搜集的城市群内各外围城市到核心城市的最短交通时间数据，构造了测度城市群发展程度的指标，并根据城市群内核心城市空间溢出的时空演化次序，将城市群划分为Ⅰ、Ⅱ、Ⅲ三个阶段。针对可能存在的内生问题，通过构造清代268年间城市历史工具变量解决，并且针对可能存在的变量测量误差问题和城市群异质性问题，也进行了稳健性分析。研究表明，城市群发展的内部效应具有异质性，主因是城市群发展引起的要素错配矫正偏向和矫正幅度不同。

正如绝大部分文献的观点，中国城市群发展空间上存在明显的分层和固化现象，长期以来Ⅲ阶段城市群远比Ⅰ、Ⅱ阶段城市群发育更加成熟，已经进入"正溢出期"的Ⅲ阶段城市群，对内部城市协调发展具有较大的促进作用，而还处于"负溢出期"的Ⅰ、Ⅱ阶段城市群，虽然可能加剧群内差距，但能促进核心城市更快发展，为后期溢出效应形成积累，有利于东西部区域协调格局的形成。因此，城市群战略应该是分门别类的，应该遵循市场作用下城市群发展的时空演变次序，否则可能"揠苗助长"。对于欠发达的城市群，政府未来面临的问题是如何兼顾城市群内差距缩小与核心城市发展。从城市群内要素错配矫正偏向和矫正幅度看，Ⅰ、Ⅱ阶段城市群发展的配置主体偏向劳动，而Ⅲ阶段城市群偏向资本。市场不能解决的问题，当然需要政府来做。因此，未来城市群战略必须是"逆风向"的，通过政府干预矫正Ⅰ、Ⅱ阶段城市群内的资本错配问题，矫正Ⅲ阶段城市群内的劳动力错配问题。

在市场作用下，Ⅰ、Ⅱ阶段城市群发展必定会拉大群内差距，这是追求全国总体协调时必然要付出的代价，而政府的作用应是尽可能通过干预防止城市群内居民的获得感下降，以及减少该阶段的持续时间，最大限度地降低市场的副作用。Ⅲ阶段城市群虽然能够促进群内协调，但从国际比较看其协调质量还不高，需要通过核心城市的科技创新发起新一轮集聚与溢出，吐故纳新，加快城市群内产业和资本向Ⅰ、Ⅱ阶段城市群转移。因此，在未来城市群发展战略深化过程中，除了必须认清城市群发展的异质性、阶段性外，还应该重点关注对城市群间的战略引导。如处于Ⅰ阶段的城市群，战略重心应是大力发展核心城市；处于Ⅱ阶段的城市群，核心城市溢出能力已有所提升，战略重心应为大力加快基础设施建设，优化溢出渠道，从而缩短该阶段的持续时间；处于Ⅲ阶段的城市群，战略重心应是增强外围城市的产业承接能力，同时加快核心城市转型，尽快疏解规模不经济的功能或部门。

第九章　中国城市群溢出效应与空间重塑：城市内部视角

城市不是"孤立国"，城市空间演化的力量不仅来自城市内部，还取决于其所处空间的经济波动、市场不确定性、政府竞争等因素（刘修岩等，2016；秦蒙等，2016），城市群内城市间经济联系越强、市场和政府因素越活跃，"借用规模"效应也就越强（Meijers & Burger，2017）。城市这种"借用"周边大城市产生外部经济的"能力或条件"，就是Portnov & Schwartz（2009）提出的城市集群（City Cluster）的内涵，它刻画了城市在空间中的相对边缘性和隔离度。城市集群的过程是以基础设施完善为基础的空间边缘性降低，以及消除市场分割、破除要素流动桎梏引起的要素隔离度减弱而形成的，以多数城市为"外围"、以少数城市为"核心"的空间关系增强的过程。自2008年京津城际铁路开通以来，中国高铁总里程至今已突破4万公里，城市间通勤时间日渐缩短，交通一体化程度不断增强。不仅在交通上，在制度上城市间的联系也在不断增强，2006年国家"十一五"规划就提出"把城市群作为推进城镇化的主体形态"，"十三五"和"十四五"规划则提出了建设19大城市群，城市间的联系进一步被强化。城市集群是近年来随着城市间通勤时间持续缩短、市场一体化程度不断增强而出现的普遍现象。可以预见，随着中国基础设施不断完善、城市群战略体系逐渐成熟，城市集群将对中国城市空间格局演变产生不可估量的影响，而对此却鲜有文献实证讨论。本章将分析城市集群究竟是否会影响城市内部空间演化，以及如何影响，净效应有多强。

第一节　文献梳理与评述

首先是关于城市集群方面的研究，相关文献主要有三类。第一类是关于形成机制的分析，Alonso（1973）最早用"借用规模"的概念来描述某些城市由于邻近较大的城市而获得集聚收益的现象，此后 Meijers 和 Burger（2017）做了进一步阐释，认为"借用规模"可以解释"大都市综合体"（Larger Megapolitan Complex）中的小城市为何表现得更好。作为该概念的重要延伸，城市网络在研究中越来越被重视，这一类文献认为城市集群本质是经济网络，能够促进城市经济增长（Glaeser, et al., 1992），机制为城市群经济网络的规模效应和协同效应（Capello, 2000）、知识积累与技术进步促进效应（Boix & Trullén, 2007）、开放效应和联系效应（Eisingerich, et al., 2010）、创新网络塑造效应（Strumsky & Thill, 2013）和网络资本效应（Huggins & Thompson, 2014）等，以中国城市为研究对象的主要文献有覃成林等（2015）、种照辉等（2018）的研究。第二类则主要研究城市集群测度问题。对城市集群的测度主要从要素密度角度展开，Portnov 和 Schwartz（2009）利用一定空间范围城市个数计算的城市隔离度、边缘性之比来测度，据此原倩（2016）将城市个数改进为人口数量来测度。第三类则关注城市集群的增长效应。这类文献均认为城市集群促进了城市经济增长，如魏后凯（2007）通过经验分析发现，城市集群形成的内部分工促进了经济增长，而 Portnov 和 Schwartz（2009）则发现城市集群在集群度低的城市更能促进经济增长。在中国城市的经验研究方面，吴福象等（2008）认为城市集群通过要素筛选和刺激基础设施投资促进经济增长，而 Baldwin 等（2003）研究认为，城市集群中核心城市若要带动外围城市经济增长，则外围城市需具备一定的比较优势。

其次是关于城市空间演化的研究。代表文献有 Krugman（1991）和世界银行（2009），前者认为空间演化的动力来自区域外部条件变化而引起的内部自组织强化效应，后者则直接提出了空间演化的"距离、密度、分割"定量分析框架。据此，许多研究认为城市空间演化的原因主要有政府竞争（秦蒙等，2016）、地铁建设（Gonzalez-Navarroa & Turner,

2018）、开发时滞（刘修岩等，2016）、外商直接投资（刘修岩等，2016）和经济不确定性（Fallah, et al., 2012）等。城市空间演化的定量研究维度众多，其中之一是起源于 Nechyba（2004）关于城市蔓延的研究，他们认为城市蔓延是由运输成本降低而产生的。沿着该思路，Fallah 等（2011）通过构造基于人口密度的城市蔓延指数来反映城市空间结构；国内学者刘修岩等（2016）用 Landscan 数据改进该指标后，也得出了相似的结论。也有学者从城市形态角度来研究，如 Harari（2016）利用卫星灯光数据从远离指数、脱离指数、分离指数和范围指数四个维度测度了城市形态；刘修岩等（2019）通过构建城市内平均距离、最远距离、中心通达性三个指标来评估城市形态；Gonzalez-Navarroa 和 Turner（2018）则开创性地利用梯度思想将城市空间形态分为分散和集中两种类型。

最后是关于城市经济网络刻画及增长效应的研究。第一，在城市经济网络刻画方面，除常用的首位度和齐夫定律外，以下四种方法使用较为广泛：一是"流空间理论"，典型的是倪鹏飞等（2011）使用的联锁网络模型；二是空间计量方法，典型的是覃成林等（2015）对城市网络的经济增长效应的分析；三是社会网络分析法，典型的是种照辉等（2018）对长三角城市群网络结构的刻画；四是因子分析法，典型的是 Capello（2000）测算了城市网络外部性。第二，在城市经济网络的增长效应方面，Glaeser 等（1992）较早对城市经济网络展开了研究，认为城市经济网络是城市群集聚经济的源泉。遵循该思路，Capello（2000）进一步指出了经济网络对创新的作用。在经验研究方面，Strumsky 和 Thill（2013）证实了创新网络与经济产出间的因果联系；Acemoglu 等（2015）则证实了经济网络对经济增长的稳定作用。第三，Boix 和 Trullén（2007）的研究发现城市发展不仅由城市本身决定，更受到所在城市群的经济网络影响。实际上，城市经济网络不仅有增长效应，还会对空间演化产生重要影响（Ter Wal & Boschma, 2009），覃成林等（2015）、种照辉等（2018）以中国城市发展为例，也证实了该结论。

可见，当前研究主要集中于城市空间演化、城市集群、城市网络的测度及其增长效应等方面，虽有差别但均仅关注城市群空间，鲜有文献讨论城市内部空间。众所周知，中国近十年来大规模的基础设施建设，使得传统城市间联系、小城镇间联系被打破，势必会对城市内部空间产生影响。第一，我们分析发现当前研究多以"地理距离"为重要因素来构建城市间联系指标，因地理距离长期未变，变的是通勤时间，所以其并不能很好地刻画城市集群度的变化，正所谓"时间就是金钱"，时间成本的节约才是外围城市外部联通能力改善的根本体现。根据 Portnov 和 Schwartz（2009）和原倩（2016）使用的城市集群指标构建方法，本书赋予了城市集群"时间"的内涵，能较准确地捕捉由城市群发展引起的、比地理距离更敏感的时空压缩效应。第二，借鉴 Clark（1951）、Mills 和 Peng（1980）、Gonzalez-Navarro 和 Turner（2018）经济梯度的构建思路，我们用城市内各区县相对市中心的灯光梯度变化来测度城市空间演化。第三，从外围城市边缘区处于双"核心-外围"结构的假设着手，分析空间个体在城市群空间和外围城市空间中的行为，得出城市集群影响城市空间演化的相关结论。第四，我们创新性地构建了以清代 1644~1911 年城市城墙、距离和坡度数据为基础的，包含历史、地理因素的工具变量。

第二节　理论分析与假说提出

本章基于双重"核心-外围"空间关系假定展开理论和计量分析，第一重"核心-外围"空间关系即指核心城市和外围城市的关系，而本书研究的问题正是在该关系下外围城市的"集群"如何影响其"空间演化"。我们进一步把外围城市的内部空间分为核心区和边缘区两部分，即为第二重"核心-外围"关系。

一　代表个体在城市群空间中的行为分析

为分析城市集群在城市空间演化中的作用，这里以既定城市群内的外围城市为分析对象。外围城市集群的过程是空间隔离度和边缘性减弱的演化过程（Portnov, et al., 2000; Portnov & Schwartz, 2009）。所谓空间隔离度，是城市内经济活动地理范围的碎片化程度；边缘性指该外围城市到城市群核心城市的通勤时间。因此，可以认为城市集群度变化与外围城市的空间隔离度和边缘性都有关系，外围城市集群度提高必然会增强劳动力选择效应，进而优化劳动力资源配置（Brandt & Rawski，2008）。因此，本书做出以下假设，①假定城市群外围城市的空间由核心区和边缘区组成，类似 Krugman（1991）提出的区域系统，且仅有劳动力一种要素，劳动力选择效应用参数 s 表示，且 $s = s(\eta)$，其中 η 表示外围城市集群度，这是因为：一方面，城市集群具有隐含的"时间"含义，该指标越大，城市群内部的时空压缩效应越强，可以通过降低劳动力流动成本而提高配置效率；另一方面，城市集群度越高的地区，空间隔离度越低，本地市场规模效应越强，要素配置效率也越高。②不考虑城市群内外围城市的异质性，且数量是外生给定的。③个体消费两种产品，分别是最终产品和土地。最终产品市场为完全竞争市场，其生产要素投入为差异化的中间投入品，中间投入品市场为垄断竞争。本书借鉴 Behrens 等（2014）的做法，假设消费者只消费单位土地用来居住，消费更多的土地并不能增加其效用。④单位劳动力生产率 $\varphi = t \cdot s(\eta)$，其中，$t$ 指的是个体才能，劳动力个体才能越高，其生产率也越高。

1. 消费者均衡

由于最终产品市场为完全竞争市场，假设消费者效用函数为 CES 不变替代效用函数，同时也为最终产品的生产函数，如式（9-1）所示。

$$Y = \left[\int_{\Omega} x(i)^{\frac{1}{1+\varepsilon}} \right]^{1+\varepsilon} \qquad (9-1)$$

由于城市群内外围城市是同质的，因此省略表示外围城市差异的下角标。$x(i)$ 表示差异化的中间投入品，不同中间投入品的替代弹性为 $\frac{1}{1+\varepsilon}$，其中 $\varepsilon > 0$。不同的企业家具有不同的生产率，中间投入品的生产函数如式（9-2）所示。

$$x(i) = \varphi(i)l(i) \qquad (9-2)$$

式（9-2）中，$l(i)$ 表示生产中间投入品对劳动力的需求；$\varphi(i)$ 为生产中间投入品 i 的生产率，依赖劳动者自身才能实施的自选择行为。

消费者基于收入约束条件最大化其效用，因此依据消费者均衡条件得到消费者对中间投入品的需求，如式（9-3）所示。

$$x(i) = \left[\frac{P(i)}{P}\right]^{-\frac{1+\varepsilon}{\varepsilon}} \frac{Y}{P} \qquad (9-3)$$

式（9-3）中，$P = \left[\int_{\Omega} p(i)^{-\frac{1}{\varepsilon}} di\right]^{-\varepsilon}$ 为价格指数。

2. 企业利润最大化

设单位劳动力的工资为 ω，则企业的利润最大化函数如式（9-4）所示。

$$\pi = p(i)x(i) - \omega l(i) \qquad (9-4)$$

由利润最大化的一阶条件得到式（9-5）。

$$p(i) = (1 + \varepsilon)\frac{\omega}{\varphi(i)} \qquad (9-5)$$

在市场出清条件下，对中间投入品的需求即为企业的产出，因此将公式（9-5）代入公式（9-3）得到式（9-6）。

$$x(i) = \left[\frac{\varphi(i)}{\Phi}\right]^{1+\frac{1}{\varepsilon}} \frac{Y}{P} \qquad (9-6)$$

式（9-6）中，$\Phi = \left[\int_{\Omega}\varphi(i)^{\frac{1}{\varepsilon}} di\right]^{\varepsilon}$ 为城市的加总生产率。

将公式（9-5）和公式（9-6）代入公式（9-4），得到企业的利润函数，如式（9-7）所示。

$$\pi_i = \frac{\varepsilon}{1+\varepsilon}Y\left[\frac{\varphi(i)}{\Phi}\right]^{\frac{1}{\varepsilon}} \qquad (9-7)$$

可以看出，当城市的经济规模越大时，企业的利润越高。因而，企业更倾向在城市群内规模更大的城市投资，以期获得更高的利润。此外，企业的利润也与企业自身生产率与城市生产率的比值有关。

均衡时，劳动力市场出清，可得到式（9-8）。

$$l(i) = \frac{1+\varepsilon}{\Phi^{1+\frac{1}{\varepsilon}}} \frac{Y}{P}\left[\varphi(i)\right]^{\frac{1}{\varepsilon}} \qquad (9-8)$$

由公式（9-8）可以看出，城市集群度越高，城市劳动力人口集聚程度也越高，即 $\frac{\partial l(i)}{\partial s(\eta)}>0$，因此不难得出结论，随着外围城市的集群度提高，会增加外围城市的人口规模。外围城市由核心区和边缘区两部分构成，且核心区就业吸纳能力强，所以外围城市集群度提高引起整体人口规模增加，这主要源于核心区人口和企业规模扩张。因此可以得出假说1。

假说1：在城市群空间中，外围城市的集群度提高，会加速外围城市核心区人口和企业集聚，进而提高外围城市的空间集中度。

二　代表个体在外围城市空间中的行为分析

更进一步，前文虽然分析了个体在城市群空间中的行为及均衡结果，但对外围城市边缘区的个体行为来说，空间异质性更强。主要假设：①个体迁出决策是理性的，即迁移决策取决于迁出和不迁出的效用权衡；②市场规模与城市规模正相关；③不考虑城市群内外围城市之间的相互影响；④外围城市边缘区的代表个体处于外围城市"核心区-边缘区"和城市群内"外围城市-核心城市"的双"核心-外围"结构中。令个体迁移到外围城市核心区的预期效用为 V_{c1}、迁移至外围城市所在城市群核心城市的预期效用为 V_{c2}、留在原地效用为 $V_{原}$，效用 $V(\cdot)$ 是关于迁入地预期收入和就业概率的函数，而在规模收益递增的条件下，两者必与城市规模是正相关的。外围城市边缘区代表个体的迁移决策如表9-1所示。

表9-1　外围城市边缘区个体迁移决策

情形	条件	决策结果
(1)	$V_{c1}<V_{原}$ 且 $V_{c2}<V_{原}$	不迁移
(2)	$V_{c1}>V_{c2}>V_{原}$	迁移至外围城市核心区
(3)	$V_{c2}>V_{c1}>V_{原}$	迁移至城市群核心城市

如果个体选择不迁移，意味着待在原地的预期效用比迁出高，即外围城市核心区能有效带动边缘区增长，根据新经济地理学理论（Baldwin, et al., 2003），在其他条件不变时，核心区是否能够带动边缘区增长，取决于边缘区的市场规模大小，边缘区市场规模越大，个体做出不迁移决策的可能性越高，也更能吸引核心区个体迁入。如果个体选择迁移，则意味着迁出的预期效用比待在原地高，外围城市边缘区预期收入低、就业概率低，市场规模相对也小。故而随着外围城市的集群度提高，外围城市边缘

区既要承受来自本地核心区的集聚效应，又要承受核心城市的集聚效应，"双集聚效应"的存在，深刻影响着外围城市边缘区的个体迁移决策。可以推断，外围城市边缘区相对核心区的规模越大，就越能吸引个体流入，流出速度也会受到抑制，外围城市的空间集中度就越低，反之空间集中度越高。进一步从外围城市及其所处城市群空间看，外围城市核心区规模越大，其在城市群中承接其他城市产业转移、人口流入或创新溢出的能力越强，外围城市空间集中度越高；反之，空间集中度则越低。在双"核心-外围"空间中，我们将外围城市核心区相对规模以及该外围城市相对核心城市的相对规模之积，统称为外围城市的核心区主导力。

实际上，根据 Behrens 等（2014）的研究，劳动力流动行为模式为：事前根据技能进行目的地排序（Ex Ante Sorting），事后则根据城市生产率选择目的地（Ex Post Selection）。技能异质的流动劳动力排序选择的结果是：劳动力规模和生产率优势较大的核心地区，会倾向选择高技能劳动力，核心区也更容易进入排序靠前的劳动力选择目的地。由于城市集群度提高减少了劳动力市场的信息不对称，降低了劳动力流动中的通勤成本，加速了流动劳动力和城市之间的排序选择。因此，城市集群度越高，核心区的选择效应越大，主导能力越强，对高技能劳动力的集聚效应也越强，进而增强核心区的创业集聚效应，使要素集聚与企业集聚实现正向循环累积，最终塑造了集中化的城市空间。为此可得出假说2。

假说2：在双"核心-外围"空间中，外围城市集群的空间集中效应受其核心区主导能力的正向调节。其机制为，集群度提高增强了核心区劳动力集聚效应和创业集聚效应。

第三节　变量测度、计量模型设定与基准回归

一　城市集群的测度

Portnov 等（2000）和 Portnov & Schwartz（2009）较早使用城市空间隔离度与边缘性之比来测度城市集群。城市空间隔离度用一定空间范围内

的城市个数表示，边缘性用该城市与最邻近大城市间的距离来测度。原倩（2016）对该指标进行了改进，以一定范围内的城市人口数量来测度城市空间隔离度，但仍采用距离测度边缘性。上述两种测度方法的缺点都是基于数量（城市个数或者人口数量）来测度空间特性。城市是人类经济活动集聚的主要场所，经济活动密度可反映城市间的隔离特征，夜间灯光亮度能客观地测度地区经济活动密度（徐康宁等，2015；Henderson, et al.，2012），一定范围内灯光亮度越高，空间平均隔离程度越小，[1] 反之则越大。随着中国基础设施网络的日趋完善，城市间边缘性已发生了翻天覆地的变化，距离的限制正在日趋弱化，通勤时间对经济活动的影响越来越重要。为此，本书构造了城市集群指标，如式（9-9）所示。

$$ic_{it} = IS_{it}/IR_{it} = L_{it}/IR_{it} \qquad (9-9)$$

式（9-9）中，城市空间隔离度 IS_{it} 表示 t 年份以城市 i 空间中最大光斑最亮点为中心的一定范围内的平均灯光亮度（不含该范围内最亮的前10%的点簇）。经测算后发现，全国各城市到 3 个最近城市的平均距离约为 100 公里，与 20 个最近城市的平均距离约为 200 公里，所以分别取半径为 100 公里、200 公里的圆形区域进行研究。[2] 城市集群指标刻画的是外围城市的"空间一体化程度"，只不过是根据空间关系强度把"一体化"分解为"与邻居一体化"和"与核心城市一体化"两个方面。IS 越大意味着外围城市与周边地区平均灯光亮度越高，经济活动密度越大，主要从"要素密度"角度测度了其与周边地区的"一体化"程度；[3] IR 越大则表明外围城市到最近核心城市的时间越短，主要从"时间距离"角度测度了外围城市与核心城市的"紧密"性。灯光数据处理参考了徐康宁等（2015）的研究，数据校准方面参考了范子英等（2016）的方法。

---

[1]　假定不存在灯光亮度的取值上限问题，这已被徐康宁等（2015）的研究证实。

[2]　这是本章使用灯光数据的理由之一，因为在该圆形区域内无可靠的统计数据支持。

[3]　在灯光视角下，0~200 公里的空间都由栅格组成，每个栅格的亮度不一样，所以平均亮度是指平均每个栅格的亮度，城市周边如果亮度低的栅格多，那么亮的栅格就会被平均，所以平均亮度高意味着一定范围内"暗"的栅格相对少，因为已经排除了该范围内最亮 10% 的单位。

边缘性 IR_{it} 用外围城市到核心城市的最短时间距离（小时）来测度。[①]
考虑到城市间人口和货物主要通过普通公路、高速公路、普通铁路、高速铁
路四种方式实现流通，本书用爬虫技术分别搜集了 2014~2017 年普通公路、高
速公路、普通铁路、高速铁路的最短交通距离。根据《中国公路工程技术标
准》（JTG B01-2003）限速标准来计算普通公路、高速公路的交通时间，如普
通公路按 60 公里/小时计算，高速公路按 100 公里/小时计算；由于普通铁路
提速因素，2005 年普通铁路按 110 公里/小时计算，2006 年按 120 公里/小时计
算，2007 年按 140 公里/小时计算；高速铁路交通时间按各年高速铁路开通运
营线路、沿线设站城市和《全国铁路旅客时刻表》等信息整理，从而对丁如
曦等（2017）的数据进行扩充，形成 2006~2017 年的数据集。

二 城市空间结构演化测度

对于城市空间演化的研究，最早可追溯至杜能（1986，中译本）的
农业区位论，该理论分析了农业在城市边缘区的梯度分布特征。城市经济
学家 Clark（1951）、Mills & Peng（1980）借鉴了该思路，提出了（人口）
密度梯度经验分析策略。Gonzalez-Navarro & Turner（2018）用其分析了
地铁对城市空间形态的塑造效应。为准确捕捉中国城市空间演化特征，本
书计算了城市行政区范围内夜间灯光的梯度变化，数据分别使用 DMSP-
OLS（2006~2013）和 NPP-VIIRS（2012~2017）卫星监测的夜间灯光数
据。[②] 使用外生的灯光数据而不用经济指标的原因，首先是可以避免人为
统计数据不能客观反映城市经济增长实际的问题（徐康宁等，2015）；其
次是由于统计体系不发达，落后国家或省份的 GDP 数据误差较大，更适
合用灯光数据替代（徐康宁等，2015；Henderson, et al. , 2012）。以每年
城市市辖区灯光亮度最强的地理中心经纬度为起点，其他区、县级政府所
在地的经纬度为终点，[③] 通过 LBS 球面距离公式计算 d_i；以 DMSP-OLS

[①] 参考 Yu 等（2019）的方法，将省会和副省级城市视为核心城市（不包含直辖市），
其他城市视为外围城市。

[②] 下载地址为 https：//ngdc. noaa. gov/eog/download. html。

[③] 由于县域经济在县政府所在地有较强集聚，所以县政府所在地的经济也最容易受域外
因素影响。

（2006～2013）和 NPP-VIIRS（2012～2017）灯光数据为基础，计算城市内各区县的平均灯光密度 $light_i$；用各城市内区县的平均灯光亮度随到市中心距离变化的响应系数和截距反映城市空间演化水平，得到式（9-10）。

$$\ln light_i = A + B\ln d_i + \varepsilon_i \tag{9-10}$$

式（9-10）中，回归系数 B 表示随着与市中心距离的增大，区县灯光亮度的衰减速度，以此量化城市空间演化，B 越小（负数），空间灯光衰减速度越快，空间演化表现为集中；反之，则空间越分散。截距 A 的经济意义是 d 趋近于 0 时的灯光亮度，也就是城市核心区的灯光亮度。[①] 由于 NOAA 的 NPP-VIIR 数据诸多年份缺乏年度合成数据，所以本书使用中国科学院版代号为"火石"（Flint）的夜间灯光数据集。[②] 最后，为扩大回归样本，本书对两套灯光数据进行了可比性调整。参考梁丽等（2020）对两套灯光数据的连续性调整方法，由于其回归调整法无法很好地处理两者之间的单位差异与 DMSP-OLS 的饱和上限问题，本书对此进行了改进，考虑到稳定灯光影像 DMSP-OLS 的 dn 是未经过星上辐射标定的相对亮度辐射值，而 NPP-VIIRS 是经过星上辐射标定的有单位的辐射值（l），且两者间的线性关系为 $l = \alpha \cdot dn + c$，DMSP-OLS 的两个主要缺陷是数据为相对值、无单位，以及"存在饱和上限 63"的问题，故本书将其转化为 NPP-VIIRS 数据，转换的关键在于确定系数 α 与 c，主要采用 2012 年和 2013 年两套灯光数据的 dn 与 l 进行回归估计后取平均值的方式确定，[③] 然后使用上述线性关系式分别将 2006～2013 年的 dn 值转换为 l 值。在计算中，我们发现在所选择的 243 个地级市中，2006～2017 年存在系数 B 均不显著的城市样本，[④] B 不显著意味着城市内各区县的平均灯光亮度变化与到市中心的距离没有统计意义上的关系，即城市内县和市区没有形成统计意义上的核心城市影响

---

① 饱和矫正地图为 F16_2005～2006，下载地址为 https://ngdc.noaa.gov/eog/dmsp/download_radcal.html。

② 下载地址为 https://pan.baidu.com/s/17UqS7P66_6AMdr-a4sfUXA。

③ 因为两套数据 DMSP-OLS（2006～2013）和 NPP-VIIRS（2012～2017）的重合年份为 2012 年和 2013 年。

④ 显著性的定义为 * P<0.1，** P<0.05，*** P<0.01。

外围城市的机制，此时 A 和 B 的值无统计意义，故将系数 B 不显著样本的 A 和 B 系数均设定为 0，大约占样本总量的 1.4%。

三　控制变量及统计特征

城市内部空间演化与城市内市辖区-非市辖区组成的"核心-外围"空间结构演变有着密切的关联，除本书重点关注的城市集群外，其他反映"城市内部"和"城市外部"的属性因素，也可能对其产生影响。首先，考虑"城市内部"属性，控制城市内经济结构的影响：①经济规模方面，用市辖区实际 GDP 占全市实际 GDP 比重测度（$GDPzb_{it}$），由于城市 CPI数据缺失较多，用 2004 年各省的 CPI 计算对应的实际 GDP；②人口规模方面，用市辖区年末总人口占全市人口比重测度（$POPzb_{it}$）；③金融发展程度方面，用市辖区年末金融机构各项贷款余额占比测度（$FINzb_{it}$）。其次，考虑"城市外部"属性，控制城市在城市群内的相对"区位"的影响：④用城市内公路里程的对数（$\ln TRA_{it}$）控制基础设施的可能影响；⑤控制城市资本存量的影响（$\ln K_{it}$），因为资本存量越高，可能越容易享受核心城市的溢出效应，用永续盘存法计算，折旧率采用黄勇峰等（2002）的方法；⑥用全市当年实际使用外资金额占 GDP 的比重（FDI_{it}）控制开放度的影响；⑦运输成本是新经济地理学的核心，城市空间不仅会受到与其对应的核心城市的影响，更会受到沿海发达城市的影响，而"时间成本"变化的确是测度"贸易成本"变化的好指标（逯建等，2018），所以用各城市到"北上广"三城市交通时间的最短小时数（$\ln COM_{it}$）来控制可能的影响；⑧城市人力资本（STU_{it}），人力资本存量越高，可能越容易受到核心城市溢出效应的影响，由于准确测度城市人力资本较为困难，参考多数文献的方法，用普通高等学校学生人数占城市人口比重衡量。以上数据分别整理自各省统计年鉴、各地级市统计年鉴及各地级市统计公报，研究样本为删除城市群核心城市和数据缺失过多的城市后的 243 个地级市，考虑到后续分析可能用到空间计量方法，所以少量缺失数据用插值法补充，时间跨度为 2006～2017 年，各变量的统计性质见表 9-2。

表 9-2 变量的统计性质

变量名称	观测值	平均值	标准差	最小值	最大值
A	2916	13. 328	4. 031	-60. 022	160. 263
B	2916	-0. 135	0. 412	-1. 491	4. 354
ic_200	2916	9. 880	22. 658	9. 142	30. 426
ic_100	2916	17. 295	10. 840	11. 201	24. 414
$GDPzb_{it}$	2916	0. 435	0. 209	0. 067	0. 992
$POPzb_{it}$	2916	0. 346	0. 319	0. 038	13. 556
$FINzb_{it}$	2916	0. 608	0. 246	-0. 458	7. 351
$\ln TRA_{it}$	2916	2. 171	0. 604	-1. 171	4. 685
$\ln K_{it}$	2916	16. 463	1. 167	13. 213	19. 424
FDI_{it}	2916	0. 020	0. 019	0	0. 136
$\ln COM_{it}$	2916	1. 5805	0. 900	-2. 303	3. 871
STU_{it}	2916	0. 165	0. 226	0	0. 1311

四 基准回归结果

基准回归使用如下双向固定效应模型。

$$A_{it} = \alpha_0 + \alpha_1 ic_{it} + \alpha_2 X_{it} + city_i + year_t + v_{it} \qquad (9-11)$$

$$B_{it} = \beta_0 + \beta_1 ic_{it} + \beta_2 X_{it} + city_i + year_t + v_{it} \qquad (9-12)$$

式（9-11）及式（9-12）中，A_{it}为 t 年城市 i 内下辖区县平均灯光亮度（$light_i$）与区县政府所在地到市辖区灯光亮度最强地之间地球球面距离（d_i）的回归截距项；B_{it}为两者的回归系数；ic_{it}为城市 i 在 t 年的城市集群程度；$city_i$ 和 $year_t$ 分别为城市和时间固定效应；X_{it} 为可能影响城市空间演化的诸多因素；v_{it} 为随机干扰项。为捕捉外围城市空间演化对城市集群的反应强度和方向，用回归分析得出的截距项 A 和系数 B 分别作为因变量，以测度出的城市集群为自变量，采用双重固定效应模型进行回归分析，其中为缓解可能存在的异方差问题，采用了城市层面的聚类稳健标准误。因变量为县域平均灯光密度，回归的常数项经济意义是 d 趋近于 0 时的灯光亮度，也就是城市核心区的灯光亮度，估计结果如表 9-3 所示。

在 ic_100 和 ic_200 的情况下，在添加了不同控制变量后，模型（1）~（3）和（4）~（6）均满足了统计上的显著性要求，估计系数在1%水平上显著为正，且符号保持不变、系数浮动不大，表明随着外围城市的集群度提高，城市核心区的平均灯光亮度增强，空间上存在明显的集中态势。

表9-3　截距（A）为因变量的回归结果

变量	ic_100			ic_200		
	（1）	（2）	（3）	（4）	（5）	（6）
ic	0.261 *** (7.78)	0.279 *** (9.25)	0.241 *** (3.03)	0.113 *** (3.03)	0.106 *** (3.24)	0.108 *** (4.70)
$GDPzb$		−21.542 ** (−2.28)	−3.693 *** (−2.56)		−2.461 ** (−2.41)	−3.258 *** (−3.50)
$POPzb$		−1.831 (−0.70)	20.729 ** (2.40)		21.234 *** (2.50)	20.760 ** (2.42)
$FINzb$		0.542 *** (3.50)	0.471 ** (2.10)		0.388 (1.50)	0.456 ** (2.08)
$\ln TRA$			0.630 (1.16)			0.595 (1.10)
$\ln K$			−4.107 *** (−2.75)			−5.009 ** (−2.11)
FDI			7.514 *** (3.53)			5.740 ** (2.38)
STU			−9.947 (−0.37)			−0.541 (−0.02)
$\ln COM$			−0.871 ** (−2.04)			−0.514 *** (−2.52)
常数项	11.743 *** (20.75)	21.298 *** (2.67)	73.885 ** (2.11)	4.054 *** (4.29)	9.061 *** (3.68)	52.235 *** (3.36)
城市固定	控制	控制	控制	控制	控制	控制
时间固定	控制	控制	控制	控制	控制	控制
N	2916	2916	2916	2916	2916	2916
调整后的 R^2	0.304	0.316	0.357	0.322	0.337	0.354

　　注：括号内为 T 统计量，***、**、* 分别表示回归结果在1%、5%和10%置信水平下通过显著性检验，下表同。

表 9-3 计量分析了外围城市集群对其核心区空间的影响，而根据前文分析，城市空间演化趋势还可以用灯光梯度来反映。因此下文我们接着以灯光梯度（B）为因变量，采用面板数据的双向固定效应模型和逐步添加控制变量的方法进行回归分析，结果如表 9-4 所示。在 ic_100 和 ic_200 的情况下，从调整后拟合优度 R^2 看，添加了不同控制变量的模型（1）～（6）均满足 1% 水平下的显著性要求，核心变量 ic 的估计系数在 1% 水平上显著为负，值阈浮动不大且符号保持不变。也就是说，提高外围城市集群度，会提升其内部空间的灯光梯度，即扩大核心区和其他区县的平均灯光亮度差距，而且该差距随着区县到核心区的距离增大而增强，集群促进外围城市空间集中的态势明显。表 9-3 和表 9-4 共同表明，外围城市集群度愈高，城市空间集中态势愈明显。据此可以得出一个基本判断：城市集群度提高对其内部空间演化的影响表现为空间集中增强，假说 1 得证。

表 9-4 以灯光梯度（B）为因变量的回归结果

变量	ic_100			ic_200		
	（1）	（2）	（3）	（4）	（5）	（6）
ic	−0.003 *** (−10.53)	−0.003 *** (−10.71)	−0.002 *** (−9.92)	−0.029 *** (−6.89)	−0.025 *** (−5.90)	−0.053 *** (−3.25)
GDP_{zb}		0.255 *** (4.27)	0.309 *** (4.15)		0.288 *** (4.24)	0.303 *** (4.06)
POP_{zb}		−0.027 ** (−2.41)	−0.308 *** (−3.14)		−0.243 *** (−2.62)	−0.295 *** (−3.00)
FIN_{zb}		−0.038 ** (−2.24)	−0.014 (−0.93)		−0.014 (−0.96)	−0.014 (−0.90)
$\ln TRA$			−0.025 * (−2.41)			−0.025 * (−2.36)
$\ln K$			−0.012 * (−2.34)			0.027 * (2.02)
FDI			−0.437 *** (−2.65)			−0.478 *** (−2.81)
STU			0.677 ** (2.11)			0.758 ** (2.25)

变量	ic_100			ic_200		
	（1）	（2）	（3）	（4）	（5）	（6）
ln*COM*			0.005 ** （2.09）			0.035 ** （2.55）
常数项	0.126 *** （23.67）	0.225 *** （6.94）	0.004 （0.01）	0.304 *** （4.17）	0.205 * （2.52）	0.522 （1.24）
城市固定	控制	控制	控制	控制	控制	控制
时间固定	控制	控制	控制	控制	控制	控制
N	2916	2916	2916	2916	2916	2916
调整后的 R^2	0.048	0.042	0.100	0.101	0.092	0.095

上述结论可能与大量农村剩余劳动力流动至城市，造成农村劳动力短缺甚至农村发展萧条有莫大的关系。数据显示，2006~2017年正处于中国流动人口规模爆发期，其中2005年有1.47亿，2010年有2.21亿，2016年2.45亿，第七次全国人口普查数据显示，人户分离人口有近5亿，[①] 城市外围地区大量的劳动力流失，企业用工成本上升，生产率降低，比较优势减弱；核心地区大规模的劳动力流入，尤其是高技能劳动力比例不断提高，不仅提升了核心地区企业生产率，而且由丰裕的高技能劳动力引起的规模报酬递增进一步强化了核心地区的集聚力。这也可以从以下数据中窥全豹之一斑：通过计算全国城市2006~2017年的市辖区实际GDP占全市实际GDP比重发现，方差由2005年的0.046，逐步下降为2016年的0.041，各城市的市辖区经济规模处于空间集聚状态，且集中速度并不慢，2005年均值为0.436，而到2016年提高到0.456。[②] 当然，该结果还需进一步验证：一方面，回归模型中城市集群和城市空间演化同为城市维度数据，很可能存在交互影响，比如市辖区经济越发达（城市空间集中度高），政府越有能力通过财政投资改善到核心城市的基础设施，并提高城市集群度；另一方面，虽然回归模型中尽可能地控制了影响外围城市空间

---

① 数据来源：《中国流动人口发展报告2018》《第七次全国人口普查公报》。
② 数据来源：《中国城市统计年鉴》。

演化的"城市内部"和"城市外部"因素，但经济、社会、文化、政治和环境是相互交织的，很可能遗漏变量。此外，无论是城市群维度、省域维度还是国家维度，很可能存在某些共同冲击，所以尝试用工具变量来解决这些问题。

第四节 内生性讨论与处理

一 工具变量选择

遵循 Acemoglu 等（2001）的思路，我们从历史维度来寻找工具变量。城市间越早通过集群建立功能分工、文化共通的联系，一定空间范围内的城市社会、文化、经济和政治等因素就越可能趋同，从而现代城市集群程度可能就越高。如当前发展较为成熟的长三角和珠三角城市群，就有较强的共同历史渊源和文化基础。根据冀朝鼎的观点，随着中国朝代更替，中国基本经济区逐渐从黄河下游流域南迁到长江下游流域，至唐代长江下游流域的重心地位得以形成，而到明清两代珠江流域的经济区地位也得到提高。共同的历史渊源以及便利的地理与水运条件，为两个流域的主要城市间经济、社会、文化、政治等方面的融通创造了条件。这从刘毓芸等（2015）的方言证据中可见一斑，黄河下游流域以中原官话为主，长江下游流域以吴语为主，珠江流域以粤语为主，三大片区的方言种类比其他地区少得多。这种制度依赖性和地理依赖性，使得现代城市空间发展与历史上的经济社会属性关联程度很高。

关于城市历史地理信息，比较全面的是哈佛大学提供的"Skinner Regional Systems Analysis Dataverse"数据库，[①] 该数据库收集了清代各年各地区的县志、著作等资料，详细记录了清代 1644～1911 年全国各府（州）、县所在地经纬度、城墙高度、城墙内面积等数据。与现代行政体制相似，清代行政管理分为省、府（直隶州）、县（散州）三级，府或直隶州相当于地级市。基于此，本章提取了清代 268 年间 204 个府、408 个

---

① 下载地址为 http://dvn.iq.harvard.edu/dvn/dv/hrs。

州、1336 个县的衙门地理信息及城墙信息，来构建相应的历史工具变量。构建方法是：第一步，将该数据库提供的各府、州、县的经纬度数据与当代各城市的地理信息相匹配，从而明确现代城市辖区内所含的清代府、州、县的具体名称和个数；第二步，计算现代城市在清代的城市集群指标，由于缺乏相应的城市规模数据，根据 Ioannides 和 Zhang（2017）的研究，用各府、州、县的城墙内面积来代替。

尽管古代城市并非仅有城墙内面积的规模，且从城市发展的历史演化过程看，时间变迁是会反映到城墙所围成的面积上的，比如北京、西安、南京等城市就有多层城墙。然而，从清代 268 年的时间维度看，城墙内面积的变化并不明显，或者可以说是相对恒定的，正如 Ioannides 和 Zhang（2017）的研究，城墙内面积与辖区内的人口规模正相关，且 268 年间城市规模分布符合帕累托定律。事实上，由于要素流动性约束，清代要素的频繁流动多集中于少数几个重要城市，因此城市规模扩张要比现代城市慢得多。从数据库提供的信息看，城墙内面积最大的 15 个城市依次为江宁府（现南京市，2）、苏州府（现苏州市，2）、西安府（现西安市，2）、顺天府（现北京市，1）、杭州府（现杭州市，2）、榆林府（现榆林市，2）、泉州府（现泉州市，2）、庐州府（现合肥市，2）、定州（现定州市，2）、东平州（现东平县，3）、潞安府（现长治市，2）、太原府（现太原市，2）、开州（现开县，3）、宣化府（现张家口市，2）、正定府（现正定县，2），① 面积降序的后 40 位全为三级行政区，除了个别特例，总体上省会的规模大于府级城市，府级城市的规模大于县级城市，所以城墙内的面积一定程度上能够反映城市要素规模。

根据我们掌握的历史资料，直接计算通勤时间很难实现，所以只能采取间接方法。通勤时间一定与城市坡度和距离有关，所以计算清代城市集群指标中的分母 IR 时，加入了城市平均坡度因素，在交通方式相对恒定时，城市平均坡度越大，到高一行政等级城市的通勤时间越长。高一行政等级的城市是根据清代的城市等级确定的，距离则根据清代城市的经纬

---

① 括号内的数字表示城市的行政级别，数字越小，行政级别越高；需要指出的是，城市的旧行政区划范围不等于现在城市的区划范围，故而括号内城市名是清代府衙所在地的现在城市称谓。

度计算而得。公式如下所示。

$$ic_{i,1644} = \frac{size_{1644-1911}}{1/slope_i \cdot d_{ij}} \tag{9-13}$$

式（9-13）中，i 为外围城市，j 为中心城市，$ic_{i,1644}$ 为现代城市 i 在清代的城市集群程度，$size_{1644-1911}$ 为现代城市群在清代的平均规模，$slope_i$ 为大于 15 度的坡度面积占比，d_{ij} 为城市政府驻地到清代高一行政等级城市政府驻地的地理距离。可以看出，$ic_{i,1644}$ 与城市规模呈正比，与城市坡度倒数和距离成反比，其能够较准确地反映现代城市在清代的集群程度。

关于工具变量的有效性，根据 Ioannides 和 Zhang（2017）的研究，明清时代有城墙的区域，在现代其企业和人口密度也更大。因此，城市发展会受过去城墙的遗留影响，这种产生于空间依赖和制度依赖的发展延续性，一定程度上会抑制现代城市选址和发展的随机性，所以从"城市群"空间尺度看，城市区位是被历史相对固定了，这正是清代城市集群度会影响现代城市集群的重要理由之一。也正是这种延续性，才导致现代城市集聚效应更强，企业和人口集聚规模更大，城市经济发展得更好，从而在我国现代经济中的地位也更重要，在国家高铁、高速、地铁、互联网等战略规划布局中获得了更强的先发优势，提升了现代城市集群度。事实上，从我们构建的城市集群指标可以看出，城市集群包含了城市在"城市群"尺度的相对区位含义，所以这也是清代城市集群度作为工具变量满足相关性的主要理由，表9-5（1）~（5）的回归结果从混合和截面角度均初步验证了该相关性。

同时，由于较低的国际贸易成本，沿海城市更容易集聚大规模产业和人口（Rauch，1991），从而会对城市空间产生重塑效应。我们了解到，清政府在康熙二十三年（1684 年）开始设立闽、浙、粤、江四个海关，是我国现代国际贸易和海关制度的源头之一。故而不免担心，清代海关选址（城市到海关距离）是否可能成为清代城市集群影响现代城市空间演化的路径呢？通过表 9-5（6）的 OLS 回归结果发现，清代城市集群度与该城市到最近海关的距离之间并不存在显著相关性，这意味着清代城市集群通过影响政府海关区位选择，进而影响现代城市空间演化的担心在统计学上是不存

表 9-5　工具变量的相关性和外生性初步检验

变量	(1)全样本	(2)2005 年	(3)2009 年	(4)2013 年	(5)2017 年	(6)海关距离	(7)河流密度	(8)首都距离
$ic_{i,1644}$ 或 B	42. 377 *** (16. 27)	35. 148 *** (4. 97)	42. 732 *** (5. 54)	45. 357 *** (5. 50)	45. 877 *** (5. 43)	−0. 025 (−0. 32)	0. 071 (0. 12)	0. 042 (1. 48)
A							−0. 105 (−0. 78)	−0. 246 (−1. 02)
C	10. 984 *** (21. 05)	8. 345 *** (5. 89)	10. 659 *** (6. 90)	12. 589 *** (7. 62)	13. 307 *** (7. 87)	28. 786 *** (29. 35)	0. 011 *** (25. 61)	0. 047 *** (2. 88)
N	2916	243	243	243	243	243	243	243
R^2	0. 097	0. 080	0. 098	0. 097	0. 095	0. 020	0. 003	0. 012

在的。实际上从新经济地理学理论来看，城市空间演化与到最近海关距离存在相关性是有前提的，即城市要有多样化的制造品生产和比较强的进出口依赖，而清代城市制造业产品单一，进出口依赖不高，所以清代海关与当时城市集群度不会有强联系。因此，从这个角度看，工具变量是满足外生性的。此外，Ioannides 和 Zhang（2017）的研究也指出，城墙内面积与地理基础，如河流密度、地形、到首都的距离、水稻和小麦适宜性等因素显著相关，由于这些地理条件长期较为稳定且确实也可能影响空间要素流动，从而不能完全排除其影响现代城市空间演化的可能。若如此，清代城市集群度作为工具变量的外生性很可能受到挑战，因为现代城市空间演化很可能不是由清代城市集群的经济社会"遗留影响"引起的，而是由地理基础条件决定的，这显然不符合工具变量外生性要求。其实结合封建王朝的农业基础地位以及农业生产规律，可以发现上述地理基础因素均与农业发展有关，因为更平坦的地形、更多的河流、离首都更近（北京周边有大片平坦而肥沃的土地，Ioannides & Zhang，2017）、水稻和小麦适宜性更强的地区，更有利于农业提高生产率，并支撑更大的城市人口规模（城墙内面积）。

换句话说，这些地理基础条件之所以会持续影响现代城市空间演化，最可能的原因是农业发展。然而，根据新经济地理学理论，城市空间之所以能持续集聚或扩散，是由于第二、三产业集聚下的市场规模效应、生活成本效应、拥挤效应引发的循环累积因果而产生的集聚力或扩散力，与历史上农业发展基础并无直接关联，历史上农业生产发展最多起到了较早地进行城市选址的作用，而非现代城市空间持续演化的主因。当然，如果上述地理基础因素是通过交通运输成本来影响现代城市空间演化的，那更不会引起外生性挑战，因为其刚好被设计在我们构建的工具变量（大于15°的坡地面积占比）与内生变量（现代通勤时间）中。最后是河流密度因素，其若能影响现代城市空间演化，除了农业生产外，还可能是水利交通带来的要素流动，但我们认为现代城市空间的要素流动多依赖公路、高速、高铁、地铁、互联网等因素，与流动效率较低的城市内部水运系统关系不大。不过，我们还是用因变量 A 和 B，分别与河流密度和到首都的距离进行了相关性回归，结果体现于表 9-5 的（7）（8）列，发现两系数在统计上并不显著，这意味着地理基础因素（可能是农业发展）或河流密度（可能是水利交通）影响现代城市空间演化的路径并不存在。这进一步确认了清代城市集群作为工具变量的外生性质。

二　工具变量回归

由上述分析可知，工具变量与内生变量的相关性和外生性性质是基本具备的，故而本章首先进行面板工具变量回归。由于使用清代 1644~1911 年的城墙内面积和坡度合成的变量为截面数据，而内生变量和因变量均为包含了时间和城市信息的面板数据，可以通过两种方法来对数据进行处理：一是根据 Angrist 和 Krueger（1991）的思路，将原变量与时间虚拟变量相乘生成新工具变量，以克服原变量时间维度变化的缺失问题；二是根据 Nunn 和 Qian（2014）的处理方法，寻找某时变变量与原变量相乘生成新工具变量。两种处理方法在相应的使用情境下均有优缺点，考虑到清代城市集群对现代城市影响机制里，现代城市的时变区间（2005~2017 年）相对于原数据区间（1911~2005 年），时间跨度要短得多，引入时变变量可能会产生"污染"，故采用 Angrist 和 Krueger（1991）的思路，采用年份虚拟变量与截面工具变量的乘积，这样既克服了截面变量的数据维度限制，强化城市个体和时间维度的性质，又能反映年份对内生变量的影响。表 9-6（1）（2）列为因变量是截距（A），且以清代城市集群指标与年份虚拟变量乘积（$ic_{i,1644} \cdot year$）为工具变量的估计结果，发现无论是 100km 还是 200km 范围计算的自变量 ic，估计参数的符号均与表 9-3 的面板回归结果一致；（5）

（6）列为因变量是灯光梯度（B）的工具变量估计结果，估计参数符号与表9-4的面板回归结果一致。所以处理了内生问题后可以更加确认，外围城市内部空间会随着城市集群度提高而愈发集中化。

　　另外，由于不能完全排除地理因素传导路径，导致工具变量外生性受到挑战，为得到稳健结果，基于工具变量对被解释变量存在一定影响的假设，本章使用 Conley 等（2012）的局部近似于零方法（Local to Zero Approach，LTZ）对工具变量回归进行分析。根据表9-6中（3）（4）列和（7）（8）列的估计结果，发现在局部近似于零的方法估计下，内生变量城市集群的估计系数符号依然与普通面板工具变量回归结果保持一致，只是估计系数偏小，这意味着其他影响外生性的路径存在，可能真的让我们高估了城市集群的空间演化效应，但不会改变基本的影响方向，这验证了工具变量估计结果的稳健性。

表9-6　面板工具变量回归结果

变量	因变量:截距(A)		LTZ 法(A)		因变量:灯光梯度(B)		LTZ 法(B)	
	(1)	(2)	(3)	(4)	(5)	(6)	(7)	(8)
ic_100	0.758 ***		0.501 ***		−0.032 ***		−0.018 ***	
	(4.49)		(3.87)		(−4.41)		(−2.77)	
ic_200		0.332 ***		0.108 ***		−0.012 ***		−0.005 ***
		(3.13)		(2.94)		(−3.01)		(−3.56)
控制变量	控制	控制	控制	控制	控制	控制	控制	控制
城市固定	控制	控制	控制	控制	控制	控制	控制	控制
时间固定	控制	控制	控制	控制	控制	控制	控制	控制
N	2916	2916	2916	2916	2916	2916	2916	2916
第一阶段 F	62.472	16.902	62.472	16.902	19.408	20.531	19.408	20.531

　　注：（1）（2）和（3）（4），（5）（6）和（7）（8）只是第二阶段的估计方法不同，第一阶段回归相同，所以 F 值相同。

三　稳健性分析

1. 城市内部质性处理

考虑到测度城市空间演化的截距 A 和灯光梯度 B，并不能区别城市收

缩和城市扩张，而城市收缩很可能对上述结果产生影响。当城市收缩时，
"瘦死的骆驼比马大"，城市外围地区比核心地区收缩速度快，很可能造
成截距 A 增强、灯光梯度 B 衰减的空间集中假象。城市收缩由
Häussermann 和 Siebel（1988）提出，是"人口规模在 1 万以上人口密集
的城市区域，面临人口流失超过两年，并经历结构性经济危机的现象"。
张学良等（2016）较早利用中国人口普查数据，对城市收缩进行了识
别，但由于两次人口普查数据与本书的研究期交集少，故而我们在此基
础上进行了指标改进：先用"市区人口+市区暂住人口"估算城市市区
常住人口，再以上一年为基期分别计算 2006~2017 年的常住人口增长
率，[①] 如果连续三年增长率为负，则视为城市收缩。本书据此识别出 24
个收缩城市，分别为伊春、佳木斯、六盘水、双鸭山、商洛、嘉峪关、大
庆、安庆、宝鸡、巴彦淖尔、张掖、抚顺、攀枝花、本溪、来宾、牡丹
江、石嘴山、通化、鄂尔多斯、阜新、陇南、鞍山、鹤岗、齐齐哈尔。为
排除城市空间异质性的干扰，我们将此 24 个城市从样本中剔除，重新做
回归分析。

2. 指标重建和反事实分析

第一，城市集群是基于特定核心城市计算而得的，容易受核心城市选
择偏误影响，如处于某省的城市，其实际核心城市并不一定为该省的省
会，而可能是其他省份的城市。第二，核心城市行政级别差异也会影响城
市空间演化，因为城市行政级别越高，制造业的生产率越高（江艇等，
2018）。为排除这些影响，本章将全国城市当成一个城市群，选取北京、
上海和广州作为核心城市，其他城市均视为外围城市。样本为 219 个普通
地级市（排除 24 个收缩城市后），此时计算的 ic、IS 不变，只有 IR 发生
变化。第三，由于城市内部空间异质性强，城市灯光梯度有可能受到影
响，Gonzalez-Navarro 和 Turner（2018）的方法是"固定距离"，即外围地
区到核心地区的距离等差递增，以此计算灯光亮度对它的反应程度。本研
究中的城市空间范围较大，若采用"距离等差递增法"，可能会由于城市

---

① 数据来源：《中国城乡建设年鉴》。该年鉴提供了城区和市区两个口径的人口数据，
这里不使用城区口径的原因是市区包含了非城区即农村人口，范围更大。用"市区人
口+市区暂住人口"更贴近本章城市内部核心地区和外围地区的假设。

空间的不规则性而出现所关注的城市空间未全被纳入、相邻城市空间却已被纳入的情形，从而对空间演化测度产生偏差，故在 Meijer 和 Burger（2017）方法的基础上，通过计算外围城市内部县（区）规模分布的帕累托指数来测算城市空间结构。第四，城市集群对城市空间演化的影响，是建立在城市群中核心城市与外围城市间存在较强的虹吸或者溢出效应基础上的（体现在城市集群指标的分母中）。如果两者间"核心-外围"联系不存在，那意味着城市集群很可能对城市内空间演化无显著效应，所以本章进行了反事实检验，将核心城市替换为研究期内外围城市到核心城市通勤时间均值最长的城市，即将真正意义上的核心城市与外围城市进行了"人为"颠倒。

表9-7（1）～（4）列反映了重选"核心城市"后的估计结果。在重建自变量 ic 后，其回归系数符号与基准回归系数符号保持一致，即以上结论不受自变量建构方法的影响，结论稳健。表9-7（5）～（6）列反映了因变量为帕累托指数的估计结果，ic 的回归系数符号显著为正，即城市集群增强了城市空间的单中心特征，即促进了城市空间集中。表9-7（7）～（10）列反映了城市集群指标反事实重建后的估计结果，ic 的回归系数均不显著，这意味着城市群中的"核心-外围"关系是城市集群影响城市空间演化的重要基础，验证了前文结论的稳健性。

3. 考虑其他外围城市的影响

由于上述结果是基于城市群"核心-外围"结构的假设，即外围城市空间演化主要受到核心城市的影响，未加入其他外围城市的影响。外围城市影响可能产生的路径，一是城市空间演化的空间关联性，来源可能是城市地理特征、气候条件和自然资源禀赋的相似性，也可能是城市产业结构、经济发展模式和交通区位的相似性，正如毛琦梁等（2018）研究证实的地区比较优势演化存在空间关联一样。二是城市集群指标的空间关联，中心地理论（Christaller，1933）认为发达地区和欠发达地区的空间结构是以城市为中心的六边形网络结构，后来的新经济地理学"核心-外围"模型也认为发达地区和欠发达地区存在类似的"环状结构"，这意味着空间上很可能存在两个相对分离的外围地区的城市集群指标相近。综合考虑上述两条路径产生的其他外围城市的影响，本书用空间杜宾模型来进行

表 9-7　指标重建和反事实自变量构建的面板估计结果

变量	重选核心城市				帕累托指数			反事实检验		
	(1) A	(2) A	(3) B	(4) B	(5)	(6)	(7) A	(8) A	(9) B	(10) B
ic_100	0.192*** (4.45)		-0.002** (-2.20)		-0.082*** (-3.58)		0.418 (0.42)		-0.121 (-1.62)	
ic_200		0.102*** (3.09)		-0.002*** (-2.99)		-0.004*** (-4.87)		0.020 (0.67)		-0.185 (-1.269)
城市固定	控制	控制	控制	控制	控制	控制	控制	控制	控制	控制
时间固定	控制	控制	控制	控制	控制	控制	控制	控制	控制	控制
控制变量	控制	控制	控制	控制	控制	控制	控制	控制	控制	控制
N	2628	2628	2628	2628	2628	2628	2628	2628	2628	2628
调整后的 R^2	0.346	0.303	0.024	0.016	0.109	0.184	0.305	0.331	0.011	0.019

估计，如式（9-14）（9-15）所示。

$$A_{it} = \alpha_0 + \alpha_1 ic_{it} + \rho_1 W \cdot A_{jt} + \beta_1 W \cdot ic_{jt} + \alpha_2 X_{it} + city_i + year_t + v_{it} \quad (9-14)$$

$$B_{it} = \beta_0 + \beta_1 ic_{it} + \rho W \cdot B_{jt} + \beta W \cdot ic_{jt} + \beta_2 X_{it} + city_i + year_t + v_{it} \quad (9-15)$$

其中，$W \cdot B_{jt}$ 与 $W \cdot ic_{jt}$ 分别表示相邻地区的截距（核心区的平均灯光密度）、灯光梯度与城市集群强度，W 为空间权重矩阵，用于定义何为"相邻"。由于前文我们构建的城市集群指标与各外围城市到核心城市的通勤时间有关，那么城市间空间关联除了受到地理距离的影响外，更会受到两城间的交通基础设施影响，用平均公路里程与地理距离倒数的空间权重矩阵的交互项来表征，如式9-16所示。

$$W = W_1 \cdot diag(\bar{I}_{c1} / \bar{I}, \bar{I}_{c2} / \bar{I}, \bar{I}_{c3} / \bar{I}, \cdots \bar{I}_{cn} / \bar{I}) \quad (9-16)$$

其中，W_1 为反距离矩阵；c、i 和 j 的取值为 $[1, n]$；$\bar{I}_{cn}$ 为省 c 内的城市 n 在研究期内的平均公路里程；$\bar{I}$ 为省 c 在研究期内的平均公路里程。城市公路里程在城市群中占比越大，相邻城市集群空间关联度就越高。在标准化处理空间权重矩阵时，为避免普通标准化处理方法可能导致的偏误问题，本书采用最大特征值处理方法。

表9-8的（1）～（4）列反映了控制空间关联后的空间杜宾模型估计结果。结果均显示 $W \cdot A_{jt}$ 或 $W \cdot B_{jt}$ 在至少10%水平上显著为正，表明相邻城市的截距 A、灯光梯度 B 与本城市存在正向空间关联；而 A 的 $W \cdot ic$ 系数显著为负，表明相邻城市集群度越高，本城市的核心区灯光亮度越低，即可能存在空间虹吸效应；B 的 $W \cdot ic$ 系数显著为正，表明相邻城市集群度越高，对本城市灯光梯度可能存在越大的溢出效应，意味着无论相邻城市间核心区的灯光亮度，还是城市空间演化，都存在一定的空间依赖性。当然更重要的是，在控制了自变量和因变量的空间关联后，核心变量 ic 的系数均在1%的水平上显著，且符号与基本回归结果保持一致。至此我们对假说1的稳健性进行了较为充分的论证。

表 9-8　考虑其他外围城市的稳健性检验

变量	(1)A-100	(2)A-200	(3)B-100	(4)B-200
ic	0.205 ***	0.208 ***	−0.003 ***	−0.004 ***
	(6.17)	(6.24)	(−2.94)	(−3.56)
$W \cdot ic_{jt}$	−0.292 *	−0.295 **	0.005 **	0.005 **
	(−1.95)	(−2.00)	(2.05)	(2.22)
$W \cdot A_{jt}$ 或 $W \cdot B_{jt}$	0.101 *	0.095 *	0.052 *	0.040 **
	(1.89)	(1.81)	(1.73)	(1.99)
城市固定	控制	控制	控制	控制
时间固定	控制	控制	控制	控制
控制变量	控制	控制	控制	控制
Log-p	701.01	620.09	701.01	620.09
调整后的 R^2	0.356	0.252	0.301	0.194
N	2916	2916	2916	2916

四　异质性分析

首先，由于外围城市与核心城市的空间分布密度并非完全随机，而是与城市所处的空间范围有关，我们用城市集群与其所在省份面积（大于均值赋值为 1，否则赋值为 0）的交互项作为控制变量进行回归分析。从表 9-9（1）（2）列的估计结果可以看出，虽然省份面积不影响城市集群系数的显著性，但通过交互项可以看出城市所在省份的面积越大，城市集群对其空间集中化的促进效应越强。

其次，根据新经济地理学理论，外围城市市场潜力会随着其与核心城市距离的增加，呈现先快速减弱后缓慢增强的变化趋势，而市场潜力是影响外围城市空间演化的关键因素。对此，虽然我们在控制变量中已添加外围城市核心区（市辖区）经济特征来进行控制，但仍难以完全应对这种非线性变化可能产生的挑战——因为距离较远的外围城市空间演化很可能是由市场潜能导致的。因此，我们先按照外围城市到核心城市的通勤时间构建虚拟变量（大于均值赋值为 1，否则赋值为 0），并将其与解释变量城市集群交互后进行回归分析，检验空间异质性影响下的结论是否稳健，结果如表 9-9（3）（4）列所示。结果显示，在控制交互项后城市集群的空间集中化效应依然显著，而且通过交互项系数也可以看出，距核心城市通勤时间越长，外围城市空间集中化程度越高。这意味着，虽然外围城市的市场潜能可能有一定影响，但城市集群依然是塑造外围城市空间演化的重要力量。实际上，若外围城市到核心城市的通勤距离较短，则无论是其内部的核心区还是边缘区，受到的"借用规模"效应相对于其他外围城市而言，差异并不大（Meijers & Burger，2017）。所以，长期来看两者增长差距相对不明显，不会形成集中化的空间态势，这与 Baldwin 等（2003）提出的核心城市对外围城市的福利补偿理论一致，即其他条件一定时，外围城市到核心城市通勤时间越短、运输成本越低、自身市场潜能相对越大，就越能因从核心城市发展中获得产业（资本）转入而受益。故而，距核心城市通勤时间较短的外围城市，其空间分散化态势较强，空间集中化趋势则较弱；通勤时间较长的城市，由于受到核心城市更强的虹吸效应，随着城市集群度提高，外围城市边缘区要素更容易被"双核"虹吸，从而在空间上表现为集中化态势。

表 9-9　异质性回归结果

交互方式	与城市所在省份面积交互		与到核心城市的通勤时间交互		与核心城市辐射能级交互		与外围城市公路密度交互	
因变量	(1)A	(2)B	(3)A	(4)B	(5)A	(6)B	(7)A	(8)B
ic_200	0.189*** (4.39)	-0.084* (-1.92)	0.252*** (5.16)	-0.044** (-2.37)	0.248*** (3.18)	-0.014* (-2.00)	0.168*** (2.79)	-0.019*** (-3.60)
交互项	0.134*** (2.91)	-0.589*** (-4.09)	0.102** (2.22)	-0.001* (-1.88)	0.305** (2.05)	-0.002** (-2.33)	-0.128*** (-3.54)	0.007* (1.80)
城市固定	控制	控制	控制	控制	控制	控制	控制	控制
时间固定	控制	控制	控制	控制	控制	控制	控制	控制
N	2916	2916	2916	2916	2916	2916	2916	2916

注：由于 ic_200 和 ic_100 的结果差异性不大，这里不再单独列出 ic_100 的回归结果。

最后，有学者认为，核心城市对周边城市的影响到底是溢出效应还是虹吸效应，不但与核心城市辐射能力有关，还与城市内和城市间的交通情况有关。由于前文构建的城市集群指标中已包含城市间交通时间成本，故进一步考虑核心城市辐射能力与外围城市内的交通因素。增长极理论认为"极"点对周边区域的辐射强度主要取决于创新能力，所以用核心城市专利授权数①（大于均值赋值为1，否则赋值为0）来测度城市能级。此外，由于外围城市内部通勤时间的变化与其内部公路密度有关，所以用城市公路密度②（大于均值赋值为1，否则赋值为0）测度外围城市内部交通变化。回归结果如表9-9所示，其中（5）（6）列表明核心城市的辐射能级越高，外围城市集群对其空间集中化加速效应越强，这意味着核心城市辐射能级越高，外围城市核心区的溢出效应越弱，虹吸效应越强。这可能是由于创新承接需要一定的产业和人力资本基础，而外围城市的核心区无疑比边缘区更易于吸收和承接。与此相反，表9-9的（7）（8）列表明外围城市公路密度越高，外围城市集群对其空间集中化加速效应越弱，这可能是由于公路密集的城市都处于核心城市周边，从而受到的溢出效应强于虹吸效应，更容易得到发展，并最终表现为空间分散。

上述分析已指出，由于外围城市的市场潜能会随距核心城市通勤时间的延长（通勤时间越长，城市集群度越小）而呈现非线性变化，这种非线性特征会对城市集群的空间演化效应产生影响，即可能存在如下机制干扰本书的结论：距核心城市较近的外围城市（城市集群度高），由于其核心区市场潜能较弱而出现空间分散现象；距核心城市较远的外围城市（城市集群度低），则由于核心区市场潜能较强而出现空间集中现象。为处理城市集群对外围城市空间演化影响的非线性问题，我们引入面板门槛回归模型进行分析。基于"自举法"（Bootstrap）对面板门槛的存在性（单门槛、双门槛和三门槛）进行检验，经反复抽样500次后，结果表明城市集群 ic_100 和 ic_200 作为单门槛变量的 P 值分别为0.024和0.089，拒绝了原假设，但双门槛和三门槛 P 值均大于0.1，接受备择假设，这表明门槛效应存在且为单门槛模型。在此基础上估计单门槛面板模型，得到表9-10的回归结果，当城市集群变量取 ic_100 和 ic_200 时，估计的门槛值分别为14.52（分子取各年均值后，得到平均通勤时间约为1.2小时）

①　数据来自国家知识产权局。

②　城市公路密度=城市公路里程/城市行政区面积。数据来自各城市统计年鉴及统计公报。

和18.31（平均通勤时间约为0.9小时）。从门槛两侧的估计结果对比看，在门槛值右侧城市集群（城市集群度高，通勤时间短）对变量A的正影响相对于左侧（城市集群度低，通勤时间长）的影响明显削弱，表明城市集群度越高的外围城市空间集中度越低；在门槛值右侧城市集群对变量B的影响相对于左侧的系数符号由正转负，表明外围城市空间演化态势发生了逆转，城市集群度越高，外围城市空间梯度越小，即存在较强的空间扩散效应。更直观地说，在其他条件不变时，当外围城市到核心城市的平均通勤时间为0.9~1.2小时，外围城市的空间可能相对于其他更远的外围城市更分散，反之亦然。

表9-10　城市集群的门槛效应回归结果

变量	(1)A	(2)A	(3)B	(4)B
$ic\_100 \leqslant 14.52$	0.298*** (3.77)		-0.010*** (-2.79)	
$ic\_100 > 14.52$	0.062*** (3.05)		0.004* (1.97)	
$ic\_200 \leqslant 18.31$		0.171*** (2.91)		-0.028*** (-2.88)
$ic\_200 > 18.31$		0.014*** (2.85)		0.011*** (3.48)
控制变量	控制	控制	控制	控制
城市固定效应	控制	控制	控制	控制
时间固定效应	控制	控制	控制	控制
N	2916	2916	2916	2916

五　机制分析

根据前文的理论分析，外围城市的边缘区受"双重虹吸"影响，且该影响是外围城市集群促进空间演化的重要机制，为验证该机制，本书使用调节效应的思想，用"外围城市核心区人口占比×外围城市人口与核心城市人口比"构建调节变量（mod_{it}），前者表征了外围城市核心区对外围城市的主导性，后者则表征了外围城市与省内城市竞争中的主导性，所以两者之积，能总体表征外围城市核心区和核心城市对外围城市边缘区的双重影响，且该调节变量的值越大，可以认为外围城市核心区的"主导能力"越强，空间集中态势会越明显。为研究方便，定义外围城市的"区"为核心区，"县"为边缘区，以回归样本的起始年份2006年为"区"和"县"的划分依据，不考虑后续几年出现的行政区划变动。采用城市层面聚类标准误的面板固定效应进行估计，结果如表9-11（1）~（4）列所示，$ic \cdot mod$ 的系数均与 ic 的估计系数保持同号且显著，这意味 mod 变量对 ic 影响 A、B 的关系上存在正向调节作用，即外围城市核心区主导能力越强，外围城市空间集中趋势越明显，因而假说2得证。

为了进一步验证外围城市集群度提高对核心区产生的高技能劳动力选择效应，我们采用张军等（2018）的方法，基于2006~2013年中国工业企业数据，计算识别了160个外围城市的"区"和全市的数据，制造业行业代码范围是13~43，根据三位代码的制造业行业人均微机数的三等分点划分为高、中、低三类，重点关注高技能劳动力占比（HSL_{it}）与城市集群的回归系数；同时，为验证外围城市集群度提高引致的核心区创业集聚效应，采用"爱企查企业统计数据库"中的"区"新注册企业个数占全市新注册企业个数的比（NEE_{it}）来衡量，回归结果如表9-11（5）~（8）列所示。结果表明，ic 和 $ic \cdot mod$ 的系数为正且在1%或5%的置信水平下显著，表明外围城市集群度提高，有利于促进其核心区高技能劳动力集聚，并产生较强的创业集聚效应，核心区的主导能力在其中具有比较强的正向促进效应，验证了关于外围城市集群促进其空间集中演化的微观机制猜想。

表9-11　机制分析的回归结果

变量	（1） $A-100$	（2） $A-200$	（3） $B-100$	（4） $B-200$	（5） $HSL-100$	（6） $HSL-200$	（7） $NEE-100$	（8） $NEE-200$
ic	0.013 * (1.90)	0.019 ** (2.37)	-0.009 *** (-3.03)	-0.003 * (-1.91)	0.091 *** (2.96)	0.129 *** (3.64)	0.563 *** (5.69)	0.694 *** (4.31)

变量	(1) $A-100$	(2) $A-200$	(3) $B-100$	(4) $B-200$	(5) $HSL-100$	(6) $HSL-200$	(7) $NEE-100$	(8) $NEE-200$
mod	0.002 *** (3.76)	0.005 *** (2.70)	-0.018 * (-1.93)	-0.001 (-1.50)	0.206 (1.02)	0.322 (1.52)	0.120 ** (1.99)	0.516 *** (2.93)
$ic \cdot mod$	0.010 *** (2.94)	0.014 *** (3.91)	-0.017 *** (-2.99)	-0.024 *** (-3.70)	0.089 ** (2.31)	0.097 *** (3.66)	0.230 *** (2.64)	0.367 *** (3.28)
城市固定	控制	控制	控制	控制	控制	控制	控制	控制
时间固定	控制	控制	控制	控制	控制	控制	控制	控制
控制变量	控制	控制	控制	控制	控制	控制	控制	控制
N	2916	2916	2916	2916	1280	1280	2916	2916
调整 后的 R^2	0.033	0.026	0.048	0.043	0.102	0.098	0.249	0.284

第五节　本章小结

随着中国城际交通体系愈发成熟，城市内公路网愈发密集，以及城市群战略提级深化，城市集群俨然已成为最普遍的空间现象。本章试图分析城市集群影响城市内部空间演化间的内在逻辑联系，以处于"核心-外围"空间结构中的外围城市为分析对象，首先理论分析了城市集群影响城市内部空间演化的机制。其次以匹配的 2006~2017 年全球夜间灯光数据、通勤时间数据、城市基本统计数据为基础，构造核心变量测度指标，并结合工具变量，识别了城市集群对城市内部空间演化的因果效应。结果显示，外围城市集群显著增强了其内部空间集中趋势；发生机制是在双"核心-外围"空间结构中，外围城市集群度的提升，增强了其核心区的高技能劳动力集聚和创业集聚效应，而且该效应会随着核心区的主导能力增强而增强。

城市集群度提高对外围城市来说，很可能是一把"双刃剑"。一方面，城市集群提升了核心区的要素选择效应和创业集聚效应，有利于核心地区的发展，"做大蛋糕"；另一方面，城市集群可能会引起边缘区的萧条，在双"核心-外围"空间格局下，城市集群就像打通了外围城市边缘区的"漏斗阀门"一样，外围城市的核心区和城市群的核心城市很可能会将外围城市边缘区的要素虹吸殆尽，从而产生外围城市核心区空间集中的现象。新时期城际和城内高速公路密度、高铁（地铁）开通城市（站点）数均在增加，城市群、都市圈建设也如火如荼，在实现共同富裕的时代背景下，县城是协同推进新型城镇化和乡村振兴的载体，我们尤其需要关注这种外围城市边缘县城被"虹吸"的现象，如近几年来中西部地区很多县的"空心化"，很可能会严重影响新型城镇化和乡村振兴战略的实施效果。在实际工作中，地方政府不仅要考虑如何借助城市集群的力量发展城市核心区，更要考虑如何使其最大限度地普惠边缘区（县）的发展，而这里的关键在于构建边缘区与核心区的利益共享机制，如产业链价值链联系、生态补偿联系、转移支付联系等。此外，那些远离核心城市或省会的县，不应该对加入某些城市群和都市圈建设的前景过于乐观，或者不顾自身特征一拥而上，而应该谨慎地审视自身产业分工、市场潜力、资源禀赋等因素，结合核心城市或省会的产业特征和未来规划制定差异化的政策，顺应规律，差异化、联系化发展，时刻警惕由于城市集群引致的萧条而与共同富裕目标背道而驰。

第十章 中国城市群战略的深化重点与方向

本章在前文分析的基础上，从城市群核心城市溢出规律和外围城市承接能力的角度提出了中国城市群战略深化的未来重点和未来战略思路。基本逻辑是先根据前文分析得出战略深化的重点，然后结合国内外城市群发展和治理的经验，以及中国式现代化的特征，提出具体的战略思路和深化方向。

第一节 中国城市群战略深化的重点

"十三五"规划纲要第八篇"推进新型城镇化"第三十三章"优化城镇化布局和形态"中提出要加快京津冀、长三角、珠三角、山东半岛、海峡西岸、长江中游、成渝、哈长、北部湾、黔中、滇中、山西晋中、关中平原、兰西、中原、呼包鄂榆、辽中南、宁夏沿黄、天山北坡等 19 个城市群的建设发展，同时也明确了各城市群未来的主要战略重心，"优化提升东部地区城市群，建设京津冀、长三角、珠三角世界级城市群，提升山东半岛、海峡西岸城市群开放竞争水平。培育中西部地区城市群，发展壮大东北地区、中原地区、长江中游、成渝地区、关中平原城市群，规划引导北部湾、山西中部、呼包鄂榆、黔中、滇中、兰州-西宁、宁夏沿黄、天山北坡城市群发展"。

根据前文的分析结果，要推进城市群战略深化的基础，是确定城市群当前正处于时空演变的哪一个阶段。对此，除了前文的分析论证外，当前国内有影响的研究已有 2 项：方创琳（2011）基于 2007 年的数据从城市群发育度、城市群紧凑度、城市群空间结构稳定度、城市群投入产出效率四个方面对中国主要城市群发育水平进行了综合评价；叶裕民、陈丙欣（2014）则根据 2010 年的普查数据，从经济总量、人口规模、就业规模、流动人口、通勤时间、城市数量六个方面对城市群的发育水平进行了类型划分。为使分类更加客观，本书取这两个文献的研究结论中关于城市群发育水平评价的"交集"，且考虑到京津冀协同发展和长三角区域一体化发展已上升为国家战略，以及"十三五"规划的战略重点分类，将战略重点为"优化提升"的京津冀城市群、长三角城市群、珠三角城市群划为Ⅲ阶段城市群；将战略重点为"发展壮大"与提升"开放竞争水平"的长江中游城市群、成渝城市群、哈长城市群、中原城市群、辽中南城市群、海峡西岸城市群、山东半岛城市群、关中平原城市群划为Ⅱ阶段城市群；将战略重点为"规划引导"的其余 8 个城市群划为Ⅰ阶段城市群。

处于Ⅰ阶段的城市群，其未来战略深化的方向应是增强核心城市的"溢出能力"，而这些城市群的主要城市仍处于集聚阶段，需要政府从空间层面进行战略规划引导；处于Ⅱ阶段的城市群，其未来战略深化的推进路径是增强核心城市溢出的"传播能力"，该类城市群需要打通溢出渠道，增强溢出效应的空间传播范围；处于Ⅲ阶段的城市群则需要从外围城市"承接能力"提升方面着手，全面提高区域一体化水平，精细化城市功能分工，提升全球价值链竞争力，具体如表 10-1 所示。需要说明的是，关于城市群战略深化的推进路径，是基于学者对城市群发展阶段划分以及"十三五"规划战略重点综合分析而得出的，是本书立足未来城市群战略深化路径必须具有差异性的观点而得出的基本判断，这不意味着某城市群仅采取某方面的战略政策而忽视其他，在战略实施中，该路径只是与其他战略协同推进的"龙头"。

表 10-1　19 个城市群发展阶段划分、战略重点及深化机制

城市群	阶段	战略重点	深化方向	城市群	阶段	战略重点	深化方向
京津冀	Ⅲ	优化提升	外围城市承接能力提升	海峡西岸	Ⅱ	提升开放	溢出传播能力提升
长三角	Ⅲ	优化提升	外围城市承接能力提升	山东半岛	Ⅱ	提升开放	溢出传播能力提升

城市群	阶段	战略重点	深化方向	城市群	阶段	战略重点	深化方向
珠三角	Ⅲ	优化提升	外围城市承接能力提升	北部湾	Ⅰ	规划引导	溢出能力提升
长江中游	Ⅱ	发展壮大	溢出传播能力提升	黔中	Ⅰ	规划引导	溢出能力提升
成渝	Ⅱ	发展壮大	溢出传播能力提升	滇中	Ⅰ	规划引导	溢出能力提升
哈长	Ⅱ	发展壮大	溢出传播能力提升	关中平原	Ⅱ	发展壮大	溢出传播能力提升
中原	Ⅱ	发展壮大	溢出传播能力提升	兰西	Ⅰ	规划引导	溢出能力提升
山西晋中	Ⅰ	规划引导	溢出能力提升	宁夏沿黄	Ⅰ	规划引导	溢出能力提升
呼包鄂榆	Ⅰ	规划引导	溢出能力提升	天山北坡	Ⅰ	规划引导	溢出能力提升
辽中南	Ⅱ	发展壮大	溢出传播能力提升				

需要注意的是，在具体城市群战略的推进中，必须立足地区比较优势。正如习近平总书记在2019年中央财经委员会第五次会议上发表的重要讲话中所强调的，要立足地区比较优势，形成优势互补高质量发展的区域经济布局。根据新地理经济理论，核心城市带动外围城市发展有个临界值，该临界值由两者的市场开放度和外围地区相对于核心地区的比较优势决定。当市场开放度一定时，外围城市的比较优势越大，该临界值就越小，外围城市就越能被核心地区带动，实现协调发展。城市群是由少量核心城市、多个外围城市组成的，那么很显然多个外围城市的比较优势有可能存在差异，这种差异性就决定了外围城市不可能被核心城市一并带动，而是依次带动的。空间中各城市群间的发展联系其实同样存在与"核心-外围"结构相似的规律，遵循该规律，政府在制定城市群战略时，在明确各城市群的发展方向和战略重点的基础上，必须考虑外围城市或城市群的比较优势差异，发挥各城市或城市群的比较优势，促进各类要素在城市群内或群间合理流动和高效集聚，推动形成优势互补的城市群内或城市群间空间布局。

第二节　北美五大湖城市群发展经验

北美五大湖城市群分布于五大湖沿岸，从芝加哥向东到底特律、克利夫兰、匹兹堡，并一直延伸到加拿大的多伦多和蒙特利尔，是世界上较大的城市群之一。北美五大湖城市群高度重视"内畅、外联、互通"的对外开放通道建设，依托由机场、港口、铁路、公路等共同组成的综合立体交通网络和完善的通信信息网络，加快区域内各类生产要素和商品的流动，促进信息的传递与交互。同时，该城市群注重发挥政府和区域组织的协调作用，持续提升核心城市芝加哥的高新技术产业的集聚能力、创新水平和公共服务水平，增强外围城市的产业承接能力和人口吸引力，给城市群带来了巨大的整体效应。

一　芝加哥作为核心城市的相关政策

芝加哥作为北美五大湖城市群的核心城市，出台了多项政策支持发展大数据、生命科技等高新技术产业，并通过建设创新创业中心营造良好的创新环境，同时注重加强卫生服务、教育、社会保障、公共文化等领域的公共服务能力建设。

1. 支持高新技术产业发展

（1）大数据产业。芝加哥历次战略规划均提到要发展大数据产业，经过几十年的发展，芝加哥已经成为全美重要的数据中心之一。如表10-2所示，早在1999年《芝加哥大都市2020：为21世纪芝加哥大都市区准备》就提出芝加哥数据中心的构想与建设；而后分别于2011年、2013年出台《芝加哥大都市区迈向2040综合区域规划》和《芝加哥科技规划》，提出要通过构建区域协同创新机制，集中在产业集群的研究和项目推进，进一步明确了芝加哥数据中心的发展定位。

表10-2　芝加哥的大数据产业政策

时间	政策名称	主要内容
1999年	《芝加哥大都市2020：为21世纪芝加哥大都市区准备》	提出打造芝加哥数据中心，强调科技企业发展、校企合作和区域大数据商业化运作；通过提供集中式的数据收集处理和营销服务，帮助企业科学选址和拓展业务

续表

时间	政策名称	主要内容
2011 年	《芝加哥大都市区迈向 2040 综合区域规划》	进一步明确芝加哥市中心建设服务于大都市区范围内企业的数据处理和分享中心
2013 年	《芝加哥科技规划》	把大数据上升为城市发展的一项重要举措，将数据和城市空间相结合
2019 年	《伊利诺伊州资本支出法案》	推行税收优惠政策，推动本州数据中心建设

资料来源：课题组整理，下同。

（2）生命科学产业。为支持芝加哥生命科学产业的发展，伊利诺伊州通过了一系列涉及生命科学研发基础、产研互动、资金来源、硬件设施、人才需求的战略计划，并出台了多项具体政策，如表 10-3 所示。

表 10-3　伊利诺伊州政府的生命科学产业政策

战略计划	具体政策	主要内容
生命科学研发基础	投资科研办公楼	投资建设基因生物工程研究院、生物医药研究大楼、癌症研究中心、化工研究院、纳米技术研究所和区域生物污染实验室
	支持生命科学研究的研发计划	对获得邦联支持的项目发放配套资金
产研互动	科研机构	设立伊利诺伊技术推广联盟
资金来源	风险资金	设立 5000 万美元的风险基金，养老基金可投资 500 万美元以下项目 1% 的股权
硬件设施	企业孵化器	建立研发中心和 IT 大学科技园
	生命科学开发区域	支持芝加哥科技园区、伊利诺伊大学研究院、SIU 大学园区及其他 3 个在建项目
人才需求	管理人才招聘计划	由伊利诺伊大学厄巴纳—香槟分校（UICI）的企业家发展中心负责实施
	再培训计划	实施 BiTmaP 项目，旨在为 IT 员工进行生物信息工程培训，该项目已经得到美国劳动部 300 万美元的资金支持
	K-12 扩展计划	中西部健康与生命科学基金会为 K-12 和社区学校提供专业培训，其中政府出资 17 万美元

2. 建设创新创业中心

芝加哥创新和创业复兴的起源是 1871 孵化器，它集聚了超过 500 家创业公司，是芝加哥创业社区的知名中心，已经成为一个高度协作的创新生态系统。1871 孵化器隶属芝加哥创业中心，是芝加哥技术和创业生态系统的主要枢纽。政府支持 1871 孵化器的发展，其资金来源之一就是伊利诺伊州政府的拨款。据统计，2020 年该孵化器接收创业企业 35 家，现拥有在孵企业 450 余家，毕业企业 650 余家，涉及创意文化、通信及运输、教育、金融、绿色能源、生物科技及健康、材料和制造、零售电商等多个领域。毕业企业累计筹集资金 15 亿美元，创造工作岗位 11250 余个。

3. 提升公共服务能力

优质的公共服务是芝加哥的核心竞争力，包括公共文化、公共卫生、基础教育等方面。尤其在教育方面，经过学校改革和教育改革，芝加哥形成了可借鉴、可推广的"芝加哥经验"，也成为美国的教育中心之一。1989 年，芝加哥通过了《芝加哥学校改革法案》，该法案提高了学校的组织权，并设立了当地学校委员会这一专门机构，同时赋予其推进学校改革的灵活性，该法案为以后教育改革的全面展开提供了基本的制度保障。教育改革的核心是课程改革，课堂教学改革又是课程改革的关键环节（见表 10-4）。基于此，芝加哥先后开展了阅读创新行动、数学与科学创新行动和高中转变计划。芝加哥公立学校经过十几年的教育改革，提高了学生学业成绩，组建了高质量的教师队伍，优化了学区内的学校结构，形成了"芝加哥经验"。

表 10-4　芝加哥的公共服务政策

种类	出台时间	政策名称	主要内容
公共文化	2012 年	《2012 文化发展规划》	包括文化活动的策划和组织、文化设施规划和建设、文化资产管理和操作，促进文化与产业的融合，利用基础设施信托基金支持文化项目，以及提高市民的文化素养等

种类	出台时间	政策名称	主要内容
公共卫生	2016 年	《健康芝加哥 2.0》	拓展合作伙伴关系和提高社区参与度,使所有居民都能平等地获得资源、机会和环境,最大限度提高居民的健康福祉,具体包括提高儿童和青少年健康水平、控制肥胖、控制烟草、预防和控制慢性病、预防癌症等 82 个目标和为达成目标制定的 208 项策略与具体方法
	2020 年	《健康芝加哥 2025》	转变政策范式和程序,促进反种族主义、多文化体系建设;强化社区能力和青年领导;改善受不平等影响最严重人群的护理系统;合理利用数字科技,进一步提升社区的健康和活力水平
基础教育	1989 年	《芝加哥学校改革法案》	改变公立学校当地管理体制,提高学校自主权,设立当地学校委员会,赋予当地学校委员会实行改革更大的灵活性
	2001 年	芝加哥阅读创新行动	通过阅读资料、专业发展、指导示范、评价数据等具体措施,有效提高教师的阅读能力,从而提高学生的阅读能力
	2003 年	芝加哥数学与科学创新行动	旨在改变数学和科学的教学方式,提高课堂教学质量与教师学科知识水平,激发学生和成年人对数学与科学的兴趣
	2006 年	高中转变计划	通过预期提高学生的学习成果;聘用、培养和支持优秀的领导者;提高学校的自主性;为教师提供相关支持;为学生提供高品质的选择;为学生的学业提供支持;提出 IDS 教学策略,为教师和校长提供支持

二 芝加哥提高溢出渠道的相关政策

1. 建立完善的交通基础设施网络

北美五大湖城市群依托五大湖区发达的公铁水空立体走廊实现高效互联,是北美地区高端制造业集群所在地,各都市圈之间形成了多样性定位和良好的产业协同关系。核心城市芝加哥是连接美国东西部的重要交通枢纽,是美国中西部重要的综合运输枢纽以及全球的转运中心。为了提高城市群内核心城市到其他外围城市的通达度，芝加哥提出了以下交通发展策略：推进铁路、公路、水路等交通基础设施建设；发展航空运输业；建立智能化交通管理体系；发展跨区域的交通基础设施协作。

1909年出台的《芝加哥规划》构建了芝加哥大都市区的交通结构框架，当时对道路体系和铁路交通体系的梳理与整合，为芝加哥交通发展奠定了基础。在此后先后出台的《中心区发展规划》《芝加哥综合规划》，均提出打造芝加哥交通中心的建设目标。1999年的《芝加哥大都市2020：为21世纪芝加哥大都市区准备》规划将芝加哥打造为全国重要的大都市区，强调在交通方面的区域中心地位，提出扩建奥黑尔机场，并支持建设第三机场。随着交通基础设施的完善，21世纪以来，芝加哥的交通发展策略侧重于绿色交通、智能化交通管理、运输网络更完善高效等方面。2003年《环境与交通改善计划》《2030区域交通规划》提出实行绿色交通政策；2005年《芝加哥大都市区2040区域框架规划》首次提出要实现区域交通智能化管控；2011年《芝加哥大都市区迈向2040综合区域规划》、2018年《芝加哥大都市区迈向2050综合区域规划》强调建设高效率的运输网络，实现人员和货物的无缝运输（见表10-5）。此外，为实现北美五大湖城市群的交通资源整合，满足五大湖区的交通运输要求，1996年五大湖区的伊利诺伊州、印第安纳州等地的交通部门联合成立美国中西部地区高速铁路启动小组，负责制定实施美国中西部地区高速铁路系统计划，促进跨区域的交通基础设施协作发展。中西部高速铁路网的建设将极大地繁荣五大湖地区的经济，缓解交通压力，加快区域内的要素和产品流动。

表 10-5　芝加哥交通基础设施政策

出台时间	政策名称	主要内容
1909 年	《芝加哥规划》	建设呈放射状加同心圆的高速公路系统,内部扩展,沿交通线向外辐射,从城市中心向外延伸至少 60 公里;将现有的铁路线整合为协调运作、相互衔接的高效运营系统;在芝加哥河和卡拉麦特河入湖口处的货运港口建设货物装卸中心;构建由快速客运交通、地下铁路、高架铁路、地下有轨电车共同构筑的综合客运体系

续表

出台时间	政策名称	主要内容
1958 年	《中心区发展规划》	打造芝加哥交通中心的地位,完善和拓展公共交通
1966 年	《芝加哥综合规划》	打造芝加哥交通中心的地位
1999 年	《芝加哥大都市 2020：为 21 世纪芝加哥大都市区准备》	强调了在生态自然、交通枢纽、教育医药等方面的区域中心地位;扩建奥黑尔机场,支持建设第三机场的规划
2003 年	《环境与交通改善计划》《2030 区域交通规划》	提出芝加哥要发展绿色交通或可持续交通,提出从政策和财政上大力扶持发展公共交通,优化步行系统和自行车交通系统,以及抑制小汽车需求等绿色交通政策
2005 年	《芝加哥大都市区 2040 区域框架规划》	建设区域交通走廊,修建新的外环通勤铁路和货运铁路走廊,支持多种模式的交通走廊的发展,推进区域交通智能化管控
2011 年	《芝加哥大都市区迈向 2040 综合区域规划》	提出要战略性地投资交通,增加公共交通投入,创造更高效的货运网络
2018 年	《芝加哥大都市区迈向 2050 综合区域规划》	要求芝加哥大都市区 7 个郡实施良好整合与多式联运,从而实现人员和货物的无缝运输;提出 2050 年规划交通的目标——科技赋能交通系统

2. 建设信息枢纽型城市

芝加哥是美国重要的通信和信息中心,1999 年通信行业已经成为芝加哥的七大优势产业之一。《芝加哥大都市区迈向 2050 综合区域规划》强调建设通信枢纽,覆盖基础设施建设、社区开发、通信与信息技术企业培育三个方面;同时,提出要建设区域大数据中心,收集公共数据,形成服务于区域和企业的城市信息枢纽。通过整合伊利诺伊州、县、自治市政府及其他主体,收集处理数据,实施技术改善,推进数据公开交换。另外,通过获取与分析居民相关反馈数据,找出有利于提升城市生活质量的策略。

第三节　欧洲西北部城市群发展经验

欧洲西北部城市群由大巴黎地区城市群、莱茵-鲁尔城市群、兰斯塔德城市群、安特卫普城市群等构成，其中以巴黎为中心城市的大巴黎地区城市群是欧洲西北部城市群的核心区域，莱茵-鲁尔城市群等为外围区域。欧洲西北部城市群体系呈现有序网络化、有差异的产业分工及良好的区域创新，带动欧洲西北部城市群产业整体升级与协同发展（李娣，2015）。大巴黎地区城市群凭借高效完善的交通网络，与德国、荷兰、比利时建立了良好的区域协作制度体系，构成了城市密集、互联互通、关联紧密的"多心多核"城市群体系。

一　大巴黎地区城市群推动建设科技创新中心

作为欧洲西北部城市群科技创新体系中的枢纽性节点城市，巴黎在大力发展高新技术产业、打造全球科技创新中心的过程中，在政府政策创新、打造科技创新中心、发展企业孵化器等方面积累了丰富的经验。

1. 政府政策创新

为支持高新技术的发展，营造良好的创新环境，法国政府出台了一系列支持科技创新的政策。2004 年法国重新制定《科研指导法》，提出建立战略思路清晰、机能运转高效的国家创新系统，通过大幅增加科研投入和科研岗位等方式，提高原始创新能力，提升法国的国际竞争力。此外，法国成立了"国家科研与技术高级理事会"，明确要重点发展生物医学、航空航天、纳米技术、信息和通信技术等产业。同时，法国成立了国家科研署和国家工业创新署，负责给生命科学、能源与可持续发展、绿色化工等重点科研项目提供资金资助。此外，为加强科研队伍人才建设，法国政府制订了"2001~2010 年科学招聘 10 年计划"，其主要内容是发现和培育青年科研人才。

2. 打造科技创新中心

2008 年，法国政府和巴黎大区政府正式提出在巴黎以南 20 公里左右的萨克雷高地及其周边地区建设具有全球影响力的巴黎-萨克雷科技创新中心。经过十几年的发展，这一地区通过整合产学研力量，从"科学城"发展为世界级的科技创新集群，为法国科技创新和经济发展提供了重要驱动力。基于政府的政策、资金支持等，该科技中心集聚了巴黎的产学研力量和科研人才，培育了良好的创新创业生态。

3. 鼓励发展企业孵化器

2015年，巴黎启动了一项法国科技倡议计划，提出要打造一家世界最大的孵化中心，吸引全世界创业者集聚于此从事经济活动，巩固法国创新型国家的地位。在政府的支持下，2017年巴黎正式启动了全球最大的初创企业孵化器 Station F，该孵化器旨在构建一个全欧洲乃至世界不可或缺的科创枢纽，为企业提供各种所需的服务和资源，聚集全球高端科技人才和企业。

二　莱茵-鲁尔城市群的相关政策

德国莱茵-鲁尔城市群是世界著名的重工业地区，但二战后该地区重化工经济结构难以为继。为此，20世纪60年代以来，该地区先后采取多项措施，以新技术革命促进区域产业结构优化升级，实现了老工业基地振兴。

1. 成立最高规划机构

在鲁尔地区结构调整和产业转型中，始终伴随着地区的统一规划，这为其成功实现产业转型提供了重要保障，创造了转型的有利环境。1920年，鲁尔煤管区开发协会成立，是鲁尔区最高的规划机构（刘振灵等，2008）。针对鲁尔区产业发展存在的问题，从1960年起，协会陆续出台了鲁尔区的各项发展规划，极大地促进了该地区的产业复兴。1960年鲁尔区发展规划把该区划分为南部饱和区、重新规划区和发展地区，并提出相应的发展方向，这为以后的全盘规划打下了基础。随后协会又对规划进行修订，从法律层面明确要发展新兴工业，改善区域部门结构和建设交通运输网（冯春萍，2003）。基于区域发展的统一规划，协调区域之间发展过程中产生的矛盾，对促进城市群的成熟和快速发展起到了关键作用。

2. 调整区域产业结构

莱茵-鲁尔城市群实现经济复兴的过程，本质上是调整产业结构的过程。通过改造传统企业、吸引新企业入驻、发展第三产业等措施，鲁尔区的产业结构得到了调整、充实和提升，由单一结构的重工业区向多部门的综合工业区方向发展。首先，从 20 世纪 60 年代开始，在国家的资助下，鲁尔区首先采取了对企业集中化、合理化的改造措施（冯春萍，2003）。在政府资金和管理的支持下，鲁尔区的煤炭公司统一部署，优化布局，对煤炭机器进行技术改造，不断提高企业间的专业化和协作化水平。其次，优化营商环境，鼓励新兴企业迁入该区，实现经济结构多元化。最后，大力发展第三产业，建设完善的服务设施，为旅游业的发展提供条件。

3. 提高科技创新能力

莱茵-鲁尔地区高校集聚，科技基础雄厚。基于此，该区注重将科研与实践相结合，在用新技术改造老工业的同时，为新技术企业发展提供资金、管理等支持，大大加快了科技优势转化为生产力的步伐，优化了区域的产业结构。鲁尔区政府加强了科研界与经济界的合作，从多特蒙德到波鸿、埃森、哈根，直到杜伊斯堡，建立了一条横贯全区的技术创新基地带，加快了科研成果的应用；把高等院校的教育和本地区经济发展相结合，将鲁尔区建成"欧洲高等院校区"；支持鲁尔煤管区开发协会组织实施了区域性综合整治与复兴计划，以建筑博览会为基础对鲁尔核心地区17 个城市进行全面整治和改造，提升了地区的整体形象和综合能力。

三　大巴黎地区城市群提高溢出渠道的相关政策

城市群是城市、产业、生产要素的集合体，巴黎通过建设完善的交通基础设施网络和新型基础设施，打造交通和信息枢纽城市，依托"市（镇）联合体"，实现一体化协调发展。同时，巴黎不断提高城市群核心城市的辐射和溢出效应，促进城市群内商品、技术、资金、信息、劳动力流动和资源的合理配置，给欧洲西北部城市群带来了巨大的整体效益。

1. 建立完善的交通基础设施网络

城市群内产业分工体系的建立，必须以发达的交通运输网为依托，完善、综合的交通体系的建立，是欧洲西北部城市群得以快速发展的重要依托和主要驱动力。首先，巴黎市内交通网络发达，通过制定交通战略与规划、发展轨道交通等方式，巴黎市内实现了交通一体化发展（见表10-6）

其次，巴黎作为欧洲西北部城市群的核心城市，高速铁路系统高度完善，形成了"巴黎城市群一小时通勤圈"，实现了从巴黎到布鲁塞尔、阿姆斯特丹、科隆等重点城市的通勤时间均在 1 小时以内。最后，巴黎航空业发达，使得欧洲西北部城市群内的联系非常便捷。这就确立了巴黎的核心城市地位，也为城市群内各个城市的协作发展奠定了基础。

表 10-6　巴黎不同时期的交通战略

交通发展阶段	交通战略	规划
交通基础设施建设阶段	重视道路网络等交通设施建设	《巴黎地区国土开发计划》（1934）
交通战略探索形成阶段	加强区域交通设施建设以保障城市空间结构调整，建设多模式交通体系	《巴黎地区国土开发与城市规划》（1965）
交通战略成熟阶段	区域交通需求上升，城市交通策略侧重提高公共交通服务水平，交通与信息化相融合	《巴黎大区总体规划》（1994） 《大巴黎交通出行规划》（2000）
交通系统品质成熟阶段	注重不同交通方式的衔接，绿色交通逐渐成为潮流	《大巴黎计划》（2000）

2. 建设信息枢纽型城市

1994 年，法国宣布实施建设信息高速公路计划，旨在以互联网为依托，到 2015 年建成覆盖全国的信息高速公路网，实现共享海量信息资源。随后实施的加速互联网推广和应用的未来行动计划、空间技术发展战略计划、通信技术发展计划等，进一步明确了未来建设信息化国家的重点领域和发展计划。巴黎作为欧洲西北部城市群和法国的核心城市，致力于建设信息枢纽型城市。2006 年，巴黎政府推出数字巴黎计划，快速发展光纤网络，推广 WiFi，实现全民共享网络。此外，巴黎城市群科技创新中心建设了由跨国界数据中心支撑的城市创新服务平台，覆盖了巴黎城市群科技创新中心的主要互联网交换点，成为为城市群提供创新数据整合服务的神经中枢（骆建文等，2015）。

3. 建立"市（镇）联合体"一体化协调模式

1999 年 12 月，法国国会通过并颁布实施了专项的《城市（市镇）联合体法》，把之前已经自发形成的"市（镇）联合体"，用国家法律的形式明确肯定和规范下来（鞠立新，2010）。这种协调模式借助政府的力量，有法律约束力，同时不重构行政层级框架，有效促进了城市群一体化的协调发展。

第四节 美国东北部大西洋沿岸城市群发展经验

美国东北部大西洋沿岸城市群，是以美国纽约为核心城市，包括波士顿、费城、巴尔的摩、华盛顿等主要城市在内的城市地带，该地区占美国国土面积的 1.5%，生活着超过 20% 的美国居民，城市化水平在 90% 以上，是美国经济最发达、人民生活水平最高的地区。大西洋沿岸城市群崛起于第二次工业革命时期，随着电力和内燃机的普及，当地依托独特的区位优势和自然资源禀赋条件迅速崛起。二战后，大量人口向南部"阳光地带"迁移，大西洋沿岸城市群陷入短暂的沉寂。20 世纪 80 年代，这些城市开始转型发展，经济又重新焕发生机。美国东北部大西洋沿岸城市群是世界上发展历史最悠久、经济实力最雄厚的城市群，探究其崛起、成长和转型对我国城市群发展具有积极的借鉴意义。

一 大西洋沿岸城市群的产业分工

伴随大西洋沿岸城市群的发展，核心城市纽约经历了由制造业向服务业转型的发展过程，纽约的产业转型促使大西洋沿岸城市群内部形成了良好的产业分工，这为城市群的整体经济发展注入了新的活力。在这一转型过程中，纽约独特的自然条件和美国政府发挥了重要作用。

（一）自然条件在促进城市产业分工中的作用

大西洋沿岸城市群毗邻大西洋，这里地势平坦，河流众多，自然条件优越，拥有众多优良的港口，以纽约为核心的大西洋沿岸城市群依靠便利的河运、海运崛起，成为世界经济最为发达的地区。但城市群内，各港口的分工却不一样，纽约港主要以集装箱远洋运输为主，费城港主要从事近海运输，巴尔的摩港主要运输矿石等大宗商品货物，波士顿港主要转运地方商品货物（见表 10-7）。这一分工格局是在市场经济的作用下，根据各城市的自然条件长期发展形成的。纽约港是著名的深水港，地处大西洋沿岸城市群中心位置，不仅可以容纳吨位巨大的远洋货轮，而且可以通过密集的内陆交通网络将城市群内的货物外运，外国商品也能经过纽约港运输到美国各地；巴尔的摩地区拥有丰富的矿石资源，临港优势使得矿石出口极为便利；由于制造业发展的需要，费城港和波士顿港担负了以近海运输为主的城市间商品运输任务。

表 10-7　大西洋沿岸城市群核心城市港口运输分工

城市	运输业务
纽约	集装箱远洋运输
费城	近海运输
巴尔的摩	大宗商品货物运输
波士顿	地方商品货物转运

（二）政府的作用

　　港口运输业的分工根据各城市独特的自然条件形成，但各城市的主导产业是在市场和政府共同影响下形成的。以纽约为例，纽约之所以成为世界金融中心，离不开美国政府的政策引导和支持。1792 年的《梧桐树协议》建立了纽约证券交易所的雏形，为纽约金融业的发展奠定了基础。1913 年，《联邦储备法案》通过，美联储成立。美联储由分布在美国主要城市的 12 家地区性联邦储备银行组成，其中，来自纽约的储备银行规模最大、影响力最强，这为纽约金融业的发展奠定了坚实的基础，极大地巩固了纽约的金融地位，纽约逐渐成为美国的金融中心。二战后，布雷顿森林体系的建立，直接将黄金与美元挂钩，纽约也从美国的金融中心一跃成为世界金融中心。在这一过程中，纽约的支柱型产业逐渐由制造业向金融业转变，纽约也成了大西洋沿岸城市群的金融中心，为整个城市群的发展提供资金支持。

　　在纽约逐步成为世界金融中心的过程中，金融业同样发达的波士顿受到了极大冲击，为此，波士顿主动谋求转型发展，依托当地著名高校云集、人才众多的独特优势，逐步转型发展高科技产业，其生物医药产业多年来处于世界领先的位置。由于高校云集，波士顿地区的创新能力极强，美国联邦政府对波士顿的产业转型也产生了重要影响，这一影响主要表现在国防开支方面。二战期间，波士顿成为美国尖端科技的研发中心，其间仅麻省理工学院就获得了联邦政府 1.17 亿美元的资助。二战后，为在与苏联的全球争霸中获得优势，美国联邦政府对波士顿地区的研发投入只增不减，极大地刺激了当地高技术产业的发展。此外，波士顿政府、民间组织也为其高技术产业的发展注入了大量资金，当地政府牵头成立了许多官方或半官方组织，为高技术企业的发展直接注入资金。资料显示，1981年以来，马萨诸塞州政府建立了微电子中心、生物技术中心、材料开发中心、海洋工程开发中心、光电技术中心和聚合物中心，有力地推动了当地高技术产业的发展。1985 年，仅聚合物中心和光电技术中心就各获得了1000 万美元的资金支持。因此，波士顿地区成功完成了由金融业向高技术产业的转型，与纽约形成了差异化产业格局。在城市产业分工的过程中，城市的自然资源禀赋优势也发挥了重要作用。在纽约由制造业向金融业转型的过程中，纽约周围的巴尔的摩和费城承接了纽约的制造业。依托当地丰富的矿产资源，巴尔的摩不仅发展了矿产出口贸易，还发展了制造业，其造船业举世闻名。费城依靠自身优势，大力推进能源产业和交通服务业的发展。由此，大西洋沿岸城市群形成了差异化、优势互补的产业格局（见表 10-8），极大地促进了区域经济的发展，大西洋沿岸城市群也成为举世瞩目的城市群之一。

表 10-8　大西洋沿岸城市群各城市产业分工

城市	主导产业
纽约	金融业、商业和生产性服务业
波士顿	高科技产业和教育业
华盛顿	旅游业和高技术服务业
巴尔的摩	制造业和服务业
费城	清洁能源、制药、空间制造和交通服务业

资料来源：王小侠（2014）。

二　大西洋沿岸城市群溢出效应渠道的相关政策

（一）交通运输

城市群的发展离不开发达的交通运输体系，大西洋沿岸城市群也不例外，受美国特色政治文化的影响，这一地区的城市交通规划大致可以划分为两个阶段：第一个阶段是 1920 年之前，这一阶段的主要特征是城市群内部各城市"自扫门前雪"，内部缺乏统一的规划和布局；第二个阶段是1920 年以后，美国民间组织和政府开始打破行政区划隔离，各城市间联合起来进行交通布局，协调区域内的交通基础设施建设。

1. 1920 年以前的发展

第二次工业革命为美国经济发展带来了良好契机，得益于独特的区位条件，以纽约为核心的大西洋沿岸城市群异军突起，发展迅猛。原料、产品的运输增长带动了城市对交通基础设施的需求，各城市的交通网络开始迅速发展，1815~1854 年，纽约、波士顿等城市因地制宜，修建了大量人工运河，将主要的城市通过河流相互连接起来。但由于缺乏统一的规划布局，很多城市的交通建设处于无序发展状态，这不仅导致了资源的极大浪费，也压缩了城市未来的发展空间。进入 20 世纪后，自由放任的发展模式已经不再适应经济的发展需要。因此，一批统筹协调城市发展和规划的组织产生了，这些组织为城市群的交通规划和发展起到了重要的推动作用。

2. 1920 年以后的发展

1921 年，纽约区域规划协会成立。在该协会的组织协调下，第一版《纽约及其周围城市的区域规划》开始制定并被当地政府采纳。这一规划的主要目的是加强城市间交通网络建设，规范城市发展秩序，协调城市空间资源配置，以及优化城市空间结构。该规划提出建立开发公司进行交通网络建设，协调区域内工业布局，促进区域整体性发展。此外，该规划还考虑到未来几十年的发展需要，以纽约为例，当时纽约的支柱产业是制造业，服务业还没有成为主导产业，但规划中已经充分考虑到未来城市的转型发展，并预留了大量土地，为纽约后来的产业转型保留了充足的资源。到了 20 世纪 60 年代，大西洋沿岸城市群面临发展转型、城市建设用地紧

张等问题，第二版《纽约及其周围城市的区域规划》应运而生。第二版
规划进一步优化了城市空间结构，对交通基础设施做出了与时俱进的布局
和规划，极大地提升了旧城区的吸引力。这一版规划着重协调规划城市群
内部各核心城市和外围城市的交通运输网络，大大提高了核心城市对外围
城市的辐射作用，城市的郊区也出现了逆城市化现象。进入20世纪90年
代，面对人口流失、环境恶化等问题，第三版《纽约及其周围地区的区
域规划》发布，除了交通等基础设施规划外，这一版规划更关注城市群
的整体协调发展，更加注重自然与城市的和谐共生。2017年，第四版
《纽约及其周围地区的区域规划》发布，这一版规划从公平、繁荣、健
康和可持续发展四个理念出发，从机构改革、气候变化、交通运输和可
负担性住房四个方面，对纽约地区未来20年的发展进行了布局规划
（见表10-9）。

　　除了民间组织，美国政府部门也为城市群的发展提出了相应的交通规
划。从20世纪50年代开始，美国联邦政府陆续推出一系列交通基础设施
规划方案，目的是加强城市间的交通运输联系，降低运输成本，促进城市
经济发展。乘着东风，大西洋沿岸城市群的交通基建迎来了发展的高峰。
1956年，美国政府通过了《联邦资助高速公路法案》，这一法案计划将人
口超过5万的90%的城市用高速公路连接起来。在这一法案的引导下，大
西洋沿岸城市群于1959年发布了"公共交通调查规划"，系统规划了美
国东北部大西洋沿岸城市群的高速公路建设，加强城市群内部的联系，降
低交通运输成本。1968年，美国通过《新城市开发法》，在1956年法案
的基础上，计划在人口规模2万的城镇修建高速公路，这一法案直接加强
了大西洋沿岸城市群中外围小城市和核心大城市的交通联系，促进了区域
内外围城市的发展壮大。

　　除了城市群整体层面的规划，各个城市的交通基础设施也在不断完
善。二战后，随着交通运输方式的改变，巴尔的摩日趋萧条，为扭转这一
局面，当地政府于1957年启动了城市更新计划，改变了内港单纯用于运
输的模式，建立了滨水岸线生态系统，实现了城市发展的转型。1969年，
华盛顿地区开始规划建设地铁，以缓解日益严重的交通拥堵问题。1991
年，波士顿政府发起了"Big Dig"项目，意在缓解当地的交通压力，提

高城市交通运输效率，这个项目旨在向地下拓展新的公共交通线路，大力发展地铁系统。这不仅加强了城市内部的自身联系，还拓宽了与周围的纽约等城市的交通运输方式，整个城市群的交通系统大大改善。

表 10-9　交通运输规划项目

项目名称	开始年份	主要目的
第一版《纽约及其周围城市的区域规划》	1929	规范城市发展秩序,协调城市空间资源配置,优化城市空间结构
第二版《纽约及其周围城市的区域规划》	1968	协调城市转型发展和城市建设用地紧张的矛盾
第三版《纽约及其周围城市的区域规划》	1996	转变发展理念,注重城市群的经济、环境和公平,提高人民生活质量,增强城市群竞争力
第四版《纽约及其周围城市的区域规划》	2017	勾画了纽约地区到 2040 年的发展规划蓝图以及实施路径
《联邦资助高速公路法案》	1956	完善大西洋沿岸城市群的交通基础设施
《新城市开发法》	1968	推动外围城市发展
巴尔的摩城市更新计划	1957	扭转因交通运输方式改变而导致的港口萧条问题
华盛顿地铁项目	1969	缓解城市交通压力,提高出行效率
波士顿"Big Dig"项目	1991	缓解城市发展导致的交通拥堵问题,提升城市运输效率

（二）区域协调组织

与世界上许多城市群的发展一样，大西洋沿岸城市群的发展突破了城市行政区划的边界，出于协调各城市产业布局、交通基础设施规划等方面的需要，区域协调组织应运而生，这些组织不仅在统筹城市产业协调发展方面发挥了重要作用，也极大地促进了城市的知识溢出，推动了整个城市群的经济发展。

1. 纽约区域规划协会

对大西洋沿岸城市群最重要、影响最深远的民间组织是纽约区域规划协会，成立该组织的主要目的是协调大西洋沿岸城市群的城市规划，减少重复建设和资源浪费,避免过度竞争等弊端。该组织成立以来,对大西洋沿岸城市群产生了深远的影响,前文提到的四个版本的《纽约及其周围城市的区域规划》就出自该组织之手。该组织立足长远,用发展的眼光看问题,对大西洋沿岸城市群的城市建设进行了长远的谋划和布局,通过合理规划城市群的交通布局,为城市群内部形成合理的产业分工打下了坚实的基础。

2. 纽约州科学技术基金会

该组织由纽约州政府和私营企业共同资助,将高校科研团队和企业研发技术人员结合起来,其目的是加强高校和企业科研人员之间的合作,提高基础性研究转化为生产力的效率。科学技术基金会的成立,极大地发挥了大西洋沿岸城市群高校众多的优势,大大促进了知识溢出,加快了产业技术研发和技术迭代升级的速度,例如哥伦比亚大学与德州仪器公司一起研发计算机软件,康奈尔大学与普通食品公司联合开发生物技术,锡拉丘兹大学开发了一种应用于物理与化学分析的软件,并向市场推广……诸如此类的事例不胜枚举。在基金会的协调下,核心城市充分发挥知识溢出效应,带动整个城市群的产业迈向高端。

3. 技术协助项目

1965年,宾夕法尼亚州创立了技术协助项目,负责科研成果转换工作。该项目主要有两类活动:第一类是为企业解决技术难题,企业向该组织提出请求后,由相关的技术专家帮助其解决;第二类是该组织向企业推广新技术。数据显示,1972~1984年,该项目为宾夕法尼亚州创造的价值高达8000万美元,其中仅1984年就高达1000万美元。这个组织充分利用了当地人才集聚的优势,在企业和研究院所之间架起了桥梁,促进了知识溢出,增强了企业创新能力,推动了城市群高端制造业的发展与进步。

这些机构和组织在高校和企业之间搭建了密切交流的桥梁,加快了基础性研究向应用型成果转化的速度,极大地发挥了大西洋沿岸城市群高校云集的优势,体现了知识溢出效应对促进城市群经济结构转型、快速发展的重要作用。

第五节　日本太平洋沿岸城市群发展经验

日本太平洋沿岸城市群，是日本的一个巨型城市群。该城市群区域面积 3.5 万平方公里，占日本国土的 6%。人口将近 7000 万，占全国总人口的 61%，现已经形成东京湾、伊势湾、大阪湾及濑户内海"三湾一海"格局，内含京滨、名古屋、阪神、北九州四大工业区。城市群工业产值占日本全国的 65%，分布着日本 80% 以上的金融、教育、出版、信息和研究开发机构。该城市群的核心组成是日本三大都市圈，即东京都市圈、大阪都市圈和名古屋都市圈。此外，该城市群也包括三大都市圈外的日本太平洋沿岸其他城市，其具体范围是指从千叶向西，经过东京都、横滨、静冈、名古屋，直到京都、大阪、神户的地区。

一　核心城市的相关政策梳理

（一）发展高新科学技术产业

东京都、名古屋、大阪三大核心城市发展高新科学技术产业相关政策的共同特点为，都从战略层面和长期规划上大力促进高新科技产业的发展（见表 10-10）。各核心城市自身的特色为：东京重视尖端技术，发挥首都的领头作用；名古屋重视"产学研一体化"，将先进技术与新兴高新产业相结合以提高产出；大阪将科学技术运用于城市建设，打造智慧城市。

表 10-10　2014~2022 年日本三大核心城市关于发展高新科学技术产业的政策梳理

城市	年份	政策/规划名称	主要内容
东京都	2014	《2025 年东京都长期发展规划》	创设东京孵化项目,培育影响世界的高新企业,采用多层次培育和多形式创业的机制
	2016	《首都圈整备计划》	运用信息通信技术。发挥物联网的作用,以技术创新为手段创造宽松的发展环境
	2017	《都市营造的宏伟设计——东京 2040》	以科技革新助力城市发展,大力探索科技创新与城市发展互促互进的协同发展路径,如推进都市农业、能源技术、数字艺术、交通协调技术等发展
	2020	《智能东京促进基金条例》	利用数据和尖端技术,促进社会服务的进步和创新,使东京在 50 年后发展为智能东京

城市	年份	政策/规划名称	主要内容
名古屋	2010	《名古屋市中期战略愿景》	借助国家政府、各县、企业、大学和其他组织合作的力量，并利用私营部门的智慧，促进航空航天、机器人、环境、医疗、福利和健康等领域的产业发展，并打造名古屋科学院
	2016	《中部圈开发整备计划》	以汽车、航空航天、医疗保健和环境产业为战略产业
	2020	《名古屋市综合计划2023》	促进物联网、人工智能和机器人等先进技术的引进和利用。提出加强和利用先进的学术和研究功能，通过"产学政"合作创造新产业，并通过ICT(信息与通信技术)和制造技术的灵活应用，致力于从世界各国聚集劳动力、资本、信息等要素
大阪	2017	《平成29年度市政运营的基本方针》	充分利用通信技术及ICT功能改善公务员制度，振兴企业，提高行政管理效率
	2020	《令和2年度市政管理的基本方针》	创造商业环境，促进创新，包括促进社会采用先进技术、吸引MICE和建立新的旅游基地，促进旅游业的核心产业化，并促进环境和新能源、健康和医疗等相关产业增长
	2021	《令和3年度大阪府施策集》	DX:派遣专家提供辅助支持，推广示范案例，以提高中小企业的生产力和竞争力。与大阪府DX推广合作伙伴(与政府签订协议的私营公司)合作，为中小企业提供机会亲身体验数字治理，帮助解决县内中小企业的问题。智慧城市:推进基础建设研究项目和市政数字化支持项目，积极支持在人力资源和技术方面有迫切需要的政府部门应用
	2022	《令和4年度市政管理的基本方针》	基于府市在智能城市中处于世界先进地位而制定的智能城市战略，通过公私合作应用物联网和人工智能等先进技术，提高市民生活质量，增强城市功能，促进城市DX(数字化转型)

（二）提高创新能力、营造创新环境的相关政策

1. 产业结构升级

随着出生率的下降、人口的老龄化、经济活动的国际化和科学技术的进步，日本太平洋沿岸城市群的经营环境迅速变化，中小企业面临解决各种问题的情况。中小企业在促进地方经济振兴、增加就业机会、促进当地社区发展和改善当地居民生活方面发挥着重要作用，故三大核心城市都将促进中小企业的发展作为区域发展重点（见表10-11）。《关于大都市产业结构转型的实际情况的报告（2019）》披露，2012~2014年东京都"批发和零售业"的年平均增长机构数量最高，2014~2016年的开业势头有所减弱；2014~2016年，年均开业率最高的行业是"信息和通信业"。《2020年中部圈开发准备计划实施状况》的数据显示，中部圈的制造业占比最高（36.4%，高于全国平均22.0%），其次为批发业（9.9%）、房地产业（9.4%），而水电业（2.4%）、住宿餐饮业（2.4%）、信息通信业（2.7%）、金融保险业（3.2%）占比较低。故作为中部圈核心城市的名古屋将重心放于制造业，通过为中小企业举办展览会、技术培训与提供贷款支持等方式促进各类中小企业的发展。同时，利用独特的历史优势，名古屋积极打造"历史名城名古屋"，为未来一代提供健康成长的力量，并有能力应对灾难，推动进一步发展。大阪由于产业结构转型的延迟和企业的外流，经济在全国的份额一直处于长期下降的趋势。

表10-11　2014~2022年日本三大核心城市关于产业结构升级的政策梳理

城市	年份	政策/规划名称	政策措施
东京都	2014	《2025年东京都长期发展规划》	(1)首都定位:构建支撑全日本发展的国际经济大都市。 (2)旅游业:创造世界级旅游城市的接纳环境。通过市政建设提高外国游客赴日的便利性与舒适性。 (3)商业:支持中小企业的发展来活跃经济。预计到2024年,获得东京都政府支持的进入增长行业的中小企业数量达到1000家,进入国际市场的中小企业数量达到2000家

续表

城市	年份	政策/规划名称	政策措施
东京都	2016	《首都圈整备计划》	(1)旅游业:创建首都地区特有的世界级旅游景区。 (2)科技城:将"筑波科技城"打造为一个科技中心城市,充分利用其高度集中的科研优势,增强其作为国际研究交流基地的功能,并将科技研发前沿产品投入产业化生产,借此创造和培育新兴产业
	2018	《东京都中小企业和小型企业促进条例》	(1)促进中小企业融资,为中小企业创造良好的工作环境。 (2)促进知识产权的保护和利用。利用当地特点和资源,如产业集群和自然环境,支持中小企业的业务活动
名古屋	2010	《名古屋新世纪计划2010》	充分利用名古屋在制造区中心的位置促进产业的发展,使名古屋这个"充满活力的城市"更有活力
	2010	《名古屋市中期战略愿景》	提出"创造一个充满活力的城市中心",通过完善商业区的交通基础设施(如步行街)来改善各产业和部门之间的流通性,支持购物中心的发展
	2014	《名古屋市综合计划2018》	支持商业基础设施的稳定化
	2016	《中部圈开发整备计划》	提出以下三项战略。 (1)促进城市中相同和不同的产业与高等教育机构的交流,改善交通,发展ICT(信息和通信技术)和生命科学、高功能新材料等新兴产业。 (2)实施吸引太平洋和海外公司的制造基地、总部、研发和培训功能的措施。 (3)进一步加强本地区的粮食供应能力和区域品牌力量
	2020	《名古屋市综合计划2023》	(1)完成同业、异业乃至高等教育机构的要素集聚,加强彼此间流动与交通布局。 (2)加强该区域与周边其他国际企业的合作。 (3)进一步强化食品产业供给能力和提升品牌效应

城市	年份	政策/规划名称	政策措施
大阪	2016	《近畿圈开发整备计划》	推进"出口导向型"产业转移,通过聚集日本和亚洲的高级人力资源打造创业环境和交流中心
	2017	《平成29年度市政运营的基本方针》	培育旅游业成为新的核心产业,培育环境、新能源和生命科学等先进技术产业
	2020	《令和2年度市政管理的基本方针》	利用信息和通信技术改善公务员办公条件,提高公共行政服务质量
	2021	《令和3年度大阪府施策集》	(1)中小企业支援:为了让大阪产业厅能够根据企业需求等灵活实施项目,政府将转移迄今实施的部分项目,并统筹必要的项目费用,设立"大阪府中小企业支援补助金",加强大阪中小企业支持功能。 (2)金融:为建设国际金融城市,设立国际金融城市项目,公共和私营部门将共同努力,吸引参与者参与市场。 (3)旅游:推出大和旅游消费刺激项目。为支持受新冠疫情影响且经营状况依然严峻的旅游业等相关产业发展,政府将努力刺激旅游业需求,促进府内旅游消费
	2022	《令和4年度市政管理的基本方针》	通过建立新的旅游基地来实现旅游业的核心产业化。努力打造创新的商业环境,包括促进先进技术的社会应用,并作为全球基地城市,建立面向世界的创业生态系统

2. 提高创新能力与创造创新环境

三大核心城市积极出台政策规划,支持创新能力提升与创新环境营造(见表10-12)。例如,名古屋市重视国际因素的效果,以日本打造为"在国际社会有强大影响力的国家"为目标,加强其门户功能建设,积极创造面向国际社会的营商和投资环境,为外国人才访问日本提供便利的差旅环境。

表 10-12 2014~2022 年日本三大核心城市关于提高创新能力
与创造创新环境的政策梳理

城市	年份	政策/规划名称	主要内容
东京都	2014	《2025 年东京都长期发展规划》	(1)研发:加强东京都地区的公司与各组织的研究开发与产学研合作。 (2)营商环境:创造优质国际商务环境,集聚全球资本、人才、信息。促进国内外交流平台建设,营造优越的营商环境。 (3)鼓励中小企业积极培育高成长性产业
	2016	《首都圈整备计划》	(1)枢纽:构建支撑全日本发展的国际经济大都市,创造优质国际商务环境,集聚全球资本、人才、信息。 (2)优化营商环境。 (3)制度:放松政策管制,简化跨国企业法人设立手续等政府流程
名古屋	2010	《名古屋市中期战略愿景》	(1)中小企业:提供产品销售渠道支援(与商会合作举办商品展览会,并为中小企业参展提供经费补助)。 (2)新兴产业:支持新兴产业和新领域的开发(成立新事业支援中心,提供资讯平台服务)。确保当地公司通过公平竞争获得订单;设立工业研究所,为中小型制造企业提供全面支持,还提供现场技术咨询与培训
	2014	《名古屋市综合计划 2018》	促进商业行业交流,刺激当地商业发展
	2020	《名古屋市综合计划 2023》	与经济组织等合作建立和运营创新中心,以促进创新和支持初创企业发展。政府还积极促进设计、时尚等创意产业的发展
大阪	2017	《平成 29 年度市政运营的基本方针》	为了实现大阪增长战略的增长目标,政府将配合国家政策,促进环境改善和工业培育,以便与外国竞争
	2021	《令和 3 年度大阪府施策集》	在当地商业和当地社区的"创造模式"和"传播成果"上下功夫,打造良好观光环境,支持旅游业的发展
	2022	《令和 4 年度市政管理的基本方针》	大阪政府将支持受新冠疫情影响的中小企业的业务连续性,并促进中小企业适应新的生产方式和商业环境

（三）提高城市公共服务能力的相关政策

1. 城市服务

虽然应对社会人口老龄化是全日本共同面临的挑战，但首都圈内老龄化形势更为严峻，对经济发展的影响程度更大，必须强化应对老龄化的措施，使老年人能够参与社会运作并发挥积极作用。在城市公共服务能力建设上，安全城市多围绕儿童、老年人和残疾人，以及防灾、预防犯罪等几个层面来建设；预测未来在首都正下方发生地震等重大灾害的概率很高，积极提升国家土地的抗灾能力，提升国家土地的复原力；针对全球对食物、水、能源和其他资源的需求正在迅速增加的形势，大力确保这些资源的稳定供应、循环利用，并推动解决全球环境问题；提供高质量城市福利政策，吸引年轻劳动人口定居，激发城市活力。三大核心城市提高城市公共服务能力的相关政策如表 10-13 所示。

表 10-13　2014~2022 年日本三大核心城市关于提高城市公共服务能力的相关政策梳理

城市	年份	政策/规划名称	主要内容
东京都	2014	《2025 年东京都长期发展规划》	(1)放心社会:进行周全的防灾准备,推动高度防灾城市的建设,尤其要集中研究地震对策;强化社会治安管理,降低犯罪率。 (2)福利城市:打造放心社区,促进儿童的保育;构建使老龄人口安心生活的社区;将公共企业用地作为福利基础设施建设用地加以利用。 (3)教育:培养能够支撑东京都乃至日本发展的人才
	2016	《首都圈整备计划》	提出"构建安全、安心的城市"政策;力图最大限度地降低地震灾害导致的人员和财产损失,打造高度防灾城市,提高岛屿的防灾能力;降低犯罪率,加强治安环境的治理,提高居民安全感
	2019	《东京都福利社区发展促进计划(2019 年度~2023 年度)》	为高龄人士提供便利的出行设施;打造无障碍建筑;维护城市自然公园;大力打造防灾城市。促进基于普遍设计理念的社区发展,使每个人都能安全、有保障、舒适地生活

城市	年份	政策/规划名称	主要内容
名古屋	2010	《名古屋市中期战略愿景》	(1)行政服务:通过加强区政府的一般行政职能,根据当地的特点,强化城市规划,力求准确把握各区市民的需求。 (2)福利:支持社区活动,保障高龄人士的安全,健全护理机构;促进建立一个当地居民相互支持的系统,例如,加强对社区内儿童保育的支持;提高医疗机构办事效率,提升医疗办事处的服务意识,扩大分支机构的福利服务。 (3)安心保育:为孕妇提供合适的生育环境,并为新生儿乃至幼童提供温馨的保育环境(如建造托儿所等),为父母提供支持以减轻经济负担;发挥当地社区和企业的力量支持儿童抚育工作。 (4)教育:重视基础教育,提高学生学术技能与思考能力;营造家庭、社区与学校合作的教育环境,全面扩大学生受教育的广度。 (5)安全城市:加快灾害预警信息传递;改善消防和应急服务(如地震、水灾等难以避免的大型灾害);创建抵御犯罪的社区,提高公民个人的犯罪预防意识,在全社会营造打击犯罪的风气。 (6)就业:提出"临时雇用"机制,为暂时性失业者提供过渡机会,为促进当地就业创造持续的就业机会
	2014	《名古屋市综合计划2018》	便利市民出行,鼓励开展环境友好型活动;提供良好教育环境;鼓励创造有吸引力的城市景观
	2020	《名古屋市综合计划2023》	(1)安全防灾政策:"产学官民"联合一体,在软硬双层面共同致力于完善防灾减灾政策。提出"从灾害中保护生命和产业"战略。 (2)健康生活建设:推进城市设施无障碍化的建设,让所有人都能安全舒适地利用城市设施;推进公共交通工具无障碍化,普及无障碍理念;保障在人口老龄化快速增长情况下,依然能提供充足的服务。 (3)人才政策:提出"培养负担未来的人才"的战略;聚集日本和亚洲的研究人员与高技能人才,创造良好创业环境。 (4)抚育儿童政策:日本政府将与当地社区和企业合作,在整个社会中实施支持儿童抚养的举措,创造良好环境,让人们能够安心地生育和抚养孩子

城市	年份	政策/规划名称	主要内容
大阪	2017	《平成29年度市政运营的基本方针》	将事务、权力和财政资源从国家彻底移交给各地区，以实现权力下放的道州制度。为下一代提供安全健康的生存环境
	2020	《令和2年度市政管理的基本方针》	进一步改善居民福利，努力确保真正为有需要的人提供服务，包括完善待老人的措施，与地方机构和警察合作，根据当地情况采取预防犯罪的措施，提供就业、自力更生支持帮助
	2021	《令和3年度大阪府施策集》	(1)新冠疫情:建立和完善咨询、诊疗和检查制度;支持医疗机构(确保病床、设备维护、支持派遣医务人员等);支持医疗保健专业人员(设立新型冠状病毒互助基金等);完善福利设施中的感染预防措施(购买卫生用品,补贴私人房间和通风设备安装费用,派遣支持人员等)。 (2)福利政策:充实残疾人福利服务等企业支援事业费,社区医疗护理综合保障基金(老年人福利项目,确保护理服务机构提供服务系统的项目),以及儿童保育综合资助费用等项目费用。建立多层次支持系统,支持后方业务,通过社区医疗护理综合保障基金项目确保护理人力资源充足。 (3)教育:大阪府将实施自己的制度,支持各阶段教育所需学费等;支持日本高等教育的学习支持新制度;为儿童提供直接援助,并开展诸如资助学习费用等项目
	2022	《令和4年度市政管理的基本方针》	延续前一阶段的计划不变

2. 基础设施建设

虽然每个城市提供不同的行政服务和公共设施，但三大核心城市都强调打造城市公园，既能满足市民的休闲需求，又能促进城市绿化发展。此外，积极修缮旧有基础设施，保障市民安全并降低成本，延长使用年限。三大核心城市相关政策规划见表10-14。

表 10-14　2014~2022 年日本三大核心城市关于基础设施建设的政策梳理

城市	年份	政策/规划名称	主要内容
东京都	2014	《2025 年东京都长期发展规划》	更新城市基础设施,有计划地将维护管理与尖端技术相融合,完善预防管理
	2016	《首都圈整备计划》	提高城市基础设施安全性,构建放心社会;实施预防保全型管理,应用尖端技术、在更新设施的同时提升城市功能
	2017	《都市营造的宏伟设计——东京2040》	构建青山绿水、人与自然和谐共处的城市;进一步充实包括水源、绿化在内的城市空间中的自然环境;改善水质,支撑东京都恢复健全的水循环系统;打造城市自然公园
	2020	《促进安全和希望的综合经济措施》	提出"建设以使用者为本、城市基础设施高度发达的大都市"的政策
名古屋	2010	《名古屋新世纪计划2010》	发展新的交流中心和基础设施,促进企业的集中和产业升级;促进文化交流活动的开展,在国内和国际上传播信息
	2010	《名古屋市中期战略愿景》	对公共工程设施进行系统的维护和管理,保障设施安全,确保使用者感到舒适;考虑优化所持资产的总量
	2014	《名古屋市综合计划2018》	对公共设施进行适当的维护和管理,有效利用自有资产延长设施的使用寿命,有效利用自有资产优化公共部门持有的资产数量
大阪	2020	《令和2年度市政管理的基本方针》	稳步推进城市基础设施建设,包括考虑在新大阪站周边地区建设新城市,开通中央新干线和北陆新干线,并发展神奈川左岸线延伸部分
	2021	《令和3年度大阪府施策集》	(1)安全城市:完善防潮堤液化对策(海啸、风暴潮对策);完善防洪和泥石流灾害对策(推进安威河大坝建设);促进道路和铁路环境改善(如实施道路防减灾措施),开展建筑地震对策推进项目。 (2)就业政策:开展公共职业培训;改善工作环境,加强劳动支持体系建设,支持中小企业开展远程办公和提供在线劳动咨询
	2022	《令和4年度市政管理的基本方针》	致力于实现以大阪公立大学为主导的城市规划,目标是成为促进大阪发展的"知识中心"

二 外围城市的相关政策梳理

此部分相关政策梳理将围绕外围城市的产业政策、营商环境政策、人才政策和金融扶持政策来展开。

1. 外围城市的产业政策

外围城市重视传统制造业结构转型升级和前端科创产业培育与发展，同时继续升级日本优势产业——农业产业。处于重点开发区域的县市重点发展工业和新兴产业等，如打造筑波科技城；而处于更外围的县市则将重心置于农林牧副渔等基础产业。几乎每个外围城市的官方网站都将旅游业进行单独策划，依托各市独特旅游资源（如山梨县的富士山），打造优质舒适旅游环境，吸引本土与国际游客，并在各不同县市之间促成旅游资源的互通互联，设置目的地管理组织（DMO）统筹管理，提高整体旅游服务水平和品牌效应。具体产业政策如表10-15所示。

表 10-15　2014 年以来日本城市群外围城市的产业政策梳理

类型	代表城市	政策/规划名称	政策内容
科创产业	兵库县	《兵库县先进科学技术支援中心的设立与管理条例》	利用设施进行先进科学技术的研究和开发；促进研究人员和工程师之间的交流；举办先进科学技术讲座等培训活动；收集和提供先进科学技术信息
	栃木县	《栃木县第 11 个职业技能发展计划》	发展具有技术和产业集聚优势的"战略三产业"（汽车、航空宇宙、医疗福利机器），加速促进企业成长的"未来三技术"（AI＋IoT 与机器人、光学、环境新材料）的发展
	三重县	《三重县元气计划（2022~2026）》	利用三重县的地区特点推广太阳能和风力发电等新能源；应用物联网和人工智能技术，促进更有效的能源使用和稳定的能源供应
	茨城县	《茨城县综合计划（2022~2025）》	通过科学技术、产业集群等为未来创造产业。向人工智能、物联网、机器人和下一代汽车等新增长领域的公司提供支持
	滋贺县	《滋贺县基本构想："改变滋贺持续幸福"（2019 年度~2030 年度）》	发展未来创造新价值的产业；推动应对第四次工业革命、重点关注的成长市场和领域创新转型和开展业务；培育多元产业和完善就业环境

续表

类型	代表城市	政策/规划名称	政策内容
信息产业	静冈县	《静冈县东区发展计划》	发展用于广域交流与合作的交通基础设施,并根据先进信息社会的发展需要,发展信息和通信基础设施
	京都府	"京都数字水网"	通过提高线路速度、实现线路双工和大幅提高网络可靠性,为县内信息化的发展作出贡献
	三重县	《三重县元气计划(2022~2026)》	促进中小企业发展海外业务,扩大与海外政府机构和地方当局的互通网络。促进本县的中小企业参与海外公司的商务会议和展览,以及跨境电子商务
	静冈县	《ICT 战略 2018(2022年修订)》	通过私营部门、工业界、学术界和政府之间的合作,实现信息和通信技术的创新。促进开放式创新,如创造新的价值,解决与信息和通信技术、数据的利用有关的各种问题
旅游产业	静冈县	《静冈县东区发展计划》	促进广域景观的形成
	山梨县	—	充分利用世界文化遗产"富士山",大力发展旅游产业
	三重县	《三重县元气计划(2022~2026)》	创建可持续的旅游目的地,从三重独特的自然美景、丰富的食物、历史和文化以及可持续的无障碍旅游的角度发现和推广当地资源。支持地方旅游管理组织等进行品牌建设;开发能够提供高质量服务的旅游人力资源
	岐阜县	《2017 年岐阜县增长和就业战略"旅游业核心产业化项目"》	岐阜县定位为"碧海蓝天的国度",最大限度地利用本县"世界级遗产地"的高知名度,开发与遗产相关的旅游项目,并提出遗产路线。从"旅游区管理"的角度出发,支持各地区 DMO 的形成

类型	代表城市	政策/规划名称	政策内容
农林水产业	神奈川县	《神奈川县第三期发展计划》	确保农业、林业和渔业产品在生产阶段的安全,展示农业、林业和渔业的多功能作用以及对循环型社会的贡献
	京都府	《京都府综合计划》	(1)完善京都府农产品出口支持小组的制度,支持农民建立海外企业或组建集团。(2)支持农民在海外创业和组团,通过京都府农业支援队和中小企业支援队的合作,加强生产地区和实际需求方之间的合作
	埼玉县	《埼玉农业、林业和农山村振兴愿景(平成28年度~平成32年度)》	促进林业集约化发展,推进机械化运作;培育农业优良品种,完善农业排水措施等基础设施建设
	和歌山县	《农业支持导航》《林业支持导航》《水产业支持导航》	(1)农业:为"新农民"提供贷款与补贴;提升农业合作社的管理水平;打造环保型、智能型现代化农业,除了建立以农业、林业和渔业者为核心的加工商、分销商和销售商参与的网络外,还支持利用农业、林业、渔业和渔业相关各种当地资源开发产品和服务。(2)渔业:设立渔业现代化基金,为渔民资本设备(渔船、渔具等)升级和现代化提供长期、低利率的资金支持
	茨城县	《茨城县综合计划(2022~2025)》	在发挥茨城县所拥有的农林牧渔产业优势的同时,进一步提高农林牧渔产品附加值,扩大销售渠道和经营规模
制造业	三重县	《三重县元气计划(2022~2026)》	促进制造业增长型产业发展和业务转型,鼓励制造业企业深度电气化;接受新领域的挑战,改变业务类别,调整业务结构,实现业务多元化,推进数字化等

2. 外围城市的营商环境政策

外围城市积极出台相关政策规划,优化营商环境,打造各类特色功能园区,促进产业集聚,实现规模效应,并放大各城市作为要素流动中心的功能作用,为县市内主导产业、战略性产业和新兴产业提供优良的发展环境（见表10-16）。

表 10-16　2014 年以来日本城市群外围城市的营商环境政策梳理

类型	代表城市	政策/规划名称	政策内容
科技园	神奈川县	《神奈川县第三期发展计划》	促进"相模机器人产业特区"的发展。促进与机器人相关的研究开发、示范测试,以及产业集聚
	兵库县	《关西文化学术研究都市建设促进法》	打造"京阪奈科技城",将其定位为关西国际战略综合创新特区
	茨城县	《研究学园地区建设计划》《筑波国际战略综合特区战略》	依托筑波科技城打造科技中枢城市,灵活运用科学技术,实现科研成果向产业的转化,形成日本最大的国际性研发基地
创业机会	三重县	《三重县元气计划(2022~2026)》	为中小企业和下游企业创造见面机会,并为销售渠道的拓展、新产品的开发和技术能力的提升提供支持
	京都府	《京都府综合计划》	京都创业项目的建立是为了促进加速计划的实施,创建一个吸引世界各地优秀人才和公司的系统。提供孵化设施以满足不同的需求
物/客流集散区	神奈川县	《神奈川县第三期发展计划》	重新扩建羽田机场,促进羽田机场的功能提升
	爱知县、大阪府、千叶县	日本临空城物流中心	以中部国际机场、关西国际机场、东京成田国际机场为依托,分别规划建设三个现代航空物流区
	三重县	《三重县元气计划(2022~2026)》	加强和利用四日市港的功能,如为集装箱船建造抗震性更强的码头,改进其他港口设施的功能,以及打造碳中和港口

3. 外围城市的人才政策

日本的总人口在 2008 年达到了约 1.28 亿的峰值,并开始下降,迎来了全面的人口衰退期。近年来,由于出生率下降,老年人口增加,人口迅速老龄化,劳动年龄人口减少。同时,为了应对近年来新冠疫情的影响以及就业形势的恶化,各外围城市从提供就业信息匹配渠道,实施就业安置,以及提高劳动力素质教育等途径做出了诸多努力。此外,为与国际接轨,外围城市还重视国际人才作用的发挥,为他们提供合适的就业机会(见表 10-17)。

表 10-17　2014 年以来日本城市群外围城市的人才政策梳理

类型	代表城市	政策/规划名称	政策内容
就业	埼玉县	—	埼玉县开设了一个面向企业和离职人员的就业门户网站
	山梨县	—	打造"山梨县专业人才战略基地",通过访问企业等方式挖掘具有增长潜力的县内中小企业,满足中小企业所需的专业人才需求
	栃木县	《栃木县第 11 个职业技能发展计划》	利用"栃木冰河期一代就业支持平台",与相关组织共享信息,为其提供全面的就业支持
职业教育	神奈川县	《神奈川县第三期发展计划》	在县级职业技术学校等实施职业培训和在职培训,为受训者开发就业安置机会,支持就业安置
	千叶县	《千叶县职业能力发展计划》	建立优秀青年技术人员奖励制度
	栃木县	《栃木县第 11 个职业技能发展计划》	审查县立中央工业技术学院的毕业生和其他人员的培训情况,促进人力资源的发展以支持制造业的发展;培养县内企业 IT 人才
	京都府	《京都府综合计划》	全京都府的"高级人力资源开发计划"已经制订,以发展包括制造业在内的各行业的研发人员
国际人才	神奈川县	《神奈川县第三期发展计划》	吸纳国际人才以支持制造业发展
	栃木县	《栃木县第 11 个职业技能发展计划》	对外国留学生进行就业支援。优化外国技术型人才技能检验体制
	京都府	《高层次人才引进促进项目》	促进从事先进技术商业化和新产品开发的府内企业接收高层次外国人才;打造京都府产业-学术-公共合作海外人力资源活动网络

4. 外围城市的金融扶持政策

多数城市提供企业发展基金并为中小企业提供贷款,为政府重点支持的产业和企业提供低利率融资支持和金融资金补贴,还为满足条件的公司提供阶段性营业税等税收优惠,大力发挥政府在风险投资基金建立这一市场行为中的作用(见表 10-18)。

表 10-18　2014 年以来日本城市群外围城市的金融扶持政策梳理

种类	代表城市	政策/规划名称	政策内容
补贴/减税	和歌山县	《令和 4 年度和歌山县制造业生产能力提高事业费补贴》	属于日本标准产业分类(平成 25 年内务省公告第 405 号)中所列大分类 E 类制造业的产业从业人员,可享受事业费用 1/3 以内的补贴,补贴上限为 2000 万日元
		《农林水产省农业支持导航》	为"新农民"(49 岁以下)提供高达 30 万日元的无息贷款,支持其完成"农业示范计划"
	千叶县	《对选址企业的优惠制度》	属于半岛振兴地区经营目标业务的经营者,在新扩建机械、设备、附属设备、建筑物时,可享受当地税收优惠
贷款	兵库县	《令和 3 年富民村建设资金利息补充条例》	由农业合作社和兵库县信用农业合作社联合会为农民提供贷款,完善农业生产的基础,支持农业经营活动,促进农村振兴和城乡交流
	千叶县	《千叶县中小企业促进融资计划实施指南》	提供创业基金、环保基金等多个基金种类,助力中小企业度过初创时期
	和歌山县	《令和 4 年和歌山县中小企业融资制度修订》	由县、金融机构和信用担保协会合作,为县内的中小企业提供稳定管理和振兴企业所需的资金。这些资金多是"低利率、固定和长期"资金,部分由县政府承担信用担保费
	京都府	京都企业创造基金	于平成 16 年(2004 年)设立"京都企业创造基金"(区域制造业发展基金)主要服务于以下领域:制造风险公司、信息和通信相关领域、环境相关领域、原型行业相关领域、提高生活质量的工业相关领域

第六节　中国城市群战略的深化方向

在本章第一节对城市群分门别类的战略深化重点分析基础上,结合国外城市群发展经验和政策实践,"十四五"时期的城市群战略创新路径可以考虑如下几方面。一是创新区域治理政策。从中央层面规制和激励同一地区城市群间的博弈和分工行为。应该持续推进超省级行政机构的建立,超省级行政机构作为城市群发展的总体行政单位,负责协调城市群内各地方政府的利益冲突，维护城市群整体发展利益，发挥城市群内各城市的比较优势，形成一个和而不同、各具特色的城市群整体，推动实现优势互补、高质量发展的区域经济布局。二是创新地方城市群互动机制。欠发达地区城市群之间的要素竞争和产业冲突，可能比发达城市群之间更强，通过自下而上的方式，建立欠发达地区城市群产业战略、城市规划和对外开放方面的定期协调互动机制尤为重要。三是创新欠发达城市群核心城市的集聚模式。不能依靠传统被动式的产业转移和技术溢出，而应该积极探索新产业，提前布局面向 2035 年的新产业空间。

一 以共同富裕为目标，差异化构建"群-圈-县"发展共同体

中国的城市群至少包括群、圈、县三个空间维度。截至 2024 年，10个国家级城市群和 9 个区域性城市群的空间战略体系雏形已经形成，14个都市圈的建设也逐步推进，县城在城镇化中的重要性越来越突出。不难预见，在"十五五"期间，城市群战略体系将越来越完善，都市圈发展也将逐步走向成熟，县城在其中的重要性也会越来越凸显。显然，对于三者在城市群中如何实现发展的战略协同，是必然需要面对的问题。因为当前由 19 个城市群支撑的"两横三纵"空间格局已经基本形成，主要发展目标已经由过去的城市群总体发展转变为城市群内部发展。正如前文所分析的，19 个城市群根据内部发展程度可以至少划分为"优化提升""发展壮大""规划引导"三类，尽管不同城市群的发展阶段和发展战略可能会有所不同，但它们有相同的发展目标——共同富裕。为实现城市群内共同富裕，起码要缩小三个核心差距，即城市群内大中小城市之间的差距、城乡收入差距以及群体收入差距，而通过构建"群-圈-县"发展共同体可以很好地实现三者的战略协同，进而缩小这三个差距。

第一，仅在"群"维度的城市群发展无法兼顾"县"的发展，也就无法缩小城市群内大中小城市之间的差距。原因在于，城市群发展的核心城市驱动模式，前期阶段必然会集聚外围城市的要素，而且中后期的核心城市溢出也不会有明确的时间转折点，而对政策实施者来说，这是致命的。尤其对以共同富裕为主要目标的中国各级政府来说，难以忍受在核心城市发展过程中外围城市出现衰退和萧条。此外，由于"县城"的空间

要素集聚能力较小，而根据排序-选择理论，县城能够在空间竞争中配置到的都是低技能劳动力，天然与大中城市存在生产率差异，加之规模报酬递增效应的影响，这种生产率差异只会越拉越大。第二，如果城市群战略深化仅触及"圈"维度，无法解决大中小城市差距问题。原因在于，都市圈只是核心城市的扩大版，缓解不了城市群核心城市发展引起的对外围城市的虹吸效应。因此，打破传统集聚经济学认为的"先集聚后扩散"的发展模式，在核心城市集聚过程中，根据集聚规律，提前疏解对核心城市拥挤效应敏感的产业，如劳动密集型、土地密集型、资源依赖型的产业，并同步提高外围城市尤其是县城的产业承接能力，当然这种政策干预下的空间配置需要较为完全的信息，以及较为科学的城市群空间规划。都市圈由于是围绕核心城市发展的，且很可能是由发展基础较好的外围城市承接核心城市疏散的产业，这种空间邻近性和较高的承接能力为城市群核心城市产业疏解或布局提供了新的次序，即优先向都市圈疏解，从而提高政府干预的容错率，取得更好的城市群发展效果。总之，"群-圈-县"发展共同体可以重塑城市群空间中的产业转型疏解和布局次序，在提高核心城市发展效率的同时，兼顾都市圈和县城的协同发展。

二　以数字基建为基础，差异化构建"群-圈-县"发展共同体

除了以共同富裕为发展目标外，"群-圈-县"发展共同体构建还需要寻找空间融通的基础。根据前文分析可以看出，截至 2020 年，中国 19 个城市群尽管在发展上还存在阶段性差异，但总体上交通基础设施覆盖率已经较高，商品、要素和信息在城市群内的融通程度也已经较高。数字基建为进一步提升城市群内部商品、要素和信息的融通效率创造了条件，一方面，数字基础设施相对于交通基础设施有更强的传播效率和空间传播特征，尤其在全国统一大市场建设的背景之下，城市群内的"硬融通"格局已经基本形成，但还缺乏对市场主体决策更为重要的"软融通"。另一方面，数字基建能够为广大的外围县城发展提供新的机遇。在传统发展模式下，产业在核心城市或都市圈集聚，而且随着选择和排序作用的发挥，大部分外围县城很难在传统的城市群发展模式下找到独立的先发优势，数字基建却创造了这种可能：一是通过数字基建使产业在城市群空间内的布

局重新洗牌；二是可能会倒逼加速核心城市部分产业的疏解步伐；三是为县城发展提供提前布局未来产业的可能；四是可以产生传统发展模式下外围县城不具备的新比较优势。

结合城市群核心溢出的时空演变规律来看，"优化提升"类城市群已经对核心城市之外的多数地区产生正溢出效应，但该溢出效应是不会普惠至每个外围县城的，因为绝大多数县城的发展基础与核心城市相比差距过大，数字基建显然可以提升外围县城的这种承接能力，同时也可以让疏解出来的产业基于数字基建带来的信息流做出最优的迁址决策。"发展壮大"类城市群则正处于核心城市集聚的强势期，一方面数字基建可以加速新产业的集聚，另一方面数字基建可以加快传统产业疏解至外围地区，提高集聚效率，同时核心城市溢出效应的时空演变也会提前到来，甚至两者同步实现。"规划引导"类城市群则正处于核心城市集聚发展的初期，核心城市更需要强有力的不同于其他城市群的集聚因子，数字基建为其提供了新的发展机遇，从而可能走上新的赛道。

三 以数字治理为路径，差异化构建"群-圈-县"发展共同体

数字治理在疫情防控中的应用为其在城市群治理中的应用打开了想象空间，那么，究竟如何在城市群治理中运用数字治理手段实现"群-圈-县"发展共同体的构建呢？第一，传统治理方式已经很难满足"群-圈-县"发展共同体构建的需要。传统治理主要依托政府部门和科层制，以部门利益为核心，缺乏整体性、协同性，反馈也比较滞后，这显然已经无法满足大范围、快节奏、高精准的中国式现代化治理要求。必须运用数字治理打通部门壁垒，重塑治理流程，实现"群-圈-县"立体联动和高效协同。第二，当前城市群发展能够产生很多数据要素，要积极发展以数据为生产要素的数字经济，传统治理方式已无法满足需要。因为数据要素易传播、易复制，所以其与传统的劳动和资本生产要素完全不同，对数据的治理必然需要不同的方式方法。第三，从国际视角看，数字治理关乎全球化过程中贸易话语权的掌握。数字治理使得全球贸易标的、企业商业模式、国际贸易方式发生了深刻变革，而且当前世界贸易规则已经扩展到信息安全、数字安全和产权保护等环节，而传统治理模式是很难有效应对和

处理这些问题的。

从城市群溢出效应看，数字治理可以为核心城市和外围城市之间开辟新的"溢出渠道"，传统的核心城市溢出主要来自劳动力、资本和知识流动，数字治理下的溢出则来自数据要素的收益分配，为外围城市尤其是外围县城发展增添了新路径。数字治理让"群-圈-县"在发展中弱化"核心-外围"关系，让三者尽可能处于同一起跑线，这种"同步化"发展是促进"群-圈-县"发展共同体形成的重要前提条件。从三个不同类型的城市群看，对"优化提升"类城市群来说，数字治理可以"增量优化"城市群发展。所谓增量，即通过数字治理下的数据要素增加核心城市和外围城市的发展势能，同时也可以打破城市群内部"群-圈-县"的信息孤岛，促进部门协同，在不触及部门利益的情况下，实现治理组织和体系的再造，赋能提升发展效率。对"发展壮大"类城市群来说，数字治理可以加快核心城市集聚速度，并在城市群内部实现更快的产业布局，缩短传统集聚效应和扩散效应发生所需要的时间，这种加速效应尤其可以催生以数字治理为基础的新产业形态。对"规划引导"类城市群来说，数字治理可以推动核心城市增长极部门的形成，并快速形成以数字治理为主要特征的溢出渠道和治理体系。当然这类城市群的重点还是"规划和引导"，以数字治理赋能城市群内空间规划，并吸引从其他两类城市群转移出的各类企业，同时根据数字治理和数字经济的发展演化规律以及中国相关产业政策契机，提前布局未来产业，开辟新赛道。

参考文献

[1] 安树伟、李瑞鹏，2022，《城市群核心城市带动外围地区经济增长了吗？——以京津冀和长三角城市群为例》，《中国软科学》第 9 期。

[2] 安树伟、宋维珍等，2021，《沿海三大城市群高质量发展研究》，《开发研究》第 3 期。

[3] 安同良、杨晨，2020，《互联网重塑中国经济地理格局：微观机制与宏观效应》，《经济研究》第 2 期。

[4] 白俊红、刘宇英，2018，《对外直接投资能否改善中国的资源错配》，《中国工业经济》第 1 期。

[5] 白俊红、王钺等，2017，《研发要素流动、空间知识溢出与经济增长》，《经济研究》第 7 期。

[6] 柏培文，2012，《中国劳动要素配置扭曲程度的测量》，《中国工业经济》第 10 期。

[7] 毕秀晶、宁越敏，2013，《长三角大都市区空间溢出与城市群集聚扩散的空间计量分析》，《经济地理》第 1 期。

[8] 毕秀晶、赵新正，2015，《政府行为对长三角城市群空间演化的作用》，《中国城市研究》（年刊）。

[9] 边志强，2015，《网络基础设施对全要素生产率增长效应研究》，东北财经大学博士学位论文。

[10] 别小娟、孙涛等，2018，《京津冀城市群空间扩张及其经济溢出效应》，《生态学报》第 12 期。

[11] 蔡昉、都阳，2000，《中国地区经济增长的趋同与差异——对西部开发战略的启示》，《经济研究》第 10 期。

［12］蔡岚，2009，《我国地方政府间合作困境研究述评》，《学术研究》第 9 期。

［13］蔡之兵，2018，《改革开放以来中国区域发展战略演变的十个特征》，《区域经济评论》第 4 期。

［14］陈栋生，1993，《区域经济学》，河南人民出版社。

［15］陈国亮、陈建军，2012，《产业关联、空间地理与二三产业共同集聚——来自中国 212 个城市的经验考察》，《管理世界》第 4 期。

［16］陈建军、陈菁菁等，2018，《我国大都市群产业—城市协同治理研究》，《浙江大学学报（人文社会科学版）》第 5 期。

［17］陈抗、Arye L. Hillman、顾清扬，2002，《财政集权与地方政府行为变化——从援助之手到攫取之手》，《经济学（季刊）》第 4 期。

［18］陈明华、刘华军等，2016，《中国五大城市群经济发展的空间差异及溢出效应》，《城市发展研究》第 3 期。

［19］陈秀山、杨艳，2010，《区域协调发展：回顾与展望》，《西南民族大学学报（人文社会科学版）》第 1 期。

［20］陈永伟、胡伟民，2011，《价格扭曲、要素错配和效率损失：理论和应用》，《经济学（季刊）》第 4 期。

［21］陈甬军、丛子薇，2017，《更好发挥政府在区域市场一体化中的作用》，《财贸经济》第 2 期。

［22］程盈莹、成东申等，2021，《国际舆论对中国引进外资的影响：基于 Gdelt 新闻大数据的实证研究》，《世界经济研究》第 7 期。

［23］崔格格、李腾等，2022，《生产性服务业集聚、空间溢出与城镇化——基于新经济地理视角》，《工程管理科技前沿》第 4 期。

［24］崔华泰，2019，《我国土地财政的影响因素及其溢出效应研究》，《数量经济技术经济研究》第 8 期。

［25］崔木花，2015，《城市群发展质量的综合评价》，《统计与决策》第 4 期。

［26］崔耀平、刘玄等，2020，《长三角地区城市化空间关联特征及内在机制》，《地理学报》第 6 期。

［27］Démurger S., Fournier M. 等，2009，《中国经济转型中城镇劳动力

市场分割问题——不同部门职工工资收入差距的分析》，《管理世界》第 3 期。

[28] 邓慧慧、周梦雯等，2022，《数字经济与城市群协同发展：基于夜间灯光数据的研究》，《浙江大学学报（人文社会科学版）》第 4 期。

[29] 翟婧彤、张军涛，2020，《城市规模、创新能力与空间溢出效应——以长江三角洲城市群为例》，《当代经济管理》第 12 期。

[30] 翟少轩，2021，《中心城市的辐射带动作用研究——基于创新溢出的视角》，广东省社会科学院硕士学位论文。

[31] 丁从明、吉振霖等，2018，《方言多样性与市场一体化：基于城市圈的视角》，《经济研究》第 11 期。

[32] 丁建军，2010，《城市群经济、多城市群与区域协调发展》，《经济地理》第 12 期。

[33] 丁如曦、倪鹏飞，2017，《中国经济空间的新格局：基于城市房地产视角》，《中国工业经济》第 5 期。

[34] 丁显有、肖雯等，2019，《长三角城市群工业绿色创新发展效率及其协同效应研究》，《工业技术经济》第 7 期。

[35] 董洪超、蒋伏心，2020，《交通基础设施对中国区域市场一体化的影响研究——基于动态面板模型的实证分析》，《经济问题探索》第 5 期。

[36] 董雪兵、池若楠，2020，《中国区域经济差异与收敛的时空演进特征》，《经济地理》第 10 期。

[37] 杜悦、陈晓红等，2022，《哈长城市群县（市）高质量发展的时空演变与驱动力研究》，《经济地理》第 8 期。

[38] 范剑勇、莫家伟，2013，《城市化模式与经济发展方式转变——兼论城市化的方向选择》，《复旦学报（社会科学版）》第 3 期。

[39] 范剑勇、邵挺，2011，《房价水平、差异化产品区位分布与城市体系》，《经济研究》第 2 期。

[40] 范子英、彭飞等，2016，《政治关联与经济增长——基于卫星灯光数据的研究》，《经济研究》第 1 期。

［41］范子英，2015，《土地财政的根源：财政压力还是投资冲动》，《中国工业经济》第 6 期。

［42］方创琳、宋吉涛等，2005，《中国城市群结构体系的组成与空间分异格局》，《地理学报》第 5 期。

［43］方创琳、祁巍锋等，2008，《中国城市群紧凑度的综合测度分析》，《地理学报》第 10 期。

［44］方创琳，2011，《中国城市群形成发育的新格局及新趋向》，《地理科学》第 9 期。

［45］方创琳，2014，《中国城市群研究取得的重要进展与未来发展方向》，《地理学报》第 8 期。

［46］方创琳，2020，《以都市圈为鼎支撑中国城市群高质量发展》，《张江科技评论》第 6 期。

［47］方创琳，2012，《中国城市群形成发育的政策影响过程与实施效果评价》，《地理科学》第 3 期。

［48］方大春、孙明月，2015，《长江经济带核心城市影响力研究》，《经济地理》第 1 期。

［49］冯春萍，2003，《德国鲁尔工业区持续发展的成功经验》，《石油化工技术经济》第 2 期。

［50］付德申、向丽，2017，《城市群产业承接能力与生态环境耦合协调发展研究》，《商业研究》第 2 期。

［51］傅勇、张晏，2007，《中国式分权与财政支出结构偏向：为增长而竞争的代价》，《管理世界》第 3 期。

［52］干春晖、郑若谷等，2011，《中国产业结构变迁对经济增长和波动的影响》，《经济研究》第 5 期。

［53］宫攀、张槩，2022，《产业集聚模式对城市人口规模的时空效应研究——来自 275 个地级及以上城市的经验证据》，《人口与发展》第 4 期。

［54］顾朝林，2006，《中国城市发展的新趋势》，《城市规划》第 3 期。

［55］顾朝林，1991，《中国城市经济区划分的初步研究》，《地理学报》第 2 期。

[56] 顾朝林，2011，《城市群研究进展与展望》，《地理研究》第 5 期。

[57] 关爱萍、曹亚南，2016，《中国制造业产业转移变动趋势：2001～2014 年》，《经济与管理》第 6 期。

[58] 桂琦寒、陈敏等，2006，《中国国内商品市场趋于分割还是整合：基于相对价格法的分析》，《世界经济》第 2 期。

[59] 郭爱君、张永年等，2022，《战略性新兴产业空间结构对城市碳排放强度的影响——基于兰西城市群企业大数据的考察》，《城市问题》第 5 期。

[60] 郭建斌、陈富良，2021，《地方政府竞争、环境规制与城市群绿色发展》，《经济问题探索》第 1 期。

[61] 郭建科、秦娅风等，2021，《基于流动要素的沿海港—城网络体系空间重构》，《经济地理》第 9 期。

[62] 韩冬，2020，《城市群视角下中心城市经济辐射性质和强度研究——基于京津冀与长三角的比较分析》，《城市发展研究》第 12 期。

[63] 韩琭、何佟佟等，2021，《城市群高质量发展与土地利用效率耦合协调度评价——基于黄河流域七大城市群的实证分析》，《河南师范大学学报（哲学社会科学版）》第 1 期。

[64] 韩玉刚、叶雷，2016，《中国欠发达省际边缘区核心城市的选择与区域带动效应——以豫皖省际边缘区为例》，《地理研究》第 6 期。

[65] 韩悦，2019，《基于 SEM 的城市外资吸引力影响因素研究》，云南财经大学硕士学位论文。

[66] 何龙斌，2013，《省际边缘区接受省会城市经济辐射研究》，《经济问题探索》第 8 期。

[67] 何龙斌，2014，《我国三大经济圈的核心城市经济辐射力比较研究》，《经济纵横》第 8 期。

[68] 何一峰，2008，《转型经济下的中国经济趋同研究——基于非线性时变因子模型的实证分析》，《经济研究》第 7 期。

[69] 侯松、甄延临等，2022，《高质量发展背景下城市群治理评价体系构建及应用——以长三角城市群为例》，《经济地理》第 2 期。

[70] 胡继妹、费新章，2004，《长江三角洲城市关系新整合的趋向研

究》，《城市发展研究》第 6 期。

[71] 胡艳、唐磊等，2018，《城市群内部城市间竞争和合作对城市经济发展的影响——基于空间溢出效应对长三角城市群的实证检验》，《西部论坛》第 1 期。

[72] 胡渊、杨勇，2021，《财政支出、投资环境与 FDI 地区分布》，《宏观经济研究》第 9 期。

[73] 黄娉婷、张晓平，2014，《京津冀都市圈汽车产业空间布局演化研究》，《地理研究》第 1 期。

[74] 黄群慧、余泳泽等，2019，《互联网发展与制造业生产率提升：内在机制与中国经验》，《中国工业经济》第 8 期。

[75] 黄妍妮、高波等，2016，《中国城市群空间结构分布与演变特征》，《经济学家》第 9 期。

[76] 黄妍莺，2021，《资源环境视角下"一带一路"沿线国家投资吸引力评估》，《统计与决策》第 15 期。

[77] 黄勇峰、任若恩等，2002，《中国制造业资本存量永续盘存法估计》，《经济学（季刊）》第 1 期。

[78] 吉富星、樊轶侠，2021，《促进区域经济一体化发展的财政制度安排及优化路径》，《经济纵横》第 12 期。

[79] 冀朝鼎，2016，《中国历史上的基本经济区》，岳玉庆译，浙江人民出版社。

[80] 贾根良，2016，《第三次工业革命与工业智能化》，《中国社会科学》第 6 期。

[81] 江艇、孙鲲鹏等，2018，《城市级别、全要素生产率和资源错配》，《管理世界》第 3 期。

[82] 姜竹、徐思维等，2022，《信息基础设施、公共服务供给效率与城市创新——基于"宽带中国"试点政策的实证研究》，《城市问题》第 1 期。

[83] 金祥荣、赵雪娇，2016，《中心城市的溢出效应与城市经济增长——基于中国城市群 2000~2012 年市级面板数据的经验研究》，《浙江大学学报（人文社会科学版）》第 5 期。

［84］鞠立新，2010，《由国外经验看我国城市群一体化协调机制的创建——以长三角城市群跨区域一体化协调机制建设为视角》，《经济研究参考》第52期。

［85］柯善咨、向娟，2012，《1996～2009年中国城市固定资本存量估算》，《统计研究》第7期。

［86］寇宗来、刘学悦，2017，《中国城市和产业创新力报告2017》，复旦大学产业发展研究中心研究报告。

［87］兰秀娟，2022，《高铁网络促进了城市群经济高质量发展吗?》，《经济与管理研究》第6期。

［88］雷潇雨、龚六堂，2014，《基于土地出让的工业化与城镇化》，《管理世界》第9期。

［89］李博雅，2020，《长三角城市群空间结构演化与溢出效应研究》，《宏观经济研究》第5期。

［90］李娣，2015，《欧洲西北部城市群发展经验与启示》，《全球化》第10期。

［91］李红、曹玲，2021，《长江中游城市群经济高质量发展测度》，《统计与决策》第24期。

［92］李红、韦永贵，2020，《文化多样性与区域经济发展差异——基于民族和方言视角的考察》，《经济学动态》第7期。

［93］李红昌、Linda Tjia等，2016，《中国高速铁路对沿线城市经济集聚与均等化的影响》，《数量经济技术经济研究》第11期。

［94］李洪涛、王丽丽，2020，《城市群发展规划对要素流动与高效集聚的影响研究》，《经济学家》第12期。

［95］李郇、洪国志等，2013，《中国土地财政增长之谜——分税制改革、土地财政增长的策略性》，《经济学（季刊）》第3期。

［96］李佳洺、孙铁山等，2010，《中国三大都市圈核心城市职能分工及互补性的比较研究》，《地理科学》第4期。

［97］李佳洺、张文忠等，2014，《中国城市群集聚特征与经济绩效》，《地理学报》第4期。

［98］李磊、张贵祥，2015，《京津冀城市群内城市发展质量》，《经济地

理》第 5 期。

［99］李力行、申广军，2019，《金融发展与城市规模——理论和来自中国城市的证据》，《经济学（季刊）》第 3 期。

［100］李琳、彭宇光，2017，《中三角城市群与长三角城市群市场一体化及影响因素比较研究》，《科技进步与对策》第 1 期。

［101］李松林、刘修岩，2017，《中国城市体系规模分布扁平化：多维区域验证与经济解释》，《世界经济》第 11 期。

［102］李为，2015，《海峡西岸城市群发展现状与未来设计》，《长沙大学学报》第 3 期。

［103］李晓欣，2020，《京津冀区域市场一体化水平测度研究——基于商品价格方差测度的分析》，《价格理论与实践》第 4 期。

［104］李雪松、孙博文，2013，《长江中游城市群区域一体化的测度与比较》，《长江流域资源与环境》第 8 期。

［105］李彦、付文宇等，2020，《高铁服务供给对城市群经济高质量发展的影响——基于多重中介效应的检验》，《经济与管理研究》第 9 期。

［106］李彦龙、沈艳，2022，《数字普惠金融与区域经济不平衡》，《经济学（季刊）》第 5 期。

［107］李勇刚、王猛，2015，《土地财政与产业结构服务化——一个解释产业结构服务化"中国悖论"的新视角》，《财经研究》第 9 期。

［108］李煜伟、倪鹏飞，2013，《外部性、运输网络与城市群经济增长》，《中国社会科学》第 3 期。

［109］李志远、刘丹等，2022，《外资准入政策和外商直接投资的流入——一个准自然实验的证据》，《中国经济问题》第 1 期。

［110］连俊华、李富强，2021，《城市群高质量发展的路径探究：基于区域协同创新的分析》，《价格理论与实践》第 5 期。

［111］梁婧、张庆华等，2015，《城市规模与劳动生产率：中国城市规模是否过小？——基于中国城市数据的研究》，《经济学（季刊）》第 2 期。

［112］梁丽、边金虎等，2020，《中巴经济走廊 DMSP/OLS 与 NPP/VIIRS

夜光数据辐射一致性校正》,《遥感学报》第 2 期。

[113] 梁琦、陈强远等,2013,《户籍改革、劳动力流动与城市层级体系优化》,《中国社会科学》第 12 期。

[114] 梁琦、詹亦军,2006,《地方专业化、技术进步和产业升级:来自长三角的证据》,《经济理论与经济管理》第 1 期。

[115] 梁志霞、毕胜,2020,《基于城市功能的城市发展质量及其影响因素研究——以京津冀城市群为例》,《经济问题》第 1 期。

[116] 林光平、龙志和等,2005,《我国地区经济收敛的空间计量实证分析:1978~2002 年》,《经济学(季刊)》第 S1 期。

[117] 刘华军、裴延峰等,2017,《中国城市群发展的空间差异及溢出效应研究——基于 1992~2013 年 DMSP/OLS 夜间灯光数据的考察》,《财贸研究》第 11 期。

[118] 刘静玉、王发曾,2004,《城市群形成发展的动力机制研究》,《开发研究》第 6 期。

[119] 刘楷琳、尚培培,2021,《中国城市群高质量发展水平测度及空间关联性》,《东北财经大学学报》第 3 期。

[120] 刘力,2009,《产业转移与产业升级的区域联动机制研究——兼论广东区域经济协调发展模式》,《国际经贸探索》第 12 期。

[121] 刘培林、宋湛,2007,《服务业和制造业企业法人绩效比较》,《经济研究》第 1 期。

[122] 刘起运,2002,《关于投入产出系数结构分析方法的研究》,《统计研究》第 2 期。

[123] 刘倩、朱书尚等,2020,《城市群政策能否促进区域金融协调发展?——基于方言视角下的实证检验》,《金融研究》第 3 期。

[124] 刘强,2001,《中国经济增长的收敛性分析》,《经济研究》第 6 期。

[125] 刘士林,2022,《江南文化中心城市规划与长三角高质量发展》,《苏州大学学报(哲学社会科学版)》第 2 期。

[126] 刘士林,2015,《中国城市群的发展现状与文化转型》,《江苏行政学院学报》第 1 期。

［127］ 刘士林，2017，《中国丝绸之路城市群发展现状与战略设计》，《开发研究》第 5 期。

［128］ 刘修岩、艾刚，2016，《FDI 是否促进了中国城市的郊区化？——基于卫星夜间灯光数据的实证检验》，《财经研究》第 6 期。

［129］ 刘修岩、李松林等，2017，《城市空间结构与地区经济效率——兼论中国城镇化发展道路的模式选择》，《管理世界》第 1 期。

［130］ 刘修岩、李松林等，2016，《开发时滞、市场不确定性与城市蔓延》，《经济研究》第 8 期。

［131］ 刘修岩、梁昌一，2021，《中国城市群一体化水平综合评价与时空演化特征分析——兼论城市群规模的影响》，《兰州大学学报（社会科学版）》第 2 期。

［132］ 刘修岩、秦蒙等，2019，《城市空间结构与劳动者工资收入》，《世界经济》第 4 期。

［133］ 刘耀彬、喻群等，2017，《长江中游城市群一体化演进格局及其竞争份额潜力研究》，《企业经济》第 6 期。

［134］ 刘勇，2009，《与空间结构演化协同的城市群交通运输发展——以长三角为例》，《世界经济与政治论坛》第 6 期。

［135］ 刘毓芸、徐现祥等，2015，《劳动力跨方言流动的倒 U 型模式》，《经济研究》第 10 期。

［136］ 刘振灵、刘海滨，2008，《城市群及矿业城市的国际比较——以莱茵-鲁尔和辽宁中部城市群为例》，《城市问题》第 7 期。

［137］ 卢洪友、袁光平等，2011，《土地财政根源："竞争冲动"还是"无奈之举"？——来自中国地市的经验证据》，《经济社会体制比较》第 1 期。

［138］ 卢丽文、张毅等，2014，《长江中游城市群发展质量评价研究》，《长江流域资源与环境》第 10 期。

［139］ 陆大道，2002，《关于"点-轴"空间结构系统的形成机理分析》，《地理科学》第 1 期。

［140］ 陆大道，2001，《论区域的最佳结构与最佳发展——提出"点-轴系统"和"T"型结构以来的回顾与再分析》，《地理学报》第

2 期。

[141] 陆大道，1984，《人文地理学中区域分析的初步探讨》，《地理学报》第 4 期。

[142] 陆军、宋吉涛等，2013，《基于二维时空地图的中国高铁经济区格局模拟》，《地理学报》第 2 期。

[143] 陆铭、向宽虎，2012，《地理与服务业——内需是否会使城市体系分散化?》，《经济学（季刊）》第 3 期。

[144] 陆铭、陈钊等，2004，《收益递增、发展战略与区域经济的分割》，《经济研究》第 1 期。

[145] 陆铭，2017，《城市、区域和国家发展——空间政治经济学的现在与未来》，《经济学（季刊）》第 3 期。

[146] 陆铭，2010，《重构城市体系——论中国区域和城市可持续发展战略》，《南京大学学报（哲学·人文科学·社会科学版）》第 5 期。

[147] 陆颖，2021，《世界级都市圈区域市场一体化发展态势研究》，《竞争情报》第 5 期。

[148] 逯建、杜清源等，2018，《时间成本、城市规模与人均经济增长——基于铁路时刻数据的实证分析》，《管理世界》第 5 期。

[149] 骆建文、王海军，2015，《科创中心的他国经验》，《上海国资》第 6 期。

[150] 雒占福、李兰等，2021，《基于生态城市理念的兰州-西宁城市群高质量发展与生态环境耦合协调研究》，《水土保持研究》第 2 期。

[151] 吕典玮、张琦，2010，《京津地区区域一体化程度分析》，《中国人口·资源与环境》第 3 期。

[152] 吕炜、许宏伟，2015，《土地财政、城市偏向与中国城乡收入差距》，《财贸经济》第 6 期。

[153] 吕颖，2022，《城市营商环境与房地产企业转型升级研究》，《全国流通经济》第 16 期。

[154] 马拴友、于红霞，2003，《地方税与区域经济增长的实证分析——论西部大开发的税收政策取向》，《管理世界》第 5 期。

[155] 马为彪、吴玉鸣等，2022，《高铁开通与长三角区域经济发展差

距——基于中心-外围的分析视角》,《经济问题探索》第 8 期。

[156] 马燕坤、张雪领,2019,《中国城市群产业分工的影响因素及发展对策》,《区域经济评论》第 6 期。

[157] 马燕坤,2016,《城市群功能空间分工形成的演化模型与实证分析》,《经济管理》第 12 期。

[158] 毛琦梁、王菲,2018,《地区比较优势演化的空间关联:知识扩散的作用与证据》,《中国工业经济》第 11 期。

[159] 毛小明、胡伟辉,2021,《中部地区产业承接能力与生态环境质量协调发展研究》,《江西社会科学》第 9 期。

[160] 倪鹏飞、刘凯等,2011,《中国城市联系度:基于联锁网络模型的测度》,《经济社会体制比较》第 6 期。

[161] 宁越敏、石崧,2011,《从劳动空间分工到大都市区空间组织》,《上海城市规划》第 5 期。

[162] 欧阳志云、赵娟娟等,2009,《中国城市的绿色发展评价》,《中国人口·资源与环境》第 5 期。

[163] 彭文斌、韩东初等,2022,《京津冀地区数字经济的空间效应研究》,《经济地理》第 5 期。

[164] 彭小兵、韦冬萍,2020,《激活民间社会活力:"双循环"新发展格局的缘起、基础和治理》,《重庆大学学报(社会科学版)》第 6 期。

[165] 钱海章、陶云清等,2020,《中国数字金融发展与经济增长的理论与实证》,《数量经济技术经济研究》第 6 期。

[166] 秦华、任保平,2021,《黄河流域城市群高质量发展的目标及其实现路径》,《经济与管理评论》第 6 期。

[167] 秦蒙、刘修岩等,2016,《中国的"城市蔓延之谜"——来自政府行为视角的空间面板数据分析》,《经济学动态》第 7 期。

[168] 邱骏、林馨等,2022,《交通基础设施对城镇建设用地效益的影响——基于京津冀城市群的空间杜宾模型分析》,《调研世界》第 5 期。

[169] 饶常林,2014,《中国地方政府合作的博弈分析:困境与消解》,

《北京理工大学学报（社会科学版）》第 5 期。

[170] 邵朝对、苏丹妮等，2016，《房价、土地财政与城市集聚特征：中国式城市发展之路》，《管理世界》第 2 期。

[171] 沈玲媛、邓宏兵，2008，《武汉城市圈和长株潭城市群城市发展质量比较研究》，《地域研究与开发》第 6 期。

[172] 史梦昱、沈坤荣，2022，《人才引进政策的经济增长及空间外溢效应——基于长三角城市群的研究》，《经济问题探索》第 1 期。

[173] 斯丽娟、王超群，2021，《中国城市群区域经济差异、动态演变与收敛性——基于十大城市群夜间灯光数据的研究》，《上海经济研究》第 10 期。

[174] 宋德勇、李东方，2021，《国家级城市群高质量平衡增长研究——基于产业分工的视角》，《经济经纬》第 1 期。

[175] 宋吉涛、方创琳等，2006，《中国城市群空间结构的稳定性分析》，《地理学报》第 12 期。

[176] 宋马林、金培振，2016，《地方保护、资源错配与环境福利绩效》，《经济研究》第 12 期。

[177] 宋学明，1996，《中国区域经济发展及其收敛性》，《经济研究》第 9 期。

[178] 宋迎昌、倪艳亭，2015，《我国城市群一体化发展测度研究》，《杭州师范大学学报（社会科学版）》第 5 期。

[179] 苏华、刘芳，2018，《中国西北地区城市群空间集聚与扩散水平分析》，《开发研究》第 3 期。

[180] 孙斌、刘烜，2022，《城市群一体化研究综述》，《科技和产业》第 2 期。

[181] 孙斌栋、丁嵩，2016，《大城市有利于小城市的经济增长吗？——来自长三角城市群的证据》，《地理研究》第 9 期。

[182] 孙冬益，2009，《长三角城市群空间集聚与扩散的实证研究》，《经济论坛》第 5 期。

[183] 孙虎、乔标，2015，《京津冀产业协同发展的问题与建议》，《中国软科学》第 7 期。

［184］孙久文、姚鹏，2015，《京津冀产业空间转移、地区专业化与协同发展——基于新经济地理学的分析框架》，《南开学报（哲学社会科学版）》第 1 期。

［185］孙久文、邓慧慧等，2008，《京津冀区域经济一体化及其合作途径探讨》，《首都经济贸易大学学报》第 2 期。

［186］孙久文、李恒森，2017，《我国区域经济演进轨迹及其总体趋势》，《改革》第 7 期。

［187］孙铁山，2016，《中国三大城市群集聚空间结构演化与地区经济增长》，《经济地理》第 5 期。

［188］孙秀林、周飞舟，2013，《土地财政与分税制：一个实证解释》，《中国社会科学》第 4 期。

［189］孙勇、张思慧等，2022，《数字技术创新对产业结构升级的影响及其空间效应——以长江经济带为例》，《软科学》第 10 期。

［190］孙正、岳文浩等，2022，《我国生产性服务业与制造业协同集聚程度测算研究——基于产业与城市群的视角》，《统计研究》第 3 期。

［191］锁利铭，2020，《协调下的竞争与合作：中国城市群协同治理的过程》，《探索与争鸣》第 10 期。

［192］覃成林、桑曼乘，2015，《城市网络与城市经济增长》，《学习与实践》第 4 期。

［193］覃成林，2011，《区域协调发展机制体系研究》，《经济学家》第 4 期。

［194］汤放华、吴平等，2018，《长株潭城市群一体化程度测度与评价》，《经济地理》第 2 期。

［195］唐茂华，2005，《工资差异、城市生活能力与劳动力转移——一个基于中国背景的分析框架》，《财经科学》第 4 期。

［196］唐为，2016，《中国城市规模分布体系过于扁平化吗？》，《世界经济文汇》第 1 期。

［197］陶然、袁飞等，2007，《区域竞争、土地出让与地方财政效应：基于 1999~2003 年中国地级城市面板数据的分析》，《世界经济》第 10 期。

[198] 陶希东，2007，《转型期跨省都市圈政府间关系重建策略研究——组织体制与政策保障》，《城市规划》第9期。

[199] 〔日〕藤田昌久等，2005，《空间经济学——城市、区域与国际贸易》，梁琦主译，中国人民大学出版社。

[200] 田成诗、张亚兵，2022，《中国多中心城市空间结构与能源效率关系》，《自然资源学报》第1期。

[201] 田传浩、李明坤等，2014，《土地财政与地方公共物品供给——基于城市层面的经验》，《公共管理学报》第4期。

[202] 涂建军、况人瑞等，2021，《成渝城市群高质量发展水平评价》，《经济地理》第7期。

[203] 〔德〕沃尔特·克里斯塔勒，2010，《德国南部中心地原理》，常正文等译，商务印书馆。

[204] 万陆、翟少轩，2021，《中心城市创新集聚与城市群协调发展》，《学术研究》第7期。

[205] 汪涛、任瑞芳等，2010，《知识网络结构特征及其对知识流动的影响》，《科学与科学技术管理》第5期。

[206] 汪阳红，2014，《促进城市群城市间合理分工与发展》，《宏观经济管理》第3期。

[207] 王浩、邢玥铭，2008，《城市群产业分工的比较优势方法》，《鸡西大学学报》第4期。

[208] 王婧、方创琳，2011，《中国城市群发育的新型驱动力研究》，《地理研究》第2期。

[209] 王俊松、颜燕等，2017，《中国城市技术创新能力的空间特征及影响因素——基于空间面板数据模型的研究》，《地理科学》第1期。

[210] 王珺、杨本建，2022，《中心城市辐射带动效应的机制及其实现路径研究》，《中山大学学报（社会科学版）》第1期。

[211] 王鹏、张秀生，2016，《国外城市群的发展及其对我国的启示》，《国外社会科学》第4期。

[212] 王树功、周永章，2002，《大城市群（圈）资源环境一体化与区域可持续发展研究——以珠江三角洲城市群为例》，《中国人口·资

源与环境》第 3 期。

[213] 王小鲁，2010，《中国城市化路径与城市规模的经济学分析》，《经济研究》第 10 期。

[214] 王小侠，2014，《美国都市演进机制研究》，东北大学出版社。

[215] 王晓玲，2020，《自贸试验区视阈下城市群发展动力与机制研究》，《经济学家》第 12 期。

[216] 王鑫、刘楠楠，2017，《减税对国家投资吸引力的影响——来自 157 个国家面板数据的证据》，《四川师范大学学报（社会科学版）》第 6 期。

[217] 王雪微、范大龙，2020，《长三角城市群城市发展质量测度及时空演变格局》，《人文地理》第 6 期。

[218] 王雨飞、倪鹏飞，2016，《高速铁路影响下的经济增长溢出与区域空间优化》，《中国工业经济》第 2 期。

[219] 王召东、樊俊锋，2007，《中外城市群发展及其对中原城市群的启示》，《重庆大学学报（社会科学版）》第 3 期。

[220] 魏后凯、王颂吉，2019，《中国"过度去工业化"现象剖析与理论反思》，《中国工业经济》第 1 期。

[221] 魏后凯，2007，《大都市区新型产业分工与冲突管理——基于产业链分工的视角》，《中国工业经济》第 2 期。

[222] 魏后凯，1988，《区域开发理论研究》，《地域研究与开发》第 1 期。

[223] 魏守华、李婷等，2013，《双重集聚外部性与中国城市群经济发展》，《经济管理》第 9 期。

[224] 吴传清、陈晓，2017，《长江经济带产业转移态势和承接力评价》，《长江大学学报（社会科学版）》第 4 期。

[225] 吴福象、刘志彪，2008，《城市化群落驱动经济增长的机制研究——来自长三角 16 个城市的经验证据》，《经济研究》第 11 期。

[226] 吴福象、沈浩平，2013，《新型城镇化、基础设施空间溢出与地区产业结构升级——基于长三角城市群 16 个核心城市的实证分析》，《财经科学》第 7 期。

[227] 吴建楠、程绍铂等，2013，《中国城市群空间结构研究进展》，《现代城市研究》第 12 期。

[228] 吴启焰，1999，《城市密集区空间结构特征及演变机制——从城市群到大都市带》，《人文地理》第 1 期。

[229] 吴群、李永乐，2010，《财政分权、地方政府竞争与土地财政》，《财贸经济》第 7 期。

[230] 肖金成，2009，《我国城市群的发展阶段与十大城市群的功能定位》，《改革》第 9 期。

[231] 肖金成、黄征学，2017，《未来 20 年中国区域发展新战略》，《财经智库》第 5 期。

[232] 肖金成、李博雅，2020，《城市群对经济区的辐射带动作用》，《开发研究》第 1 期。

[233] 肖金成，2015，《探索治理"大城市病"之策》，《城市与环境研究》第 2 期。

[234] 谢尚、邓宏兵，2018，《长江中游城市群发展质量评价》，《统计与决策》第 14 期。

[235] 谢守红、甘晨，2017，《长三角城市群对外开放与经济增长的实证分析》，《浙江师范大学学报（社会科学版）》第 4 期。

[236] 谢云云，2020，《长江中游城市群交通基础设施对经济的空间溢出效应研究》，武汉理工大学硕士学位论文。

[237] 熊剑平、刘承良等，2006，《国外城市群经济联系空间研究进展》，《世界地理研究》第 1 期。

[238] 徐康宁、陈丰龙等，2015，《中国经济增长的真实性：基于全球夜间灯光数据的检验》，《经济研究》第 9 期。

[239] 徐升艳、陈杰等，2018，《土地出让市场化如何促进经济增长》，《中国工业经济》第 3 期。

[240] 徐现祥、刘毓芸等，2015，《方言与经济增长》，《经济学报》第 2 期。

[241] 许永兵、罗鹏，2020，《京津冀城市群的经济发展质量评价》，《河北大学学报（哲学社会科学版）》第 4 期。

[242] 许政、陈钊等,2010,《中国城市体系的"中心-外围模式"》,《世界经济》第 7 期。

[243] 薛东前、孙建平,2003,《城市群体结构及其演进》,《人文地理》第 4 期。

[244] 薛占栋,2011,《产业集群形成的运输成本原因研究——以泛珠三角为对象》,《经济问题探索》第 3 期。

[245] 杨馥源,2010,《政府间关系与城市治理的研究——论中国城市宏观管理体制的创新战略》,浙江大学博士学位论文。

[246] 杨莉、缪云伟等,2022,《长江上游经济带承接产业转移能力时空演化特征及驱动因素研究》,《南京邮电大学学报(社会科学版)》第 3 期。

[247] 杨林、陈喜强,2017,《协调发展视角下区域市场一体化的经济增长效应——基于珠三角地区的考察》,《经济问题探索》第 11 期。

[248] 杨玲,2005,《国内外城乡一体化理论探讨与思考》,《生产力研究》第 9 期。

[249] 杨孟禹、蔡之兵等,2018,《城市规模衡量、变动类型识别与空间联系——基于卫星灯光数据》,《产经评论》第 3 期。

[250] 杨孟禹、蔡之兵等,2017,《中国城市规模的度量及其空间竞争的来源——基于全球夜间灯光数据的研究》,《财贸经济》第 3 期。

[251] 杨孟禹、邓仲良等,2020,《城市群中集群规模与产业分工不协调的原因——土地财政视角》,《软科学》第 10 期。

[252] 姚常成、吴康,2022,《集聚外部性、网络外部性与城市创新发展》,《地理研究》第 9 期。

[253] 姚士谋、陈振光等,2015,《中国城市群基本概念的再认知》,《城市观察》第 1 期。

[254] 姚士谋、管驰明等,2007,《我国城市化发展的新特点及其区域空间建设策略》,《地球科学进展》第 3 期。

[255] 姚士谋、武清华等,2011,《我国城市群重大发展战略问题探索》,《人文地理》第 1 期。

[256] 姚士谋,1992,《我国城市群的特征、类型与空间布局》,《城市问

题》第 1 期。

[257] 姚永玲、赵倚仟，2022，《高铁的空间溢出、劳动力流入与城市经济增长》，《华东经济管理》第 4 期。

[258] 叶德珠、潘爽等，2020，《距离、可达性与创新——高铁开通影响城市创新的最优作用半径研究》，《财贸经济》第 2 期。

[259] 叶裕民、陈丙欣，2014，《中国城市群的发育现状及动态特征》，《城市问题》第 4 期。

[260] 尹恒、朱虹，2011，《县级财政生产性支出偏向研究》，《中国社会科学》第 1 期。

[261] 游珍、封志明、杨艳昭：《中国地形起伏度公里网格数据集》，全球变化科学研究数据出版系统，2018。

[262] 于光妍、周正，2021，《城市群产业分工、结构升级与经济增长》，《技术经济与管理研究》第 11 期。

[263] 于迎，2017，《从经济优先型到整体性规划：中国城市群发展新型动力建构战略及其实现路径》，《行政论坛》第 5 期。

[264] 余吉祥、周光霞等，2013，《中国城市规模分布的演进趋势研究——基于全国人口普查数据》，《人口与经济》第 2 期。

[265] 玉国华，2022，《高铁开通、技术创新与经济空间均衡：一个三部门新经济地理模型的解释》，《经济问题探索》第 9 期。

[266] 〔德〕约翰·冯·杜能，1986，《孤立国同农业和国民经济的关系》，吴衡康译，商务印书馆。

[267] 原倩，2016，《城市群是否能够促进城市发展》，《世界经济》第 9 期。

[268] 原嫄、邢欣悦，2022，《高技术产业集聚对成渝城市群协同创新的影响——基于空间溢出效应视角》，《资源开发与市场》第 6 期。

[269] 曾国安、冯涛，2004，《增长极、产业集群与落后地区的区域经济发展》，《生产力研究》第 8 期。

[270] 张浩然、衣保中，2012，《基础设施、空间溢出与区域全要素生产率——基于中国 266 个城市空间面板杜宾模型的经验研究》，《经济学家》第 2 期。

[271] 张虹鸥、叶玉瑶等，2006，《珠江三角洲城市群城市规模分布变化及其空间特征》，《经济地理》第 5 期。

[272] 张建军，2007，《区域网络开发战略模式研究综述》，《生产力研究》第 1 期。

[273] 张军、张慧慧等，2018，《劳动力市场分割的技能偏向如何影响家庭人力资本投资》，《中国工业经济》第 8 期。

[274] 张可云、何大梽，2021，《"十四五"时期区域协调发展的空间尺度探讨》，《学术研究》第 1 期。

[275] 张黎娜、千慧雄，2013，《城市集聚力考量下的最优土地财政问题研究》，《南开经济研究》第 3 期。

[276] 张五常，2009，《中国的经济制度》，中信出版社。

[277] 张先锋、吴伟东等，2014，《政治中心与经济中心的经济辐射能力比较》，《中南财经政法大学学报》第 3 期。

[278] 张学波、陈思宇等，2016，《京津冀地区经济发展的空间溢出效应》，《地理研究》第 9 期。

[279] 张学良、刘玉博等，2016，《中国城市收缩的背景、识别与特征分析》，《东南大学学报（哲学社会科学版）》第 4 期。

[280] 张学良，2012，《中国交通基础设施促进了区域经济增长吗——兼论交通基础设施的空间溢出效应》，《中国社会科学》第 3 期。

[281] 张雪薇、李帆等，2022，《高速铁路对城市群经济发展格局的影响及其作用机制》，《技术经济》第 3 期。

[282] 张亚丽、项本武，2021，《城市群一体化水平的测度及其经济增长效应研究——来自中国十大城市群的经验证据》，《宏观经济研究》第 12 期。

[283] 张战仁，2012，《创新空间溢出的差异影响研究述评》，《经济地理》第 11 期。

[284] 章晓英、胡亚琦，2019，《长江经济带三个国家中心城市对周围城市的影响力比较研究》，《重庆理工大学学报（社会科学版）》第 10 期。

[285] 赵宸宇、王文春等，2021，《数字化转型如何影响企业全要素生产

率》，《财贸经济》第 7 期。

[286] 赵璟、党兴华，2018，《县级尺度上人口城市化对区域经济增长的
作用机制——来自陕西省 107 个区县的经验证据》，《西安理工大
学学报》第 3 期。

[287] 赵娜、王博等，2017，《城市群、集聚效应与"投资潮涌"——基
于中国 20 个城市群的实证研究》，《中国工业经济》第 11 期。

[288] 赵倩、沈坤荣，2018，《以城市群建设推动区域经济高质量发展研
究》，《经济纵横》第 9 期。

[289] 赵涛、张智等，2020，《数字经济、创业活跃度与高质量发展——
来自中国城市的经验证据》，《管理世界》第 10 期。

[290] 赵旭、汪怡鑫等，2022，《城市工业生态效率的时空跃迁特征与空
间溢出效应：以长江经济带为例》，《统计与决策》第 6 期。

[291] 赵勇、白永秀，2012，《中国城市群功能分工测度与分析》，《中国
工业经济》第 11 期。

[292] 赵勇、魏后凯，2015，《政府干预、城市群空间功能分工与地区差
距——兼论中国区域政策的有效性》，《管理世界》第 8 期。

[293] 郑思齐、孙伟增等，2014，《"以地生财、以财养地"——中国特
色城市建设投融资模式研究》，《经济研究》第 8 期。

[294] 郑长德，2001，《世界不发达地区开发史鉴》，民族出版社。

[295] 中国经济增长前沿课题组、张平、刘霞辉，2011，《城市化、财政
扩张与经济增长》，《经济研究》第 11 期。

[296] 钟鸣长，2009，《中心城市经济辐射能力差异比较研究》，《创新》
第 11 期。

[297] 种照辉、高志红等，2022，《网络基础设施建设与城市间合作创
新——"宽带中国"试点及其推广的证据》，《财经研究》第 3 期。

[298] 种照辉、覃成林等，2018，《城市群经济网络与经济增长——基于
大数据与网络分析方法的研究》，《统计研究》第 1 期。

[299] 周彬、周彩，2019，《土地财政、企业杠杆率与债务风险》，《财贸
经济》第 3 期。

[300] 周博、李海绒，2015，《西部地区中等城市产业承接力培育研究》，

《经济纵横》第 11 期。

[301] 周江燕、白永秀，2014，《中国城乡发展一体化水平的时序变化与地区差异分析》，《中国工业经济》第 2 期。

[302] 周黎安，2004，《晋升博弈中政府官员的激励与合作——兼论我国地方保护主义和重复建设问题长期存在的原因》，《经济研究》第 6 期。

[303] 周启清、杨建飞，2022，《高铁网络对中国城市群经济协同性的影响分析》，《宏观经济研究》第 5 期。

[304] 周锐波、刘叶子等，2019，《中国城市创新能力的时空演化及溢出效应》，《经济地理》第 4 期。

[305] 周圣强、朱卫平，2013，《产业集聚一定能带来经济效率吗：规模效应与拥挤效应》，《产业经济研究》第 3 期。

[306] 周世锋、王辰，2010，《世界城市群发展演变特点及其对长三角的启示》，《江苏城市规划》第 8 期。

[307] 周韬，2017，《空间异质性、城市群分工与区域经济一体化——来自长三角城市群的证据》，《城市发展研究》第 9 期。

[308] 周业安、章泉，2008，《参数异质性、经济趋同与中国区域经济发展》，《经济研究》第 1 期。

[309] 朱道才、任以胜等，2016，《长江经济带空间溢出效应时空分异》，《经济地理》第 6 期。

[310] 朱尔茜，2013，《产业结构调整与都市经济圈发展——基于美、日、中三国的比较分析》，《湘潭大学学报（哲学社会科学版）》第 2 期。

[311] 朱国忠、乔坤元等，2014，《中国各省经济增长是否收敛?》，《经济学（季刊）》第 3 期。

[312] 朱虹、徐琰超等，2012，《空吸抑或反哺：北京和上海的经济辐射模式比较》，《世界经济》第 3 期。

[313] 朱一鑫、程哲，2020，《城市群一体化合作困境与跨境治理响应——以关中平原城市群为例》，中国城市规划学会编《面向高质量发展的空间治理——2020 中国城市规划年会论文集》，中国建筑工业出

版社。

[314] 朱政、郑伯红等，2011，《珠三角城市群空间结构及影响研究》，《经济地理》第 3 期。

[315] 诸丹、王小红等，2021，《哪些城市环保营商竞争力最强？——2020 年我国主要城市生态环境保护营商竞争力指数研究》，《中国生态文明》第 5 期。

[316] 左翔、殷醒民，2013，《土地一级市场垄断与地方公共品供给》，《经济学（季刊）》第 1 期。

[317] Abdel – Rahman, H. M., and A. Anas, "Theories of Systems of Cities," *Handbook of Regional & Urban Economics*, Vol. 4, 2004.

[318] Acemoglu, D., Johnson, S., and Robinson, J. A., "The Colonial Origins of Comparative Development: An Empirical Investigation," *American Economic Review*, Vol. 91, No. 5, 2001.

[319] Acemoglu, D., García – Jimeno, C., and Robinson, J. A., "State Capacity and Economic Development: A Network Approach," *The American Economic Review*, Vol. 105, No. 8, 2015.

[320] Alberto, D., Rubiera – Morollon, F., and Paredes, D., "New Approach to Economic Convergence in the EU: A Multilevel Analysis from the Spatial Effects Perspective," *International Regional Science Review*, Vol. 42, No. 3, 2019.

[321] Almeida, P., and Kogut, B., "Localization of Knowledge and the Mobility of Engineers in Regional Networks," *Management Science*, Vol. 45, No. 7, 1999.

[322] Alonso, W., "Urban Zero Population Growth," *Daedalus*, Vol. 102, No. 4, 1973.

[323] Anas, A., Arnott, R., and Small, K. A., "Urban Spatial Structure," *Journal of Economic Literature*, Vol. 36, No. 3, 1998.

[324] Angrist, J. D., and Krueger, A. B., "Does Compulsory School Attendance Affect Schooling and Earnings?" *Social Science Electronic Publishing*, Vol. 106, No. 4, 1991.

[325] Attaran, M., and Zwick, M., "The Effect of Industrial Diversification on Employment and Income: A Case Study," *Quarterly Review of Economics and Business*, Vol. 27, No. 4, 1987.

[326] Au, C., and J. V. Henderson, "Are Chinese Cities too Small?" *Review of Economic Studies*, Vol. 73, No. 3, 2006.

[327] Baldwin, R., Forslid, R., Martin, P., Ottaviano, G., and Robert−Nicoud, F., *Unilateral Trade Policy*, In *Economic Geography and Public Policy*, Princeton University Press, 2003.

[328] Baldwin, R., and Forslid, R., "The Core − Periphery Model and Endogenous Growth: Stabilizing and Destabilizing Integration," *Economica*, Vol. 6, No. 267, 2000.

[329] Barro, R. J., "Economic Growth in a Cross Section of Countries," *Quarterly Journal of Economics*, Vol. 106, No. 2, 1991.

[330] Behrens, K., Duranton, G., and Robert−Nicoud, F., "Productive Cities: Sorting, Selection, and Agglomeration," *Journal of Political Economy*, Vol. 122, No. 3, 2014.

[331] Boarnet, M. G., "Spillovers and the Locational Effects of Public Infrastructure," *Journal of Regional Science*, Vol. 38, No. 3, 1998.

[332] Boix, R., and J. Trullén, "Knowledge, Networks of Cities and Growth In Regional Urban Systems," *Papers in Regional Science*, Vol. 86, No. 3, 2007.

[333] Boudeville, J. R., and Montefiore, C. G., *Problems of Regional Economic Planning*, Edinburgh: Edinburgh U. P., 1966.

[334] Brandt, L., and Rawski, T., *China's Great Economic Transformation*, New York: Cambridge University Press, 2008.

[335] Cantos, P., Gumbau − Albert, M., and Maudos, J., "Transport Infrastructures, Spillover Effects and Regional Growth: Evidence of the Spanish Case," *Transport Reviews*, Vol. 25, No. 1, 2005.

[336] Capello, Roberta., "The City Network Paradigm: Measuring Urban Network Externalities," *Urban Studies*, Vol. 37, No. 11, 2000.

[337] Christaller, W., *Die Zentralen Orte in Süddeutschland: Eine Ökonemisch - geographische Untersuchung Über die Gesetzmassigkeit der Verbreitung and Eniwicklung der Siedlungen mit Städtischen Funktionen*, Gustav Fischer, 1933.

[338] Clark, C., "Urban Population Densities," *Journal of the Royal Statistical Society*, Vol. 114, No. 4, 1951.

[339] Conley, T. G., Hansen, C. B., Rossi, P. E., "Plausibly Exogenous," *Review of Economics and Statistics*, Vol. 94, No. 1, 2012.

[340] Dapena, D. A., Rubiera - Morollon, F., and Paredes, D., "New Approach to Economic Convergence in the EU: A Multilevel Analysis from the Spatial Effects Perspective," *International Regional Science Review*, Vol. 42, No. 3, 2019.

[341] Dixit, A., and J. E. Stiglitz, "Monopolistic Competition and Optimal Product Diversity," *American Economic Review*, Vol. 67, No. 3, 1977.

[342] Dixit, A., "The Optimum Factory Town," *Bell Journal of Economics*, Vol. 4, No. 2, 1973.

[343] Douven, R., and Peeters, M., "GDP - Spillovers in Multi - Country Models", *Economic Modelling*, Vol. 15, No. 2, 1998.

[344] Duranton, G., and Puga, D., "Micro - Foundations of Urban Agglomeration Economies," *Handbook of Regional and Urban Economics*, Vol. 4, 2004.

[345] Duranton, G., and Puga, D., "From Sectoral to Functional Urban Specialization," *Journal of Urban Economics*, Vol. 57, No. 2, 2002.

[346] Eisingerich, A. B., S. J. Bell, and P. Tracey, "How Can Clusters Sustain Performance? The Role of Network Strength, Network Openness, and Environmental Uncertainty," *Research Policy*, Vol. 39, No. 2, 2010.

[347] Ethier, W. J., "National and International Results to Scale in the Modern Theory of International Trade," *American Economic Review*, Vol. 72, No. 3, 1982.

[348] Fallah, B., Partridge, M., and Olfert, M., "Uncertain Economic Growth and Sprawl: Evidence From a Stochastic Growth Approach," *The Annals of Regional Science*, Vol. 49, No. 3, 2012.

[349] Fallah, B., Partridge, M., and Olfert, M., "Urban Sprawl and Productivity: Evidence from U. S. Metropolit an Areas," *Papers in Regional Science*, Vol. 90, No. 3, 2011.

[350] Fridmann, J., "A General Theory of Polarized Development," The Ford Fundation, Urban and Regional Development Advisory Program in Chile, 1967.

[351] Friedman, J., *Regional Development Policy: A Case Study of Venezuelaz*, Cambridge: MIT Press, 1966.

[352] Fujita, M., Krugman, P., and Venables, A. J., *The Spatial Economy: Cities, Regions, and International Trade*, Cambridge: MIT Press, 2001.

[353] German-Soto, V., and Brock, G., "Overall US and Census Region β-Convergence 1963 - 2015 Controlling for Spatial Effects," *Comparative Economic Studies*, Vol. 64, No. 1, 2022.

[354] Glaeser, E. L., H. D. Kallal, J. A. Scheinkman, and A. Shleifer, "Growth in Cities," *Journal of Political Economy*, Vol. 100, No. 6, 1992.

[355] Gonzalez - Navarro, M., and M. A. Turner, "Subways and Urban Growth: Evidence From Earth", *Journal of Urban Economics*, Vol. 108, No. 9, 2018.

[356] Gottmann, J., "Megalopolis or the Urbanization of the Northeastern Seaboard," *Economic Geography*, Vol. 33, No. 3, 1957.

[357] Guo, H., and Minier, J., "Borders, Geography, and Economic Activity: The Case of China," *Regional Science and Urban Economics*, Vol. 90, No. 1, 2021.

[358] Haggett, P., *Progress in Human Geography - Prog Hum Geogr, Geography: A Modern Synthesis*, Harper & Row, 1972.

[359] Harari, M., "Cities in Bad Shape: Urban Geometry in India," Job Market Paper, Massachusetts Institute of Technology, 2016.

[360] Häussermann, H., and Siebel, W., "Die Schrumpfende Stadt und die Stadtsoziologie," in J. Friedrichs (ed.), *Soziologische Stadtforschung*, Westdeutscher Verlag, 1988.

[361] Henderson, J. V., "The Sizes and Types of Citie," *American Economic Review*, Vol. 64, No. 4, 1974.

[362] Henderson, J. V., Adam Storeygard, and David N. Weil, "Measuring Economic Growth from Outer Space," *American Economic Review*, Vol. 102, No. 2, 2012.

[363] Higgins, Matthew J., D. Levy, and A. T. Young, "Growth and Convergence Across the United States: Evidence from County – level Data," *Review of Economics and Statistics*, Vol. 88, No. 4, 2006.

[364] Hirschman, A. O., *The Strategy of Economic Development*, Ekonomisk Tidskrift, 1958.

[365] Hoover, E. M., and J. L. Fisher, "Growth National Bureau of Economic Research," *Research in Regional Economic*, *Inc.* 1949.

[366] Hsieh, C. T., and Klenow, P. J., "Misallocation and manufacturing TFP in China and India," *Discussion Papers*, Vol. 124, No. 4, 2007.

[367] Huang Pingting, and Zhang Xiaoping, "Spatial Evolution of Automobile Industry in Beijing– Tianjin– Hebei Metropolitan Region," *Geographical Research*, Vol. 73, No. 3, 2014.

[368] Huggins, R., and P. Thompson, "A Network–based View of Regional Growth," *Journal of Economic Geography*, Vol. 14, No. 3, 2014.

[369] Ioannides, Y. M., and Zhang, J., "Walled Cities in Late Imperial China," *Journal of Urban Economics*, Vol. 97, No. 1, 2017.

[370] Josic, H., and Bai, M., "Reconsidering Zipf's Law for Regional Development: The Case of Settlements and Cities in Croatia," *Miscellanea Geographica*, Vol. 22, No. 1, 2018.

[371] Krugman, P., "What do We Need to Know about the International

Monetary System?" in *Understanding Interdependence: The Macroeconomics of an Open Economy*, Princeton: Princeton University Press, 1995.

[372] Krugman, P. , "Increasing Returns and Economic Geography," *Journal of Political Economy*, Vol. 99, No. 3, 1991.

[373] Lee, B. , and Gordon, P. , "Urban Spatial Structure and Economic Growth in US Metropolitan Areas," Working Paper, 2007.

[374] Lucas, R. , "On the Mechanics of Economic Development," *Journal of Monetary Economics*, Vol. 22, No. 1, 1988.

[375] Myrdal, G. , *Economic Theory and Underdeveloped Regions*, APS April Meeting, 1957.

[376] Marshall, A. , *Principles of Economics*, London and New York: MacMillan & Co. , 1890.

[377] Meijers, E. , and Burger, M. , "Stretching the Concept of 'Borrowed Size'," *Urban Studies*, Vol. 54, No. 1, 2017.

[378] Mills, E. S. , and Peng, J. , "A Comparison of Urban Population Density Functions in Developed and Developing Countries," *Urban Study*, Vol. 62, No. 3, 1980.

[379] Mills, E. S. , "An Aggregative Model of Resource Allocation in a Metropolitan Area," *American Economic Review*, Vol. 57, No. 2, 1967.

[380] Mori, F. T. , "Structural Stability and Evolution of Urban Systems," *Regional Science and Urban Economics*, Vol. 27, No. 4, 1997.

[381] Nechyba, T. J. , Walsh, Randall, P. , "Urban Sprawl," *Journal of Economic Perspectives*, Vol. 18, No. 4, 2004.

[382] Nunn, N. , and Qian, N. , "US Food Aid and Civil Conflict," *American Economic Review*, Vol. 104, No. 6, 2014.

[383] Overman, H. G. , Patricia Rice, and A. J. Venables, "Economic Linkages Across Space," *Regional Studies*, Vol. 44, No. 1, 2010.

[384] Pan Wenqing, "Regional Linkage and Spatial Spillover Effects on Regional Economic Growth in China," *Economic Research*, Vol. 23, No. 4, 2012.

[385] Perroux, F., "Economic Space: Theory and Applications," *Quarterly Journal of Economics*, Vol. 64, No. 1, 1950.

[386] Portnov, B. A., and Schwartz, M., "Urban Clusters as Growth Foci," *Journal of Regional Science*, Vol. 49, No. 2, 2009.

[387] Portnov, B. A., E. Erell, R. Bivand, and A. Nilsen, "Investigating the Effect of Clustering of the Urban Field on Sustainable Population Growth of Centrally Located and Peripheral Towns," *International Journal of Population Geography*, Vol. 6, No. 2, 2000.

[388] Portnov, B. A., and B. Wellar, "Development Similarity Based on Proximity: A Case Study of Urban Clusters in Canada," *Papers in Regional Science*, Vol. 83, No. 2, 2010.

[389] Rauch, J., "Comparative Advantage, Geographic Advantage, and the Volume of Trade," *Economic Journal*, Vol. 101, No. 408, 1991.

[390] Romer, P. M., "Increasing Returns and Long-run Growth," *Journal of Political Economy*, Vol. 94, No. 5, 1986.

[391] Romer, P. M., "Growth Based on Increasing Returns Due to Specialization," *American Economic Review*, Vol. 77, 1987.

[392] Romer, P. M., "New Goods, Old Theory and the Welfare Costs of Trade Restrictions," *Journal of Development Economics*, Vol. 43, No. 1, 1994.

[393] Rostow, W. W., *The Stages of Economic Growth: A Non-Communist Manifesto*, Cambridge: Cambridge University Press, 1960.

[394] Roy, P. B., and Sarkar, A., "An Analysis of Urban Primacy: The Case of Cooch Behar Town in West Bengal, India," *Asian Journal of Research in Social Sciences and Humanities*, Vol. 7, No. 9, 2017.

[395] Rozenfeld, H. D., D. Rybski, X. Gabaix, and H. A. Makse, "The Area and Population of Cities: New Insights from a Different Perspective on Cities," *American Economic Review*, Vol. 101, No. 5, 2011.

[396] Strumsky, D., and Thill, J. C., "Profiling U. S. Metropolitan Regions by Their Social Research Networks and Regional Economic

Performance," *Journal of Regional Science*, Vol. 53, No. 5, 2013.

[397] Sveikauskas, L., "The Productivity of Citie," *The Quarterly Journal of Economics*, Vol. 89, No. 3, 1975.

[398] Tabuchi, F. T., "Regional Growth in Postwar Japan," *Regional Science and Urban Economics*, Vol. 27, No. 6, 1997.

[399] Ter Wal, A. L. J., and Boschma, R. A., "Applying Social Network Analysis in Economic Geography: Framing Some Key Analytic Issues," *The Annals of Regional Science*, Vol. 43, No. 3, 2009.

[400] Theil, H., and Sorooshian, C., "Components of the Change in Regional Inequality," *Economics Letters*, Vol. 4, No. 2, 1979.

[401] Thompson, J. H., "Some Theoretical Considerations for Manufacturing Geography," *Economic Geography*, Vol. 42, No. 4, 1966.

[402] The World Bank, *World Development Report 2009: Reshaping Economic Geography*, Washington, D. C., 2009.

[403] Ying, L. G., "Measuring the Spillover Effects: Some Chinese Evidence," *Papers in Regional Science*, Vol. 79, No. 1, 2000.

[404] Zipf, G. K., *Human Behavior and the Principle of Least Effort: An Introduction to Human Ecology*, Cambridge: Addison-Wesley, 1949.

后　记

本书是我主持的第一个国家社会科学基金青年项目"中国城市群的溢出效应空间演变与战略深化研究"（批准号：18CJY013；结项证书号：20230789）的结项成果。通过本项目的研究，我们与国内高校诸多中青年学者建立了紧密的合作关系，也训练和培养了一批具有较强科研能力的博士和硕士研究生，形成了一批较高质量的学位论文、学术论文成果，正是在他们的长期协助和不断努力下，本书才得以完成。因此，本书是集体智慧的结晶，更是大家分工合作的研究成果。

本书主要分工如下：思路和提纲设计以及全书各章节的主研均由我完成，在此过程中咨询了中国人民大学张可云教授、孙久文教授，云南大学梁双陆教授、崔庆波副教授、杨绍军教授，南开大学周玉龙副教授，西南大学杨刚教授、魏勇副教授、王小华教授、涂建军教授，中国社会科学院大学邓仲良副教授、中共中央党校（国家行政学院）蔡之兵教授的意见和建议。第一章由丁甲、戴祎楠和杨雪协助完成；第二章由李晓晓、王光玲、孟丹协助完成；第三章由张胜利、韩西城协助完成；第四章由刘怡、韩西城协助完成；第五章由王光玲、颜佳、晏澎协助完成；第六章由晏澎、裴晓峥、李艾仪、刘倩雯协助完成；第七章由晏澎、李霞、吴佶玥协助完成；第八章由兰黎娜、胡冰璇协助完成；第九章由张凤云老师协助完成；第十章由裴晓峥、李艾仪、晏澎、颜佳协助完成。

感谢国家社会科学基金的支持，感谢匿名评审专家给出的专业意见和建议，感谢云南大学经济学院和社会科学处的出版资助，感谢社会科学文献出版社编辑们的辛勤付出。还要感谢云南大学经济学院张林院长和政府非税收入研究院梁双陆院长的支持和帮助，感谢在校稿过程中付出劳动的刘倩雯、刘怡和陈江梅。此外，本书在研究和写作过程中引用了相关文献、数据和资料，基本在书中注明了出处，借此对相关单位、学者和期刊表示感谢。然而，由于学识和精力所限，且城市群领域的研究者众多、文献丰富，不少观点相互影响和引用，所以其中难免有错漏之处，敬请谅解。此书也献给我的家人！

杨孟禹

2024 年 10 月 14 日

图书在版编目(CIP)数据

空间溢出视角下的城市群发展 / 杨孟禹等著．
北京：社会科学文献出版社，2025.8. --ISBN 978-7-
5228-4878-5

Ⅰ. F299.21

中国国家版本馆 CIP 数据核字第 202536XN11 号

空间溢出视角下的城市群发展

著　　者／杨孟禹 等

出 版 人／冀祥德
责任编辑／周　琼　周雪林
责任印制／岳　阳

出　　版／社会科学文献出版社
　　　　　地址：北京市北三环中路甲 29 号院华龙大厦　邮编：100029
　　　　　网址：www.ssap.com.cn
发　　行／社会科学文献出版社（010）59367028
印　　装／三河市尚艺印装有限公司

规　　格／开　本：787mm×1092mm　1/16
　　　　　印　张：23.75　字　数：376 千字
版　　次／2025 年 8 月第 1 版　2025 年 8 月第 1 次印刷
书　　号／ISBN 978-7-5228-4878-5
定　　价／138.00 元

读者服务电话：4008918866